DUMONT

WOLF-ULRICH CROPP

DSCHUNGELFIEBER UND WÜSTENKOLLER

ABENTEUER WEST- UND ZENTRALAFRIKA

DUMONT

FSC
www.fsc.org
MIX
Papier aus verantwortungsvollen Quellen
FSC® C105485

1. Auflage 2015

Gestaltung: Herburg Weiland, München
Titelfoto: Getty Images, München, Cultura Travel, Philip Lee Harvey
Kartografie: Gerald Konopik, DuMont Reisekartografie
Printed in Spain
ISBN 978-3-7701-8268-8

www.dumontreise.de

Inhalt

Prolog

Anlässe gab es genug für eine lange geplante Afrikareise: Endlich einmal die einstige Wirkungsstätte Albert Schweitzers in Lambaréné besuchen. (Als kleiner Junge hatte ich den ›Urwalddoktor‹ im Haus meines Großvaters kennenlernen dürfen.) Mit Naturkundlern und Forschern ergab sich die Möglichkeit, in den Regenwald einzutauchen. Pygmäen, Waldelefanten, Gorillas zu erleben. Eine Einladung nach Foumban stellte das spektakuläre Nguon-Fest in Aussicht. Mit einer Expedition sollte es in die kaum bekannte Sahara des nördlichen Tschad gehen. Verlockungen genug also, um mich im Juni 2013 auf eine Reise durch fünf Länder zu begeben. Länder, die uns immer noch fremd, unheimlich, geheimnisvoll erscheinen. Es war eine Reise, die Einblicke in Schönheit, in erhabene, aber auch geschundene Natur bot, mich liebenswerte, hilfsbereite Menschen, jedoch mitunter auch

Chaos und Brutalität kennenlernen ließ. Bisweilen beschlich mich das Gefühl, in Afrika ginge die Zeit rückwärts. Aber nein, sie geht nicht rückwärts, sie geht anders! Nicht unserer Vorstellung entsprechend. Die relativ jungen Staaten durchleben einen Findungsprozess, der nicht nach unseren Wünschen verläuft. Und das irritiert, weil wir vergessen haben, wie lange es gedauert, wie viel Leid und Schmerzen es gekostet hat, bis Europa einst zu sich gefunden hatte.

Auf der Reise auf ›heißen Pfaden‹ und über viele Tausend Kilometer durch Afrika waren die Zufallsbekanntschaften das besonders Erfreuliche. Sie machten nachdenklich, bereicherten, trugen zum Verstehen bei. Ohne sie hätte ich nie Pygmäen, BaAka, in ihrem Jagdlager erleben können. Eine Flussfahrt auf dem Kongo wäre nicht möglich gewesen. Wahrscheinlich wüsste ich bis heute nicht, dass Bonobos unsere nächsten Verwandten sind. Dem Problem ›Kindersoldaten‹ wäre ich nicht nähergekommen. Vieles mehr hätte ich nicht erfahren: Menschen, die selbst in Metropolen von einer Geister- und Dämonenwelt beeinflusst werden und sich von Wunderheilern kurieren lassen. Nie wäre mir die Bedeutung mittelalterlich geführter Königreiche klar geworden ... Und dann die faszinierende Wüste, die Geheimnisse birgt und doch so viel offenbart: den Beginn der Kultur, die Wanderung der frühen Menschheit hinaus in andere Kontinente. Nicht zu vergessen, wie die Wüste auf das Individuum wirkt. Eine Nacht allein, im Sand, vom Lager abgeschnitten, erfüllte mich mit tiefer Demut.

Ja, ich möchte mich wieder aufmachen – in ferne Länder!

Hamburg, im kalten, nebligen Januar, der dazu anregt, die großartige Zeit in Afrika wachzurufen.

Wolf-Ulrich Cropp

GABUN

Libreville

Eine Jacke für Jasmin

Nachmittag. Das Rauschen brechender Wellen treibt mich aus dem Verschlag, der sich Hotelzimmer nennt. Kahl wie eine Einzelzelle ist das Loch. Eine Neonröhre flackert in den letzten Zügen. Ein winziges Fenster, mehr eine Schießscharte, vergittert und verriegelt, soll wohl vor Ein- und Ausbrechern schützen. An der Decke ein Ventilator, der sich längst totgedreht hat. Und eine Menge Krabbeltiere, die beim Eintreten in Ritzen huschen. Aber der Name der Herberge gefällt mir sehr: *Tropicana*. Und die Lage ist fantastisch: kaum einen Kilometer nordwestlich vom Flughafen, direkt an Strand und Atlantik gelegen, von Kokospalmen umrahmt.

Am liebsten reise ich ›low budget‹, halte es wie Gandhi, der gefragt wurde: »Warum fahren Sie stets dritter Klasse?« – »Weil es keine vierte gibt!« Es ist schon so, der Alte wusste, wo die besten Storys schlummern.

Ich habe mein Paradies gefunden. Ein Pelikan schwebt über die See, wie eine große weiße Feder, ohne Flügelschlag. Es ist Juni.

Der Äquator verläuft fünfzig Kilometer südlich. Mich wundert die Kühle, die Stärke der Brise. Ich steige über Baumstämme, die das Meer hierhergetrieben hat. Wate durch weichen, weißen Sand. Überall Treibgut. Ein Containerschiff stampft gen Norden. Die geschwungene Küstenlinie verliert sich im Dunst. Links Häuser hinter hohen Mauern, mit Glasscherben gespickt; rechts Gestühl im Sand. Afrikaner palavern beim Bier. Frauen wiegen Hüften zu Klängen aus Gettoblastern. Alles abwerfen, sich in die Brandung stürzen, von Wogen tragen lassen – ist eins. Herrlich und erfrischend ist das Meer am Cap Santa Clara.

Ja, ich bin angekommen – in Afrika! Es ist kaum eine Stunde her. Eine lange Reise durch den Schwarzen Erdteil liegt vor mir, und ich will das *Tropicana* genießen, möchte die Erinnerung an das ›Paradies‹ mitnehmen. Als Wegzehrung für Ungemach oder weniger heitere Stunden. Schaumgekrönte Wellen brechen in dumpfem Donner. Um unversehrt durch die Brandung zu schwimmen, muss man die hohen Brecher durchtauchen. Jenseits ist es ruhig, schön, man fühlt sich frei, wie die drei Möwen, die sich gerade schreiend gegen eine Bö werfen. Fern am Ufer rollen die Wellen mit einem letzten zischenden Kuss auf dem Sand aus. Hier draußen bin ich allein. Die wenigen badenden Afrikaner planschen in Ufernähe. Hat das etwas zu bedeuten? Grundseen sind tückisch, bisweilen unheimlich stark. Ein Tor, der glaubt, Freiheit berge keine Gefahr!

Abgekämpft und erschöpft wie selten, lasse ich mich im Vorgarten des *Tropicana* nieder. Der Atlantik rauscht wie eh und je. Wellen rollen heran, mit gleichförmigem Getöse, unschuldig, hinterhältig. Nein, mahnend, man muss nur hinhören. Als der Kellner erscheint, bestelle ich ein Régab, eine Flasche lokales Bier. Ein feister, bleicher Weißer schleppt sich heran. Bleibt schnaufend stehen. Seine Augen suchen einen geeigneten Platz. Trotz der Kühle stehen Schweißperlen auf seiner Stirn, die er mit einem handtuchgroßen Lappen abwischt. Nun steuert er auf meinen Tisch zu. Der ist blau, rund und groß. Ausgelegt für eine afrikanische Familie mit vierzehn Personen und stabil, in Beton gegossen.

Ohne zu fragen lässt sich der Fettsack neben mir fallen. Wieder wischt er Schweiß. Wir beobachten uns aus den Augenwinkeln.

»Ces noires, die haben nur Musik im Kopf!«, stößt er vorwurfsvoll aus. Jetzt erst nehme ich die Raver am Strand, mit den Füßen im Wasser, wahr. Sie dröhnen sich mit einem Technosound zu, der es in sich hat. Aus der Buschkneipe tänzeln Frauen und Mädchen heraus. Brüste und Hüften zucken, als erhielten sie fortwährend Stromstöße.

»Pardon, Jacques Boulet, aus Lyon«, stellt sich der Wanst vor. Wir blinzeln in die untergehende Sonne und schweigen. Bis der Franzose meint: »A la bonheur!« Ich kapiere und grinse verlegen. »Nicht alle kommen zurück, die hinter die Brandung schwimmen. Ich habe Sie beobachtet.«

»Sie sind lustig, hätten mich einfach absaufen lassen?«

»Wir sollten uns nicht so wichtig nehmen. Im Golf von Guinea sind Tausende abgesoffen.« Einigermaßen pikiert trinke ich mein Bier. Jacques Boulet merkt, dass mir seine burschikose Art nicht gerade gefällt.

»Excusez-moi! Ich kann nicht schwimmen, aber Barmann Lumban hatte Sie im Auge. Gewiss hätte er was unternommen.«

Ich drehe mich um und winke dem Schwarzen zu.

»Was um Gottes willen machen Sie in Gabun?«, fragt Monsieur Boulet. »Der Tourismus steckt doch in den Kinderschuhen!«

»Sagen Sie das nicht, die Nationalparks Loango, Moukalaba, Wonga Wongué werden gern besucht.«

»Keine Ahnung. Ich kenne nur die Hotels und den Wald um Kango – bin Holzhändler.«

»Sie lassen den Urwald roden. Tausend Jahre alte Baumriesen für Klopapier fällen?«

Um ihn nicht gleich zu verärgern, lächle ich dabei versöhnlich.

»Nun mal langsam. Ich verkaufe ’n paar ausgesuchte Stämme an Furnierholzfabriken, unsere Kahlschläge sind minimal und werden aufgeforstet. Und eins will ich Ihnen sagen: Den Raubbau treiben die Chinesen – mit Tropenholz, Erdöl, Mangan, Eisenerz, Uran, Gold ...«

Der Franzose hat recht, zurzeit geht das Gros von Gabuns Edelholzexport zwar noch nach Europa, doch die Chinesen rollen die Rohstoffressourcen auf, und das mit beängstigender Radikalität. Ich will nicht alles auf die Chinesen schieben, schließlich verschlingt der australische Holzkonzern Gunn Limited für eine einzige Papierfabrik um die vier Millionen Tonnen Holz pro Jahr. Wenn daraus Bücher entstehen, muss man den E-Book-Markt favorisieren.

»Wenn Sie kein Tourist sind, was treibt Sie dann in unsere einstige Kolonie?«

Ich schaue mich um. Auf der großen überdachten Terrasse stehen Reihen gedeckter Tische, sauber mit weißen Tischtüchern, Besteck und Gläsern versehen. Die ersten Gäste treffen ein, werden von Kellnern in schwarzen Anzügen an reservierte Plätze begleitet. An der mahagonigetäfelten Seitenwand, gleich neben dem Ali-Ben-Bongo-Ondimba-Konterfei, hängt der Panzer einer Karettschildkröte. Darauf gut erkennbar ist ein markanter Kopf mit Schnauzbartgesicht und wildem Haarschopf auf das Schildpatt geritzt worden. Ich deute in die Richtung. Monsieur Boulet runzelt die Stirn, versteht: Den Präsidenten werde ich sicher nicht gemeint haben.

»So, zum Hospital wollen Sie?«

»Richtig. Wie lange braucht man bis Lambaréné?«

»Die Straße ist schlecht, schätze, mit dem *taxibrusse* (Buschtaxi) sieben Stunden.«

»Sieben Stunden für dreihundert Kilometer?«

»Wenn Sie ’ne Panne haben oder der Sprit ausgeht: länger.«

Der Franzose steckt sich eine Gauloises zwischen die dicken Lippen – an ihm ist übrigens alles dick. Er schüttet sich das Bier in den Schlund.

»Mein Gott, Afrika, was ist aus dir geworden?«, stöhnt er. »Ich hab schon lange die Schnauze voll von dem Erdteil. Aber ... Was woll'n Sie tun, wenn Sie bald dreißig Jahre mit den Schwarzen Geschäfte machen? Erst mit Erdölequipment, dann mit Baumaschinen – ging alles den Bach runter. Der Holzhandel wird auch bald vorbei sein. Was die Chinesen an Regenwald nicht bekommen, kaufen WCS und WWF auf.«

»Der Tourismus soll prosperieren«, gebe ich zu bedenken.

»Soweit kommt's noch, soll ich mich in einen Land Rover klemmen und Touristen durch die Parks bugsieren?«

Beat und Palaver aus der Buschkneipe werden aggressiver. Dort, wo Himmel und Ozean zusammenstoßen, verfärben sich die Wolken violett und lassen den Sonnenball in die Unterwelt fallen.

»Ich hab Hunger«, sagt der Dicke, »wollen wir uns ins Restaurant begeben?«

»Werde noch etwas am Ufer entlanglaufen. Später vielleicht.«

»Aufgepasst! Da lauern Gangs, die haben sich aufs Ausnehmen von Weißen spezialisiert.«

Barfuß marschiere ich den Strand zwei, drei Kilometer Richtung Nordosten entlang. Bis auf die Schaumköpfe der Brandungswellen, die im Mondlicht chromfarben glitzern, ist es gespenstisch dunkel. Aber ich bin nicht allein. An Palmen gelehnt, tuscheln Liebespaare. An schwach glimmenden Lagerfeuern machen Familien Picknick. Nun folgt ein einsamer Abschnitt. Raschen Schrittes nähern sich drei Schatten. Ich knipse meine Taschenlampe an. Aha, drei Halbstarke, die jetzt auch Licht setzen.

»Bonsoir, Monsieur, comment ça va?«

»Ça va bien!« Wir grinsen uns an, stapfen aneinander vorbei.

Irgendwann lasse ich mir meine Afrikareise durch den Kopf gehen. Diesmal habe ich mir viel vorgenommen: Das Hospital in

Lambaréné ist nur die Ouvertüre, die Verwirklichung eines alten Planes, die Wirkungsstätte eines Mannes zu erleben, der mir als Kind Angst und Bewunderung abverlangte. Neben meinem Großvater ist er für meine immerwährende Neugierde und Liebe für Afrika verantwortlich. Weiter nördlich soll es dann nach Douala und rüber in den Wald der Pygmäen, Gorillas und Waldelefanten gehen. Und durch Kameruns Grasland ins Königreich Foumban, schließlich hinauf in den Tschad, mit seinen kaum erforschten Wüsten und deren gefürchteten Tubu-Clans ... Auf einmal beschleicht mich, allein am nächtlichen Strand, ich muss es gestehen, so etwas wie Angst vor der eigenen Courage.

Wieder im *Tropicana* angekommen, stelle ich fest, dass der Dicke nicht mehr da, die Restaurantterrasse aber rappelvoll ist. Eine illustre Truppe hat mehrere Tische zusammenstellen lassen und speist feudal bei mehreren Flaschen Schampus. Mein Blick schweift erfolglos über besetztes Gestühl. Da wird mir zugerufen:

»Holá, Sie mit der geilen Jacke, gesellen Sie sich doch zu uns.« Die Aufforderung kommt von einem Franzosen, aus der Mitte eines Schwarms schwarzer und brauner Mädchen, eines hübscher als das andere, und alle nach dem letzten Chic gekleidet, dezent geschminkt, das Kraushaar modisch geglättet.

Die geballte Attraktivität macht mich fast verlegen. Doch nur fast! Ein Callgirl-Ring auf Betriebsausflug? Neben dem Chef werden Stühle gerückt. Der steht auf, gibt mir die Hand.

»Bonsoir, ich heiße Dominique, nehmen Sie Platz.« In einen derart exklusiven Kreis lässt man sich nicht zweimal bitten. Und so erfahre ich, dass Dominique, der, nebenbei bemerkt, Alain Delon – in seinen besten Tagen – verblüffend ähnlich sieht, so etwas wie ein Karl Lagerfeld ist, also Modeschöpfer, der morgen im Interconti seine Kollektion vorführen wird. Vor dem Auftritt hat er seine Models zusammengetrommelt, um sie in Stimmung zu bringen. Warum der Couturier ausgerechnet mich zu sich bat? Das verdanke ich meiner Büffellederjacke. Ein Blouson mit vier aufgesetzten Taschen, ramponiert, an den Armen durchgewetzt, in der Farbe beiger Tarnanzüge, wie sie das Militär in Afghanistan trägt. Auf Reisen ist er mein steter Begleiter. Zu Hause darf ich mich damit nicht sehen lassen. Meine Frau würde sich für mich schämen. Am Flughafen von Lagos wollte mir eine Stewardess den Blouson für tausend Dollar abkaufen, und in Bamako wäre ich damit ums Haar als Guerillakämpfer verhaftet worden.

»Wo haben Sie die Jacke her?«, fragt der Franzose.

»Hab ich in Hamburg auf dem Trödelmarkt gefunden. Dreißig Jahre her.« Er fingert am Leder herum.

»Ganz starkes Teil! Ein Stück für meine nächste Kollektion: Militärlook.« An der anderen Seite streichelt ein Model meinen belederten Arm. Mit erfahrener Grazie und der instinktiven Sicherheit einer Katze, einer Dschungelkatze, befühlt sie das Büffelleder. Dabei beugt sie sich vor, um das Leder zu riechen. Was sie riecht, ist Männerschweiß unzähliger Saunagänge durch Busch und Wüste, denke ich. Dabei erhasche ich einen vielversprechenden Blick in ihr Modeldekolleté.

»Ich heiße Jasmin«, haucht sie. So duftet sie auch. Sie schenkt mir Champagner ein. Ich bestelle mir einen Hamburger.

Die Mädchen, neun an der Zahl, unterhalten sich auf Französisch, angeregt, lebhaft diskutierend. Dominique ist äußerst charmant, animiert seine Girls bisweilen zu regelrechten Lachsalven. Jasmin hat Auge und Nase für meine Jacke. Irgendwann rückt sie damit heraus.

»Würden Sie sie mir verkaufen? Ich finde sie hinreißend.« Nachhaltig zupft sie am Saum. Damit habe ich nicht gerechnet. Um ihre Bitte zu verdauen, leere ich mein Glas.

Zehn Minuten später: »Messieurs-dames, au revoir. Vielen Dank für Ihre anregende Gesellschaft.« Dabei nehme ich Kugelschreiber, Notizbuch, Portemonnaie aus meiner Büffellederjacke und hänge sie Jasmin um die Schulter. Unter lautem Geklatsche und Hochrufen verlasse ich die fröhliche Runde.

Gehe an der Bar, dann an dem gepflegten, exklusiven Bungalowbereich vorbei in Richtung meines Quartiers. Eins muss man dem gabunischen Hotelier attestieren: einen ausgeprägten Geschäftssinn! Sein Konzept deckt alles ab, verwöhnte Ansprüche zahlungskräftiger Geschäftsleute und die schmalen Börsen der Backpacker.

Mein Verschlag grenzt mit der Rückwand an die Buschkneipe, in der afrikanisches Nachtleben gerade seinem Höhepunkt zustrebt. Ich werfe mich auf die Pritsche und lausche dem Lautsprecher-Beat und dem Tamtam von Livegetrommel. Verdammt, der schlitzohrige Taxifahrer Simon war ein Glücksgriff! Auch wenn ich anfangs ziemlich sauer auf ihn war. Hatte er mir nicht einen amüsanten ersten Tag in Afrika und genau das passende Hotel beschert? Gerade auf dem Flughafen gelandet, war ich in sein Taxi geschlüpft, um mich ins Novotel in der Innenstadt bringen zu lassen. Rund achtzehn Kilometer entfernt. Simon kassierte 12 800 CFA, das sind 20 Dollar, startete. Plötzlich meinte er: »Novotel pas bien, fermé.«

»Fermé? Ich habe dort gebucht!«

»Fermé, monsieur, dommage! Anderes Hotel gut.« Also brachte er mich ins nur einen Kilometer entfernte *Tropicana* am Atlantik – ohne Rückzahlung natürlich. Er sei ein armer Flüchtling aus dem Kongo, erzählte er. Sein *patron* ein Ausbeuter, die Kinder hungrig und die Frau unersättlich. Was blieb mir übrig? Ich bestellte ihn am nächsten Vormittag für eine Stadtrundfahrt.

Gerade bin ich eingenickt, da klopft es. Erst zaghaft, dann dreimal lauter …

Befreite Sklaven und eine Hochzeit

Halbschlaf. Ich greife nach links. Bin allein. Gestern noch in Hamburg – und heute? Ach ja, Afrika! Ozeanrauschen und Windklagen. Reisen hieß früher: sich auf den Weg machen. Von einem Ort fort, hin zu einem anderen. Heute werden Wege immer rascher zurückgelegt. Merkwürdig, je schneller wir reisen, desto weniger bewegen wir uns. Gestern, als ich aus dem Airbusfenster schaute, hatte ich den Eindruck, rasend stillzustehen. Und so, dem Raum enthoben, zählte nur die Zeit. Reisen heute: Ist das nicht warten auf das Ankommen? Damit ist das Erlebnis des Unterwegsseins auf der Strecke geblieben. »Was mache ich hier?«, fragte sich einst der manisch reisende Bruce Chatwin. Ich habe mich aufgemacht, um in Afrika das ›Dazwischen‹ zu erleben. Als Beobachter, Neugieriger, Nomade ...

Ungewöhnlich pünktlich, nur fünfundvierzig Minuten nach unserer Verabredung, erscheint Simon. Gut gelaunt, mit einem breiten Grinsen, strahlenden Augen und tänzelndem Gang. Eine Hand spielt mit den Autoschlüsseln, die andere am Handy. Kein Handy, wie ich es habe. Ein Smartphone der neuesten Generation, wohlgemerkt!

Im Toyota versinke ich bis aufs Chassis. Musik kreischt. Ein eisiger Luftstrahl trifft mein Gesicht. Wir brausen auf dem Boulevard Georges Pompidou in Richtung Innenstadt. Rechts eine mit Betonfragmenten verunstaltete Uferbefestigung, dann blassblauer Himmel mit dem Atlantik darunter. Beiden täte ein frischer Anstrich gut. Die Promenade ist nichts für Behinderte, sie verschwänden samt Rollator in einem der vielen, tiefen Löcher. Gegenüber wechseln sich Häuser mit bröckelnden Fassaden mit Gebäuden ab, die uniform in Glas und Beton erstellt wurden: Büro- und Verwaltungskomplexe. Simon fährt wie Schumacher auf dem Nürburgring. Ich brülle gegen das schreiende Radio: »Langsamer – und erklär mir mal was!« Er schlägt den Takt mit seinem ganzen Körper. Wir biegen in den Boulevard Omar Bongo ein. Ab und zu brüllt er mir ein paar Brocken rüber, aus denen ich mir zusammenreime: Bongo war von 1967 bis 2009 Präsident Gabuns, der am längsten herrschende Staatschef Afrikas, und hatte eine Menge Dreck vor der Tür. Seine Einheitspartei herrschte rigide, doch mit Geschick. Viele afrikanische Präsidenten betrachten ihren Staat als Erbhof. So ist es nicht verwunderlich, dass sein Sohn Ali-Ben Bongo sein Nachfolger wurde. Das Land ist relativ stabil und sicher. Das war nicht immer so. Nach der Unabhängigkeit von Frankreich 1960 wütete, kaum drei Jahre später, in Libreville heftiger Aufruhr. Präsident Léon M'Ba bat um Entlassung. Den Franzosen war er jedoch genehm, also griffen Fallschirmjäger ein und brachten M'Ba zurück in Amt und Würden. Sein Nachfolger war Omar Bongo, der sich mit Israel überwarf und zum Islam konvertierte. Wahrscheinlich aus Berechnung, um von Gaddafis Libyen zu profitieren. Eine Allianz, die nicht lange hielt. Von Gabuns Bodenschätzen und Rohstoffen angelockt, erschien China auf der Bildfläche. Für den Ausbau der Ölindustrie schenkte China dem Land eine Million Euro und gewährte ein zinsloses Darlehen von knapp fünf Millionen. Längst hat die Volksrepublik auch einen gierigen Blick auf Regenwald-, Eisen-, Uran- und Manganvorkommen geworfen. Und das Verhältnis zum ehemaligen Kolonialherrn?

Ein ewiges Auf und Ab! Wenngleich Libreville den Franzosen seine Gründung verdankt. Es ist noch nicht so lange her, da leitete die Pariser Staatsanwaltschaft eine strafrechtliche Untersuchung gegen Präsident Omar Bongo ein, und zwar wegen Unterschlagung öffentlicher Gelder. Bongo samt Sippe habe in Paris unrechtmäßigen Immobilienbesitz, habe außerdem namhafte Beträge aus französischer Entwicklungshilfe abgezweigt. Da fragt man sich: Welcher afrikanische Staatsmann ist frei von solchen Delikten? Die Klage hatten Exilkongolesen und Bürgerrechtsorganisationen eingereicht. Bongo war aufgebracht, und die französische Regierung fürchtete von Gabuns Rohstoffen abgekoppelt zu werden. Die Untersuchung gegen Bongo wurde mangels Beweisen eingestellt, der französische Staatssekretär Jean-Marie Bockel, Verfechter einer ›sauberen‹ Afrikapolitik, versetzt. Bongo zeigte sich beruhigt. Und der Boulevard heißt weiterhin Georges Pompidou.

All das Angelesene und die ›Brocken‹, die mir Simon zuwirft, gehen mir im Kopf herum, als das Taxi in Richtung Petit Paris kurvt. Sightseeing auf Afrikanisch gefällt mir nicht.

»Anhalten, Simon!«

»Warum?«

»Weil ich von eurer Hauptstadt was sehen möchte.« Er lamentiert. Ich bezahle, mit Trinkgeld. Mit quietschenden Reifen jagt er davon.

Beim Spaziergang wirkt die Siebenhunderttausend-Seelen-Stadt gänzlich anders. Ruhig, gelassen. Es ist Freitag, Straßen und Gassen sind in helles, warmes Licht getaucht. Vor einer Moschee sitzen Bettler. Passanten werfen Münzen in ihre Blechdosen. Bedürftigen Almosen geben ist Mohammedanern ein Gebot. Ich wende mich Richtung Ozean, wandere auf dem Cours Pasteur am Präsidentenpalast vorbei und stoße auf die Hafenmole. Davor breite Fließbänder aus Asphalt mit einer Blechlawinenkette. An Straßencafés stehen Menschentrauben. Musik rieselt von irgendwo aus Fenstern. Bauchladenverkäufer bieten Lose, Erdnüsse, gerösteten Mais an.

Libreville ist keine Stadt mit besonderen Attraktionen. Aber sie ist auf besondere Weise sympathisch, unverkrampft. Ganz und gar nicht aggressiv wie Kairo, Lagos oder Nairobi. Ja, ich kann es an der Gestik, am Ausdruck der Gesichter erkennen. Am Boulevard de la Mer suche ich ein Plätzchen in einem Straßenbistro. Schöne Körper wiegen oder eilen vorbei, hässliche schleppen sich mühsam, schwankend bisweilen. Würzige Seeluft wird herangetragen. Wenn ich den Hals recke, kann ich den glitzernden Ozean ausmachen. Wirklich idyllisch dieser Nachmittag in Libreville.

Jäh wird die Idylle zerstört. Brüllende Martinshörner, Blaulicht, hochtourige Motoren kreischen. Von links rauscht ein Konvoi schwarzer Daimler-Limousinen der S-Klasse heran, eskortiert von BMW-Motorrädern der Polizei. Ebenfalls mit Blaulicht- und Fanfarengetöse.

Erschrocken wende ich mich an den Nebentisch, frage: »Eilt der Präsident zum Flughafen? Ein Staatsbesuch?«

Der Mann lacht und meint: »Non, non, das ist ein Holz- oder Ölbaron, aus dem Geldadel um den Präsidenten. Der hat Zugriff auf jede Equipage.«

»Zu welchem Zweck?«

»Werden Sie gleich sehen.«

Als der Tross Limousinen zur Hälfte vorbeigefahren ist, gleitet ein offener Rolls-Royce Silver Cloud in Schneeweiß heran. Auf dem Kühler blitzt Emily gülden in der Sonne. Ein Brautpaar, sie in weißen Tüll gehüllt, mit Schleier, er im Frack, beide haben ein strahlendes Lächeln aufgesetzt, winken aus dem Fond. Souverän, wie Elisabeth II. Fahrer und Beifahrer sind glatzköpfige Preisboxerfiguren. Gehören wohl zum engsten Zirkel der Bodyguards? Die folgenden Limousinen werden von ebensolchen Leibwächtern chauffiert. Einfaches Defilieren reicht der Hochzeitsgesellschaft nicht. Der fließende Verkehr wird angehalten, die Karawane dreht auf dem Boulevard, um mit Getöse zurück und wieder vorbei zu jaulen. Jetzt wirft die feiste Braut sogar Blumen auf die Straße. Einige Passanten schauen ihr nach, die meisten ostentativ in eine andere Richtung. Der freundliche Mann neben mir meint, als das Spektakel vorüber ist: »Da wird unser Vermögen verprasst!«

»Wie meinen Sie das?«

»Nun, Bodenschätze und der Regenwald sind Volksvermögen, oder etwa nicht?«

»Nach Marx' ›Das Kapital‹ schon!«

Er meint erklärend: »Dass kein falscher Eindruck entsteht: Ich bin kein Kommunist!« Wir müssen beide lachen und drücken uns die Hand. Ich esse noch einige verkohlte Fleischstückchen am Spieß und beschließe nach dem Genuss einer lauwarmen Cola, den Weg am Ufer entlang zum Ferry Port und dann den weiten Weg zum Flughafen als Spaziergang zu gestalten.

Der Fähranleger ist verwaist. Auf einer grünen Raseninsel schlafen Afrikaner. Frauen verkaufen unter schlanken, hohen Kokospalmen entbastete Kokosnüsse. Ich komme an einer Werbetafel vorbei, »Fest der Kulturen in Gabun« ist darauf zu lesen. Dann an einem Monument für Léon M'Ba, den ersten Präsidenten Gabuns, der vom Volk noch hoch verehrt wird. Die Uferpromenade verbreitert sich. Hier reckt die wohl wichtigste Statue des Landes ihre Arme in den Himmel. Es ist das gleißend weiße Freiheitsmonument. Die Augen schmerzen beim Hinaufschauen. Aus einem getreppten Fundament entspringend wurden zwei ornamentierte Säulen geschaffen. Etwa fünfzehn Meter hoch. Dazwischen befindet sich, eingerahmt, eine hermaphrodite Gestalt, halb Mann, halb Frau; sie hat ihre Hand- und Fußfesseln zerrissen. Ein in der Tat eindrucksvolles Denkmal eines sich befreienden Sklavenpaars. Ich betrachte es von allen Seiten. Darunter, klein, verlassen wirkend, sitzt ein junger Mann mit Brille, adrett in weißes Hemd und schwarze Hose gekleidet, Typ Collegeboy. Er liest ein Buch, schaut auf und beobachtet mich.

»Das ist unsere Freiheitsstatue. Nicht so berühmt wie die vor New York, aber immerhin«, klärt er mich auf.

»Sehr eindrucksvoll!«, erwidere ich.

»Libreville wurde 1849 nach dem Vorbild von Freetown in Sierra Leone als Siedlung für freigelassene Sklaven gegründet«, erklärt er. Noch ein Blick in den Himmel. Die zwittrige Gestalt mit den gereckten Armen hat ihren Mund wie zu einem Schrei aufgerissen. Schreit sie »Freiheit!« über die Stadt hinaus?

»War das Mündungsgebiet des Komo in diesem Abschnitt unbewohnt?«, will ich wissen.

»Sporadisch lebten die Mpongwé, eine Bantu-Gruppe, als Fischer hier, die jedoch von den portugiesischen Sklavenhändlern und sklavenjagenden lokalen Führern heimgesucht wurden.«

»Afrika verlor Blut aus allen Poren. Küstengebiete lagen im Sterben oder waren entvölkert worden«, pflichte ich ihm bei.

»Am Menschenhandel waren alle beteiligt: die schwarzen Herrscher, Araber, europäische Staaten, Amerika. Die Gründung Librevilles ist ein Paradoxon.«

»Wie meinen Sie das?«

»Nun, Anfang 1849 kaperte eine französische Fregatte die *Elizia* mit einhundertfünfzig Sklaven an Bord. Die Geretteten wurden an dieser Stelle an Land gesetzt, und aus der Siedlungsgründung entstand unsere Hauptstadt. Eigentümlich, nicht wahr? Die Franzosen befreiten vor Gabun Sklaven, während sie in Ostafrika noch kräftig am Sklavenhandel beteiligt waren.«

»Schon mal etwas von Tippu Tip gehört?«, frage ich rundheraus.

»Dem mächtigen Sklaven- und Elfenbeinhändler? – Natürlich!«

»Und Jean-Jacques Rousseau?«

Der Afrikaner schaut mich an, als wolle er sagen, da testet so ein eingebildeter Europäer mein Allgemeinwissen. Doch seine Augen lächeln, als er sagt: »Der Mensch ist frei, und überall liegt er in Ketten – Tippu Tip kontra Rousseau, unterschiedlichere Gestalten der Geschichte sind Ihnen wohl nicht eingefallen?«

»Das liegt an diesem Monument. Es weckt Assoziationen. Rousseaus Äußerung sollte den Sockel zieren. Oder sind die Menschen wirklich frei?«

Er schaut auf die Uhr, klappt das Buch zu und sagt: »Meine Vorlesung beginnt, ich muss los.«

Ich rufe ihm nach: »Was studieren Sie?«

»Soziologie und Geschichte«, wirft er mir über die Schulter zurück zu und rennt über den Boulevard.

Allmählich entschwinden die hohen Gebäude. Ich entfliehe der City, gerate in ein Viertel aus Müll, Kisten, Abfall. Kein wirklich schlimmer Slum, wie er uns in den No-Go-Zonen von Kapstadt, Johannisburg oder Kairo anspringt. Es ist ein Viertel der um ein Plätzchen an der Sonne Kämpfenden. »Wir rudern alle in einem Boot zum Erfolg!«, rief einst Omar Bongo seinem Volk zu.

Dass er mit dem Geldadel auf dem Sonnendeck liegt, während die Masse der Bürger schweißgebadet rudert, erwähnte er nicht.

Der Flughafen rückt heran. Ich fühle mich noch fit, marschiere weiter in Richtung Okala, vorbei an großen Militärcamps. Wachen des 1. Fallschirmregiments mustern mich argwöhnisch. In Höhe des Vororts Okala stoße ich auf das Hotel *Orchidée*. Aus Neugierde folge ich einer Stichstraße ans Meer. Unverhofft befinde ich mich in einer anderen Welt: der der Vornehmen und Reichen. Prächtige Villen, Burgen, ja Paläste verstecken sich hinter hohen gesicherten Mauern und spießbewehrten Eisenzäunen. Staunend verharre ich vor der Villa Medici, bewundere die Villa Silvia. Da waren europäische Baumeister mit teuren, ausgesuchten Materialien am Werk. Da reiht sich das Anwesen des chinesischen Botschafters an das des französischen und das des algerischen ...

Die Hitze und der lange Marsch haben mich ausgelaugt. Es wird Zeit, etwas zu trinken. Vor dem Beach Club parkt eine Schlange schwerer Limousinen. Direkt vor dem imposanten Entree steht ein weißer Rolls-Royce. Na, das ist ja interessant! Kackfrech halte ich auf Wachen und Bodyguards zu, die mich sogleich stoppen und hinwegkomplimentieren wollen. Ein Griff in die Hosentasche, und schon haben sie meinen internationalen Presseausweis unter der Nase. Afrikaner, die es zu etwas gebracht haben, sind publicitysüchtig – meistens. Mir wird Zugang gewährt. Ich schreite an einem riesigen Pool vorbei in einen märchenhaft angelegten Park. Die Szene, die sich offenbart, ist fantastisch, einfach umwerfend. Ich fühle mich in den Schlossgarten von Versailles versetzt, in dem Ludwig XIV. gerade eine seiner pompösen Gartenpartys zelebriert. Endlich sieht man mal, wo die Petro-Dollars und Edelholz-Euros, Schmiergelder, Bestechungskröten und sonstigen Moneten hingeflossen sind.

Die mir vom Straßenkorso bekannte Braut sitzt unter einem Brokatbaldachin. Ihr Bräutigam hält ihr Händchen, als wolle er ihr einen Handkuss geben. Ich zähle fünfzehn Fotografen, die um Brautpaar und Gäste wieseln und aus allen Rohren schießen. Haben sie eine Serie im Kasten, eilen sie an ihre transportablen Drucker, um den Abgelichteten die Papierbilder zu offerieren. Die Gesellschaft zählt mindestens vierhundert Gäste. Unter einer Schatten spendenden Platane spielt eine Band herzerwärmenden Blues. Paare wiegen sich im Tanz. Gabuns High Society gibt sich distinguiert, ist von einer gewissen Eleganz geprägt. Die jüngere Damenwelt trägt aufregende Cocktailkleider in weißer, cremefarbener oder bunter Seide. Ältere Ladys sind in langer, teurer Abendrobe erschienen. Auf ihren geglätteten Haaren oder Perücken prangen ausladende Hüte in Pink, Rot oder Gelb. Herren tragen Fantasiefräcke in allen Farben zwischen Schwarz und Weiß. Ihre Schädel sind kahlgeschoren, sie glänzen wie gewachst und poliert. Jungen und Mädchen sind ebenfalls herausgeputzt worden, die Bürschchen im Minifrack, Girlies tragen putzige Petticoats. Zwischen Sitzgruppen, Stehtischen, jeweils mit Blumenbuketts edel dekoriert, huschen livrierte Kellner mit weißen Handschuhen hin und her. Sie jonglieren barocke Silbertabletts. Eifrigen Bienen gleich schwirrt das übrige Servicepersonal aus, um die Gäste aus Küchen oder vom Büfett mit Köstlichkeiten zu versorgen oder ständig den Champagner mit dem Großen ›S‹, Champagne Salon, die Flasche zu fünfhundertzehn Euro, nachzuschenken. Selbstredend wird an Hummer, Almas-Beluga-Kaviar, schwarzen und weißen Trüffeln nicht gespart. An den Bars diskutieren Yuppies mit der Jeunesse dorée und High Potentials aus Wirtschaft, Politik oder Finanzwelt. Vielleicht ist auch ein arrivierter Künstler dabei? Tipps werden gegeben, lukrative Deals eingefädelt, Seilschaften gepflegt. Hier befindet sich das Zentrum der Netzwerker. Hier wird Gabun regiert. Mit Sicherheit sind Minister unter den Gästen. Wahrscheinlich hat sich Präsident Ali-Ben Bongo längst sehen lassen.

Per Zufall bin ich in einen Machtapparat geraten, spannend, dennoch fühle ich mich unwohl und eigentlich deplatziert. Komme mir vor wie ein Zaungast, der den Tanz auf dem Vulkan überlebt hat. Auch ein bisschen wie ein Spion, der jeden Augenblick enttarnt werden könnte. Gerade wird eine Lady, die an Naomi Campbell erinnert, von einem Blitzlichtgewitter eingedeckt. Was sie genießt, und daher bringt sie Busen nebst Hintern noch besser in Position. Ich winke einen Kellner heran.

»Wer ist das?«

»Dorety Baussillion«, flüstert dieser, »eine bekannte Schauspielerin.«

»Noch nie gehört«, sage ich.

Enttäuscht stellt er mir ein Glas Ananassaft auf den Tisch. Ich hatte mich etwas abseits unter einem Verandavordach niedergelassen, die Kamera vor mir aufgebaut. Der Campbell-Verschnitt entdeckt mich. Das ist nicht verwunderlich, schließlich bin ich der einzige Weiße in der illustren, farbigen Gesellschaft.

»Für wen arbeitet der Monsieur?«, fragt sie.

»Suchen Sie sich das Blatt aus: Paris Match, New York Times, Le Figaro, Le Monde ...«

»Oh, dann sollten Sie auch Aufnahmen von mir machen. Ich heiße Dorety Baussillion«, sagt der Mund mit Lippen wie Autoreifen.

»Ich weiß, Dorety, hab viel von Ihnen gehört.«

Ich drücke dreimal auf den Auslöser. Dorety entschwindet zufrieden.

Von dem Saftkellner erfahre ich, dass es sich bei der Hochzeit um die Vermählung der Tochter eines Staatssekretärs mit dem Sohn des wohl größten Sägewerkbesitzers des Landes handelt. »Eine gute Liaison«, meint er augenzwinkernd.

Zwei Stunden später, es ist bereits dunkel, bin ich wieder in meiner kleinen, bescheidenen Welt. Der Ozean rauscht. Der Wind klagt im Duett mit hungrigen Möwen. Afrika – gegensätzlicher konnte ich Gabun für den Beginn einer Reise nicht erleben! Was meint der ›alte‹ Fahrensmann und Weltenbummler Helge

Timmerberg ganz richtig? »Der erste Tag ist immer schwierig. Bei Fernreisen kommt die Seele erst drei Tage später an. Und man fühlt sich seltsam ohne Seele. Man ist nirgendwo zu Hause, weder im Alten noch im Neuen.« Heute ist mein zweiter Tag. Ich fühle mich angekommen. Morgen werde ich in den Südosten, in den Wald fahren.

Lambaréné

Wieder hocke ich in einem Taxi, zum vierten Mal an diesem Vormittag. Das erste brachte mich in die Stadt. Das zweite an einen Busbahnhof, an dem aber auch gar nichts funktionierte. Das dritte fuhr zu einem Platz, auf dem dicke Staubfahnen und schwarzer Auspuffqualm waberten. Als sich der Qualm mal für einen Moment verzog, hatte ich den Eindruck, auf einen Pkw-Friedhof geraten zu sein, auf dem King Kong wütend mit Autos um sich geworfen hatte.

Der Eindruck täuscht. Einige Pkws sind einsatzfähig. Ihre Fahrer bieten lauthals ihre Fahrkünste, Routen und Preise an. So gerate ich an Pierre, der das trichterdurchsetzte Asphaltband bezwingt wie einst Toni Sailer Slalompisten. Autsch, gerade hat er ein Schlagloch voll erwischt. Sieben Köpfe knallen ans Blech des Autodachs, aus zwei kleinen kommt Geplärre. Die anderen stoßen Flüche aus. Wir sitzen in einem passablen Renault. Ich fühle mich mal wieder unwohl, so bequem neben dem Fahrer, während hinten eine breite Mami, auf dem Schoß zwei Kinder, von zwei Männern eingequetscht wird. An einem technischen Halt biete ich an, den Platz zu tauschen. Pierre protestiert. Ich sei Gast des Landes, und schließlich hätte ich für die Passage so viel bezahlt wie alle anderen zusammen. Na gut, ich füge mich.

Wir brausen durch Kango, Oyan, Bifou, stoßen dann direkt südwärts. Lambaréné kann nicht mehr weit sein. Stellenweise führt die Straße durch dichten Regenwald, dann vorbei an gerodeten Flächen, auf denen der Mutterboden weggewaschen und die Erde erodiert ist. Lichtungen geben Dörfer mit Rundhütten, Versammlungshäusern, rudimentären Kirchen und Moscheen frei. An Straßenrändern stehen Verkaufsstände mit Bananen, Mangos, Ananas, Erdnüssen. Sattelschlepper, hoch beladen mit mächtigen Baumstämmen, brettern uns entgegen. Ihnen gehört die Fahrbahn, wer nicht weicht, wird zermalmt. Einst bestand Gabun fast nur aus Regenwald. Knapp die Hälfte steht noch zum Abholzen zur Verfügung.

An einer Tankstelle wird etwas repariert und am Verteilerkopf herumgefummelt und von den Insassen Spritgeld für die Weiterfahrt eingesammelt. Pierre bezahlt die Reparatur, fürs Tanken hat er kein Geld mehr. Es geht weiter. Zwischendurch werden Fahrgäste raus- und andere am Weg winkende reingelassen. Pierre ist sprachfaul. Seit Stunden trifft mich der eisige Strahl der Klimaanlage. Ich verrenke mich wie ein Spastiker, vermag der Kälte, die es auf meine Augen abgesehen hat, nicht zu entgehen, doch der Fahrer kann oder will die Anlage partout nicht drosseln.

Kurz vor Sonnenuntergang biegen wir links in eine tunnelartige Stichstraße ein, die an einem Rondell mit Schlagbaum endet. Ich lese: »Hôpital Albert Schweitzer, Lambaréné« auf einem Hinweisschild. *Arrivé!* Ich schnappe mein Bündel und begebe mich zur Pförtnerloge und zur Anmeldung. Höflich, aber bestimmt werde ich nach meinem Begehren gefragt. Ich erkläre, dass ich angemeldet sei, mich im Hospital umsehen und einige Ärzte sprechen wolle. Einigermaßen skeptisch schiebt man mir ein Anmeldeformular zu. Als ich mich ausweise, werden die beiden Pförtner zugänglicher. Man lässt mich passieren. Ein weitläufiges Gelände mit gepflegter Grünanlage und hell gestrichenen, soliden Gebäuden erstreckt sich in leichter Hanglage. In Richtung Wald, rechts, wird es bergig. Auf den Hügelkuppen stehen vereinzelt Bungalows. Ein befestigter Weg führt zu einem repräsentativen Komplex, den ein Flaggenwald schmückt. Unter einer Palme, gleich gegenüber, steht eine uralte Dampflokomotive. Einer ›Kulturbaracke‹ schließen sich weitere Flachbauten mit Läden und Aufenthaltsräumen an. Auf einem Sportplatz wird Fußball gespielt. Die Fondation International de l'Hôpital Albert Schweitzer, Lambaréné ist ein ansehnliches, autarkes Dorf am Ufer des Komo-Flusses, mitten im Wald gelegen, gut vier Kilometer von der Inselstadt Lambaréné entfernt.

Orientierungslos irre ich im Barackenbereich des Areals umher, bis ein Pfleger sich meiner annimmt. Gemeinsam suchen wir das flaggengeschmückte Hauptgebäude auf. Dort habe ich Glück, gleich an kompetente Personen zu geraten: Dr. Schnorr, einen Schweizer Arzt, und die Chefsekretärin Léonie. Dr. Schnorr ist sehr beschäftigt, da sich gerade mehrere Delegationen aus Asien und Europa im Krankenhaus aufhalten. Dennoch nimmt er sich die Zeit, mir die Unterkunft zu zeigen, die mir Léonie zugedacht hat. Léonie aus Gabun ist übrigens mehrsprachig, hübsch und ausgesprochen umsichtig. Im Laufe meines Aufenthalts sollte sie mir noch aus einer verzweifelten Lage helfen können.

Ich bekomme das Appartement 37 hinter dem neu erstellten Labor. Die Hauskatze, groß wie ein Luchs, tigergestreiftes Fell, liegt vor dem Eingang. Wir steigen über das schnurrende Tier. Dr. Schnorr präsentiert die saubere, funktionale Unterkunft nicht ohne Stolz. Küche, Bad, Wohn- und Schlafbereich, großer Arbeitstisch, sogar ein Kleider- und Bücherschrank mit Literatur stehen zur Verfügung, um sich wohlfühlen zu können. Es ist alles vorhanden. Rasch habe ich mich eingerichtet, steige über die Tigerkatze und suche den Weg hinüber zu den Baracken, um etwas Essbares einzukaufen. Es ist dunkel geworden. Die feuchte, schwere Hitze treibt den Schweiß aus allen Poren, lockt Fliegen und Moskitos an. Der Shop, typisch für afrikanische Läden, besteht aus einem Loch mit Tresen, an den Wänden reichen rohe Holzregale zur Decke, aus denen der *patron* mit seinen Helfern allerlei Lebensmittel, Obst und Gemüse zerrt. Ich kaufe Brot, eine Tüte Milch und Käse. Dabei muss ich mich mit Nachdruck an den Tresen drängen. Die Kunden weichen auch nach dem Einkauf nicht davon zurück. Abendstunden in Lebensmittelgeschäften werden gern für nicht endende Schwätzchen genutzt.

In den Laborräumen brennt noch Licht. Ich werfe einen Blick ins Sekretariat und die Räume dahinter. An Computern arbeiten junge Menschen unterschiedlicher Nationalitäten und Hautfarben. Ein großer, schlanker Mann steht auf und stellt sich als Dr. Lell aus Österreich vor. Sein Kollege Schnorr hat ihn über meine Anwesenheit informiert.

»Seien Sie gegrüßt, im neuen Forschungslabor!«, empfängt er mich. »Ich führe Sie gern herum.«

Eine Luftschleuse bringt uns ins Herz der Forschungsstätte, wo Rechner, Zentrifugen, Mikroskope, elektronische Waagen sowie eine Menge anderer Hightech-Apparaturen stehen. Eine Französin und ein Inder sind mit der Auswertung endloser Zahlenkolonnen beschäftigt. Vor einem monströsen Mikroskop justiert ein Afrikaner den Objektträger.

»Die Abteilung Forschung leite ich mit zwei weiteren Kollegen«, erklärt Lell. »Die Fondation wurde 1974 gegründet. Sie betreibt die Bereiche Forschung, also uns, das Krankenhaus und das Museum.«

»Welche Aufgaben haben die Sektionen?«, frage ich, als wir im Sitzungsraum Platz nehmen.

»Nun, unser Bereich wird seit 1992 von Professor Peter Gottfried Kremsner von der Universität Tübingen betreut. Forschungsschwerpunkt ist *Malaria tropica,* aber auch an anderen Tropenkrankheiten wie Bilharziose, Ebola-Fieber, Lepra wird geforscht. Die Crew ist international und besteht aus rund einhundert Wissenschaftlern, meist Afrikanern, aber auch Deutschen. Soweit ich informiert bin, befinden sich zurzeit auch zwei Hamburger unter uns. Doktoranden sorgen für Fluktuation und frischen Wind. So wird es hier im Wald nie langweilig. Meine Kollegen sind übrigens die Wissenschaftler Akim aus Gabun und Issifou aus Benin.«

»Und der zweite Bereich?«

»Das Hospital, also der Krankenbereich, ist natürlich ungleich größer. Dort gibt es die Innere, die Chirurgie, eine Geburts- und Zahnklinik sowie eine Pädiatrie, also eine Abteilung für Kinder- und Jugendmedizin.«

»Ist dies das einzige Krankenhaus der Region?«

»Nein, Lambaréné drüben, mit seinen vierzigtausend Einwohnern, hat ein staatliches Krankenhaus.«

»Und wie sieht es mit der Bezahlung aus? Ich kann mir vorstellen, dass nicht jeder Gabuner genug Geld für eine Behandlung aufbringen kann.«

»In diesem Bereich ist das Land vorbildlich. Viele Bürger haben eine Krankenversicherung. Wer arm und mittellos ist, wird bei uns umsonst behandelt. Bisweilen übernehmen auch Firmen oder die Familien die Kosten. Als Stiftung haben wir die Pflicht, großzügig zu sein. Ganz im Geist des Gründers. Vielleicht ist Ihnen bekannt, dass wir drauf und dran sind, eine Universitätsklinik zu werden? Die Fondation Albert Schweitzer genießt national wie international einen hervorragenden Ruf in der Medizin. Persönlichkeiten aller Disziplinen besuchen uns. Ständig sind Kollegen auch Ihrer Zunft hier.«

»Kann ich mir denken.«

»Ich meine einen bestimmten. Er besuchte uns 2009. Literaturnobelpreisträger Vidiadhar Surajprasad Naipaul, der Schriftsteller aus Trinidad mit indischen Wurzeln. ›Ein Haus für Mr. Biswas‹ hat mich beeindruckt, deshalb habe ich mir seinen Namen gemerkt.«

»Mit ›An der Biegung des großen Flusses‹ hat er sich in Afrika keine Freunde gemacht«, antworte ich.

»Kein Wunder, beschreibt er darin nicht die Vertreibung eines indischen Kaufmanns aus dem Kongo?«

»Ein altes Problem. Durch ihre Tüchtigkeit haben sich die Inder in Afrika überall Feinde geschaffen und sind verfolgt worden: Kenia, Tansania, Sansibar, Uganda. Ein heikles Kapitel der Völkerverständigung!«

»Einen hilfreichen Besucher hatten wir im September 2005. Manfred Alker aus Deutschland erschien mit dem Fahrrad zum 40. Todestag von Schweitzer. Er blieb einige Wochen und half unentgeltlich in der Werkstatt und der Leprastation.«

Ich habe von der Fahrradtour des Sechzigjährigen gehört. Zum 30. Todestag hatte er bereits die gleiche Strapaze auf sich genommen. Traurig war er, dass am Gedenktag des Wohltäters der Menschheit kaum jemand an seinem Grab erschienen war, weder Politiker noch Abordnungen aus Gabun, Deutschland oder Frankreich. Lediglich ein kleines Grüppchen Einheimischer stand am schlichten Steinkreuz, um kurz innezuhalten. Anders 2013: Der Deutsche Hilfsverein für das Albert-Schweitzer-Spital in Lambarene e.V. hatte zum 100. Jubiläum der Spitalgründung ein würdiges Programm unter dem Motto »Hundert Jahre Menschlichkeit« mit einer Vielzahl von Benefiz-Orgelkonzerten initiiert.

»Der dritte Bereich, wir nennen ihn Hospital I, liegt drüben am Ufer des Ogooué (Ogowe), vier Kilometer westlich des heutigen Standorts. Dort hat Schweitzer 1913 die erste Hütte gebaut.

Sein erster Behandlungs- und Operationssaal war ein Hühnerstall. 1927 zog er hierher um. Wir bezeichnen die Hütten, Baracken, Gemäuer aus damaliger Zeit als Hospital II. Es bildet den Museumstrakt, die historische Zone, sie ist Weltkulturerbe. Das sollten Sie sich unbedingt ansehen.«

»Dann ist Hospital III der moderne Krankenhausbereich?«

»So ist es. Er wurde 1979 bis 1981 gebaut und ständig erweitert. Zur Fondation gehören zusätzlich Kindergarten, Grundschule, Unterkünfte für die Mitarbeiter, der Sportplatz, Werkstätten für Autos, Metall- und Holzarbeiten. Mittlerweile sind wir ein Dorf mit über tausend Bewohnern.«

»Wie wird die Stiftung eigentlich verwaltet?«

»Es gibt einen international besetzten Rat, in dem die Gabuner die Mehrheit besitzen und die wichtigsten Unterstützer, die Schweiz, Deutschland, Frankreich, China, die USA, vertreten sind. Die Stiftung besteht seit achtunddreißig Jahren. Maßgebende Persönlichkeiten sind der Wormser Studiendirektor Dr. Roland Wolf, der Lambaréné regelmäßig besucht und jährlich Gruppenreisen hierher organisiert. Er hat sechs Jahre als Deutschlehrer in Gabun gelebt und sich Schweitzers Philosophie der ›Ehrfurcht vor dem Leben‹ zu eigen gemacht. Dann ist da Dr. Lachlan Forrow, ein Internist aus Boston, zu erwähnen. Forrow ist Professor der Medizin an der Harvard-Universität, Friedensnobelpreisträger und Präsident der Albert-Schweitzer-Gesellschaft.«

Mir schwirrt der Kopf von all den Fakten. Als wir den Raum verlassen, will gerade eine Ärztin, Mitte zwanzig, das Labor verlassen, um Feierabend zu machen. Dr. Lell spricht sie an. Ich erfahre, dass sie aus Brasilien kommt, sich auf Tropenkrankheiten spezialisiert hat und überglücklich ist, hier an Malariaerregern forschen zu können.

»Die Erkenntnisse werden von großem Nutzen für mein Land sein«, sagt sie und eilt zu ihrer Unterkunft.

Albert Schweitzer

Hühner gackern unter Palmwedeln. Eine Frau hängt Wäsche über eine Leine. Ich begebe mich an den Ogooué, der sich braun und träge in Richtung Südwesten wälzt, vorbei an Sandbänken, Uferschlamm, überhängenden Baumriesen in den dichten Dschungel hinein. Der Ogooué, der so lang ist wie der Rhein, ist neben dem Ngounié der mächtigste Fluss Gabuns und eine der wichtigsten Verkehrsadern in dem von 1,8 Millionen Menschen besiedelten Land. Immerhin ist Gabun so groß wie Deutschland, Belgien und die Niederlande zusammen. In bunte Wickelröcke gekleidete Frauen palavern unter Bananenstauden. Die Sonne sticht äquatorialheiß aus dem frühen Vormittagshimmel. Mein Ziel ist die lange, auf Stelzen stehende Baracke, das Museum, die einstige Wirkungsstätte von Albert Schweitzer. Eine Holztreppe führt zu einer die ganze Front einnehmenden Veranda hinauf und zu einem knarrenden Eingang.

»Bonjour, Monsieur. Möchten Sie unser Museum besuchen?«, krächzt eine Stimme wie aus der Versenkung.

Ich befinde mich in einem Vorraum, vollgestopft mit einer Fülle von Gegenständen, die zum Erwerb angeboten werden: Nachdrucke von Schweitzers Büchern, Postkarten, historische Bilder, allerlei Masken aus Holz und Terrakotta ... Die Stimme gehört einem Methusalem, der sich hinter einem Prospektstapel verschanzt hat, den er flugs zur Seite schiebt.

»Ja, gern«, antworte ich, zahle einen Minibetrag und stecke einen gefalteten Schein als stille Spende in eine Blechdose mit Schlitz und dem Aufdruck »Hôpital Albert Schweitzer«.

Nun bittet der Afrikaner um einen Eintrag ins Gästebuch. Neugierig beobachtet er meine Angaben. Plötzlich stößt seine Altmännerstimme heraus: »L'Allemagne, Hambourg! Mein Neffe war dort am UKE in Eppendorf Orthopäde!«

»Am Universitätskrankenhaus? – Nicht möglich!«

»Oui, oui. Ich heiße Modibo Keiba.«

Er reicht mir seine Hand, die sich wie ein knorriger Ast anfühlt. Damit habe ich einen Museumsführer, der mich mit Freude durch die Räume führt und längst Vergessenes zutage fördert. Da ich der einzige Besucher bin, hat Modibo alle Zeit der Welt. Ungeheures Wissen sprudelt aus seinem fast zahnlosen Mund. Leider muss ich häufig nachfragen, um sein genuscheltes Französisch zu verstehen. Vieles aus dem Werdegang Schweitzers ist mir bekannt, habe ich doch den ›Urwalddoktor‹ als Kind erlebt und mit diesem Besuch in Lambaréné nun endlich ein lang gehegtes, immer aufgeschobenes Vorhaben verwirklicht. Es ist für mich auf besondere Weise spannend, vor Ort an seiner Wirkungsstätte sein zu können! Ob ich will oder nicht, ich muss in Schweitzers Leben eintauchen.

Der Pfarrerssohn Albert aus Grünsbach im Elsass studierte in Straßburg, Paris und Berlin Theologie, Philosophie und Musik. Geboren wurde er 1875. Mit dreißig Jahren hörte er per Zufall von Missionaren von der Not im Ogooué-Gebiet. Das ging ihm unter die Haut. Er entschloss sich, um wirklich helfen zu können, ein Medizinstudium zu ergreifen, das er nach acht Jahren als approbierter Arzt beendete. Die Studienzeit finanzierte er mit Orgelkonzerten und Buchveröffentlichungen zu philosophischen und theologischen Themen.

Das afrikanische Abenteuer begann für ihn, seine Frau Helene und eine das Paar begleitende Krankenschwester am 23. März 1913. Das Trio begab sich damals nach Lambaréné, wo es das Hospital I buchstäblich aus dem Dschungelboden stampfte. Die ersten Kranken wurden in dem erwähnten halb verfallenen Hühnerstall behandelt. Als Urwaldtrommeln verkündeten, dass ein weißer Medizinmann Einheimische behandele, humpelten, krochen, schleppten sich Menschen herbei, mit Knochenbrüchen und phagedänischen (fressenden) Geschwüren, in denen Maden steckten und die entsetzlich stanken. Patienten mit tellergroßen Eiterherden, die von Sandflöhen verursacht worden waren, erschienen ebenso wie von Spul- und Bandwürmern Geplagte oder Leute, die durch Krokodil- oder Flusspferdattacken Arme oder Beine verloren hatten. Fiebergeschwächte, Lepraverunstaltete, von Pocken Gezeichnete wurden auf Tragen herangeschafft. In einigen Krals grassierten Cholera, Malaria, Amöbenruhr, Fleckfieber, die Schlafkrankheit ... Vor Schweitzers Hühnerstall lagerte das ganze Spektrum afrikanischer Qualen.

Es grenzt an ein Wunder, dass das Ehepaar Schweitzer mitsamt der Krankenschwester nicht selbst dahingerafft wurde. In diesen ersten schlimmen Monaten musste rasch und beherzt gehandelt werden. Schweitzer war eine Konkurrenz für die amtierenden Schamanen und Hexenmeister. Sie beobachteten sein Wirken mit gefährlichem Argwohn. Wehe, dem weißen Doktor passierte ein Missgeschick! Eine große Hilfe war der Missionsschüler N'Zé. Er dolmetschte, vermittelte, schlichtete, erklärte, wusste um die Empfindlichkeiten seiner schwarzen Brüder.

Tagesmärsche entfernt wurde ein Sägewerk betrieben. Für Reparatur- und Erweiterungsbauten konnte Schweitzer von dort Bretter beziehen. Im Gegenzug behandelte er die schwarzen Holzfäller und das weiße Personal der Werksleitung, wenn sie erkrankten. In Europa war unterdessen der Erste Weltkrieg ausgebrochen. Auf den Schlachtfeldern wurde massenhaft getötet. »Dankbar konnte ich fernab helfen, heilen, Leben retten«, schrieb Schweitzer.

Das heutige Gabun hieß einst Französisch-Äquatorialafrika. 1914 wurden der Arzt und seine Frau von französischen Truppen unter Hausarrest gesetzt. Drei Jahre später nahmen Behörden das von jahrelanger Arbeit im Dschungel erschöpfte, von Anämie geplagte Ehepaar fest und überführten es von Afrika nach Bordeaux in Frankreich, wo es bis 1918 in einem Internierungslager festgehalten wurde. In dieser Zeit schuf Schweitzer das Ethikwerk »Ehrfurcht vor dem Leben«, dem die zentrale Aussage zugrunde liegt: »Ich bin Leben, das leben will, inmitten von Leben, das leben will.«

Bis 1924 schlug sich der ›Urwaldarzt‹ als Vortragsredner, Assistenzarzt, Vikar und mit Orgelkonzerten in Straßburg durch. Er überstand zwei schwere Operationen und hatte Schulden abzuzahlen. Reisen nach Schweden und in die Schweiz verhalfen ihm schließlich zu Anerkennung und zur Würdigung seines Schaffens. Die Züricher Universität verlieh ihm die Ehrendoktorwürde. Im Februar 1924 entschloss sich Schweitzer, ohne seine noch kränkelnde Frau und ohne Tochter Rhena zurück in sein Hospital nach Lambaréné zu reisen.

Die Krankenstation war total heruntergekommen. Er hatte es geahnt. Schweitzer musste praktisch neu beginnen. Allerdings nicht an alter, sondern an einer anderen Stelle. Rund vier Kilometer stromabwärts, genau dort, wo ich jetzt stehe, entstanden diese Baracke und eine Reihe weiterer Gebäude, die als Museumsdorf erhalten wurden.

Zwischen 1924 und 1931 mag des Doktors arbeitsreichste Zeit gewesen sein. Tagsüber fungierte er als Bauleiter, Organisator, abends ließ er sich von seinen Ärzten Nessmann und Lauterberg, später kam Dr. Trensz hinzu, die schwierigsten Fälle erläutern, besuchte die Kranken auf den Stationen, gab Rat und fand tröstende Worte. Nachts schrieb er Tagebuch und Bittbriefe an einflussreiche Stellen und Persönlichkeiten weltweit. »Herr Doktor, es ist wieder weit nach Mitternacht. Sie müssen an ihre Gesundheit denken!« So manche Nacht musste Schwester Mathilde Kottmann an die Tür Schweitzers klopfen, um ihn an seine Nachtruhe zu erinnern.

Das Krankenhaus brauchte Geld, viel Geld für Neubauten, für Medikamente, Verbandszeug, OP-Gerät, Verpflegung und vieles mehr. Behandlungen waren kostenlos, wenngleich Gegenleistungen erwartet wurden: Weniger schwer Erkrankte oder Gesundgewordene hatten ihre Arbeitskraft anzubieten, selbst, wenn es sich nur um wenige Tage oder Wochen handelte. Üblich war auch, dass sich Verwandte der Patienten im Hospital nützlich machten.

Trotz schmerzhafter Fingerkrämpfe schrieb Schweitzer unentwegt an seinen Manuskripten und Abhandlungen. Zusätzlich brachte er es auf rund zweitausend handgeschriebene Briefe, in denen er seine finanziellen Sorgen bezüglich des Lambaréné-Projekts erklärte. Auf den Stationen lagen zu jener Zeit zweihundertfünfzig Kranke. Im Regenwald herrschten Dysenterie, Beriberi, Lepra und – infolge Vitaminmangels – Skorbut. Ja, bei Epidemien musste ständig umgelagert, isoliert, speziell behandelt und gepflegt werden. Geisteskranke neigten zu unkontrollierten oder aggressiven Handlungen. Ein geschlossener Bereich war nicht vorhanden. Es gab so unendlich viel zu tun! 1927 musste sich Schweitzer zum Spendensammeln nach Europa aufmachen. Unermüdlich trat er als Vortragsredner und Organist auf. Er gab Konzerte in Großstädten, spielte bisweilen auch auf berühmten Orgeln in kleineren Orten. So kam es, dass er auch einmal in der Stiftskirche von Landau in der Pfalz zu hören war, wo sich mein Großvater, früher Schiffsarzt, als Facharzt für Augenheilkunde niedergelassen hatte. Großvater kannte Gabun, besonders Libreville, recht gut. Er lud Albert Schweitzer in sein Haus in der Moltkestraße ein. Man trank ein Schöppchen Pfälzer Wein, oder auch zwei, erzählte sich Geschichten über Afrika und schloss Freundschaft. Großmutter animierte ihren gerade gegründeten Frauenverband zu spenden. So konnte Schweitzer bei seiner Abreise ein schönes Sümmchen übergeben werden. Der ›Urwalddoktor‹ übernachtete bei uns. Ich sage bei uns, wenngleich es mich noch nicht gab. Ab 1950 bin ich oft bei meinem Opa gewesen. Konnte nie genug bekommen von seinen Geschichten über Abenteuer auf großer Fahrt.

Weihnachten 1929 verbrachte Schweitzer mit seiner Frau in Lambaréné. Stetig wurde das Hospital komplettiert und verschönert: Ein Garten wurde angelegt, die einstige Guilchhouse-Gemeinde London stiftete Geld für einen Bungalow für Geisteskranke. Tuberkulosekranke erhielten einen eigenen Bereich, weil Schweitzer fünftausend Franken seines Literaturpreises dafür verwendete. Endlich konnte der Operationssaal modernisiert werden. Natürlich gab es auch so manche Schererei mit dem Personal. Boulingui, eigentlich ein guter, umsichtiger Pfleger, vermochte seine Laster – Palmwein, Kartenspiele, Frauen – nicht im Zaum zu halten. Ertappte *le grand docteur* Boulingui beim Trinken, setzte es eine donnernde Standpauke.

Waisenkinder, auch Waisentiere fanden im Hospital immer eine Bleibe. Zeitweise glich das Außengelände einem Zoo. Eine Zwergantilope war Schweitzers Zimmergenossin. Auf Inspektionsgängen begleitete ihn stets ein besonders stattlicher Pelikan. Im Sand suhlten sich, zum Vergnügen der Kinder, Wildschweinfrischlinge. Hunde kläfften, Ziegen meckerten und in den Bäumen tollten Affen, schrien Seeadler, oder es war das Kreischen wilder Papageien zu hören …

Auf Stippvisiten in Europa: Zum 100. Todestag Goethes hielt Schweitzer eine eindrucksvolle Gedenkrede im Frankfurter Opernhaus. Es war damals schon ein Appell, in dem er vor der NSDAP warnte. 1952 wurde ihm der Friedensnobelpreis verliehen. Für die Ehrung bedankte er sich zwei Jahre später in Oslo mit dem Vortrag: »Krieg macht uns der Unmenschlichkeit schuldig«, eine Warnung vor der atomaren Aufrüstung. Der Philosoph postulierte: »Alle Menschen erkennen sich beim Nachdenken über sich selbst wechselseitig als Brüder. Die Solidarität wird nach und nach auf alle, auch unbekannte Menschen übertragen.« Gern bezog sich Schweitzer auf das Gedankengut Mahatma Gandhis. Neben dem Nobelpreis erhielt er für sein Schaffen den Friedenspreis des Deutschen Buchhandels und Ehrendoktorwürden.

Nun weilte der berühmte Mann wieder einmal in Landau. Ich besuchte gerade die Großeltern und stürmte in den blauen Salon. Das war Opas Arbeitszimmer, in dem er all die vielen Andenken und Mitbringsel aus fernen Ländern platziert hatte. Es war mein Lieblingszimmer, in ihm bestaunte ich Masken, Waffen, Lippenpflöcke, Elfenbeinschnitzereien, lauschte Großvaters Geschichten und träumte von Afrika, Amerika, Australien oder Asien. Ich werde nie vergessen, wie ich erschrak, Opa mit dem riesengroßen Mann dort stehen zu sehen. Und der Riese trat auf mich zu, hob mich hoch und ließ sich mit mir in einen Sessel fallen, wo er mich auf sein Knie setzte. Ich sah nur seine wilde, weiße Mähne und den mächtigen Seehundsbart. Ich hatte Angst vor dem Fremden. Doch als er mit freundlicher, sonorer Stimme von Afrika, den Schwarzen und seinem Krankenhaus im Dschungel erzählte, Großvater mir lächelnd zunickte, schwand die Angst. Ja, ich horchte dem Mann, dem ›Urwalddoktor‹, mit wachsender Begeisterung ...

Modibo führt mich nach links in den Wartesaal, dessen Wände mit Fotos verschiedener Epochen aus Schweitzers Leben behängt sind. Vitrinen zeigen einige seiner Werke, auch allerlei Briefe und medizinische Apparaturen.

»Dieser Raum war immer angefüllt mit Patienten, die stumm litten oder leise stöhnten. Draußen lagen, saßen und standen Kranke bis zu dem Weg dort hinten«, beschreibt der Gabuner die Situation.

Ich schreite über knarrende Dielen und staune über die angenehme Temperatur im Saal. Schweitzer hatte mit Bedacht ein zweischaliges Dach aufsetzen lassen. Zwischen Holz und Wellblech kann die Luft gut zirkulieren.

»Die Behandlungs- und Sprechzimmer befinden sich drüben oder in den jeweiligen Abteilungen.«

Modibo geht mit mir in den rechten Teil der Baracke. Dort befindet sich der einstige Wohnbereich der Familie Schweitzer. Der Schlafraum von Helene ist spartanisch eingerichtet mit einem eisernen Bettgestell, Kleiderständer, Waschtisch. Das ist es! Des Doktors Arbeitszimmer schließt sich an, mit einer Schrankwand voller Bücher. Medizinische Fachliteratur, sauber getrennt von theologischen und philosophischen Werken. Eine Ecke mit seinen eigenen Büchern und Schriften gibt es auch. Es folgt ein Medizinschrank mit Pillen, Pulvern, Tabletten, Verbandszeug und Pflastern. Im weiteren Geräteschrank entdecke ich Scheren, Mörser, Stößel, Metallschienen, Sägen, Hammer, allerlei Messer und Skalpelle.

Nun betreten wir den nächsten Raum, den persönlichsten: Schweitzers Schlafzimmer mit Pritsche, abschließbarem Giftschrank, gegenüber ein Bücherregal, darunter ausgetretene Schuhe, die er bis zuletzt trug. Auf einem Klavier liegt sein Tropenhelm.

»Am 21. Januar 1927 wurde das Klavier auf dem Wasserweg vom Hospital I hierher verbracht. Das war vielleicht eine aufregende Aktion!«, erzählt Modibo. »Das Klavier, eine Spezialanfertigung für die Tropen, war sein Ein und Alles. Ein Geschenk der Pariser Bachgesellschaft, eigens mit einem Orgelpedal ausgerüstet. Nachts hörte man den Doktor Bach spielen. Oder eigene Werke, er komponierte ja auch.«

Modibo schaut auf die Uhr, meint, dass Siesta sei, und schließt das Museum ab. Gemeinsam steigen wir die Treppe hinab und kommen an einem Gehege mit einem Pelikan vorbei, das sich der Vogel mit einer Antilope teilt.

»Eine Erinnerung an alte Zeiten und den großen Doktor«, bemerkt der Afrikaner und wirft irgendeinen Leckerbissen über den Zaun. Ich bleibe stehen und kraule versonnen den Hals der zutraulichen Antilope. Der glorifizierte Doktor Schweitzer geht mir durch den Kopf, als ich Modibo frage: »Schon mal was von Dr. André Audoynaud gehört? Von 1963 bis 66 war er ärztlicher Direktor des Hôpital Administratif in Lambaréné.« Der Schwarze verzieht sein faltiges Gesicht zu einer Grimasse.

»Ein böser Mensch, der über unseren Doktor Hässliches verbreitet hat!«

Tatsächlich warf Audoynaud Albert Schweitzer schwere Fehler

vor, die allerdings erst 2005 veröffentlicht wurden. Seine Kritik lautet sinngemäß, Schweitzer habe seine Aufbauarbeit über Gebühr gewürdigt. Trotz hoher Spenden wäre sein Hospital nicht modernisiert, nur mäßig elektrifiziert worden. Er habe einen kolonialen Führungsstil gepflegt, Schwarze geschlagen und Angehörige von Kranken zu Fronarbeit gezwungen. In Afrika sei er stets ein Fremder geblieben. Summa summarum habe er wenig bewirkt, sich aber medienwirksam mit fremden Federn geschmückt.

Harte Anschuldigungen, die einen weltweit geachteten Menschen da trafen. Eine Kommission konnte den größten Teil der Vorwürfe widerlegen. Ein Rest bleibt ungeklärt, weil die Zeitzeugen verstorben sind. Nachzuweisen war, dass der Operationssaal 1964 einen Generatoranschluss besaß und sämtliche Glühbirnen elektrifiziert worden waren. Heute kann man von der üblen Nachrede eines geltungssüchtigen Mediziners ausgehen.

Wir haben einen kleinen Hain erreicht, in dem mehrere schlichte Steinkreuze stehen. Es sind die Kreuze Albert Schweitzers, seiner Frau Helene und Getreuer des Hospitals. Bis auf Helene sind alle in Lambaréné gestorben, Albert am 4. September 1965. Ein Jahr zuvor hatte er die ärztliche Leitung dem Schweizer Mediziner Dr. Walter Munz übertragen, der anschließend noch lange Jahre im Stiftungsrat tätig war. Helene Schweitzer starb am 1. Juni 1957 in Zürich. Ihre Asche wurde neben dem Grab ihres Mannes beigesetzt.

In Andacht stehen wir vor der letzten Ruhestätte von Menschen, die ihr Leben zum Wohle anderer Menschen eingesetzt haben: fernab ihres Heimatlandes, im Regenwald, in damals gefahrvoller, menschenfeindlicher Umgebung. Sie opferten ihre Gesundheit, um Gabun zu helfen, Afrika zu helfen. Einem Kontinent, dem viel Leid angetan wurde und der sich heute noch viel Leid antut. Das hier Erreichte ist nur ein ganz winziger Tropfen auf einen glühenden Stein. Doch es ist ein glimmendes Hoffnungsfünkchen ...

Unten gurgelt der große Fluss. Ein Seeadler schreit. Mit einem kühnen Schwung wirft ein Fischer sein Netz aus. Kein Lüftchen regt sich. Keine Stimme ruft. Ein Schwarm Ibisse gleitet über das Wasser. Ihre langen, bleichen Schwingen spiegeln sich als dunkle Schatten. Das grelle Tropenlicht schmerzt in den Augen. Äquatoriale Mittagssonne hängt wie eine bedrohlich heiße Glocke über dem Land. Und in die lähmende Hitze hinein fragt Modibo fast vorsichtig:

»Was führt Sie eigentlich zu uns? Ich meine, gibt es einen Grund für Ihren Besuch?«

»Seine Wirkungsstätte interessiert mich. Ich habe Dr. Schweitzer gekannt.«

»Oh, das macht mich neugierig.«

»Kommen Sie, ich erzähle es Ihnen beim Essen.«

Wir gehen zurück, dann hinüber zum Kolonialwarenladen, an den sich ein Speisesaal anschließt. Mehrere Frauen und Männer haben sich bereits eingefunden. Bedienstete aus Hospital II und III, auch Laboranten, Pfleger, Handwerker. Ich esse Yams mit Hühnchen, darüber gibt's eine höllisch scharfe Pfeffersoße. Modibo macht sich über Maniok und Rindfleischbrocken her, während ich ihm die Geschichte meiner Bekanntschaft mit dem Doktor erzähle.

Die Leprastation

Village Lumière, wie die Leprastation genannt wird, liegt etwas abseits. Mit äußerst gemischten Gefühlen begebe ich mich durch den Wald, den Hügel hinauf, zu den Unterkünften. Ein Ort der Verdammten?

Eine Leprastation in Zentralkamerun ist mir in schlimmer Erinnerung: Es roch nach verbranntem Unrat, nach Tod und Verwesung. Die Menschen sahen verzweifelt aus, vom Elend gezeichnet, von der Hoffnungslosigkeit zermürbt. Sie bewegten ihre Augen, die in deformierten Schädeln lagen wie Windlichter in ausgehöhlten Kalebassen. Einige Gestalten erhoben sich ächzend. Humpelnd, auf Krücken sich schleppend, rückten sie heran. Das waren keine Gesichter, das waren konturlose Klumpen! Ohne Nasen, ohne Lippen. Das Einzige, was an Menschen erinnerte, waren Zähne, die wie Nägel aus den Kiefern ragten. Eine Person hob den Arm. Es war ein Stummel ohne Hand. Man befummelte mit Fingerstümpfen meine Kleidung. Ihren Mundhöhlen entwichen unartikulierte Laute. Überall in Afrika hatte ich Lepröse erlebt: auf Märkten bettelnd, an Straßenecken flehend oder in Rinnsteinen kauernd. Vereinzelt war das Elend der Krankheit schlimm, hier aber fühlte ich, wie niederschmetternd, brutal und unentrinnbar sie war. Ich hatte das Gefühl, ich müsste mich für meine Gesundheit entschuldigen! – Ausgestoßene hatten sich an diesen unbekannten Ort, in die Ausläufer des Adamaoua-Gebirges zurückgezogen, weil sie hofften, dass die Krankheit in abgeschiedener Gemeinschaft erträglicher sei. Oder weil man sie aus Angst von daheim verjagt hatte. Ich wurde zu einer Behausung begleitet, der ein Gestank wie aus einem Krematorium entstieg. Aus dunklen Ecken krochen Gestalten heran und ließen sich im Sand nieder. Stumpf starrten sie aus ihren Löwengesichtern. Jemand richtete seine Stimme abwechselnd an mich und an die Herumsitzenden. Manchmal vernahm ich ein zustimmendes Grunzen. Die Stimme wurde lauter und eindringlicher. Mittlerweile hatten sich viele Menschen eingefunden. Weitere kamen. Es war, als begänne sich die geschundene Menschheit Afrikas zu versammeln. Ich vernahm Trommelschläge, und dann hatte ich ein Bild vor Augen, das sich für immer in mein Gedächtnis grub: Im Schatten einer windschiefen Hütte saß ein Greis hinter einer Fasstrommel, so groß, dass nur Kopf und Hals darüber hinausragten. Mit zwei Armstummeln schlug er kraftvoll aufs Trommelfell: Tam ... tam ... tam ..., dröhnte es dumpf und schaurig.

Zurück im Hier und Jetzt des Village Lumière. »Dieses Lepradorf errichtete Doktor Schweitzer 1953 aus Mitteln des Friedensnobelpreises«, erklärt Sophie, Krankenschwester in der Ambulanz. »Hier leben und wohnen Leprakranke mit ihren Familien, die inzwischen geheilt sind. Den Ort möchten sie nicht mehr verlassen. Die Angehörigen machen sich nützlich, dafür werden sie gut versorgt«, ergänzt sie.

»Ein Sanatorium?«, frage ich und möchte wissen, ob es auch neue Fälle gebe.

»Dank einer in Amerika entwickelten Behandlungsmethode ist Lepra heilbar. Wir haben in den letzten Jahren sechs Fälle bekommen. Uns beschäftigen heute vielmehr Aids, Tuberkulose, Herz-Kreislauf-Erkrankungen und Verletzungen infolge von Verkehrsunfällen.«

Stationsärztin Dr. Lena Witte tritt an den Tresen der Anmeldung.

»Dann ist Lepra nicht mehr die Geißel Afrikas?«, frage ich.

»In Gabun nicht mehr. In Ländern wie Kongo, der Zentralafrikanischen Republik, Niger, Guinea, Kamerun, der Elfenbeinküste sieht es schon anders aus«, sagt Frau Witte. »Weltweit gibt es, schätzen wir, zwölf Millionen Leprakranke, davon allein vier Millionen in Afrika«, erklärt die Ärztin und führt mich durch ein Lepradorf, das sich mir als eine Reihe sauberer Häuser im Bungalowstil präsentiert. Vor den Unterkünften ausgelassen spielende Kinder und Erwachsene, die mit allerlei Instandsetzungsarbeiten beschäftigt sind.

»Gabun zählt zu den reichen Staaten des Erdteils, müssen Sie wissen. Uran, Mangan, Erdöl, auch Tropenholz erlauben es der Regierung, Mittel für die Gesundheit bereitzustellen. Hinzu kommt die für Afrika relativ hohe politische Sicherheit. Die Chinesen zum Beispiel schätzen das gute Investitionsklima – was für den Staat nicht ganz unbedrohlich ist. Aber das darf nicht darüber hinwegtäuschen, dass die Lepra in den Tropen immer noch äußerst gefährlich ist.«

En passant erfahre ich aus berufenem Munde so manches über die gefürchtete Krankheit: Bekannt war sie schon im alten Ägypten, in Indien und China. Römische Soldaten schleppten sie nach Europa ein, wo man sie radikal bekämpfte. Kranke wurden ausgesetzt. Daher die Bezeichnung Aussatz für Lepra. Das Wort stammt aus dem Griechischen: *lepis,* Schuppe. Aussatz oder Miselsucht ist eine chronische, vermutlich vor allem durch Tröpfcheninfektion übertragene Infektionskrankheit, die hässliche Veränderungen an Haut, Knochen und Nerven herbeiführt. Ihr Erreger ist ein dem Tuberkelbakterium ähnliches Stäbchen, *Mycobacterium leprae* genannt, das 1869 von dem norwegischen Arzt Hansen entdeckt wurde. Das Leprabakterium lebt im Kranken intrazellulär. Es kann sich lange und in großen Mengen in den Zellen aufhalten, ohne dass diese absterben. Der Verlauf der Krankheit ist schleichend; sie frisst sich quasi über Jahrzehnte in die Tiefen des Körpers hinein. Indikatoren sind anfangs harmlos aussehende, unempfindliche Hautflecken, das Ausfallen der Augenbrauen sowie Verdickungen von Nase und Ohrläppchen. Man unterscheidet die tuberkulide von der lepromatösen oder Knotenlepra. Erstere ist die gutartige und zum Glück häufigste Form. Sie führt zu teils fleckigen, teils atrophischen Hautveränderungen und zu Empfindungsstörungen, später zu Verstümmelungen von Händen und Füßen. Die Knotenlepra aber durchsetzt Haut und innere Organe mit groben Knoten, erzeugt an verschiedenen Körperpartien schwere Entstellungen und Wucherungen. Sie deformiert das Gesicht zu einem sogenannten Löwenkopf, was zur Erblindung, zur totalen Entstellung und schließlich zum Tod führt. Die Behandlung der früher unheilbaren Krankheit hat durch die Chemotherapie große Fortschritte gemacht. Moderne medizinische Versorgung hat Lepra im Griff, die Ansteckungsgefahr ist dank DDS, Diaminodiphenylsulfon, das bei der Chemotherapie eingesetzt wird, gebannt.

Wir erreichen einen separaten Bereich der Ambulanz. Männer, Frauen und Kinder mit hässlichen offenen Wunden halten sich hier auf. Es stinkt nach verfaultem Fleisch.

»In diesem Bereich werden offene Wunden und fressende Geschwüre behandelt.« Lena Witte begibt sich zu einer Frau mit schmerzverzerrtem Gesicht, spricht mit ihr, während sie eine handtellergroße Wunde aus dem Verband wickelt. Rohes Fleisch von der Ferse bis zum vereiterten Knöchel. »Elizabeth ist vor ein paar Wochen in einen Nagel getreten. Der Einstich hat sich entzündet. Unbehandelt breiten sich virulente Bazillen rasend schnell aus und fressen unaufhaltsam. Fliegen hatten bereits Eier in die Wunde gelegt. Unter höllischen Schmerzen ist sie zwanzig Kilometer durch den Wald hierher marschiert. Sie schaffte es, ohne eine Sepsis zu erleiden.«

Eine Krankenschwester reinigt und versorgt die Wunde. Eiter wird abgetragen, faules Fleisch entfernt. Dr. Witte ruft einen Pfleger mit Trage heran. Elizabeth wird ins Krankenrevier gebracht.

»In ihrem Dorf hätte sie unter großen Qualen sterben müssen«, meint die Ärztin. »Wir behandeln sie mit speziellen Salben und Penizillin. Hoffen, dass die Keime absterben. Zwei Wochen wird sie sicher bei uns bleiben müssen.«

Ich verbringe einige Zeit in der Ambulanz. Schaue den Schwestern beim Verbinden zu. Kann dabei etwas zur Hand gehen: Binden aufwickeln, Tücher zusammenlegen, Pflaster passend schneiden. Keine Arbeit für Sensibelchen oder Zartbesaitete, selbst wenn man vom Geruch der Wunden absieht: Die Patienten schreien, wenn ihre alten, blutverkrusteten Verbände mit einem Ruck entfernt oder Splitter, Glas, Steinchen aus offenen Wunden gezogen werden. Dschungelhospitäler können nicht jedes ›Wehwehchen‹ örtlich betäuben. Ich sehe die dankbaren Blicke der Leute, wenn die Wunden verbunden worden sind, schließlich die Schmerzen nachlassen. Dankbare Blicke, das war auch der Lohn, den Albert

Schweitzer empfing. Sie gaben ihm die Kraft zum Durchhalten und Weitermachen. Sie sind bis heute der Lohn für die europäischen und afrikanischen Ärzte, Schwestern, Pfleger, Helfer, die in ihrer Heimat bequemer mehr Geld verdienen könnten. Gott sei Dank gibt es sie noch, die Humanitas.

Bald wird die Dämmerung und, nach einem kurzen Übergang, die Nacht einsetzen. Dennoch beschließe ich hinüber in den Inselort Lambaréné zu gehen. Der etwa drei Kilometer weite Weg ist unbefestigt, sandig, von Hütten und Verkaufsständen gesäumt. Einige Gabuner grüßen, andere sind mit ihren Auslagen beschäftigt. Verstauen Kochbananen, Maniok, Yams, Süßkartoffeln, Taro für die Nacht in großen Körben. Abendruhe liegt über dem Dorf. Ich fühle mich sicher. Die Kriminalität ist in ländlichen Gebieten nicht besorgniserregend. Über den Ogooué führt eine Autobrücke, die den Verkehr der Überlandstraße Libreville–Lambaréné–Mouila aufnimmt. Am Ende der Brücke komme ich an einem markanten Denkmal mit einer Büste vorbei. »Nikombe Y'Ademba, Prinz von Adolnian Anongo, König der Galoua und Enenga« ist darauf zu lesen. Eine Größe aus der Vergangenheit?

Lambaréné nimmt mich auf. Und die Enttäuschung über einen schmutzigen, unschönen Straßenort mit fünfunddreißigtausend Einwohnern macht sich breit. Motorräder knattern, Autos winden sich an Schlaglöchern vorbei. Lautsprecher kreischen afrikanische, französische, amerikanische Musik in die Nacht. Eine gigantische Kakofonie zerrt an den Nerven. Ich überquere die Insel und bedaure, den Spaziergang unternommen zu haben. Schwüle Hitze macht durstig. Die namenlose Terrassenkneipe gegenüber lädt auf ein Bier ein. Nach einer halben Ewigkeit erscheint eine träge Kellnerin, die wohl Reklame für Schlaftabletten macht. »Une Régab«, kritzelt sie auf einen Papierschnipsel und schleicht sich.

»Pardon, sind Sie Arzt?«, fragt jemand vom Nachbartisch mit einer sonderbar eindringlichen Stimme.

»Bedaure, nein.«

»Etwa Tourist? – Die gibt's bei uns selten.«

»Das schon eher.«

Nach geraumer Zeit schiebt sich das Mädchen mit dem Bier heran. Jede Romantik tötendes Neonlicht geht an, damit erkenne ich die neugierige Person: einen Afrikaner fortgeschrittenen Alters, der da an dem groben Holztisch sitzt und, wie mit kindlicher Freude, dem Fluss vorbeiziehender Ereignisse zusieht. Er hat eines jener merkwürdigen Gesichter, die Sympathie und Wissen vermitteln. Seine Falten um die Augen und unter dem angegrauten Haar wirken nicht wie Furchen, sondern wie Ornamente. Ich denke, da sitzt ein Typ Schwarzer, wie er gar nicht in diese öde, vor Langeweile schreiende Stadt passt. Mit Bier und Glas in Händen frage ich den Afrikaner um Erlaubnis, mich zu ihm zu setzen. Ist doch interessanter, als allein ins Bierglas zu starren. Eigentlich bitte ich ihn darum, seine Stimme zu hören. Sie klingt so, wie ich sie mir für einen Geschichtenerzähler nicht besser vorstellen kann, für eine Person, die über Gabun etwas mitzuteilen hat: opak und knorrig, dem Schatz von Erinnerungen ebenso zugewandt wie der Neugier aufs Leben.

»Gern!«, fordert er mich auf, »Jean Pont, Journalist aus Libreville.« Dabei erhebt er sich andeutungsweise.

»Interessant«, bemerke ich. Natürlich bin ich skeptisch und erwarte, dass mir in den nächsten fünf Minuten seine Schicksalsschläge erläutert werden, verbunden mit einer Spendenbitte: Frau krank, Vater erlitt einen Unfall, Kinder brauchen eine gute Ausbildung, die aber nicht bezahlbar ist, ebenso die horrend teure Wohnungsmiete ... Ganz und gar nicht, Jean Pont hat keine finanziellen Sorgen. Er arbeitet für *Economie + Gabon*, berichtet außerdem freischaffend für *Paris Match* und andere Blätter, wenn es um Themen zu Westafrika geht.

»Und was gibt es aus der spannenden Weltstadt Lambaréné zu berichten?«, ulke ich.

»Nun, der Ort lebt von der Fischerei. Ein neuer Hafen befindet sich in Bau. Da gibt es Konflikte.« Lambaréné, erfahre ich, ist die Provinzhauptstadt von Moyen-Ogooué. In der Sprache der Galoua heißt der Ort: »Wir wollen es versuchen«. Bantu-Gruppen, Eshira, Fang, BaPunu, Myene, leben hier. Einst war diese Gegend Jagdgrund nomadisierender Pygmäen, die längst vertrieben wurden.

»Wo sind Sie untergebracht?«, fragt Jean.

»Im Hospital.«

»Oh, über die Stiftung habe ich häufig berichtet. Das Albert Schweitzer Fellowship ist eine tolle Einrichtung. Seit 1979 werden jährlich rund dreißig Medizinstudenten aus den USA ausgewählt, die für drei Monate eine Art Famulatur durchlaufen. Sie lernen alle medizinischen Bereiche kennen und kehren begeistert, mit einer gänzlich anderen Einstellung an ihre Arbeit zurück. Ich sprach mit angehenden Ärzten, die nach kurzer Zeit wie ausgewechselt waren, nicht ihre Karriere als Lebensziel sahen, sondern das Engagement zu helfen. Als hätte sie der Geist Albert Schweitzers beseelt.«

»Ich möchte gern das Hospital I besichtigen, den Ursprung«, sage ich.

»Fahren Sie mit einem Fischerboot auf dem Ogooué in westliche Richtung. Am gleichen Ufer, vier Kilometer vom neuen Komplex entfernt, kommen Sie zur Missionsstation Andende. Dort befinden sich die Wurzeln. Seien Sie nicht enttäuscht, die Baracken wurden um 1927 abgerissen. Schweitzer benötigte das Material für den Bau der neuen Gebäude.«

»Wie sehen Ihre Pläne aus?«, frage ich frei heraus.

»Werde noch zwei, drei Tage in Lambaréné bleiben, dann in den neuen Loango-Nationalpark fliegen. Die Rohstoffe werden zur Neige gehen. Gabun muss sich dem Tourismus öffnen!«

»Petit Loango, das muss ein herrliches Gebiet sein!«, schwärme ich, »nur sehr schwer erreichbar.«

»Mit dem Fahrzeug um diese Jahreszeit kaum zu schaffen. Es gibt Buschpiloten, die von Lambaréné aus rüberfliegen.«

Jean Pont zählt noch weitere sehenswerte Reservate auf: Wonga-Wongué, Lopé-Okanda und Moukalaba-Doudou seien die größten der dreizehn Nationalparks des Landes, doch Petit Loango der interessanteste, was die Tierwelt betreffe. Über das kaum erschlossene Gebiet Loango am Atlantik hatte ich gehört, dass dort Elefanten, Gorillas und Flusspferde im Ozean badend zu beobachten seien. Unglaublich! Der Ökologe J. Michael Fay hatte sich 2001 von der Zentralafrikanischen Republik aus dreitausendzweihundert Kilometer zu Fuß durch den Regenwald geschlagen. Als er nach vielen Wochen bei Loango die Küste erreicht hatte, die kapitalen Wildtiere im Meer baden sah, sei er auf die Knie gefallen und habe ausgerufen: »Bis zu meinem Tod wird es keinen Tag geben, an dem ich nicht an diesen Ort denke. Hier habe ich endlich gefunden, wonach ich mein Leben lang gesucht habe!«

Konnte ich Gabun verlassen, ohne diesen Garten Eden erlebt zu haben?

»Die Parks sind nicht die einzigen Naturwunder unseres Landes«, meint Jean nach einer Gesprächspause.

»So?«

»Es gibt da einen Naturreaktor, Oklo. Schon mal was davon gehört?«

Ich bin jetzt wirklich etwas irritiert. Für Gabun habe ich vierzehn Tage geplant, will dann in Douala eine Gruppe Naturkundler treffen, um das Dreiländer-Reservat Dzanga-Sangha zu durchpirschen. Mein bisheriges Wissen, ergänzt um die Informationen des Journalisten, macht mich allerdings verteufelt neugierig: im Meer badende Großsäuger, ein Naturreaktor ... Jean lässt noch eine Weile die Schönheiten seines Landes durch meine Vorstellung kreisen. Schließlich trinken wir ein Bier auf meine Rechnung und brechen gemeinsam auf. Er lässt es sich nicht nehmen, mich in seinem Toyota zum Hospital zu fahren. Zum Abschied drückt er mir seine Visitenkarte in die Hand. Das soll sich noch als sehr nützlich erweisen.

In meinem Hospital-Appartement will ich etwas aus Cees Nootebooms »In der langsamsten Uhr der Welt – Reisen in Afrika« lesen. Es ist nicht möglich. Meine Augen tränen und schmerzen. Wohl zu viel grelles Sonnenlicht bekommen, oder einfach übermüdet?

Hospital I

Rasch schlafe ich ein. Ein Geräusch weckt mich. Es ist noch dunkel. Ich will die Augen öffnen. Einfach nicht möglich! Erschrocken fühle ich über eine borkige Kruste auf den Lidern. Du liebe Zeit, was ist das denn? Vorsichtig taste ich mich ans Waschbecken, knipse das Licht an und spüle die Augen, bis sie sich endlich öffnen lassen. Verdammt, jetzt erschrecke ich aber wirklich. Glotze aus einem schwarzen, blutunterlaufenen Augenpaar. Von weißen Augäpfeln keine Spur mehr. Wie durch Milchglas erkenne ich mich. Jeder Wimpernschlag brennt. Die Augen tränen, als hätten sie eine Ladung Tränengas abbekommen. Was tun? Notärzte gibt's nicht. Ophthalmologen ohnehin nicht. Ich liege auf dem Bett und grüble. Ist das nun das Ende meiner Reise? Libreville ist weit weg. Lesen kann ich nichts. Da liegst du im Dschungelhospital und verlierst dein Augenlicht. Keine gute Vorstellung! Wahrscheinlich hat eine Stechmücke ihre Eier abgelegt, und in ein paar Stunden kannst du schlüpfende Maden bestaunen. Fadenwürmer, Flussblindheit, Trachom spuken mir im Kopf herum. Ich neige bestimmt nicht zur Hysterie, doch mit Augen, brennend wie glühende Kohlen, die wenig sehen, gerät man ins Grübeln.

Mit den ersten Sonnenstrahlen stehe ich auf und begebe mich in die Ambulanz von Hospital III. Alles ist wie ausgestorben. Kein Arzt in Sicht, keine Krankenschwester in der Nähe. Nach geraumer Zeit erfahre ich: Das Ende des Ramadan, Eid Al-Fitr, ist ein Feiertag

– endlich kann tagsüber wieder gegessen und getrunken werden.

»Kommen Sie morgen früh, möglichst vor acht Uhr. Es kann voll werden!«, lautet der Rat.

Wie soll's weitergehen? Warten, bis man nichts mehr sieht? Ein Taxi nach Libreville organisieren? Nach Deutschland zurückfliegen? Ich beschließe, mich abzulenken. Gehe zum Fluss hinunter, wo sich ein Fischer an seinen Netzen zu schaffen macht.

»Hospital I, können Sie mich dahin bringen?«

Er ignoriert mein Ansinnen. Ich fingere einen Schein aus meiner Tasche und halte ihm diesen unter die Nase. Der Fischer starrt auf meine von der Sonnenbrille verborgenen Augen, grapscht nach der Banknote, wirft die Netze zusammen. Wasser schwappt in der Piroge. Unsicher lasse ich mich auf einem Brett nieder. Der Fischer stemmt das Paddel in den Fluss. Später merke ich, dass der Afrikaner einen Schein mit einer Null zu viel bekommen hat, was seinen plötzlichen, kolossalen Einsatz erklärt.

In Ufernähe gleiten wir an dichtem Regenwald, Luftwurzeln und Mangroven vorbei. Fremde Laute dringen aus der grünen Wand. »Hier gibt es auch Flusspferde«, meint der Mann. Dabei späht er über den Strom. Hippos sind bisweilen angriffslustig. Schießen wie Torpedos heran, tauchen unters Boot und kippen es um. Auf dem Omo in Äthiopien hatte ein Bulle unser Schlauchboot umgestülpt. Einem offenen Maul mit Hauern wie Schlachtmesser möchte ich ungern ein zweites Mal begegnen. Eine Episode kommt mir in den Sinn: Albert Schweitzer ließ sich häufig auf diesem Weg den Ogooué hinaufpaddeln. Er besuchte die Missionsstation und das nahe gelegene Sägewerk, um Holz zu besorgen. Flusspferde tauchten auf, bliesen Wasserfontänen in die Luft und verschwanden, um an anderer Stelle wieder aufzutauchen. Auf einer dieser Pirogenfahrten des Jahres 1915, beim Anblick einer besonders großen Flusspferdherde, fand er das Motto seines Denkens, die »Ethik der Ehrfurcht vor dem Leben«. Darunter wollte er alles Leben, das der Menschen, Tiere und Pflanzen, verstanden wissen.

Nach drei Stunden, dem grell reflektierenden Sonnenlicht ausgesetzt, stößt das Boot auf einen Ufersaum. Der Fährmann springt an Land und zieht die Piroge ein Stück nach. Ich versuche auszusteigen, platsche ins Wasser, was den Fischer erstaunt, wollte er mich doch trockenen Fußes ausbooten. Das Sehvermögen ist merklich schlechter geworden. Da sind wir nun, an der alten Missionsstation der evangelischen Pariser Missionsgesellschaft Andende. Ein Bau mit Wellblech-Pagodendach. Soweit ich wahrnehmen kann, in recht gutem Zustand. Doch die Kirche daneben ist verfallen, das einstige Hospital I nicht mehr vorhanden und der Platz von Pflanzengrün überwuchert. Jean hatte mich darauf vorbereitet. Auf einem morschen Baumstamm lasse ich mich nieder. 1913 hatte er hier begonnen, der Theologe, Philosoph, Musiker und Arzt, beseelt von dem Gedanken, fremden Menschen in Afrika zu helfen. Missionar Morel von der sechzig Kilometer entfernten Missionsstation Samkita kam eigens herbeigerudert, um die Ankömmlinge, Albert, Helene und eine Krankenschwester, zu empfangen. Und den alten, verfallenen Hühnerstall als Wirkungsstätte zu übergeben. Ich stelle mir vor, wie Mühselige und Beladene aus den düsteren Winkeln des Waldes heranschlichen. Von Schmerzen geplagt, doch ängstlich, neugierig, zweifelnd. Anfangs zornig beargwöhnt von der Konkurrenz, von den *féticheurs* oder den *witch doctors,* die ihren Einfluss schwinden sahen. Doch der ›Wunderarzt‹ und die Gesundbeter arrangierten sich. Seltsam, jetzt sitzt du im Dschungel, selbst mit einem Augenproblem konfrontiert, und fragst dich, wie wäre es dir ergangen, damals, vor rund hundert Jahren?

Der Ophthalmologe

Bis tief in die Nacht liege ich da, triefend vor Selbstmitleid, der Angst zu erblinden – in der ›Obhut‹ eines modernen Krankenhauses. Im Regenwald, wo Leben im Überfluss geboren, aber auch ebenso heftig gestorben wird. Darf man sich angesichts dieser Fülle von Werden und Vergehen so wichtig nehmen? Der Dschungel hat mich traumatisiert. Das geschah in Ecuador, als ich mit einem Huaorani unterwegs war. Wir suchten seine isoliert lebenden Verwandten am Rio Cononaco. Waren mehrere Tage zu Fuß unterwegs gewesen, als mein Begleiter eines Nachts plötzlich verschwand. Ich glaube, es erübrigt sich zu berichten, wie mir zumute war. Und in dieser Nacht lässt mich ein Alptraum blind durch den Wald irren. Wie damals, nur schlimmer, weil Fadenwürmer schlüpfen und durch die Augäpfel züngeln ...

Um halb sieben in der Früh wasche ich die dunkelroten Augen frei, eile in die Ambulanz. Der Saal ist bereits übervoll. Alle Stühle besetzt, man lehnt an den Wänden, hockt auf den Fliesen. Eine zähe Masse kranker Afrikaner, die mich mit großen, fiebrigen Augen anstarrt. Eschreckend! Ich schiebe mich an der Wand entlang einem langen Gang zu, von dem rechts und links Behandlungszimmer abgehen. Zuversicht trägt mich, als ich eine Tür mit dem Schildchen »Christophe Mboumba, Spécialiste Ophtalmologie« entdecke. Ich klopfe an. Eine mürrische Stimme ruft: »Herein!« Höflich stelle ich mich vor. Der schwarze Arzt blättert in einem Magazin, schaut nicht einmal vom Schreitisch auf und grunzt:

»Behandlung beginnt um acht Uhr!«

»Bitte, Doktor, nur ein kurzer Blick in die Augen. Möchte wissen, ob es etwas Ernstes ist.«

»Vorher in der Ambulanz anmelden!«, raunzt er in sein Heft.

Dieser Augenarzt ist erbarmungslos. Weiteres Bitten zwecklos.

Zurück im Saal wartender Patienten arbeite ich mich an einen Tresen vor, an dem Schwestern Anmeldeformulare verteilen. Ich erhalte Formular 432, doppelseitig mit Fragen bedruckt, die ich weder verstehen, beantworten noch lesen kann. Hier warte ich noch drei Tage auf eine Diagnose. Irgendetwas muss geschehen! Im Verwaltungstrakt klopfe ich an die Bürotür von Léonie Bivigou Makoundzi, Chefsekretärin von Hospital III. Als ich meine Sonnenbrille abnehme, ruft sie:

»Mon Dieu, wie sehen Sie denn aus!«

»Ich brauche Ihre Hilfe. Der schwer beschäftigte Dr. Mboumba muss mir mal in die Augen schauen.«

Léonie lässt alles stehen und liegen, geht mit mir ins Nachbargebäude, klopft und tritt ein. Der Augenarzt klappt erschrocken sein Magazin zu, erhebt sich und begrüßt uns ausnehmend höflich. Offensichtlich hat er meine Verbindung zur ›wichtigsten‹ Frau des Krankenhauses unterschätzt. Nach ausgetauschten Höflichkeiten darf ich auf dem Behandlungsstuhl Platz nehmen. Léonie entfernt sich. Mboumba fährt ein Gerät mit speziellen Linsen und Beleuchtung vor meine Augen – schaut in die Tiefen des Augenhintergrundes. Das nehme ich wenigstens an. Schließlich schiebt er die monströse Apparatur zur Seite, wiegt den Kopf und meint:

»Une conjonctivité du jungle.«

»Nur eine Bindehautentzündung? Weiter nichts?«

»Nein. Allerdings eine ziemlich schwere, die Sie noch einige Wochen begleiten und beeinträchtigen wird. Ich schreibe Ihnen etwas auf, was Sie täglich zweimal in die Augen träufeln müssen.«

Auf ein Rezept mit dem Konterfei Albert Schweitzers kritzelt er die Namen zweier Tinkturen und reicht mir das Rezept.

»In Lambaréné gibt es eine Apotheke, die führt die Medikamente.«

Damit entlässt mich der Mediziner mit Handschlag. Beruhigt frage ich nach den Kosten. Umsonst und gern geschehen, meint Dr. Mboumba. Folglich behalte ich das Hospital Albert Schweitzer in allerbester Erinnerung!

Die Spitalgründung wird 2013 in Deutschland mit Benefiz-Orgelkonzerten unter dem Motto »Hundert Jahre Menschlichkeit« gefeiert.

»Sich heute mit Albert Schweitzer auseinanderzusetzen bedeutet, sich selber mit Fragen zu konfrontieren, die nichts von ihrer Dringlichkeit verloren haben«, sagt Dr. Friedrich Schorlemmer, der Schirmherr des Jubiläumsjahres.

2014: Es steht nicht zum Besten um das Hospital. Die Krankenhausleitung ist unter Korruptionsverdacht geraten. Spenden fließen nur spärlich. Wichtige medizinische Projekte werden zurückgestellt. Dringende Investitionen bleiben aus. Gebäude sind vom Verfall bedroht. Was wird aus den großen Plänen der Forscher im berühmten Dschungelhospital?

Petit Loango

Gabuns Erdölvorkommen gehen zur Neige. Der Holzwirtschaft müssen Holzeinschläge kontingentiert werden. Welche Wirtschaftszweige können Gabuns Prosperität sichern? Menschenleere Strände, schöne Landschaften, eine artenreiche Tier- und Pflanzenwelt, dreizehn Nationalparks wollen touristisch genutzt werden. Noch ist der Tourismus unterentwickelt. Gabun ist in diesem Geschäft Neuland. Mehr oder weniger von den Argumenten der Umweltschützer überzeugt, doch stärker von internationalen Hilfsgeldern beeindruckt, unterzeichnete die Regierung 2001 ein Abkommen zum Schutz des Regenwaldes und verpflichtete sich damit, zehn Prozent der Landesfläche unter Naturschutz zu stellen. Mit großer Geste deklarierte Staatschef Omar Bongo besagte dreizehn Nationalparks und sprach, wie es der Westen gern hört, von nachhaltiger Entwicklung, der Wahrung natürlicher Schätze für kommende Generationen. Aber er betonte auch, dass der Umweltschutz sein Land nichts kosten dürfe. Deviseneinnahmen hätten ertragreich zu sein, Touristen müssten Arbeitsplätze schaffen. Sein Land brauche mindestens einhunderttausend zahlungskräftige Besucher pro Jahr. Bei den Anstrengungen habe der Westen zu helfen.

Pilotprojekt für dieses Ziel wurde der Petit-Loango-Nationalpark an der Südwestküste. Dort, wo die Natur ein Paradies für Nilpferde, Gorillas, Elefanten und Schimpansen geschaffen hat. Eigens für das Projekt gründeten die Wildlife Conservation Society (WCS), der staatliche Nationalpark-Beirat und ein privater Investor aus den Niederlanden die Operation Loango für nachhaltigen Tourismus und Naturschutz, später erweitert um Forschung. So soll Geld in die Kassen kommen, Geld, das Touristen wie Xaver Hintermeyer aus Traunstein oder Bob Barnister aus Liverpool und manch anderer im Tassi Savannah Camp lassen. Geld, mit dem beispielsweise ein Max-Planck-Forschungsprojekt über heimische Primaten, die Wildhüterausbildung oder ein Motorboot für die Parkpatrouille finanziert werden ... All das erfahre ich von Jean Pont, auf dem Flug von Lambaréné nach Omboué. Ich hatte mit dem Journalisten erneut Kontakt aufgenommen, und so ergab sich der Abstecher mit einer kleinen Propellermaschine in den Süden.

Das pittoreske Omboué an sandiger Flugpiste: ein im Wind baumelndes Ortsschild, ein Supermarkt, eine Schule, ein Krankenhaus, heruntergekommene Häuser, barfuß tobende Kinder in löchrigen T-Shirts mit Fußballemblemen. Frauen balancieren Bananenstauden und Körbe mit Süßkartoffeln auf ihren Köpfen. Männer hocken palavernd vor Eingängen. Ewiges Warten in heißer Sonne. In eine mächtige Staubwolke gehüllt, entsteigt Frédéric seinem Jeep. Der Afrikaner ist Fahrer, mehr noch Wildhüter. Hierzulande nennt sich seine Zunft *ecoguide.* Im Wagen sitzen bereits Xaver, mit voluminöser Tasche auf den Knien, und Bob, der sein Angelgeschirr ordnet. Verpackt wie Ölsardinen, geht es auf einen Zweistundentrip, die Küste hinab zum vierzig Kilometer entfernten Tassi Camp, herrlich zwischen Savanne, Lagune und in unmittelbarer Nähe des Ozeans gelegen. Allerdings mit wahrhaft gesalzenen Preisen. Ich nehme an, dass die Organisation einzig an zahlungskräftigen Besuchern interessiert ist. Massentourismus schafft Probleme. Ganz richtig, allerdings sind auch wohlhabende Europäer gute Rechner und selten bereit, für spärlichen Komfort am Rande des Urwaldes achthundert Euro pro Person und Nacht zu zahlen.

Xaver, wohlbeleibt, schwitzt und riecht streng; kaum angekommen, bemängelt er lauthals die Dusche mit dem Ungeziefer. Da konnte ihn selbst der Elefant vor dem Abendessen nicht befriedigen. Das Bier sei zu warm, *le souper* zu kalt. Ausgerechnet ihn hat sich ein Schwarm Stechmücken für wütende Attacken auserkoren. Er fuchtelt um sich, als plage ihn ein heftiges Nervenleiden. Im Camp befindet sich eine vom Zufall zusammengewürfelte Gruppe Europäer. Eine pensionierte Gymnasiallehrerin aus Lyon, die sich Mücken mit Dune, einem schweren Parfüm, vom Halse hält. Sie spricht auch Deutsch und ermahnt Xaver, nicht ständig Neger zu den Schwarzen zu sagen. Der Bankangestellte, von lästiger Kleinkariertheit, putzt ewig seine Fotoobjektive. Dann ein Manager aus Frankfurt, gleichfalls gewöhnungsbedürftig. Er fummelt eindeutig zu viel an seiner goldenen Rolex herum. Bob gefällt mir neben Jean am besten. Der Engländer ist in der Welt zu Hause. Ein Outdoor-Mann, mit dem Blick fürs Wesentliche. Zum Beispiel, wenn's um die Selbstversorgung in Wassernähe geht.

Der Begrüßungselefant verabschiedet sich mit einem durchdringenden Trompetenstoß. Aus der Dunkelheit dringt Grunzen und Schnauben. Flusspferde, die im Schutz der Dunkelheit an Land kommen? Auf die Nachtaktiven, die Hyänen, Leoparden, merkwürdigen Falter und Motten, können wir uns nicht recht konzentrieren. Xaver beschäftigt uns mit seiner Penetranz, alles und jenes mit zu Hause zu vergleichen. Jean erlaubt sich die Frage, was er denn im Petit-Loango-Nationalpark suche. »Löwen«, lautet seine Antwort. Löwen? Die gibt's doch nicht im Regenwald!

»Die hab ich aber neben Elefanten fest gebucht. Außerdem ist der Elefant von eben viel zu klein. Große habe ich erwartet, wie in Kenia.«

Das seien Steppenelefanten, die Waldelefanten seien wesentlich seltener und eben kleiner. Frédéric organisiert einige Flaschen kaltes Bier. Damit gelingt es ihm, Xaver ruhigzustellen.

Dummerweise fällt mein Los auf ein Hauszelt, das ich mit Xaver teilen muss. Die Nachtruhe beginnt mit einem im Raum halbnackt herumwandelnden Bayern, der unentwegt, in einer mir unverständlichen Sprache, schimpft und lamentiert. Ab und an vernehme ich:

»Sakri Türken. Woas is 'n des?«

Dabei wabbelt sein medizinballgroßer, weißer Wanst und droht aus dem Hosenbund zu fallen. Endlich wirft er sich ins Bett, stellt den Musikplayer auf eine Lautstärke, die dem Allertolerantesten missfallen muss. Als ich ihn um etwas Klangreduzierung bitte, quittiert er, fast augenblicklich, meinen Wunsch mit infernalischem Schnarchen, alle Brüllaffen und Dschungellaute übertönend. Noch in der Nacht frage ich Frédéric nach einer anderen Unterkunft. Eine Hütte, mehr ein Geräteschuppen, in Lagunennähe kommt mir sehr gelegen. Endlich Ruhe!

Gegen zwei muss es gewesen sein, als ich von einem heftigen Stoßen und Rütteln geweckt werde. Kerzengerade sitze ich auf der Liege und horche. Da, wieder, die Hütte wackelt wie bei einem Erdbeben. Vorsichtig öffne ich die Tür, einen Spalt nur. Der Lichtkegel der Taschenlampe fällt auf Fußabdrücke in den Ausmaßen von Suppentellern. Im Mondlicht erkenne ich auch ohne Lampe den Störenfried. Es ist ein kapitales Flusspferd, das sich ab und zu seinen Rücken an der Schuppenecke reibt. Ein Monstrum von gut drei Tonnen, mit ambossähnlichem Schädel, listigen, kleinen Augen, breitem Maul. Im Gras, vielleicht fünf Schritte neben dem Schuppen, zwei weitere Flusspferde, die eifrig Grünzeug rupfen. Ich ziehe mich auf mein Lager zurück und überdenke die Situation. Die Bude steht einige Jahre hier, warum soll sie ausgerechnet heute Nacht niedergerissen werden?

Am nächsten Morgen untersuche ich die tief in den Boden gepressten Spuren.

»An Land sind Hippos harmlos. Aber im Wasser musst du dich in Acht nehmen!«, sagt plötzlich eine Stimme. Frédéric ist herangetreten.

Nach einem deftigen englischen Frühstück fahren wir im Jeep südwärts, immer in Küstennähe. Elefantenfamilien wandern aus dem Wald, grasen, zupfen Blätter von Bäumen. Als die Sonne höher steigt, ziehen sie sich zurück, unter die Kühle des Walddachs. Frédéric berichtet, dass allein in diesem Reservat zehntausend Waldelefanten ihre Heimat haben. Nun beobachten wir Antilopen, Büffel, Pinselohrschweine mit grotesker Gesichtsmaske und merkwürdigen Ohren. Einheimische nennen diese Schweinespezies *potamochère*. Sie sollen genauso schnell rennen wie schwimmen können.

Lagunen und menschenleerer Strand, soweit das Auge reicht. Am zweihundert Kilometer langen Gestade von Petit Loango gibt es keine Dörfer, nur Camps und die komfortable Loango Lodge. In der Brandung des Atlantiks tummeln sich Flusspferde. Sie lassen sich einfach von den Wellen tragen, spielen oder paaren sich. Feierlich verharren wir angesichts erhabener Natur. Reiterkrabben huschen über Sand und Wellenschaum. Ihre Stielaugen halten Ausschau nach Räubern aus der Luft. Dort, einer Panzerspur gleich, die markante Fährte einer Lederschildkröte. Das ist eine Meeresschildkrötenart, die zwei Meter lang wird, im trockenen Ufersand ein Nest gräbt, um dort nach Mitternacht ihre Eier abzulegen. Für die Lederschildkröte ist dieser Küstenabschnitt der wichtigste Laichplatz in Afrika.

Und dann die Krönung des Tages: »Da drüben, seht nur!«

Frédéric reicht mir sein Fernglas. Schimpansen! Arglos, wie verspielte Strandwanderer, kommen fünf Primaten direkt in unsere Richtung getänzelt. In diesem Moment fallen mir Michael Fays Worte ein: »Bis zu meinem Tod wird es keinen Tag geben, an dem ich nicht an diesen Ort denke.«

Die Gruppe ist nun mit bloßem Auge erkennbar. Gottlob, Xaver hält sich mit Kommentaren zurück, weil sein Kopf auf die Brust gerutscht ist. Er schläft wie ein Kind. Die Affen stutzen, als wollten sie sich beraten. Gestikulieren, geben grunzende Laute von sich, wie in einer Diskussion. Jäh entschließen sie sich, rennend im Wald Schutz zu suchen. Wir fahren an einen Abschnitt, an dem gebadet werden darf. Unterdessen zaubert Frédéric ein schmackhaftes Picknick aus der Kühlbox. Xaver sind mal wieder die Getränke zu warm, die Portionen zu klein, und dem Manager Klaus ist das Fleisch zu zäh. Den Übrigen schmeckt's, und sie sind glücklich, ein Stück Schöpfung erleben zu dürfen, das nur wenige zu Gesicht bekommen.

Jean berichtet, während Frédéric eifrig beipflichtet, dass sich die Holzkonzerne tiefer und tiefer in den Dschungel fressen, gefolgt von kommerziellen Wilderern. Auf den Transportwegen der Holzfäller gelangen geschützte Säugetiere, vor allem Gorillas, Schimpansen, auch Elefanten, Antilopen und Gazellen tonnenweise als *viande de la brousse,* Buschfleisch, auf die städtischen Märkte. Klaus' einzige Bemerkung: »Igitt, das schmeckt doch nicht!«

Gegen Abend kehren wir ins Camp zurück. Bob begibt sich zum Angeln an die Lagune. Jean, die Lehrerin Nicole aus Lyon und ich begleiten Frédéric ins außerhalb des Parks gelegene Dorf Ntchogorové, aus dem der *ecoguide* stammt. Auf dem Weg dorthin kommen wir an einem Maniokfeld vorbei, das gerade von Elefanten abgefressen und verwüstet wurde. Frédérics Eltern begreifen die Arbeit ihres Sohnes nicht wirklich. Sie sind zwar froh, dass er beschäftigt ist, doch warum sollen Elefanten, Wildschweine und übriges Getier geschützt werden? Um Schäden zu vermeiden, sei das Wild zu dezimieren!, sagen die Bauern. Viele protestieren gegen den vermeintlichen Unsinn. Wild bewahren, damit Fremde kommen, um es zu betrachten? Wie soll das ein Dörfler verstehen, der vor seinem verwüsteten Feld steht?

Der alte Gabuner verzieht sein Gesicht.

»*Ecoguide?* Was ist das? Was haben wir davon, wenn uns die Elefanten die Ernten wegfressen? Warum dürfen wir nicht mehr jagen? Warum ist es verboten, Wildfleisch zu essen?«

Frédéric lässt seinen Vater reden. Er weiß um die Nöte der älteren Generation. Im Dorf fehlen elektrischer Strom, sauberes Wasser, eine Schule. Es gibt kein Krankenhaus, keine Ärzte. Die Jugend wandert in die Städte ab. Und drüben gibt es die Loango Lodge mit allem Komfort.

»Irgendeine anonyme Organisation schreibt vor, wie wir zu leben haben. Sie verspricht mehr Geld und Verbesserungen – im Dorf sehen wir nichts von Verbesserungen! Geld schon gar nicht.«

Tapfer hört sich der Sohn die Klagen an. Sicher schon zum x-ten Mal. Er bleibt optimistisch. Glaubt an den Fremdenverkehr, hofft, dass auch sein Dorf eines Tages an Erleichterungen teilhaben kann.

Jean hat eifrig Notizen gemacht und meint: »Seit Generationen haben die Menschen unbeschwert von dem gelebt, was Wald, Lagune, das Meer, die Felder hergaben. Verständlich, dass die Alten nicht verstehen, warum das auf einmal nicht mehr gilt. Warum uralte Traditionen durch Auflagen und Regeln verboten werden.«

»Genau«, meint Frédéric, als wir das Elternhaus verlassen, »ich bin in ständigem Konflikt. Einerseits will ich meine Leute nicht verraten, andererseits muss ich der Arbeit nachgehen. Das heißt, ich muss Wilderer anzeigen. Neulich kam einer aus unserem Dorf.«

Xaver hat sich im offenen Jeep zu lange der Sonne ausgesetzt. Krebsrot jammert er über Sonnenbrand. Wir ignorieren ihn, lassen vielmehr den ereignisreichen Tag nachwirken.

»Badende Flusspferde, Elefanten am Strand, wandernde Schimpansen, allein dafür hat es sich gelohnt herzukommen«, schwärmt Nicole.

Frédéric meint: »Wenn ihr von so weit kommt, so viel Geld ausgebt, um die Tiere zu sehen, dann lohnt es sich vielleicht wirklich, das Wild zu erhalten.«

Die nächsten Tage verbringen wir mit Tierbeobachtungen, pirschen durch den Küstenwald und begeben uns auf lange Strandwanderungen. Wildnis fühlen, schmecken, riechen, in ihrer Stille lauschen, erscheint mir ein seltenes, ja ein großartiges Privileg.

Jean interessiert sich ganz offiziell für Xaver. Wie alt mag er sein? Womit verdient er sein Geld? Welche Hobbys hat er? Wie vertreibt er sich die Zeit?

»Macht dich sein Leben neugierig?«, frage ich den Journalisten.

»Ja, ich arbeite an einem Artikel über Touristen in Gabun.«

»Xaver ist kein typischer, kein sehr wünschenswerter Afrikabesucher.«

»Mag sein, aber ein besonderer. Das interessiert mich.«

»Also dann, frag ihn aus. Am besten nach einem guten Essen bei kaltem Bier.«

Jean wählt einen Zeitpunkt am prasselnden Lagerfeuer mit fleischreichem Barbecue. Xaver ist zweiundvierzig Jahre alt, ledig. Er betreibt einen Getränkemarkt. Alte Landkarten sind seine Leidenschaft. Nun wissen wir, warum er stets zerfledderte Karten ausbreitet und mit seinen Wurstfingern darauf herumfährt. Dass er Bluthochdruck und Zucker hat, wundert mich nicht. Warum er sich ausgerechnet das tropische Westafrika als Reiseziel ausgesucht hat, ohne Löwen, mit kleinen Elefanten, weiß er selbst nicht. Mit anderen Worten, Xaver ist ein All-Inclusive-Tourist, der besser nach Malle oder Gran Canaria passt. Seine Fehleinschätzung soll ihm bald übel mitspielen.

Am übernächsten Tag liegt er reglos im Bett, das Gesicht hochrot, mit dicken Schweißperlen übersät. Sein Atem rasselt. Er stinkt, als habe sein Körper bereits einen anderen Aggregatzustand angenommen. Als Frédéric ihn berührt, stöhnt er kurz auf. Betreten stehen wir um Xaver herum und diagnostizieren: Den Bayern hat etwas Ernstes erwischt. Herzattacke oder Ähnliches. Vielleicht ist es auch ein Sonnenstich. Sein rechtes Bein schaut unter dem Bettlaken hervor. Es ist angeschwollen und feuerrot. Eine besondere Entzündung?

»Der muss ins Krankenhaus nach Omboué!«, entscheidet der Ranger.

In Bettlaken gewickelt, schleppen wir ihn liegend in den Jeep und decken ihn mit nassen Handtüchern ab. Ich frage ihn nach einer Reisekrankenversicherung mit Rücktransport. Er schüttelt den Kopf. Frédéric braust los, Klaus als Begleitung auf dem Beifahrersitz. Hinten quer liegt Xaver mit geschlossenen Augen. Krankenhaus in Omboué, denke ich, hoffentlich kommt er da lebend wieder raus, der arme Xaver. Auf einmal fehlt uns das monströse Unikum. Er hat sich für seinen Urlaub einfach das falsche Land ausgesucht. Jean bemerkt unsere Ratlosigkeit.

»Der Xaver kommt durch, da bin ich sicher. Unsere medizinische Versorgung ist die beste Afrikas. Wenn's was Ernstes ist, wird man ihn nach Libreville schaffen.«

Das Phänomen von Oklo

Die Flugpiste mit Wellblechbude abseits von Sangala ist typisch afrikanisch. Jean und ich lungern schon ein paar Stunden herum und warten auf ein Kleinflugzeug nach Franceville oder Moanda. Egal, Hauptsache, irgendjemand bringt uns irgendwann über das Massif du Chaillu in die Provinz Haut-Ogooué. Es ist still wie auf einem Friedhof. Kein Personal, keine Passagiere, kein Flugzeug. Nur das Summen und Brummen von Käfern und anderen flugfähigen Insekten. Draußen auf der Piste hüpfen große Raben, oder sind es Krähen? Dann sind da noch Vögel mit langen, nackten Hälsen. Aasgeier? Geier und Flugzeuge vertragen sich auf Landebahnen nicht gut. Da soll es in Afrika schon viel Bruch gegeben haben.

Jean spielt nervös mit seinem iPhone. Sind wir falschen Informationen aufgesessen? Ich blättere in einer älteren Ausgabe von *Economie + Gabon*, Titelthema: Umwelt und Business. Wir horchen auf. Motorengeräusch erfüllt die Luft. Einige Vögel werden aufgescheucht, andere hüpfen unwillig zur Seite. Zehn Minuten später rollt eine einmotorige Cessna 206 über die Piste, dreht und steht im aufgewirbelten Sand. Lässig entspringt ihr ein Pilot, ein Afrikaner, mit Baseballkappe, Kopfhörer um den Hals, in Khakiuniform. Ihm folgen drei Afrikaner und zwei Europäer. Man staune: Der einzige Rollladen wird aufgezogen. Der Kiosk öffnet sich, Kaffee und Sandwiches werden verkauft. Warum erst jetzt? Weil sich der Pilot stärken muss? Draußen verscheuchen Gewehrschüsse eine Schar Aasgeier.

Der Pilot heißt François, er meint: »Die Viecher müssen weg, sonst geraten sie womöglich an den Propeller, was zum Abschmieren führt.«

Am Himmel kreisen große Schwärme.

Mit ziemlichem Getöse rattern wir über die Piste und heben ab. Es sieht aus, als flögen wir geradewegs durch einen Vogelschwarm hindurch. François beruhigt: »Die kritische Phase liegt hinter uns. In dieser Höhe sind Karambolagen selten.« Relativ ruhig fliegen wir über das Land der BaBongo, dann über die Berge von Chaillu. Unter uns das tiefe Grün des Regenwalds, das hin und wieder von rotbraunen Linien, Straßen und Pfaden, durchzogen wird. Graue Flecken treiben wie Inseln durchs Grün: erodierte Kahlschläge. An Rändern frischer Rodungen nagen Harvester von John Deere wie Raupen an einem Blatt, das sind Holzerntemaschinen. Wir bleiben südlich des Äquators. Haben gerade den Léyou unter uns. Bis Moanda kann es nicht mehr weit sein.

Voraus hat sich ein dunkles Wolkenband gebildet. Noch flach und unbedeutend. Aber ich beobachte, dass es wächst, sich kaum merklich schwarz färbt. Holla! War das nicht Wetterleuchten?

»Wird's auf dem Flug Probleme geben?«, rufe ich zu dem Piloten rüber.

»Das wollen Sie doch jetzt nicht wissen, oder?«

Eigentlich möchte das angesichts einer Schlechtwetterfront niemand wissen. Einmotorige Kleinflugzeuge im schweren Tropengewitter sind ein Problem – stürzen am häufigsten ab. Auf einmal sackt die Cessna durch. Der Magen drückt gegen den Hals.

»Was war das?«, ruft ein Passagier von hinten.

»Nur ein Luftloch. Keine Panik!«, erklärt François.

Alle starren in Richtung Gewitterwolken. Was sich da zusammenbraut, stimmt nachdenklich. Steuert uns Quax, der Bruchpilot, auf unsicherem Luftweg direkt in die ewigen Jagdgründe?

Nein, François hat alles im Griff. Längst war er per Funk über die Gewitterfront unterrichtet worden. Die Maschine dreht nach Norden ab, steigt auf dreitausendfünfhundert Meter – entfleucht der Gefahrenzone und landet wenig später sicher in Moanda.

Ein Buschtaxi soll uns in die Berge von Mounana, zum Naturreaktor Oklo, einem einzigartigen Phänomen, bringen. Felszerklüftet ist die Landschaft, stellenweise von Buschwerk und Wald verfilzt. Hin und wieder klaffen kahle Hänge, Felseinschnitte, wie gerade frisch zerteilt. Haben da Naturgewalten oder die Technik des Menschen gewütet? Dynamit und schweres Abraumgerät schlugen die Wunden! Wir befinden uns in einem gewaltigen Uranminengebiet. Eingezäunt, von der Außenwelt abgeriegelt. Am Fuß einer Felswand stehen mehrere Container, zusammengestellt zu Wohn- und Bürokästen. Das Taxi stoppt. Gerade tritt ein Afrikaner aus einer der Aluminiumboxen. Er winkt. Jean hatte uns zuvor avisiert. Ohne seine Verbindung hätte ich dieses Gebiet nie betreten dürfen.

Wir stellen uns dem Mann vor, der sich Dr. Ali Ntoutu nennt. Als Geologe ist er für den hiesigen Abschnitt zuständig. Das Taxi entfernt sich. Wir steigen in den Land Rover des Geologen.

»So, Sie interessiert es, die Stätte einer nuklearen Kettenreaktion zu sehen?«

»Wir haben weder im Physik- noch im Chemieunterricht gut aufgepasst und hoffen, dass Sie uns das Kuriosum erklären können«, sagt Jean ganz in meinem Sinn.

Ntoutu lacht und meint: »Am besten kann ich Ihnen die Besonderheit am Naturreaktor 15 erläutern. Dazu fahren wir hier rechts in die Berge. Etwas kraxeln müssen wir allerdings auch noch.«

Nach einer Weile beginnt der Geologe zu dozieren:

»Überreste von siebzehn Naturreaktoren sind in Oklo und dem dreißig Kilometer entfernten Bangombé entdeckt worden. Dem französischen Physiker Francis Perrin fiel in der Urananreicherungsanlage von Eurodif in Frankreich eine merkwürdige Anomalie im Isotopenverhältnis von UF 6 auf, das aus dem Uranerz der Oklo-Mine gewonnen worden war. Eine Anomalie, die nur durch die Spaltung von Uran 235 entstanden sein konnte. Aber was war da in der abgeschiedenen Bergwelt von Gabun passiert, wurde gerätselt.«

Wir halten und steigen dann einen durch Geröll schwer passierbaren Weg bergan. Verweilen an einem Abbruch, der etwas an einen Kraterrand eines längst erloschenen Vulkans erinnert. Das Gestein ist schwarz wie Basalt.

»Schauen Sie da drüben, die Abrisskante mit den gelben Einschlüssen, das sind die Überreste von Uranoxid«, erklärt Ntoutu und fährt fort: »Kernspaltung ist eine neuzeitliche Erkenntnis. Den Chemikern Otto Hahn und Fritz Straßmann gelang das Experiment erstmals 1938. Wenige Jahre später produzierten Reaktoren Strom. Was Forschern nur mit großem Aufwand möglich ist, schaffte die Natur vor rund zwei Milliarden Jahren, also im Proterozoikum, ganz alleine. Vor uns arbeitete ein natürlicher Kernreaktor über einhundertfünfzigtausend Jahre lang ohne Zwischenfall. Die Leistung des Meilers lag bei hundert Kilowatt. Das entspricht der Energiemenge, die ein durchschnittliches Kernkraftwerk in vier Jahren erzeugt. Nicht nur die Entdeckung dieser natürlichen Kernspaltung versetzte die Welt in Erstaunen, ebenso der Mechanismus, mit dem der Naturreaktor arbeitet. Ist es nicht ein immenser Aufwand, Kettenreaktionen in den Atomkraftwerken so zu steuern, dass sie kontrolliert ablaufen und ein gefürchteter Supergau unterbleibt?«

Ich schaue mich in der Landschaft aus schwarzen Gesteinsbrocken und von altem Wurzelwerk umklammerten Felsen um. Die leuchtend gelbe Uranoxidader erscheint wie ein Fenster, wie ein Blick hinein in die Urzeit der Erde. Was hatte sich da im Felsinneren abgespielt? Das Rätsel löste ein Forscherteam von der Washington University in St. Louis vor vierzehn Jahren. Dabei spielte Wasser eine wichtige Rolle. Es stand in den Ritzen des Uranerzes. Teamleiter Alex Meshik erklärte seinerzeit: Das Spaltprodukt Xenon muss in dem natürlichen Reaktor wie ein Geysir in Intervallen gearbeitet haben. Spaltaktivitäten von einer halben Stunde lösten zweieinhalb Stunden Ruhe ab. Die Phasen ergaben sich aus der Wärmeentwicklung, die das moderierende Wasser verdampfen ließ. In der Abkühlzeit wurde der Prozess unterbrochen. Wahrscheinlich führte ein naher Fluss erneut Wasser zu, sodass die nächste Reaktion ausgelöst werden konnte.

»Wie war das mit der Spaltung von Atomen?«, will ich wissen.

»Einfach und doch hochkomplex! Lassen Sie mich den Vorgang verständlich erklären: Ein Neutron trifft auf einen besonders dichten Atomkern, den wir Nuklid nennen. Der Kern teilt sich und setzt Neutronen frei. Dieser Prozess kann natürlich, das heißt spontan, erfolgen oder auch induziert, durch technische Vorkehrungen. Bei der definierten Kernspaltung von zum Beispiel Uran können wir elektrische Energie, Strom, aber auch die verheerende Brisanz einer Atombombe erzeugen. Im ungünstigsten Fall gerät die Atomspaltung durch fortgesetzte Teilung außer Kontrolle und erzeugt eine unbeherrschbare Kettenreaktion.«

Neben meinem Fuß raschelt es im Laub. Erschrocken springe ich zur Seite, vermute eine Schlange oder anderes giftiges Getier. Im Wipfel einer Borassuspalme brüllt ein Affe. Schon kurios, im innersten Afrika einem Afrikaner bei Ausführungen zur Atomphysik zu lauschen!

Ali Ntoutu: »Heute sind die natürlichen Reaktoren ausgebrannt. Für die Aufrechterhaltung einer Kernreaktion ist die Dichte des spaltbaren Urans zu gering.«

Nachdenklich betrachte ich die Botschaft aus dem Proterozoikum, die markante gelbe Gesteinsader: Überreste des Uranoxids.

Jean hatte eifrig mitgeschrieben und fragt: »Kühlwasser hielt Naturreaktoren unter Kontrolle? Ist das richtig?«

»Wie bei unseren modernen Kernkraftwerken. So ist es«, sagt Ali.

»Zu meinem Verständnis darf ich zusammenfassen: Die Voraussetzungen für die in der Natur ablaufenden Reaktionen waren eine hohe Urankonzentration mit genügend Anteil an U 235, ein Moderator zur Abbremsung der Neutronen in Form von Regen- oder Flusswasser – und es musste ein Regulativ für die Anzahl der Neutronen geben.«

»Genau! Bedingungen, die die Lagerstätten von Oklo auf einzigartige Weise erfüllten, gut genug, um den Prozess einhundertfünfzigtausend Jahre in Gang zu halten. Das Regulativ entdeckten Forscher über Xenon-Isotopen, die im Aluminiumphosphat des Gesteins lagerten und damit auf den periodischen Betrieb des Naturreaktors hinwiesen.«

»Welche Temperaturen traten dabei auf?«, frage ich.

»Zwischen zweihundert und fünfhundert Grad Celsius«, meint Ali und fügt begeistert hinzu: »Das System arbeitete nicht nur stabil, sondern entsorgte sogar den atomaren Müll! In den Kernkraftwerken haben wir doch die großen Probleme damit. Wir sollten uns die Verfahren der Natur zunutze machen, um wenigstens radioaktive Gase sicher aufzufangen. Für mich sind die Reaktoren von Oklo ein naturwissenschaftlicher Schatz, dessen Bedeutung bisher viel zu wenig erforscht wurde!«

Im nahe gelegenen Mounana halten wir an einer Bar und laden den Herrn Doktor zum Essen und Bier ein. Er schält sich aus seinem Overall, lässt sich schnaubend auf die Holzbank fallen. Ein interessanter Typ, denke ich und beobachte ihn. Mitte vierzig mag er sein. Die tiefe, raue Stimme passt zu seinem Volumen. Sein dunkles Gesicht umspielen abwechselnd Lächeln und Härte, Konzilianz und Entschlossenheit, und während er von seinem Studium in Lyon erzählt, wo er promovierte, klopft er unterstreichend auf seinen imposanten Kugelbauch. Dort spannen sich die Hemdknöpfe zum Zerreißen. In Afrika zeugt ein dicker Bauch von Wohlstand und Ansehen. Wer ihn hat, ist stolz darauf. Ali gehört zweifellos zur Oberschicht. Zur guten Ausbildung hatte die ganze Sippe beigetragen. An der Investition in den intelligenten Spross will sie nun natürlich teilhaben. Schließlich verhalf ihm sein Wissen dazu, einen gut bezahlten Posten bei der Shell und jetzt im Uranabbau zu bekleiden. Ntoutus Familie, Frau mit drei Kindern, lebt in Franceville, einer Stadt gut achtzig Kilometer südöstlich von seiner Containerbehausung, die ihn unter der Woche beherbergt.

»Was verdient ein Akademiker in Ihrer Branche so?«, frage ich neugierig.

»In Euro um die dreitausend im Monat. Das ist in Gabun ein sehr gutes Gehalt. Für Sie nicht, das weiß ich. Wir können hier preiswert leben. Andererseits dürfen Sie die sozialen Bindungen nicht vergessen. Wenn ein Afrikaner Geld hat, erwartet man von ihm, dass er es mit seinen Verwandten und Anverwandten teilt. Tut er es nicht, droht ihm die Ächtung.«

»Die Erklärung dafür ist das Fehlen von Versicherungen. Es gibt kein soziales Netz, keine Alters- oder Grundversorgung wie bei euch«, ergänzt Jean. »Bei uns sind Kinderreichtum und Familienbande die Altersversicherung.«

Plötzlich macht sich Unruhe bei Ali Luft.

»Verdammt noch mal, wo bleibt denn das Essen!«, ruft er in Richtung offene Küche. Einem Afrikaner geht etwas zu langsam? Wir müssen herzlich lachen.

»Die Lahmarschigkeit in unserem Land ist nicht auszuhalten!«, klagt Ali. »Ein Jahr Arbeitsdienst im Ausland, am besten in Deutschland, wäre eine gute Sache, um die Lethargie aus Köpfen und Gliedern zu bekommen.«

»Aber, aber, ausgerechnet in Deutschland?«, frage ich nach.

»Genau. Ich war mal kurz bei der Shell in Hamburg tätig. Alles ging im Laufschritt. So kam es mir wenigstens vor. Dalli, dalli, wo bleibt der Bericht? Ich warte schon fünf Minuten! Das muss besser werden! Viel schneller gehen! Warum so langsam? Jawohl! Zack, zack, an die Arbeit!«

»Mein Gott!«, stößt Jean aus. »Da bleib ich doch lieber in meinem Redaktionskabuff im geliebten Libreville!«

Die Bedienung schlurft mit Fladenbrot, Gemüse und einem ›Gummiadler‹ heran. Von Ali wird sie mit einem bösen Blick bestraft. Afrikaner gehen nicht immer zaghaft miteinander um. Besonders, wenn sich einer für etwas Besseres hält. Das habe ich auch erst lernen müssen. Im Lagos-Kontor unserer Firma war einem Oberbuchhalter nicht abzugewöhnen, seinen Untergebenen in den Hintern zu treten, wenn sie mal Fehler machten.

Die Bar füllt sich mit urigen Gestalten. Grobschlächtige Männer, im Outfit von Kanalarbeitern, und Mädchen, die man, ohne ihnen Unrecht zu tun, zum horizontalen Gewerbe zählen darf. Ich vernehme, dass wir in einer Bar namens Yambi eingekehrt sind, die vornehmlich von *mineurs* besucht wird. Einige Typen grüßen den Doktor respektvoll. Der filzlockige Rastafari gegenüber stochert in einer Süßkartoffel herum und genehmigt sich ein Régab.

Es geht auf den Nachmittag zu. In der Buschbar wird es laut und ungemütlich. Wieder kommt Alis geradezu europäisches Pflichtbewusstsein zur Geltung. Kaum hat er seinen pappig-süßen Nachtisch, einen Karamellpudding, verzehrt, schaut er zur Uhr und verkündet: »Es wird Zeit. Ich muss noch ins Büro.«

In Franceville bringt mich Jean Pont zum Flughafen. Die Stunde des Abschieds naht. Jean hatte mir in den Tagen des gemeinsamen Reisens eine Menge von Gabun zeigen können. Ich hatte viel sehen und manches verstehen gelernt. Stets verhielt er sich fair und anständig, ohne Geld für irgendwelche Dienste zu verlangen oder sonst wie zu schnorren. Unter heißem Protest nimmt er schließlich doch hundert Euro, quasi als Fremdenführer.

»Leb wohl, Jean – und Dank für alles! Für mich beginnt jetzt das Abenteuer in Kamerun.«

Wir schütteln uns die Hand.

»Pass auf dich auf. Kamerun ist anders. Mehr Bestechung, mehr Korruption, viel Kriminalität. Du wirst es schon machen«, sagt er.

»Klar doch. Und schreib 'n paar schöne Berichte. Kopie an meine Mail.«

»Mach ich. Der erste heißt: ›Unterwegs mit dem Weißen mit den roten Augen‹. Ha, ha!«

»Au revoir Jean, au revoir Gabon!« Tatsächlich etwas traurig gehe ich hinüber zum Counter.

KAMERUN

I

In der Stadt der Verdrossenen: Doula

Forschend, ja irgendwie gebannt, schaue ich in ihre blauen Augen. Eine Afrikanerin, eine Schwarze, mit Augen blau wie das Meer. Und Haaren gelb wie Honig ... Plötzlich reißt uns eine irre Detonation aus den Stühlen. Unten muss etwas explodiert sein. Häuser? Ein Munitionsdepot? Mit anderen Hotelgästen eilen wir an die Balustrade der Terrasse – und haben einen Logenplatz. Die Bühne: Rue Joffre, Ecke Rue Joss, genau auf der Kreuzung war ein Lkw umgestürzt. Kein normaler Lastwagen: ein Vierzig-Tonnen-Auflieger samt Zugmaschine, beladen mit Bierkästen. Abertausend Guinness-Bierflaschen sind geborsten oder kollern um einen Bierkastenberg. Ein Bild der Verwüstung!

Kaum zwei Minuten später ist der Bierkasten- und Flaschenberg von einer wuselnden Menschentraube umgeben. Immer mehr Frauen, Männer, Kinder rennen herbei, quellen wie Ratten aus ihren Verstecken, bewaffnet mit Säcken, Körben, anderen Behältern, und machen sich über eine Beute her, die ihnen gleichsam vom Himmel vor die Füße gefallen ist. Der Fahrer klettert aus der freien Seite des Führerhauses, taumelt wie betrunken und reckt die Arme hoch, als glaube er nicht, was er vor Augen hat. Unterdessen ergattert die Meute in wilder Hast die heil gebliebenen Flaschen. Ganz Eifrige setzen das Bier gleich an den Hals oder gießen sich edles, dunkles Guinness über den Kopf. Kühlung in der tropischen Mittagshitze einer Großstadt. Die groteske Szene da unten wird jetzt vom gesamten Hotelpersonal und allen Gästen verfolgt – und gereicht zu einem absurden Theater, bis endlich die Polizei mit Tatü-tata und einer Hundertschaft angebraust kommt.

Mit gezückten Schlagstöcken und Gummiknüppeln fallen die Gendarmen über die Diebe her. Harte Schläge auf Rücken und Köpfe, dann die Schreie, die an der Abrisskante emporhallen bis hinauf zur Terrasse an unsere Ohren. Ich bin in Kamerun, in Douala. Was sich unter uns auf der Kreuzung abspielt, ist eine Metapher mit immenser Eindringlichkeit für die ›Kreuzung Afrikas‹, wie die Wirtschaftsmetropole genannt wird. Bierdiebe lassen sich nicht mit zornigen Polizei-Stockschlägen vertreiben. Wer an der einen Ecke verjagt wird, rafft an anderer Stelle weiter: heile, teure Guinness-Flaschen. Der Unfall entwickelt sich zu einem perversen, unappetitlichen Theater, begleitet von abfälligen Bemerkungen einiger Voyeure.

Ich begebe mich an meinen Tisch, von der Frau mit den wasserblauen Augen gefolgt.

»Afrika!«, seufzt sie lächelnd und zuckt bedauernd die Schultern. Widmet sich fix ihrem iPhone.

Merkwürdig, denke ich. Was ist aus den selbstbewussten ›Damen‹ geworden? Haare entkraust, blond gefärbt und zum Pagenschnitt gestutzt. Die Haut fleckig-schwarz, weil mit Bleiche behandelt worden. Blaue Kontaktlinsen, um sich interessant zu machen.

»Ich heiße Nicole«, sagt sie und rückt mit ihrem Handy heran. »Und Sie?«

»Hans«, antworte ich unwahr.

»Ans«, wiederholt sie, »aus Deutschland?« Sie tippt den Namen ein.

»Telefonnummer? E-Mail?« Ihre Direktheit verblüfft mich. Aber ich bin kein Spielverderber und gebe Fakes zum Eintippen preis. Wir unterhalten uns auf Französisch, wie in diesem Teil Kameruns gesprochen wird. Als Nicole mit den Eingaben fertig ist, legt sie das Handy zur Seite.

»Ans, Sie sehen müde aus, irgendwie abgespannt. Ganz in der Nähe vom Mata Palace habe ich einen Massagesalon. Ich sollte Sie massieren. Das täte Ihnen gut«, meint die Schwarze und fixiert mich mit Augen, die ungemein irritieren.

Vor einer knappen Stunde hatte ich mich auf die Terrasse des Seemannsheims, *Foyer des Marins*, begeben. Ein Hotel der Mittelklasse, seinerzeit von dem deutschen Pastorenpaar Johanna de Man und Martin Posselt geleitet. Eine Herberge, ein Treffpunkt für Deutsche mit überschaubarer Börse. Und die Speisekarte vermittelt heimatliche Gefühle: Bratwurst, Sauerkraut, Bratkartoffeln ... Außerordentlich beliebt ist der Garten mit Swimmingpool, die Terrasse am Hang mit einem weiten Blick über Douala. Ich warte auf zwei Freunde aus Deutschland, einen Biologen, einen Ethnologen, und auf einen einheimischen Fahrer, der uns in den Osten ins Dreiländereck bringen soll. Ziel ist Dzanga-Sangha, ein Gebiet mit spektakulärer Flora und Fauna. Darüber hinaus sollen im Primärwald BaAka, ein Pygmäenvolk, noch ursprünglich leben.

Mittlerweile missmutig warte ich schon eine geschlagene Woche auf Paul, Richard und Simon. Wiederholt erreichten mich Nachrichten, die Verzögerungen erklärten. Nun gut, ich habe seit meiner Ankunft aus Franceville nicht untätig in der Stadt herumgesessen. Vielmehr habe ich mir mit einem Leihwagen die Umgebung erschlossen: Kibri, Limbe, den Kamerunberg ... Gerade erinnere ich mich an die atemberaubende Fahrt aus der Innenstadt heraus, durch bombentrichterartige Schlaglöcher, einem Verkehr ohne Regeln, in einem nagelneuen Toyota von Avis. Schweißgebadet, und das nicht nur der Hitze wegen, hatte ich mich in den Straßenkampf begeben ...

Nicole stößt mich an.

»Na, was ist, Ans? Ich mache Ihnen ein Spezialangebot.«

»Das ist sehr freundlich. Aber ich werde gleich abgeholt, dann geht's nach Yaoundé.«

»Nach Yaoundé wollen Sie fahren? Eine schöne Stadt! Angenehmes Klima, sauber. Die Deutschen haben den Ort gegründet. Douala ist hässlich, jede Menge Raub, Diebstahl, Betrügereien, in den Straßen Prostituierte.«

»So«, sage ich und denke mir meinen Teil.

»Douala übt auf Arbeitsuchende und Bauern eine magische Anziehungskraft aus. Ich bin BaMileke, komme eigentlich aus Nguti. Mit vielen aus unserem Ort bin ich der Hoffnung erlegen, in der Wirtschaftsmetropole Geld zu verdienen.«

»Was haben Sie in Nguti gemacht?«

»Ich habe auf dem Markt Obst und Gemüse verkauft. Das, was Vater und Mutter auf ihrem kleinen Acker ernteten. Unsere Einnahmen reichten vorne und hinten nicht. Also beschloss ich eines Tages, mit anderen nach Douala zu gehen. In den Dschungel einer Großstadt, in der uns Kälte und Brutalität empfing.«

Mit fast zwei Millionen Einwohnern ist Douala die größte Stadt des Landes. Wichtiger Faktor der Entwicklung ist die Hafenanlage von Douala-Bonabéri, wo Fischereiprodukte, Container, Holz umgeschlagen werden. Einst war das gesamte Gebiet Sumpf und der Hafen am Wouri-Fluss eine von Mangroven umsäumte Flusslandschaft. Zu Beginn des 18. Jahrhunderts wanderte das Bantuvolk der Douala (Duala) in diese Gegend und siedelte sich an. Hundert Jahre später entwickelte sich das Delta zu einem strategisch wichtigen Punkt für den Sklavenhandel zwischen Douala und Portugiesen. Gustav Nachtigal erschien auf der Bildfläche. Er schloss 1884 im Namen des deutschen Reichskanzlers einen ›Schutzvertrag‹ mit den Douala-Königen Akwa und Bell. So geriet das Land unter deutsches Protektorat. Sümpfe wurden trockengelegt, ein Bahnhof gebaut, Gleise verlegt. Feuchtheißes Klima und Malaria rafften viele Deutsche dahin. Douala wurde zum Inbegriff des Grabs des weißen Mannes. Gestern schlenderte ich über den Friedhof neben der Peter-und-Paul-Kathedrale in der Rue Joss. Nicht zu übersehen sind die vielen Gräber mit Inschriften früh verstorbener Deutscher. 1901 ›flüchtete‹ die Administration in den höher gelegenen Ort Buea am Fuß des Kamerunbergs.

Ausgangspunkt zweier Bahnlinien, die Brücke über den Wouri, ein reger Hafen – all dies ließ Douala zu einem Industrie- und Handelszentrum prosperieren, das stetig wächst. Seit 1970 hat sich die Bevölkerung der Stadt vervierfacht. Kein Wunder, dass Landflüchtlinge wie ein Schwamm aufgesogen werden. Da werden eine Traumwelt und das schnelle Geld versprochen, am Ende nur Not und Elend geliefert. Enttäuschte Hoffnungen, Frust, Verdrossenheit und bittere Not offenbaren sich in den rasant wachsenden Elendsvierteln. Merkwürdig, irgendwie bringt sich das Heer Verdrossener durch: als Stadtführer, Karrenschieber, Bretterbudenwirt, Erdnussröster, Taschendieb, Bettler, Schnorrer. Im horizontalen Gewerbe oder in der Trickbetrügerzunft. Obgleich Douala vor Emsigkeit schäumt, liegt die Arbeitslosenquote bei vierzig Prozent.

All das geht mir durch den Kopf, als Nicole einen neuen Anlauf nimmt.

»Was ist nun, Ans? Meine Massage wird Ihnen den siebten Himmel bescheren.«

»Ich bleibe lieber am Boden, Nicole.«

»Gefalle ich Ihnen vielleicht nicht?«

»Daran liegt es nicht!«

Sie schiebt die rot umrahmte Sonnenbrille aus dem Blondschopf über die Augen, erhebt sich mürrisch und stolziert in Richtung Toiletten. Respekt, ihre Figur könnte Marilyn Monroe Konkurrenz machen, so diese noch lebte. Ich schaue Nicole versonnen nach, wie sie ihren kecken Po wippen lässt. Na, in der Obst- und Gemüsebranche hat sie den Gang bestimmt nicht gelernt!

Mein Handy macht sich bemerkbar. Paul ist am Telefon und verkündet, dass er morgen mit Richard eintreffen werde. Ich bin sauer. Mein Bedarf an Douala ist längst gedeckt. Ich habe die Nase voll vom Dreck, der feuchten Hitze, dem Abwehren von Bettlern, Schnorrern, Nutten. Will endlich die Schönheit unberührter Natur erleben.

Nicole erscheint wieder. Sie hat ihre fleckige Gesichtshaut geschminkt, ihre Lippen rosa nachgemalt. Sie wirkt jung und sieht hübsch aus, mit den blauen Augen in gewisser Weise sogar verführerisch. Und auf einmal macht sie einen groben Fehler. Wenigstens empfinde ich es so.

»Ich hab ein Problem, Ans. Ein großes Problem! Mein Vermieter will mich rausschmeißen. Wenn ich ihm nicht wenigstens zweihundert Euro Miete zahle, sitze ich auf der Straße!«

»Das ist nicht schön.«

»Leih mir das Geld. Nur für zwei Tage.«

»Leihen?«

»Gib mir deine Kontonummer. Ich überweise es dir gleich wieder mit Western Union. Geht ganz schnell.«

»Sei nicht böse, aber das geht nicht.«

»Hundert Euro, du willst doch nicht, dass ich auf der Straße schlafen muss. Oder?«

Ich schüttle den Kopf.

»Fünfzig Euro. Hilf mir aus meinem Problem!«

Kopfschütteln.

Nicole setzt ein bitterböses Gesicht auf. Steht ruckartig auf und eilt beleidigt in Richtung Ausgang. Nun gehört auch sie zum

Heer der Verdrossenen, schade. Ich schüttle immer noch den Kopf. Müssen manche Afrikaner stets so plump betteln? Die Kellnerin vom *Foyer des Marins* grinst ungeniert, als ich die beiden Amstel-Biere zahle. Mit Sicherheit hatte sie uns beobachtet und gespannt auf den Ausgang des Gesprächs gewartet.

An der Rezeption checke ich für eine weitere Nacht ein. Am Tresen unterhält sich Willi Neubauer mit Hanna auf Deutsch. Hanna ist Kamerunerin. Sie spricht mehrere Sprachen. Willi holt für seine bevorstehende Exkursion auf den Kamerunberg Tipps ein. Den skurrilen Knaben, mit Ziegenbart und Zopf, lernte ich zuvor flüchtig kennen. Er stammt aus Neustadt an der Hardt. Sein Englisch hat Pfälzer Dialekt, sehr putzig. Willi ist mit einer alten 500er-BMW unterwegs und sammelt Insekten. Möglichst seltene Falter und Schmetterlinge für Museen und wissenschaftliche Institutionen, erzählte er mir. Seine Botanisiertrommeln besitzen riesige Ausmaße, erinnern an Kanonenrohre. Als er die Infos erfragt hat, verabreden wir uns zu einem Stadtbummel. Abends soll man nicht allein durch Douala streifen.

Nach einem Gang zum *Akwa Palace*, wo wir uns einen Aperitif im Foyer gönnen, spazieren wir hinüber zur Rue Pau. Dort befindet sich eine Statue zum Andenken an den Douala-König Akwa. Unter dem Monument soll er auch tatsächlich bestattet worden sein. Dass er von den Kamerunern so verehrt wird, erstaunt mich. Immerhin läutete er mit seiner Unterschrift die Kolonialzeit ein. Wir wandern den Boulevard Ahidjo hinunter und winken ein Taxi heran, lassen uns nach Navale fahren. Eines der schönsten Fleckchen des ansonsten tristen Douala ist Base Navale mit Blick auf die Lagune. Im Restaurant *Le Dernier Comptoir Colonial* lassen wir uns nieder und bestellen frisch gegrillten Red Snapper mit *miondo,* in Palmblättern gegartem Maniok. Herrlich!

Gerade schiebt sich ein violettes Wolkenband zur Seite. Im letzten Licht zeigt sich der Mount Kamerun.

»Morgen werde ich im Lavapark Insekten sammeln«, sagt Willi.

»Eindrucksvolles Gebiet. Ich war da und wollte den Berg besteigen«, bemerke ich.

»Bergsteigerische Kenntnisse brauchst du nicht, hab ich gehört, aber 'ne gute Kondition und 'ne Menge Flüssigkeit.«

»Ich hatte einen Führer, der mich für 'ne Bergziege hielt. Wegen Wassermangels musste ich an der dritten Hütte, auf dreitausendneunhundert Metern, aufgeben. Ärgerlich, war der Gipfel doch so nah!«

Dem verpatzten Aufstieg trauere ich noch nach. Zwei, drei Liter Wasser mehr und ich wäre oben gewesen, auf dem Mongoma-Loba, dem viertausendfünfundneunzig Meter hohen aktiven Vulkan. Er ist der höchste Berg Westafrikas. Sein letzter großer Ausbruch war im März 1999, und zwar so gewaltig, dass der Lavastrom erst an der Küste, kurz vor einer Ölraffinerie, zum Stillstand kam. In jüngster Zeit brach der Mount Kamerun fünfmal aus. An seinen Hängen lebt das Volk der BaKweri. Es nennt das gewaltige Bergmassiv, der feurigen Aktivität wegen, Fako, Berg der Götter, und zollt ihm höchsten Respekt, was die Ebassamoto-Legende veranschaulicht: Einst hauste am Kamerunberg ein Wesen, halb Stein, halb Mensch: der Gott Ebassamoto. Seine Frau, die Meeresgöttin Nalowa, ging eines Tages eigene Wege, zurück in den Ozean. Grollend türmte Ebassamoto den Berg noch mächtiger auf und versteckte sich in seinem Inneren, um von niemandem gefunden zu werden. Er besaß auch einen mit schönen Blumen, Bäumen und wohlschmeckenden Früchten bewachsenen Garten. Menschen, die den Berg bestiegen, durften sich an den Früchten laben, auch an den bunten Blumen erfreuen, doch weder Früchte noch Blumen ins Tal mitnehmen. Wurde das Verbot missachtet, zürnte Ebassamoto so heftig, dass er Feuer, Rauch und Steine spie. Die BaKweri erkannten in den Vulkanausbrüchen den Zorn Gottes.

»Ich habe in den letzten Jahren in Kenia und Tansania Insekten gesammelt. Schöne Gegend in grandioser Landschaft. Aber der

Mount Cameroon fasziniert mich. Weiß nicht warum. Es ist einfach so«, meint Willi.

Als ich den Jäger und Sammler so reden höre, werde ich lebhaft an Jim Cocrane erinnert, einen spleenigen Großwildjäger, dem man die Lizenz zum Töten entzog. Bevor er sich grollend in den Adamaoua-Bergen verschanzte, fristete er sein Leben als Schmetterlingssammler. Welch eine Schande für Jambo Jim! In Kamerun bekam er auf seine alten Tage die Chance, einen wütenden Einzelgänger zu jagen, einen steinalten Elefantenbullen, der zuvor Hütten und Felder der Bamoun (BaMun) zerstört hatte. Auf der Jagd hatte ich Jim als Chronist begleitet. Was wohl aus ihm geworden ist?

Willi zupft sich am Ziegenbart und lässt mich an seinem Wissen über den Kamerunberg teilhaben: »Schon im 5. Jahrhundert vor Christus segelte Hanno der Seefahrer von Karthago aus nach Süden, um die Küste Westafrikas zu erkunden. Im Golf von Guinea erblickte er einen feuerspeienden Berg, dem er den Namen Götterwagen gab. Es war der Mount Kamerun. 1472 dann entdeckte ihn, als erster Europäer, der portugiesische Seefahrer Fernando Póo. Richard Burton und der deutsche Botaniker Gustav Mann bestiegen den Hauptgipfel 1861 als Erste. Mongo-ma-Loba wird die Bergspitze von den Kamerunern genannt.« Willi Neubauer hält inne, dann meint er: »Den Kilimandscharo hab ich nicht geschafft. Ab fünftausend Metern kam ich mit der dünnen Luft nicht zurecht. Den Kamerunberg pack ich. Mein Wort!«

Gerade entschwindet das imposante Massiv im Abenddunkel. Wir starren über das Wasser, hinein in den tropischen Frieden der aufkommenden Nacht. Lichter werden entzündet. Irgendwo wird eine Trommel gerührt. Gesang und Flötentöne dringen an mein Ohr. Ein schwach beleuchteter Tanker zieht seine Bahn, vom Gekreisch der Möwen begleitet. Dann fällt die Nacht herab, schwarz und endgültig.

»Und du? Was hat dich nach Kamerun verschlagen?«, erkundigt sich Willi.

»Ich reise herum. Erst in den Osten, dann hinauf in die Wüste ... bis mir das Geld ausgeht. Mit Afrika verbindet mich eine Art Hassliebe. Bin ich dem Erdteil fern, zieht er mich unwiderstehlich an – bin ich dort, stößt er mich rüde ab. Nur Afrika vermag jene üppige Vielfalt von Empfindungen zu entfachen!« Willi greift zum Glas, hebt es hoch, stößt an meines.

»Das ist es! Genauso geht's mir auch. Der verdammte Kontinent überwältigt in dem Maße, wie er sich der Logik entzieht, packt durch seine Maßlosigkeit und verbraucht uns rascher ...«

»... Die Grenzenlosigkeit erschließt sich in Wahrheit nur dem, der sich ihr ganz hingibt, sich gleichsam aufgibt, um sie in sich aufzunehmen«, ergänze ich die Erkenntnis des großen Afrikakenners Jacques Richard-Molard.

»Du kennst Richard-Molard?«, fragt Willi erstaunt und nimmt einen tiefen Schluck.

»Seit meiner ersten Reise nach Afrika, und das ist viele Jahre her, gehen mir seine Worte nicht mehr aus dem Kopf.«

»Ach ja, je länger man hier ist, desto weniger versteht man das Land«, sagt Willi mit dem Versuch zu lächeln. Dann seufzen wir gleichzeitig und starren Löcher in die Nacht.

»Warum in aller Welt willst du in den Osten?«

»Mich interessieren Naturgemeinschaften, die Pygmäen zum Beispiel. Vor über dreißig Jahren habe ich sie besucht. Möchte wissen, wie sie heute leben.«

»Im Dschungel wird sich manches verändert haben. Davon kannst du ausgehen.«

»Ich suche die letzten ursprünglich lebenden Waldmenschen«, sage ich mit einem verlegenen Schmunzeln. Wir lehnen uns schweigend zurück, schauen zu den Sternen, die unglaublich leuchtend und nah erscheinen. Am Ufer randalieren Ochsenfrösche. Ein Motorboot tuckert dahin. Willi bestellt noch einen Gin Tonic und meint:

»Schade, die Zeit habe ich nicht. Pygmäen in ihrem ursprünglichen Refugium würde ich gern besuchen. Sehr gern sogar!«

Buea und die Kolonialgeschichte

Was war in der Zwischenzeit nicht alles geschehen? Ich schließe die Augen und denke zurück an die letzten Tage, an die Fahrten, die ich, auf meine Begleiter wartend, von Douala aus unternommen habe. Ein afrikanisches Sprichwort glimmt auf: »In den ersten Tagen soll der Fremde nur seine Augen und Ohren öffnen, aber nicht seinen Mund.« Fürwahr! Habe ich zu viel geredet? Bisweilen sind es die Erlebnisse, die das Herz öffnen und die Worte fließen lassen. Die Franzosen sagen: »Cameroun est L'Afrique en miniature.« Ein Ausspruch, der seine Berechtigung hat. Das Land ist eineinhalbmal so groß wie Deutschland und hat die Form eines unregelmäßigen Dreiecks. Es birgt nahezu alle Landschaftsbilder des Erdteils: die Küste mit palmenumsäumten Stränden und Mangrovensümpfen, vulkanisches Bergland, dichten Dschungel im Osten, ausgedehntes Savannen- und Steppengebiet, das sogenannte Grasland, im Zentrum. Schließlich im Norden die wüstenhafte Sahelzone.

Nach der missglückten Bergbesteigung begab ich mich, immer Blut und Wasser schwitzend, nach Buea. Meine Angst bezog sich auf den nagelneuen Toyota. Wie konnte ich bei diesen Straßen, bei diesem Verkehr einen unverbeulten, neuen Wagen übernehmen? Avis würde ihn bei der Rückgabe unter die Lupe nehmen und sich erbarmungslos jeden Kratzer, jede kleine Schramme vergolden lassen. Nebenbei: Kamerun gehört zu den korruptesten Staaten der Welt. Das große Schmieren begegnet dir auf Schritt und Tritt. An Straßensperren tauchen Polizisten auf, verlangen deinen Reisepass, den sie begierig durchblättern. Wehe, wenn da nicht ›zufällig‹ Dollar- oder Euroscheine drinliegen. Um das Leihwagenproblem vorwegzunehmen: Natürlich hatte ich mir in einem Schlagloch vorn am Kotflügel eine Beule geholt. Als ich den Wagen heute Mittag zurückbrachte, stürzte sich die attraktive Avis-Hostess, ich glaube, sie nannte sich Colette, wie ein Falke auf den für hiesige Autos lächerlichen Schaden. Viertausend Euro wollte sie über meine Kreditkarte einziehen lassen. Damit meine Afrikareise um Wochen verkürzen. Die Situation erforderte Verhandlungsgeschick. War sie käuflich? Wenn ja, ab wie viel? Wir redeten über ihre Familie. Schon drei Kinder hatte die junge Frau. Ihr Mann war arbeitslos und hatte außer Zeugungskraft leider nicht viel zu bieten. Im Schatten des Wagens legte ich mitfühlend einhundertfünfzig Euro in ihr zartes, braunes Händchen. Anschließend kam mir der verwerfliche Gedanke: Gott sei Dank, dass man in Kamerun, und nicht nur da, noch etwas schmieren kann.

Apropos Buea: Es ist der Hauptort der englischsprachigen Provinz South West. Buea ist ein überraschend sauberer Platz mit einhunderttausend Einwohnern, umgeben von Kautschuk-, Kaffee-, Tee- und Palmölplantagen. In diesem Abschnitt Kameruns kommt man nicht umhin, sich über die Kolonialzeit Gedanken zu machen. Mit Deutschland, Frankreich und Großbritannien haben gleich drei Mächte Spuren der Fremdbestimmung hinterlassen. Zur deutschen Kolonialzeit war der Ort ab 1901 Sitz des Gouverneurs. Viele Bauten zeugen noch heute davon. Hoch über der Stadt thront der weiße, ehemalige Gouverneurspalast: Hier residierte einst Jesko von Puttkamer. Das Puttkamer-Schloss ist heute einer der Wohnsitze des Staatspräsidenten Paul Biya. Am liebsten jedoch logiert Biya mit seiner Frau Chantal zum Leidwesen der Bürger in einem der Schweizer Luxushotels. Unterhalb, vor dem Postamt steht, etwas versteckt, der bemooste Bismarck-Brunnen von 1899 mit dem steinernen Profil des Reichskanzlers.

Suchend schlenderte ich in Richtung des deutschen Friedhofs, hinter der Mobil-Tankstelle. Der Friedhof war verschlossen. Ich rüttelte am Eisengitter, bis ein missmutiger Pförtner erschien.

»Closed! Come tomorrow.«

Ein Obolus – und die Pforte öffnete sich. Mit Jonas, dem Pförtner, schritt ich an den Gräbern mit vertrauten Namen entlang: Schulze, Herrmann, Mayer, Schmidt ... die Erde birgt Kolonialgeschichte, an die wir uns nicht gern erinnern. Jonas war der Missmut aus dem zerfurchten Gesicht geglitten. Neugierig beobachtete er mich.

»Nur sehr wenig Deutsche kommen hierher. Warum? Manchmal frage ich mich, ob sich die Deutschen für ihre Toten, für ihre Kolonie schämen. Oder wissen sie nichts darüber?«

Ich antwortete: »Es sind die Schrecken unserer Vergangenheit. Sie lasten wie ein Fluch auf dem Gemüt – für Generationen.«

»Franzosen und Briten sind stolz auf ihre Eroberungsgeschichte, sie ...«

»Sie haben keine Weltkriege verloren, nicht so viel Unheil über die Menschheit gebracht, Jonas.«

»Ich bin in Buea auf die Baptist High School gegangen«, erklärte der Pförtner stolz. »Leider nicht bis zum Abschluss. Meine Eltern waren arm – gern wäre ich Lehrer geworden.« Er verzerrte sein dunkles Faltengesicht zu einem Lächeln des Bedauerns. »Nun bin ich Friedhofstüröffner für neugierige Touristen. In Europa würde man mich Loser nennen. Right?«

»Andere Umstände, andere Chancen«, entgegnete ich.

»Aber das Interesse an der Geschichte unseres Landes habe ich mir erhalten und einiges darüber gelesen«, erklärte Jonas und war erpicht darauf, mir eine Kostprobe seines Wissens zu vermitteln. Dass er nun ausgerechnet mit Hanno, dem Karthager, begann, der um 470 vor Christus als erster Fremder im Golf von Guinea erschien, machte mich doch etwas ungeduldig – auch wenn die Darstellung die älteste Überlieferung zum Gebiet des heutigen Kamerun ist. Zu meinem Verdruss spannte er den Geschichtsbogen von der Urbevölkerung, den Pygmäen, zu den großen Wellen der Völkerwanderung aus dem Norden (Sudanvölker) und Osten (Bantu). Namentlich Bantu hatten die kleinen Waldmenschen in die verbliebenen Urwaldregionen des Ostens verdrängt. All das interessierte mich nur am Rande. Hinterhältig, ich gestehe es, wollte ich erfahren, was er über die deutsche Kolonialzeit weiß. Nun muss man beherzigen, dass man einen Afrikaner nicht unterbrechen darf, wenn es aus ihm heraussprudelt. Kaum hatten wir uns auf einer steinernen Bank niedergelassen, ließ der Kameruner das Kanem-Bornu-Reich aufleben, er begann im 8. Jahrhundert, ließ das 16. Jahrhundert mit Sultan Idriss Alauma und den Kotoko-Stadtstaaten nicht unerwähnt – und kam schließlich zum Einfluss der Fulbe. Irgendwann, die Hitze hatte mein Hirn bereits trockengelegt, landete er im Bamoun-(Bamun-)Reich, mit der blutigen Inthronisierung König Njoyas durch seine Mutter. Aha, wir näherten uns allmählich dem Deutschen Reich mit seinem Einfluss auf Kamerun: Njoya, König im Grasland, residierte in einer eher schäbigen Behausung im Ort Foumban und betrachtete Postkarten mit Gebäuden aus Deutschland. Diese waren ihm wohl von Missionaren zugespielt worden. Ein palastähnliches Gebäude nach deutschem Vorbild wünschte er sich. Tatsächlich wurde es gebaut und steht noch heute!

Kamerun war von 1884 bis 1919 eine deutsche Kolonie. Doch erst 1902 nahmen die Kolonialherren Kontakt zum Reich König Njoyas auf. Vom dortigen höfischen Leben waren sie recht angetan. Geschenke wurden ausgetauscht. Die Begegnung war von gegenseitigem Respekt getragen. Auf diese Weise geriet sogar des Königs Symbol der Macht, der mit Perlen bestickte, mit Elfenbein ausgelegte Ebenholzthron als Geburtstagsgeschenk in den Besitz des deutschen Kaisers. Njoyas Thron fand seinen Platz im Berliner Museum für Völkerkunde.

Und wie entwickelte sich der Gang der Geschichte im Süden? In Douala errichtete das Hamburger Handelshaus C. Woermann die erste deutsche Faktorei. Sechzehn Jahre später ernannte der Reichskanzler Dr. Gustav Nachtigal zum kaiserlichen Kommissar für die Westküste Afrikas. Nachtigal hatte sich bereits als

Afrikaforscher und Generalkonsul in Tunis einen Namen gemacht. Sein Auftrag lautete: die für den Handel interessanten Gebiete unter deutsche Schutzherrschaft stellen. Der Kommissar traf am 10. Juli 1884 mit dem Dampfschiff *Möwe* in Douala ein und schritt sofort zur Tat. Mit den beiden Repräsentanten der ansässigen Douala-Gruppen wurden in Windeseile Verträge unterzeichnet, am 14. Juli wurde dann die deutsche Flagge gehisst. Eile war geboten. Nur fünf Tage später traf der britische Konsul Hewett ein, der Kamerun für Großbritannien in Besitz nehmen sollte. Vor der gehissten deutschen Flagge verweilend, blieb ihm nur der förmliche Protest und der Spitzname »the too late consul«.

Auf der sogenannten Kongo-Konferenz in Berlin wurden die vorläufigen Grenzen Deutsch-Kameruns festgelegt. Im Rahmen des Marokko-Kongo-Abkommens erfolgte eine deutliche Erweiterung. Die Kolonie wuchs durch geschicktes Verhandeln und die Eroberung weiterer Gebiete auf eine Fläche von siebenhundertneunzigtausend Quadratkilometer. Damit war sie fast eineinhalbmal größer als das Deutsche Reich. Schritt für Schritt ging es um die Einnahme und Unterwerfung Zentral- und Nordkameruns. Offiziere wie Richard Kund, Hans Tappenbeck, Curt von Morgen unternahmen Expeditionen, drangen in den Norden vor. Im Grasland Westkameruns errichtete der Forscher Eugen Zintgraff die Station Baliburg; die Kolonialisten Tappenbeck und Kund gründeten die Forschungsstation Jeundo, das spätere Jaunde und heutige Yaoundé. Schon 1891 befahl das Gouvernement Hauptmann Karl von Gravenreuth die Unterwerfung der BaKweri im Raum Buea. Bei der Erstürmung eines Krals wurde der Hauptmann getötet, was zur dauerhaften Fehde zwischen Afrikanern und Deutschen am Kamerunberg führte. Auch in anderen Gebieten der Kolonie entbrannten Revolten und Kampfhandlungen, die blutig niedergeschlagen wurden. Die Schutztruppe eilte von Brennpunkt zu Brennpunkt.

Hans Dominik wurde die Aufgabe übertragen, Emir Djubayru von Adamaoua friedlich zu kontaktieren, mit dem Ziel, sich der deutschen Schutzmacht zu unterwerfen. Das Vorhaben schlug fehl, weil Offizier von Clausbruch befehlswidrig seinen Posten verließ. Im Handstreich besetzte er die Fulbe-Zentren Ngaunderé und Garoua, was zum Krieg führte. Mars, der Kriegsgott, stand, dank besserer Waffen, auf deutscher Seite. Bei Miskin-Maroua trat Dominik gegen die Truppen Emir Djubayrus an – und siegte. Der Weg hinauf bis an den Tschadsee war freigekämpft worden. Oberst Curt von Pavel, Kommandeur der Schutztruppe, schlug das Tschadgebiet Mandara, Deutsch-Bornu sowie die Kotoko-Sultanate der Kolonie zu. Ruhe kehrte damit nicht ein, im Gegenteil. Kleinkriege und Aufstände rissen nicht ab. Hans Dominik griff zu brutalen und auch für damalige Verhältnisse umstrittenen Mitteln, um Herr der Lage zu bleiben.

Noch nie hatte ich Kolonialgeschichte aus afrikanischem Mund vernommen. Und dies ohne Groll. Jonas wusste überdies von Errungenschaften aus deutscher Zeit zu berichten: Hafenbau in Douala, Bahnprojekte, Straßenbau, Plantagenanlagen am Fuß des Kamerunbergs. Das Nachrichtenwesen bestand aus vierzig Post- und dreizehn Telegrafenanstalten. Aufbau eines Schul- und Gesundheitswesens. Natürlich hoffte die Kolonialverwaltung durch die Investitionen einen optimalen Nutzen aus ihrem Überseebesitz zu ziehen. Der Nutzen bestand aus den Produkten: Kautschuk, Öl, Kakao, Bananen. Klar war auch, dass Ertragsoptimierung nur durch eine gute Verwaltung, Disziplin und Härte erreicht werden konnte. Gern wird negiert, dass das Deutsche Reich den Grundstein für Infrastrukturen in allen Bereichen legte und nicht nur Ausbeutung betrieb, wie beispielsweise Belgien im Kongo.

Rigoroses Vorgehen – Zwangsarbeit, harte Strafen – führten bei der indigenen Bevölkerung zu Verdruss, der sich in ständigen Revolten entlud. Merkwürdig, ich spürte, dass Jonas den deutschen Besatzern eine gewisse Achtung entgegenbrachte. Es mag an Verdrängung liegen – oder selektiver Vergesslichkeit. Vielleicht auch an der Anerkennung von Eigenschaften wie Gründlichkeit, Verlässlichkeit, Arbeitseifer, Pflichtbewusstsein? Jonas erklärte seine Einstellung mit der Anerkennung von Tugenden, mit denen sich viele Afrikaner ungeheuer schwer täten.

»Die Verwaltung war unbestechlich, das Militär strafte hart, doch im Allgemeinen gerecht. Schauen Sie sich heute um: Kein Krankenhausbett ist ohne Schmiergeld zu belegen, selbst im Notfall nicht. Man lässt dich verrecken. Sogar in der Leichenhalle musst du bestechen, anderenfalls wirft man den Verstorbenen auf den Müllhaufen.«

Ich schaute über die säuberlich ausgerichteten Gräber. Wer mochte da unter afrikanischer Erde liegen? Wohltäter? Menschenschinder? Es ist wohl so, das Gedächtnis der Afrikaner ist tatsächlich kurz, was erfahrenes Leid angeht. Die Schutztruppe beschlagnahmte den fruchtbaren Boden. Zwangsrekrutierungen stellten sicher, dass stets ausreichend Menschenmaterial für die Beutewirtschaft zur Verfügung stand. 1904 waren allein im Raum Douala rund dreißigtausend Männer, Frauen und Kinder als Träger für den Transportdienst im Einsatz. Der Frondienst entvölkerte Dörfer und Landstriche. Um die Arbeitssklaven bei Laune zu halten, wurde Schnaps verteilt. Adolph Woermann, der Reichsabgeordnete in Berlin, erklärte zynisch: »Ich meine, dass es da, wo man Zivilisation schaffen will, hier und da eines scharfen Reizmittels bedarf ...« Branntwein und andere Alkoholika waren wichtige Güter für die Ausfuhr nach Kamerun. ›Reizmittel‹, die abhängig machten und seiner Firma ansehnliche Profite sicherten.

Ich will mir keine Einseitigkeit vorwerfen lassen, dazu war die Situation in der einstigen Kolonie zu komplex. Karl Atangana wurde von den Deutschen als »Oberhäuptling der Jaunde (Ewondo) und Bane« eingesetzt. Geschickt vertrat er die Interessen beider Seiten, war sowohl bei seinem Volk als auch von der Kolonialmacht geschätzt und respektiert. Die Verwaltung gestattete ihm eine Reise nach Hamburg, wo er einige Zeit lebte. An der Hamburger Universität gab er Sprachkurse in Ewondo und trug Texte zur Geschichte seines Volkes vor, großteils finanziert von der Kolonialverwaltung.

Nach dem Ausbruch des Ersten Weltkriegs zeichnete sich das Ende der deutschen Kolonien ab. In Kamerun hielt sich eine zahlenmäßig und materiell unterlegene Schutztruppe krampfhaft zwei Jahre lang. Franzosen griffen mit Truppen aus dem Tschad, aus Gabun, aus der Zentralafrikanischen Republik an, Briten rückten mit Soldaten aus Nigeria und Belgisch-Kongo vor. Mit schweren Waffen fielen die Alliierten über wenige Hundert Deutsche und etwa dreitausend Askari her. Rasch wurden die Stützpunkte eingenommen. Lediglich Garoua wehrte drei britische Angriffe vorerst erfolgreich ab. In Nordkamerun hielt Hauptmann von Raben bis zum 20. Februar 1916 einer Belagerung stand, ergab sich schließlich als letzte Garnison, nicht ohne freies Geleit für seine Männer erwirkt zu haben. Damit endete die große Erwartung, die Deutschland in seine Überseebesitzungen gesetzt hatte. In der Rückschau mag die Entwicklung zu begrüßen sein.

Kamerun unterstand nun drei Jahre lang der provisorischen Verwaltung von Großbritannien und Frankreich. Mit dem Vertrag von Versailles im Juni 1919 wurde die Aufteilung des Landes geregelt. Der Völkerbund übertrug den Briten einen schmalen Streifen entlang der Grenze zu Nigeria. Frankreich erhielt achtzig Prozent des Treuhandgebiets. So erklärt sich die Zweisprachigkeit, die in Kamerun immer noch herrscht. 1958 hob die UNO die Mandatsverwaltung auf. Zwei Jahre später wurde Kamerun unabhängig und 1961 wiedervereinigt, mit Ahmadou Ahidjo als erstem Präsidenten.

»Unser Land ist in keinem guten Zustand«, meinte Jonas, »Paul Biya klebt an der Macht, seine Frau leidet an Verschwendungssucht. Die Wirtschaft lahmt. Selbst gut ausgebildete, junge Menschen finden keinen Job. Reformen sind längst überfällig. Wut und

Ohnmacht sind greifbar, als stünde eine Rebellion wie 1990 vor der Tür. Unsere frustrierte Jugend hört nur noch einem zu: Mbouna Massok, einem Patrioten. Einem Mann der neuen Ethik. Er nahm Verhaftungen und Gefängnis in Kauf. Sicher, er ist ein Agitator und radikaler Panafrikanist. Er nennt sich ›Le Combattant‹.« Der Friedhofspförtner lachte über sich, seine Emotionen, sein Engagement.

»Doch Massok ist echt. Ich habe ihn gehört. Man spürt seine Leidenschaft, seine Kraft, wenn er sagt: Biya ist das Zentrum der Korruption. Er stiehlt der Jugend die Chancen und das Geld. Er muss weg! Es gibt zwei Gruppen in Kamerun, die verschwindend kleine der Reichen und die der verarmten Massen.«

»Ist es nicht gefährlich, so zu reden?«, fragte ich besorgt.

»Natürlich ist es das! Doch die Wut muss raus. Ich bin ein alter, unwichtiger Mann, dem sein Geschwätz verziehen wird. Meine Nachkommen sind vier Kinder und acht Enkel. Prächtige Menschen, sie haben gelernt, einige sogar studiert. Jetzt muss ich mit ansehen, wie sie sich mit Gaunereien und Betrug über Wasser halten. Sie tun Kriminelles, um zu überleben. Eine Schande für mich und mein Land!« Jonas Ndama war das Lachen vergangen. Er starrte auf den von deutschen Gräbern gesäumten Weg. Was mochte er denken? Er schaute mich an und sagte voller Ernst: »Ich lese Zeitung, schaue TV, sehe die Weißen, gut gekleidet in teuren Autos. Was machen wir falsch? Von den Deutschen haben wir nichts gelernt, nichts übernehmen können. Wäre ich jung, ich würde das Land verlassen. Meine Kinder sollten das Land verlassen.«

»Das ist keine Lösung«, gab ich zu bedenken.

Worin ist die Misere Afrikas begründet, fragte ich mich, ohne meine Überlegung Jonas zu offenbaren: Sind es nicht die Afrikaner selbst, insbesondere die politischen Eliten, die die Hauptverantwortung für den maroden Zustand tragen? Hinzu kommt ein tiefer Aberglaube, die Ökomanie der Hexerei, eine Art von Verirrung ins Übernatürliche. Das gänzlich fehlende Staatsbewusstsein, das

Defizit an Nationalstolz werden durch Sippen- und ethnische Verbundenheit ersetzt und führen zu einem kontraproduktiven ›Tribalismus‹. Afrikaner haben sich der Modernisierung, den technologischen Möglichkeiten bisher verweigert. Sie sind ihren korrupten, inkompetenten Führern ausgeliefert, die lediglich zwei Ziele verfolgen: Macht und Selbstbereicherung.

Steht es uns zu, Defizite anderer Völker zu analysieren – sind wir doch selbst so beladen? Natürlich nicht! Nun, ich bin gefragt worden, also darf ich darüber nachdenken. Versonnen betrachtete ich Jonas' dunkles, altes, von Runzeln und Falten durchfurchtes Gesicht. Sein krauses, mit den Jahren ergrautes Haar. Sein Mund hatte Zähne verloren, und der Rest, schiefe Stummel, war gelb gebeizt. Neben mir saß kein einfacher Pförtner. Jonas Ndama war viel mehr als das. Er war gebildet, belesen, und das Erstaunliche, ja fast Beschämende war sein ehrliches Verzeihen!

Nach dem langen Gedankenaustausch mit unserem ausführlichen Exkurs in die deutsche Kolonialgeschichte erwartete ich die Forderung nach einer unverschämt hohen ›Spende‹. Nichts dergleichen geschah. Fast schüchtern fragte er mich nach meinem Beweggrund, Afrika, im speziellen Kamerun, zu bereisen. Ich antwortete:

»Seit Jahren schon träume ich von einer Reise, auf der der Weg genauso viel Vergnügen bereitet wie das Ziel.«

Jonas wiegte nachdenklich sein Haupt, ich glaube, er verstand mich und verabschiedete mich mit den Worten:

»Wer andere besucht, soll seine Augen öffnen, nicht den Mund.«

Nachdenklich, noch in Gedanken an den alten, weisen Mann versunken, verließ ich Buea, fuhr hinab an die Küstenstraße und wandte mich nach Nordwesten, bis die Piste schlechter wurde und in Mundemba abrupt endete. Ich war in einem verschlafenen Nest ohne touristischen Reiz gelandet, im äußersten Westen Kameruns, an der stellenweise ›heißen‹ Grenze zu Nigeria. Mit dem volkreichen, mächtigen Nachbarn liefert sich Kamerun bisweilen blutige Scharmützel. Mundemba befindet sich zwischen einer ausgedehnten Sumpfregion und dem Korup-Nationalpark, der ein Stück der ältesten Urwälder der Erde beherbergt. Auch wenn die Zeit für eine ausgedehnte Trekkingtour nicht reichte, wollte ich doch einen flüchtigen Eindruck erhaschen.

Extrem feuchte Hitze belastete meinen Kreislauf. Am Parkeingang erkundigte ich mich nach Ferdinand, einem Ranger, der schon fünfundzwanzig Jahre im Korup tätig war. Nebenher hatte er sich Kenntnisse als Naturmediziner angeeignet. Mit Heilpflanzen und Kräutern solle er sich bestens auskennen, hieß es. Schon 1937 wurde die Gegend, respektive der Regenwald, unter Naturschutz gestellt, Mitte der 1980er-Jahre dann zum Nationalpark erklärt. Primärwald im Alter von etwa dreißig Millionen Jahren – ein Refugium zum Forschen und Beobachten für die Phytotherapie, für Botaniker und Zoologen. Großwild dagegen ist äußerst selten, scheu, so gut wie nicht zu beobachten. Endemische, seltene Pflanzen und Bäume machen die Attraktion des Parks aus: Ebenholz- und Kolabäume, viele Palmenarten, Dschungelriesen von fünfzig Metern Höhe mit gigantischen Luft-, Pfeiler- oder Brettwurzeln. In ihren Astgabeln schmarotzen Epiphyten, Farne, Orchideen, manchmal Begonien. Als äußerst lästig erwiesen sich die Kleintiere: beißwütige Treiberameisen, Black Flies, Mutu-Fliegen, zur Abendstunde Moskitos. Einen schweißtreibenden Tagesmarsch betrachtete ich als kleine Vorbereitung auf das, was mich in nächster Zeit im wilden Osten erwarten würde.

Zurück auf der asphaltierten Küstenstraße, bezog ich etwa fünfzehn Kilometer von Limbe entfernt Quartier im urromantischen *Etisha Beach Hotel,* unmittelbar am Atlantik an einem schwarzen Lavastrand gelegen. Mein Zimmer beherbergte bereits eine stattliche Anzahl Geckos, Kakerlaken, Grillen, interessante schwarze und bunte Käfer, die einen Koleopterologen verzückt hätten. Leider bin ich kein Käferkundler. Nach meinem Einsatz als Kammerjäger begab ich mich in den naturbelassenen Garten mit einem veralgten Tümpel. Ein Biotop, in dem sich kolossale, fette Ochsenfrösche und seltene Lungenfische tummelten. Lungenfische sind amphibische Lebewesen mit Teleskopaugen und Kiemen, die sie im Wasser wie Schirme aufspannen. Begeistert beobachtete ich sie auf ihren Wasser- und Landexkursionen. Zwischendurch erschien ein Kellner mit Fruchtsäften. Ich saß unter einem Mangobaum mit reifen Früchten. Gern hätte ich Mangosaft getrunken. »Not available«, sagte der Kellner und warnte mich stattdessen gebetsmühlenartig vor Strand- und Taschendieben.

Nach dem Schwimmen unterhielt ich mich mit einer schwarzen Amerikanerin aus Florida und einer Blondine aus Hannover. Beide arbeiteten als Entwicklungshelferinnen in Limbe, einem Bade- und Fischerort, der ein beliebtes Touristenziel geworden ist. Ganz unerwartet tauchte das Pastorenpaar Johanna de Man und Martin Posselt vom *Foyer des Marins* in Douala auf. Beide schimpften hauptsächlich über die Unfähigkeit ihres Personals und gaben erstaunliche Geschichten von Europäerinnen, die Afrikaner geheiratet hatten, zum Besten. Kringelig lachten sie sich über eine Schweizerin, die einen vermeintlichen Prinzen geehelicht hatte: Nach der Hochzeit bestimmte der Mann den Kurs und verdrosch sie eifrig, wenn sie anderer Meinung war. Uschi, die Schweizerin, rächte sich, indem sie Visitenkarten in goldenen Lettern mit »Prinzessin Ursula Bokumbura« bedrucken ließ. Bevor sie untertauchte, kaufte sie kräftig ein, sodass sie ihrem schlagenden Ehemann einen stattlichen Schuldenberg hinterlassen konnte.

Eine andere Weiße aus dem Bekanntenkreis der Man-Posselts hatte in München einen tatsächlichen regionalen Königssohn aus Kamerun geheiratet und war ihm in seine Heimat gefolgt – nur um festzustellen, dass sie die siebte Frau ihres Göttergatten war ...

Geschichten, die ich so oder ähnlich schon x-fach gehört hatte. Natürlich gibt es Ausnahmen ...

Zurück in die Gegenwart, warten in Douala. Allmählich wurde ich besorgt. Wählte einige Telefonnummern – ohne Verbindungen zu bekommen. Wo steckten meine Leute? Warum meldete sich niemand? Es soll doch nun endlich in den Osten gehen!

Siesta. Schläfrige Ruhe machte sich breit. Etwas abseits suchte ich ein schattiges Plätzchen unter Kokospalmen und las Nigel Barleys köstliches Buch »Traumatische Tropen«, Notizen eines Ethnologen aus einer Lehmhütte in Kamerun. Im angenehmen Lüftchen, unter wispernden Palmen ließ ich alle Vorsichtsmaßnahmen außer Acht. Bis plötzlich, Zentimeter neben meinem Kopf, eine Kokosnuss, eine recht voluminöse, einschlug ...

Ins Rotlichtviertel geraten

»He, Mann, was ist mit dir – eingeschlafen? Krank?« Willi Neubauer macht sich bemerkbar.

»Entschuldige. Ich erinnerte mich gerade der vergangenen Tage am Fuß des Kamerunbergs.«

Die Nacht hat sich wie ein Leichentuch über Fluss und Hafen gelegt. Fast alle Gäste haben sich verzogen. Die verbliebenen werden von Bordsteinschwalben angemacht. Für uns wird es Zeit aufzubrechen. Wir lassen ein Taxi kommen, geben unser Hotel an und lehnen uns gelassen im Fond zurück.

In der Stadt wird der Fahrer aus unerfindlichen Gründen gestoppt. Was ist los? Wegelagerer? Polizei? Irgendetwas ist mit dem Chauffeur oder mit dem Fahrzeug nicht in Ordnung? Vielleicht liegt's auch an beidem? Es entsteht ein hitziges Palaver, das zu eskalieren scheint und endlos dauern kann. Am Ende zieht man uns in die Auseinandersetzung hinein. Willi wirft dem Fahrer einige Scheine in den Schoß. Wir verdrücken uns, bevor man sich um uns kümmert.

Von nächtlichen Spaziergängen durch Douala ist abzuraten. Nur, was tun, wenn sich selbst Taxis rar machen? Tapfer schreiten wir die Avenue King Akwa entlang. Schieben uns durch Gruppen von Kamerunern, die zu Straßengangs gehören mögen und nur widerwillig Platz machen, uns stattdessen auffordern, dunkle Spelunken und miese Bars zu besuchen, oder Diebesgut anpreisen. Ich warte nur darauf, dass der eine oder andere handgreiflich wird. Was dann? In meiner Hosentasche befindet sich eine Dose Pfefferspray. Besonders wirkungsvolles Zeug. Meine Hand umklammert Dose und Sprühknopf. Ein Döschen Pfefferspray gegen eine kampferprobte Gang? Lächerlich!

Unbeabsichtigt, ich kann es bezeugen, geraten wir in eine dunkle, dennoch überaus belebte Seitenstraße. Da drängen sich weiße und schwarze Männer an maroden Hauswänden, desolaten Bretterverschlägen, einstmals Straßenläden, entlang. Spärlich, dazu noch aufreizend gekleidete Mädchen umtänzeln auf High Heels Herren mit eindeutigen Absichten. Und die Frauen, hübsche Gesichter, verlockende Körper, keine unter fünfundzwanzig, werben um ihre Gunst mit Posen, die sie Go-go-Girls abgeguckt haben mögen.

Im Nu wird Willi von zwei ›Damen‹ untergehakt und rechts in eine noch dunklere Ecke gezogen. Ich bleibe auch nicht verschont. Ein rabenschwarzes Gesicht mit feurigen Pupillen in weißen Augäpfeln fixiert mich. Ihr knallroter Mund, mit Lippen, oh la la – wie Autoreifen –, meint, wir sollten mal eben *Faire l'amour* machen. Bei dem Angebot blecken ihre leuchtend weißen Zähne, ein Raubtiergebiss, das nicht Appetit, sondern Angst macht.

Wir sind in eine von Doualas Puffstraßen geraten. In Hamburg gibt's St. Pauli mit der Herbertstraße. Mit anderen Worten, wir Hanseaten können mit dem Phänomen der käuflichen Liebe umgehen. Bei Willi habe ich so meine Zweifel. Also befreie ich mich aus der Umklammerung und spurte ihm nach.

Als ich ihn eingeholt habe, gebe ich lauthals zu bedenken:

»Dreißig Millionen sind HIV-infiziert, der Rest hat Tripper, den Schwarzen Löwen oder Sackratten.«

Das stimmt natürlich nicht so ganz. Rutschte mir so raus, weil ich Willi vor der Verdammnis retten will. Die Nutten sind in dieser Stadt besonders aggressiv, zerren meinen Insektenfänger mit sich.

»Schwarzer Löwe? Was ist das?«, ruft er über die Schulter zurück.

»Syphilis, Mann. Musst du doch aus Nairobi wissen!«

»Wenn's weiter nichts ist. Diese Frau hat die richtige Temperatur.« Dabei greift er fest um ihre Hüfte.

Herrje, der Willi tappt voll in die Honigfalle! Ich unternehme einen weiteren Versuch. Was sich hier abspielt, ist in der Tat nicht ungefährlich. Da baut sich vor mir ein Mann auf, Modell Mike Tyson, der Boxer und Ohrenabbeißer aus der Knockout-Collection.

»Des problèmes?«, zischt eine unheildrohende Stimme von oben herab.

»Non, Monsieur, pas du tout.«

»Alors, faucher, mais vite!« Schnell abhauen soll ich. Das lässt man sich von einem Mike Tyson nicht zweimal sagen. Alle Wetter, die Zuhälter der Weiber sind keine Sesselfurzer! Willi sehe ich gerade noch um die Ecke entschwinden. Das nennt man abschleppen. Eben noch Kumpel, vereint in der Sehnsucht nach Afrika, dann hinweggerissen von finsteren Mächten. Vor meinen Augen. Ich kann nichts tun. Mich tröstet: Willi hat Ostafrika überlebt, dann wird er auch diese Nacht überstehen. Ich bin nicht der verantwortliche Betreuer. Risiko ist das Salz des Lebens.

Eiligen Schrittes und unbeschadet erreiche ich den Boulevard Ahidjo, dann das vertraute Seemannsheim.

Na, endlich! Simon fährt Paul und Richard im ziemlich gut erhaltenen, schwarzen Toyota Land Cruiser vor. Gemeinsam frühstücken wir auf der Terrasse am Pool, vertiefen uns in die Landkarte und legen die Etappen für die Fahrt in den Osten fest. Nach kurzer

Diskussion wird beschlossen, erst einmal die dreihundertzwanzig Kilometer bis Yaoundé auf der Asphaltstraße zurückzulegen, dann die Hauptstadt zu besichtigen.

»Ab Abong-Mbang wird's dann richtig zünftig«, meint Simon, der Fahrer, und ergänzt:

»Mal sehen, wie wir nach Lomié kommen? Es herrscht Regenzeit.«

An der Rezeption erkundige ich mich nach Willi, dem Pfälzer Falterfänger.

»Willi ist nicht da«, sagt Hanna, »ist ihm was passiert?«

»Das hoffe ich nicht. Trotzdem, informiere die Polizei, falls er bis heute Abend nicht erscheint. Er hat jemanden in der Rue ... du weißt schon, getroffen.«

»Aber, aber«, entfährt es Hanna.

Ich ergreife mein Gepäck, will gerade zum Wagen gehen, da steht Nicole vor mir, mit wasserblauen Augen, frisch zurechtgemacht, sehr ansehnlich. Sie umarmt mich, Küsschen links, Küsschen rechts.

»Au revoir, Ans.«

»Nicole, hallo. Nicht auf der Straße geschlafen?«

»Wo denkst du hin? Zum Glück gibt's ja noch spendable Männer!«

Angenehm: Afrikanerinnen vergessen und vergeben rasch.

«Vielleicht ein andermal, adieu«, scherze ich. Paul und Richard glotzen blöde.

Im platanenumfriedeten Hof werfen wir das Gepäck in den Kofferraum, lassen uns in die Sitze fallen. Simon steuert den Toyota durch den irren Verkehr, als würde ein Geisteskranker einen Ferrari ausprobieren. Scheint in Douala wohl so Usus zu sein. Seine Slalomfahrt löst Zentrifugalkräfte aus, die uns in alle Richtungen schleudern.

»Simon, fahr vernünftig, oder du wirst gefeuert!«, brüllt Paul, schon ganz grün im Gesicht.

»Okay, okay«, krächzt Simon und chauffiert merklich verhaltener aus Douala die Avenue de Gaulle entlang, über ein Stück Autobahn in Richtung Edéa.

Auf nach Yaoundé

Augen schmerzen in grellen Lichtblitzen. Metalldächer reflektieren Sonnenlicht. Grund ist die Aluminiumgießerei Alucam mit Schmelze und Walzwerk, Kameruns größter Industriebetrieb. Bauxit wird aus Guinea importiert, Aluminium und Bleche in Nachbarstaaten exportiert. Das Werk befindet sich auf der Flussinsel des Sanaga, unmittelbar vor Edéa. Gespeist wird das Unternehmen durch Energie aus einem Wasserkraftwerk am Sanaga.

»Der Sanaga ist der längste Fluss des Landes«, erklärt Simon. »Er ist ungestüm und bildet reißende Stromschnellen. Nur hier wird er für das Kraftwerk gestaut. Da drüben, jenseits der Brücke, liegt Edéa.« Simon ist spürbar stolz auf das erfolgreich produzierende Aluminiumwerk. Verständlich, sind doch so viele, von fremder Hand erstellte Industrieanlagen jämmerlich gescheitert.

Trotz der undisziplinierten Fahrweise fange ich an, Simon Kanga zu mögen. Sein Reaktionsvermögen ist phänomenal, seine Fahrkunst respektabel. Ich schätze ihn auf Mitte vierzig. Er ist humorvoll, stets gut gelaunt, auskunftsfreudig. Unsere bisweilen lästigen Fragen beantwortet er mit Geduld. Ich glaube, mit dem Fahrer, der mehr noch Begleiter und Berater ist, haben wir eine gute Wahl getroffen. An Straßensperren und Kontrollposten entwickelt er ausgesprochen diplomatisches Geschick. Selten wird die Stimmung der ›Wegelagerer‹ getrübt oder aggressiv. Ich mag mir nicht ausdenken, wie es wäre, wenn Simon nicht zu uns passen würde, sind wir doch Wochen aufeinander angewiesen und werden sicherlich so manchen Belastungsproben ausgesetzt sein.

Wir nähern uns Yaoundé, der Landeshauptstadt. Mit eineinhalb Millionen Einwohnern ist sie der zweitgrößte Ort Kameruns. Yaoundé liegt in siebenhundert Metern Höhe auf dem Zentralplateau, erbaut, wie Rom oder Istanbul, auf sieben Hügeln. Angenehm frisches Klima schmeichelt uns, nach der feucht-heißen Sauna Doualas.

Richard, unser Völkerkundler, meldet sich zu Wort: »1889 kamen Deutsche von Kribi aus hierher und gründeten eine Forschungsstation, die sechs Jahre später in einen militärischen Stützpunkt umgewandelt wurde. Unter Hauptmann Dominik entstand das wohl wichtigste Depot zwischen Atlantik und dem Fulbe-Land im Norden.«

»Wie kommt der Ort zu dem eigentümlichen Namen?«, fragt Paul. »Hab mal vernommen, es hinge mit Erdnüssen zusammen?«

»Genau«, sagt Richard, »es handelt sich um eine Verballhornung von Ya Owondo, was Erdnuss-Esser heißt. Von den einheimischen Bulu wurden die BaKoko-Träger einer deutschen Expedition so genannt, weil sie ihren Hunger stets mit Erdnüssen stillten. Expeditionsleiter Curt von Morgen schuf daraus das wohlklingende Jaunde, das als Yaoundé 1927 Hauptstadt des französischen

Mandatsgebiets Kamerun wurde. Während des Kakaobooms um 1950 entwickelte sich Yaoundé zu einer Wirtschaftsmetropole. Das ist zwar vorbei, doch immer noch werden Landflüchtige mit falschen Hoffnungen angelockt.«

»Simon, verschaffen wir uns mal einen Überblick!«, rufe ich nach vorn.

»Gut, den haben wir vom Mont Fébé.«

Im Norden liegt der Fébé-Berg mit dem Luxushotel Mont Fébé: eine herrliche Anlage mit tropischem Garten, Golfplatz und dem halbkreisförmig angelegten Nobeletablissement mit einem imposanten Blick auf die Stadt mit ihren Hügeln. Links davon befindet sich der Präsidentenpalast, ein würfelförmiges Bauwerk mit Pilzdach. Nicht schön, aber eindrucksvoll, von Kasernen der Wachsoldaten umgeben.

»Da residiert Paul Biya seit 1938«, sagt Simon, »wenn er nicht gerade in der Schweiz weilt.«

Wir fahren hinunter an einen Platz an der Avenue du 27 Août 1940 und steigen aus. Irgendwo lese ich: »Ein Volk, eine Nation, eine Zukunft«. ›Ein Führer‹ verkneift man sich. Der Kultur- und Kongresspalast steht etwa fünfhundert Meter entfernt, und Paul Biyas Anwesen mag drei Kilometer weg sein, ist nur als kleiner Legostein erkennbar.

»Verwaltungs- und Regierungsgebäude dürfen nicht fotografiert werden«, warnt Simon, bevor wir ausschwärmen. Zwei Asiaten rennen über den Platz. Ich halte sie für Chinesen, da sie gleich eine Serie von Aufnahmen vom Kongresspalast machen, den Chinesen einst gebaut haben. Ab und zu knipsen sie auch hinüber zum Präsidentenpalast. Es dauert keine fünf Minuten, da rauscht ein Polizeifahrzeug heran. ›Bullen‹ springen heraus und stellen die Touristen. Sie sollen Fotoapparate oder Chips herausrücken. Sie sträuben sich, werden zum Mannschaftswagen geführt und hineingeschoben. Neugierig verfolgen wir den Auftritt der Ordnungshüter aus der Ferne.

»Was hab ich euch gesagt? Da wird nicht lange gefackelt«, sagt Simon.

»Und wie geht's jetzt weiter?«, fragt Paul.

»Schwer zu sagen. Kommt auf die Gelben an.«

Wir erkunden die Umgebung noch etwas und kehren zu unserem Wagen zurück. Drüben, am Fahrzeug der Polizei, geht die Tür auf. Die Chinesen steigen aus. Ihre Kameras baumeln vor den Bäuchen. Sie kommen uns entgegen und fluchen auf Englisch: »Fünfzig Dollar haben die Kerle jedem von uns abgeknöpft. Für 'n Bild eines Gebäudes, das wir ihnen gebaut haben. Shit!«

Simon lacht. »Take it easy, bei euch geht's nicht anders zu – hab ich gehört.«

Entspannung suchen wir im Botanischen Garten, inmitten tropischer und subtropischer Pflanzen. Unter einem uralten, mächtigen Feigenbaum *(Ficus carica)* stoßen wir auf ein Schildchen mit dem Namen eines Berufskollegen von Paul: Georg August Zenker, ein deutscher Gärtner, Botaniker und Zoologe. In Leipzig 1855 geboren, in Bipindi, im südwestlichen Kamerun, 1922 gestorben. Sechs Jahre leitete er die wissenschaftliche Station Jaunde. Er erntete als Nichtakademiker hohes Lob, was seine naturkundliche Arbeit anging, jedoch groben Tadel hinsichtlich seines Lebenswandels. Ersten Kontakt zu Afrika nahm Zenker über die italienische Kongo-Expedition des Forschers Giacomo Bove auf. Als Bove starb, blieb Zenker, der sich für den Erdteil begeisterte, in Gabun, wo er für die Firmen C. Woermann und Reiche auf einer Versuchsplantage für Arzneipflanzen arbeitete. Im fernen Auswärtigen Amt Berlin wurde man auf den Naturkundler mit besonderem Wissen und ›grünem Daumen‹ aufmerksam.

Paul kennt Zenkers Biografie in- und auswendig. Er lässt uns an seinem Wissen teilhaben: Von Kribi an der Westküste Kameruns startete 1889 eine Expedition in ein Dorf, das später Yaoundé heißt. Im Gefolge befand sich Georg August Zenker, der als Hortologe in der zu gründenden Forschungsstation tätig werden sollte. Expeditionsleiter Curt von Morgen strebte weiter. Schon nach wenigen Tagen zog er mit dem Großteil seiner Truppe gen Norden, ins Land der Fulbe. Mit gerade mal zwei Dutzend Schwarzen blieb Zenker zurück, um Kulturen anzulegen und landwirtschaftliche Forschung zu betreiben. Private Investoren, der Gouverneur und das Auswärtige Amt drangen auf Ergebnisse, was die Plantagenwirtschaft und den Anbau geeigneter Nutzpflanzen anging. So unter Druck gesetzt, griff Zenker anfangs zu rüden Methoden körperlicher Züchtigung. Doch bald erkannte er, dass seine schwarzen Helfer durch Motivation und Menschlichkeit zu weitaus besserer Leistung fähig waren.

Zenker lebte in einer unruhigen Region. Unter den verschiedenen ethnischen Gruppen kam es immer wieder zu Aufständen, Menschenraub, regelrechten Kleinkriegen mit zahlreichen Toten. Ein Krieger verletzte den Naturkundler 1890 mit einem Speer, als er Ewondo-Männer aus dem Dorf der Bawa befreien wollte. Die Spielsucht der Einheimischen führte zu hoher Verschuldung, folglich zu Zank und Streit. Gewaltsam versuchten sich die Schwarzen aus dem Schuldenjoch zu befreien. Zu jener Zeit wurde Zenker viel Verhandlungsgeschick abverlangt. Nicht selten stand die Existenz seines Wirkens, ja sein Leben auf des Messers Schneide. Infolge der kriegerischen Streitigkeiten konnte Zenker die Station nicht verlassen. Und so lebte er drei Jahre in der Wildnis, isoliert von der Außenwelt.

»Was war nun an seinem Lebenswandel auszusetzen?«, will Richard wissen.

»Abgeschnitten von der Zivilisation, allein auf sich gestellt, schuf er ein Netzwerk persönlicher Beziehungen, das auf Polygamie fußte. Mit Embolo, Tochter des einflussreichen Chefs Tschungi Ngono, zeugte er Max-Felix. Mit einer Frau aus Dahomé bekam er Curt-Julius und Hans Zenker. Ngoso, wieder eine Frau aus dem Dorf, gebar ihm zwei weitere Kinder. Durch diese verwandtschaftlichen Verbindungen genoss er bei den Afrikanern Respekt und Anerkennung. Zudem blieb er stets über Vorhaben und Absichten in der Nachbarschaft informiert, was für seine Station lebenswichtig war. Als ihm Embolo und Ngoso schließlich noch die Trommelsprache beibrachten, war er in Verhandlungen nie mehr zu überlisten.«

»Und worin lagen seine Verdienste?«, frage ich.

»Er lieferte interessante und wichtige Beiträge auf den Gebieten der Botanik und Zoologie, ohne je ein naturwissenschaftliches Studium genossen zu haben. Er arbeitete mit dem Zoologischen Museum der Friedrich-Wilhelm-Universität (heute Humboldt-Universität), der Botanischen Zentralstelle für die deutschen Kolonien und dem Ethnologischen Museum in Berlin zusammen. Über fünftausend Pflanzenproben schickte er nach Deutschland und versah viele Exponate mit aufschlussreichen, farbigen Skizzen. Zenker wurde in Westafrika Anlaufstelle für Anfragen nach tropischen Exponaten. Dokumentiert ist seine florierende Kooperation mit Paul Matschie vom Zoologischen Museum in Berlin. Nach Zenker sind viele Tier- und Pflanzenarten benannt worden. Zum Beispiel: *Celtis zenkeri, Typhlops zenkeri, Limarus zenkeri,* um nur drei zu nennen. Ja, er war schon ein besonderer Zeitgenosse im Umfeld der deutschen kolonialpolitischen Gedankenwelt, die in erster Linie Macht und Ausbeutung durch Unterwerfung vorsah. Zenkers Trachten war Verständigung und eine Politik der Kompromisse. Seine Station nebst Forschungen hätte er unter den Schutz des Militärs stellen und weiter ausbauen können. Das tat er nicht. Im Gegenteil, er bat 1894 um eine vorzeitige Vertragsauflösung, weil er nicht willens war, militärische Exzesse an den Einheimischen hinzunehmen. Das Gouvernement lehnte Zenkers Gesuch mit der Begründung ab, sein Arbeitsbereich würde durch die Einrichtung einer Militärstation nicht beeinträchtigt. Natürlich war Zenker fachlichen und als Polygamist auch moralischen Anfeindungen ausgesetzt. Ein gewisser Rabischung, Abenteurer und ehemaliger Fremdenlegionär, der Zenker als Helfer zugeteilt wurde, nutzte die Zeit der Abwesenheit seines Chefs und diskreditierte ihn aufs Hässlichste beim Schutztruppen-Kommandeur Max von Stetten. Zenker wurde abberufen, seine Forschungsstation in einen Militärposten umgewandelt.

Der Hortologe verließ Yaoundé, begab sich kurzzeitig nach Hamburg, um dann wieder seiner Bestimmung, Afrika, zu folgen. In Bipindi am Lokundje ließ er sich samt seiner bunten Großfamilie nieder. Seinen Kindern blieb er ein sorgender Vater und bot ihnen sogar eine Schulausbildung in Deutschland. Mit Fleiß und Pionierarbeit legte er Kautschuk-, Kaffee- und Kakaoplantagen an. Die Ernten ernährten nicht nur seine Familie, sondern sicherten darüber hinaus stattliche Erträge. Zenkers Erfolg als Farmer lockte zahlreiche Besucher nach Bipindi, so auch 1897 Gouverneur Jesko von Puttkamer, den der Plantagenbetrieb sehr beeindruckte.«

»Als sich die Schutztruppe in Kamerun absetzte, wurde er da enteignet?«, erkundige ich mich.

»Nein, in keiner Weise! Seine Besonnenheit bewahrte ihn davor. Zum Schluss, das war im März 1916, erhielt Zenker den militärischen Auftrag, die Brücke über den Lokundje zu sprengen. Diesem Befehl widersetzte er sich. Folglich durfte er im Land bleiben – und behielt seinen Besitz. Er starb 1922 in Bipindi, wo auch sein Grab liegt. Seine Nachfahren leben noch heute auf dem Bipindi-Hof.«

»Weiß Gott, ein deutscher Praktiker der Naturkunde, mit interessanter Vita!«, pflichtet Richard bei.

Mit Kaffee und Sandwiches stärken wir uns im sauberen, gemütlichen Restaurant des Botanischen Gartens. Marschieren dann hinüber zur Kathedrale Notre Dame, der Hauptkirche von Yaoundé. Die Kirche, angefüllt mit andächtig Betenden, besticht durch farbenprächtige Mosaikfenster. Simon bekreuzigt sich und verharrt gesenkten Blickes. Er ist einer von fünfzig Prozent Christen des Landes. Muslime sind zwanzig Prozent, Anhänger von Naturreligionen, Animisten, sind immerhin dreißig Prozent der Bevölkerung. Agnostiker werden ohnehin nie erfasst.

Wieder auf der Straße, schieben wir uns an vielen fliegenden Buchverkäufern und Ständen vorbei, die Rosenkränze, Marienfiguren, Heiligenbilder und Bibeln anbieten. Ein Jahrmarkt für Devotionalien. Simon kauft noch rasch eine Maria mit Kind, die er später an seinen Rückspiegel hängen wird, und mahnt zur Eile. Die nächste Etappe heißt Abong-Mbang. Weiter östlich sind die Straßen unbefestigt. In der Regenzeit wird das Weiterkommen unkalkulierbar!

Aufbruch in den wilden Osten

Vollgetankt und mit einer Notration an Lebensmitteln im Kofferraum brechen wir auf. In der Dämmerung wird das Tal des Nyong-Flusses durchfahren. Die Feuchtigkeit lässt Nebel entstehen, und durch diesen Nebel rauschen Trucks, die die gesamte Fahrbahn einnehmen. Bis weit über das Führerhaus hinaus sind die Sattelschlepper mit Edelholzstämmen beladen. Wie ständig auf der Flucht donnern sie aus dem Osten, aus dem Regenwald kommend, heran. Simons Aufmerksamkeit ist voll beansprucht.

»Achtung!«, brüllt Paul und reißt die Arme vors Gesicht. Wie durch einen sechsten Sinn gewarnt, hatte unser Fahrer die Gefahr erkannt und den Toyota herumgerissen.

»No problem«, meint er, »in den Kurven liegen häufig Baumstämme auf der Straße. Die Idioten laden zu hoch und verzurren nicht ordentlich.« Wieder rauscht ein Holzlaster heran, blinkt und hupt sich den Pfad frei. Wir müssen in eine Grabenmulde flüchten.

Richard erbost: »Man könnte glauben, die Holzkonzerne roden den Dschungel im Akkord!«

»Seit die Chinesen mitmischen, ist das wohl so«, antwortet Simon.

Das Gelände wird freier. Rechts und links schieben sich kläglich angelegte Felder ins Blickfeld, mittendrin die Wellblechhütten der Kleinbauern. Am Straßenrand stehen Holzgerüste, auf denen die Ernte – Maniok, Erdnüsse, Bananen, Yams, Mangos – angeboten wird. Die Straße, so kann man sie schon gar nicht mehr nennen, wird von Kilometer zu Kilometer schlechter. Tiefe Spurrillen und Löcher durchsetzen den roten Lateritpfad. Ab und zu lässt sich noch eine Asphaltscholle sehen. Fremdartig präsentiert sich die Landschaft. Der Wald ist wieder herangerückt, scheint uns zu umklammern. Vor uns wellige, tiefgrüne Bergrücken, mit Laubbäumen dicht bestückt. Gerade überqueren wir eine schmale, immerhin solide konstruierte, mit Uferankern gemauerte Brücke.

»Von Deutschen gebaut«, ruft Simon.

Kaum haben wir das Bauwerk überquert, rumpelt der Wagen. Er schlingert. Wir stoppen. Reifenpanne. Simon kramt Werkzeug heraus, bockt den Toyota auf. Wir helfen beim Radwechsel. Mücken umschwärmen uns. Aus dem Kühler schießt ein heißer Dampfstrahl. Fast schmerzhaft spüre ich die afrikanische Sonne. Die Schläfen pochen wild. Die Lichtung flimmert in der Hitze. Über ihr steht die Sonne wie eine weiße, drohende Wolke. Schweiß strömt aus allen Poren. Ich packe den Reifen, um ihn auf die Achse zu wuchten. Mir wird schwindelig. Ich schließe die Augen, setze mich in den Sand.

Als wir Abong-Mbang erreichen, steht die Sonne tief und wirft lange Schatten. Der Ort ist unglaublich schmutzig: überall Abfallhaufen, Metallreste, Plastikmüll. Alles scheint im Auseinanderfallen begriffen. Nichts ist hier je zu Ende geführt worden. Menschen stehen in Gruppen beieinander und palavern. Frauen hocken im Straßenstaub, bieten Erzeugnisse ihrer Äcker an. Simon kämpft sich durch den Wirrwarr, findet schließlich die Herberge, wo uns ein groß gewachsener Bantu in Khakianzug, mit Stirnglatze und witziger Knollennase, auf der eine Goldrandbrille sitzt, begrüßt. Hinter der Brille blinzeln intelligente Augen.

»Willkommen! Ich heiße Dr. Alex Oudoro. Sie wollen nach Bayanga, und ich werde Sie begleiten.«

Wir werfen fragende Blicke auf Simon.

»Schon in Ordnung. Für die Gegend ist ein Führer Vorschrift. Alex ist der kompetenteste, den ich bekommen konnte.« Dabei klopft er dem Doktor freundschaftlich auf die Schulter.

»So ist es«, sagt Alex Oudoro, mit einem sanften Anflug von akademischer Würde deutet er eine Verbeugung an. »Ich bin, respektive war, beim WWF und beschäftige mich als Anthropologe mit den BaAka-Pygmäen.«

»Oh, das ist interessant«, meint Richard.

Während das Gepäck auf die Zimmer geschafft wird, begeben wir uns in den Garten des Rasthauses, setzen uns unter eine Palme und lassen etwas zu trinken kommen.

»Die BaAka sind Ihr Gebiet?«, frage ich.

»Ganz recht. Und zwar im Zusammenhang mit dem Dzanga-Ndoki-Nationalpark und dem Dzanga-Sangha-Tropenwald-Reservat. Es ist ein neuartiges Konzept von Schutzgebieten in Äquatorialafrika und dem Kongobecken, unter Einbeziehung der beheimateten Waldmenschen, die dort auch mit ihren traditionellen Waffen jagen dürfen. – Was führt Sie in diesen Winkel der Erde? Wenn ich fragen darf«, erkundigt sich Alex.

»Als Hobbyethnologe mit besonderem Interesse für Naturgemeinschaften möchte ich das Leben der Pygmäen näher kennenlernen, und was Afrika betrifft, bin ich ein Aficionado.«

Das gefällt Alex Oudoro, und er scheint zu spüren, auf drei Europäer gestoßen zu sein, die nicht nur besserwisserisch durchs

Land reisen. Leutselig lässt er uns wissen, dass er aus Bangui stammt. Doch schon früh habe er die Zentralafrikanische Republik verlassen, um im Ausland eine gute Ausbildung zu erhalten. Erst in Douala, dann in Paris. Sein Engagement für den Lebensraum der Pygmäen machte Dr. Günter Merz vom WWF auf ihn aufmerksam. Man muss wissen, dass Bantu im Allgemeinen kein gutes Verhältnis zu den kleinen Waldmenschen haben. An den Übergangszonen zwischen Wald und Steppe oder in gerodeten Gebieten halten sich Bantu Pygmäen als Leibeigene, nutzen sie aus und schikanieren sie.

»Das Problem ist das rasante Fortschreiten der Zivilisation. Sie frisst sich in die verborgensten Winkel unserer Primärwälder, entwurzelt die Menschen und vernichtet deren Lebensgrundlage. Für das moderne Afrika sind Naturgemeinschaften ein Ärgernis, vergleichbar mit den Sinti und Roma in Europa. Pygmäen zählen wie die San im Süden Afrikas zu den ältesten Völkern dieses Kontinents. Sie haben autark als sammelnde und jagende Nomaden im Einklang mit Regenwald oder wüstenhafter Steppe Jahrtausende überlebt. Rohstoff- und Energiehunger der Industrienationen haben sie allesamt in den erschlossenen Gebieten zu bedauernswerten Grenzgängern gemacht.«

Nachdenklich pflichten wir Alex bei.

»Sie haben die ZAR einer guten Ausbildung wegen verlassen?«, hakt Paul nach.

»Nicht nur. Die Perspektiven sind einfach zu schlecht in meiner Heimat. Seit Jean-Bédel Bokassa 1976 unser Land zum Zentralafrikanischen Kaiserreich und sich zum Kaiser proklamierte, den Staat ausbeutete und herunterwirtschaftete, haben wir in kurzen Abständen Putsche, Revolten und Bürgerkriege erlebt. Zurzeit tobt ein Konflikt zwischen Muslimen und Christen, den französische Truppen zu entschärfen versuchen.«

»Übermorgen sind wir in der ZAR. Das sind ja Aussichten!«, klagt Paul.

»Was ist eigentlich aus Bokassa geworden?«, erkundige ich mich.

»Er war ein despotischer Kaiser. Ich vergleiche ihn gern mit Nero, weil er, wie dieser, nicht ganz bei Trost war. Im September 1979 reiste Bokassa I. nach Libyen. Der ehemalige Präsident David Dacko nutzte die Chance zum Putsch. In der Operation Barracuda wurde Kaiser Bokassa abgesetzt, die Republik wiederhergestellt. Bokassa flüchtete in die Elfenbeinküste und vier Jahre später nach Frankreich, wo er sogar Asyl erhielt. Bei uns wurde er in Abwesenheit wegen Mordes, Folter, Korruption und Kannibalismus zum Tode verurteilt. In Frankreich erhielt das Schwein die französische Staatsbürgerschaft, außerdem als ehemaliger französischer Hauptmann eine Pension von rund sechstausend Francs. 1986 kehrte er nach Äquatorialafrika zurück, wurde verhaftet und erneut zum Tode verurteilt. Die Todesstrafe wurde in lebenslange Zwangsarbeit umgewandelt, schließlich auf zwanzig Jahre Haft verkürzt. Präsident André Kolingba hat Bokassa 1993 anlässlich einer Generalamnestie begnadigt. Unser schauriger Despot starb 1996 im Alter von fünfundsiebzig Jahren in Bangui an einem Herzinfarkt. Er hinterließ siebzehn Frauen und um die vierzig Kinder.«

»Unglaublich!«, entfährt es Richard. »Bei uns hieß er ›der Göring Afrikas‹, weil er sich vom Gewicht der vielen selbst verliehenen Orden kaum gerade halten konnte.«

Alex lacht trocken.

»In Deutschland hielt sich hartnäckig das Gerücht, der Kaiser habe mit dem französischen Staatspräsidenten Valéry Giscard d'Estaing Menschenfleisch gegessen. Was halten Sie davon?«, fragt Paul.

»Gut möglich. Wobei ich nicht unterstelle, dass d'Estaing wusste, was sein Freund Bokassa ihm auf Jagdausflügen vorsetzte.«

Mit dem Kannibalismus des ehemaligen Missionsschülers und Katholiken Bokassa schließen wir das unappetitliche Kapitel seiner Schreckensherrschaft im Herzen Afrikas ab und suchen unsere Zimmer auf.

Kaum habe ich die Tür geöffnet, empfängt mich beißender Exkrementgestank, der mich zurückweichen lässt. In der Dunkelheit suche ich einen Lichtschalter, finde ihn nach einer Weile, ohne Licht anknipsen zu können. Vorsichtig, immer damit rechnend, von irgendeinem Getier angesprungen oder gebissen zu werden, erkunde ich meine Kammer mit der Taschenlampe. Rasch stoße ich auf den Gestankspender: Die Toilette ist verstopft und unmittelbar vor dem Überlaufen. Der Duschkopf und der Hahn am Waschbecken sind abgebrochen, das Bett ein Tummelplatz von undefinierbarem Ungeziefer. Ich bin weiß Gott nicht wählerisch, doch was da an Unterkunft geboten wird, geht entschieden zu weit! Also stürme ich in den Garten, wo Alex und Simon noch bei Bier und flackernder Öllampe palavern. Als hätten wir uns verabredet, kommen Paul und Richard um die Ecke geschossen.

»Probleme?«, fragt Simon scheinheilig.

»Und ob, die Herberge ist unzumutbar!«, ruft Paul.

»Die *Auberge Pandi* ist das beste Hotel am Ort. Wir befinden uns am Rande des Urwalds, da könnt ihr kein *Burj Al Arab* erwarten!«, kontert Simon.

Dr. Oudoro brüllt vor Lachen.

»Es kann ja noch was dazwischen geben«, meine ich.

»Tut es nicht!«

Wir beruhigen uns, schnappen uns je zwei Plastikstühle, um darauf Schlaf zu finden.

Ein Frühstück mit Eiern, Tomaten, Bohnen, Speck und Toast versöhnt uns. Zwei Weiße erscheinen in der Verandatür, steuern auf Simon zu und verwickeln ihn in ein längeres Gespräch. Die beiden mögen Mitte dreißig sein. Auf den ersten Blick mag man sie für Touristen halten. Doch meine innere Stimme sagt: Das sind keine Touristen. Aber was dann? Ich fange englische Brocken auf, mit amerikanischem Tonfall. Simon steht auf und verschwindet mit ihnen vor die Tür. Merkwürdig? Als die drei zurückkommen, meint Simon: »Das sind James und George aus Texas. Touristen, die gern mit uns nach Bayanga fahren wollen. Sie zahlen uns den Sprit. Habt ihr was dagegen?«

Schweigen. Ich glaube, wir haben alle ein komisches Gefühl. Nach etwas Bedenkzeit willigen wir ein. Wenn wir damals gewusst hätten, wen wir da an Bord nehmen, hätten wir abgelehnt und uns viel Ärger erspart.

Mit »Hi, folks!« werfen sie ihre Packtaschen ab und machen sich über das Frühstück her. Angeblich sind die zwei auf Weltreise und wollen Flachlandgorillas und Waldelefanten beobachten. Dann soll es weiter durch den Kongo an die Ostküste gehen. Kurz vor dem Aufbruch meint George:

»Wer hat in der Truppe das Sagen?«

»Wir brauchen keinen Anführer«, sagt Paul.

»Wir halten's wie die Toposa, sind eine segmentäre Gesellschaft«, sage ich.

»Was?«, meint James.

»Wir bestimmen einen geeigneten Chef je nach Gefahrensituation.«

Richard nickt eifrig. James schaut irritiert und meint: »Dann viel Spaß.«

Wieder auf der Piste. Ab hier gibt es nur noch unbefestigte Pfade, die alle gleich aussehen und tiefe, morastige Spurrillen aufweisen. Von Zeit zu Zeit schlägt das Chassis brutal auf. Unsere Schädel holen sich Beulen am Blechdach. Ich staune über Simons Ortskenntnis. Mit traumwandlerischer Sicherheit rumpeln wir durch das Waldmeer gen Süden, Lomié entgegen. Ungefähr fünfzehn bis achtzehn Kilometer pro Stunde langsam, schieben wir uns durch einen grünen Tunnel, der an Rodungen etwas Licht durchlässt. Auf Lichtungen warten Bauern mit Buschfleisch auf Kunden. Schlangen, Krokodile, Affen, Gazellenkeulen werden angeboten.

Manchmal springt ein Soldat aus dem Busch und möchte mitgenommen werden. Simon winkt bedauernd ab. Ölsardinen werden nicht enger gepackt. Es ist feucht und schwül, die Luft liegt wie heiße Watte auf der Haut. Köpfe torkeln von rechts nach links. Man durchdöst die Stunden oder schläft.

Ich versuche mich anhand einer Michelin-Karte zu orientieren. Zwecklos. Wir folgen Pfaden, die nicht verzeichnet sind. Nun beobachte ich die Amerikaner. Touristen behaupteten sie zu sein. Sie wirken auf mich wie Personal Trainer für besondere Aufgaben, nicht wie Reisende, die sich für Elefanten interessieren. Als James mir einen misstrauischen Blick zuwirft, schaue ich gelangweilt aus dem Fenster.

Wir laufen nachts in Lomié ein, recken die eingeschlafenen Glieder, fluchen, klopfen Patina, roten Staub, aus Haaren und Kleidern. Lassen uns auf die Herbergslager fallen. Sämtliche Krabbeltiere werden ignoriert.

Ab Lomié führt unser Weg in Richtung Südosten. Pygmäenwald wird durchfahren. Gesehen haben wir noch keine Waldmenschen, wohl aber verfallene, bienenkorbähnliche Behausungen, die neben Lehmhütten stehen.

Pinkelpause. Simon hält. Ein Mann, den wir zunächst für einen Knaben halten, steht wie versteinert vor der Wand des Dschungels. Er scheint aus dem Wald herausgewachsen zu sein und mustert uns jetzt argwöhnisch, rührt sich aber nicht vom Fleck. Der Mann ist ein Meter fünfzig groß, vielleicht fünfundzwanzig Jahre alt. Behutsam nähern wir uns. Alex grüßt auf Sango, einer Sprache, die in dieser Region verbreitet ist. Über das Gesicht des Mannes huscht ein Lächeln. Er entblößt spitz gefeilte Schneidezähne. Auf seiner Stirn erkenne ich Schmucknarben. Seine breite Nase reicht fast von Mundwinkel zu Mundwinkel. Wie auf Kommando springen vielleicht zwanzig kleine Menschen aus dem Dickicht, rufen, winken und geben sich augenscheinlich fröhlich. Nach der Begrüßung mustern wir uns gegenseitig.

Mein erster Kontakt mit Pygmäen liegt über vierzig Jahre zurück. Ich war damals südlich von M'Baiki, unweit des Oubangui (Ubangi) auf sie gestoßen. Sie waren scheu und nur mit einem kleinen Lendenschurz bekleidet. Die Gruppe hier trägt Hemden, Hosen und Röcke. Selbst die Kinder sind bekleidet. Alex merkt meine Verwunderung.

»Es handelt sich hier um assimilierte Pygmäen, die mit den Bantu eine Lebensgemeinschaft eingegangen und wahrscheinlich sesshaft geworden sind. Jagen und Sammeln gehen sie nur noch selten oder gar nicht mehr.«

Pygmäen, griechisch *pygmaios:* eine Faust lang. Selber nennt sich dieses Volk BaAka. Sie gehören wie die Khoikhoi und San zu den Paläonegriden und damit zu den letzten Nachfahren von Afrikas ersten Bewohnern. Ob es mir je gelingen wird, freie BaAka in ihrer ursprünglichen Umgebung zu erleben? Schon jetzt zweifle ich daran, und das stimmt mich traurig. Simon tritt an den Kofferraum, ergreift zwei Stangen Kernseife und mehrere Tüten Salz. Der Mann am Waldrand winkt, wir folgen. Ich werfe einen Blick zurück und wundere mich, dass die amerikanischen ›Naturkundler‹ interesselos im Wagen verweilen. Wir begeben uns durch den grünen Waldvorhang auf eine Lichtung, auf der acht iglufömige Hütten stehen, aus geflochtenen Stangen, Zweigwerk, mit lappigen Blättern abgedeckt. Behausungen wie Bienenkörbe. Sie stehen im Halbkreis um ein schwelendes Feuer. Ein Hund und Hühner suchen ängstlich das Weite. Ich entdecke Aluminiumtöpfe, Blechkannen, sogar Schöpfkellen. Da hat die Zivilisation bereits Einzug gehalten. Etwas abgerückt stehen die rechteckigen Lehmhütten der Bantu. Sie sind mit Elefantengras und Wellblech gedeckt. Die *patrons* lassen sich nicht blicken. Vielleicht sind sie mit einigen Pygmäen auf den Feldern beschäftigt. Wir dürfen uns im Kral umschauen. Intakt und selbstversorgend ist diese Gruppe schon lange nicht mehr. Sie hat sich der Kultur der größeren und stärkeren Ethnie untergeordnet, auch wenn sie noch so fremd und eigennützig ist. Schade! Für Jäger und Sammler ist in Afrika kein Platz mehr. Straßen stechen durch die Wildnis, Sägen kreischen Baumriesen fällend durch den Wald. Satelliten und Geometer vermessen Urnatur, um sie auf Plantagenwirtschaft zu trimmen. Naturgemeinschaften sind in unserem Jahrtausend nicht mehr vorgesehen. Pygmäen haben keine Rechte, keinen Schutz, keine politische Stimme. Von Weißen wie von Schwarzen werden sie als primitive Wilde diskriminiert. In großen Sägewerken arbeiten unterbezahlte, ausgebeutete BaAka an wohnblockgroßen Entrindungsmaschinen, an der Vernichtung ihres eigenen Refugiums.

Simon teilt die Gastgeschenke aus. Alex bemerkt: »Sie können davon ausgehen, dass mindestens die Hälfte davon an die *patrons,* die Herren, abgeführt wird.«

Ein Mütterchen mit einem Baby auf der Hüfte reicht mir eine Kassavawurzel und zieht sich schüchtern zurück. Vor ihrer Hütte kaut sie selbst süße Kassavafasern und zieht an einer Pfeife.

Ich lasse die Lichtung auf mich wirken. Bunte Falter flattern durch Bahnen einfallenden Sonnenlichts. Am Fuß der Brettwurzeln uralter Baumriesen wirken die Waldmenschen noch kleiner, zierlicher, verletzlich gar. Schamvoll ziehen wir uns zurück, sind uns bewusst, gleichsam selbst im großen Sägewerk der Zivilisation an der Zerstörung von Urnatur zu arbeiten.

Zwei Tage später stehen wir nördlich der Hüttenansiedlung Bomassa am Ufer eines großen Flusses. Es ist der Sangha, der uns fast zum Verhängnis werden soll.

Zwei offensichtlich gut gelaunte Zöllner erscheinen am Fenster des Fahrers. Simon sammelt die Pässe ein, die er mit einem Strauß spaßiger Worte übergibt. Alex und die Zöllner schlagen sich vor Begeisterung auf die Schenkel. Da die Worte in Sango fallen, lächeln wir Weißen lediglich anstandshalber mit. Die Zöllner bitten uns, im Wagen zu warten, was bei der sengenden Sonne auf der Lichtung bedeutet, in einer Bratröhre auszuharren.

Als sie mit den Reisepässen verschwinden, klärt uns Simon

auf: »Ich habe den beiden erzählt, dass McDonald's im Dschungel bei den ›Kannibalen‹ einen Imbiss aufgemacht hat. Und was servieren sie da so? – Also, im Augenblick warten sie noch auf einen Reisebus mit Hamburgern!«

Ein alter Witz, den unser Fahrer von Touristen aufgeschnappt hat.

Wir hätten uns an der Grenze zur ZAR, in dieser brisanten Lage, nicht getraut, Späße solcher Art zu machen. Und das Absurde an der Sache ist, dass mit ›Kannibalen‹ die sanften, friedlichen Pygmäen gemeint sind. Endlich beruhigen sich die Lachmuskeln der beiden Amerikaner.

Das Gras dampft. Stellenweise haben sich Wasserlachen gebildet. Hier muss es die ganze Nacht geregnet haben. Träge zieht der Sangha in südlicher Richtung, wo er irgendwann in den Kongo mündet. Lautlos gleiten Pirogen durchs Wasser. Tiefgrünes Flussufer wechselt von flach, sumpfig, mit Mangroven und Buschwerk bewachsen, zu steil, mit allerlei Kriechgewächsen bewuchert. An einer ebenen, sandigen Uferbucht herrscht Betriebsamkeit. Bantu-Fischer hüpfen von Piroge zu Piroge, tauschen Gefäße und Netze aus, bereiten sich auf eine Fangfahrt vor. Pirogen auf dem Sangha sind einbaumähnliche, etwa zehn Meter lange Boote, die von einem Fischer im Heck gestakt werden. Es gehört ein gehöriges Gefühl für Gleichgewicht dazu, die schmalen Boote im Stehen zu dirigieren.

Was spielt sich denn da ab? Ein Fischer, beladen mit einem Wurfnetzbündel, stolpert über eine Bordwand und fällt ins Wasser. Mühsam kommt er auf die Beine, steht bis zur Brust im Fluss, wirft das Netz ins Boot und versucht hineinzuklettern, was ihm misslingt. Fischer in seinem Umfeld sind in ihre Arbeit vertieft. Keiner hilft. Keiner nimmt Notiz. Am Bug kann sich der Mann ins Boot ziehen. Sichtlich erschöpft liegt er ausgestreckt im Einbaum. Eine Ewigkeit, wie ein Toter. Ich stoße Paul an.

»Mit dem Fischer stimmt was nicht. Ob er krank ist?«

»Schon merkwürdig.«

Gerade richtet sich der Bantu auf. Torkelnd ergreift er die lange Stakstange, begibt sich ins Heck und stößt ab. Er mag gut fünfzig Meter vom Ufer entfernt sein, als die Piroge plötzlich umschlägt. Gespenstisch lautlos wird der Mann vom Strom verschluckt. Wir starren auf die Stelle, an der er verschwunden ist, das Boot kieloben treibt. Paul reißt die Tür auf, stürmt ans Ufer und brüllt auf Französisch:

»Hilfe – ein Ertrinkender!«

Ich spurte mit Richard hinterher. Simon will uns zurückhalten, weil er Probleme mit den Zöllnern befürchtet.

Am Ufer schaut man träge auf. Paul hat seine Schuhe abgestreift, das Hemd weggeworfen, sich in die Fluten gestürzt. Ich bin kein Rettungsschwimmer, schwimme dennoch hinterher. Nun stoßen auch zwei Pirogen ab und staken zum gekenterten Boot. Mit dem Gesicht im Wasser kommt der Fischer an die Oberfläche. Paul packt ihn. Ich ziehe den Einbaum an ihn heran, damit er sich mit dem Fischer daran festhalten kann. Jetzt gehen die beiden Pirogen der Retter längsseits. Die Schwimmenden werden in das erste Boot gezerrt, der Verunglückte auf die Planken gelegt. Paul presst rhythmisch seinen Brustkasten. Wasser läuft aus Mund und Nase. Ist er schon tot, jede Hilfe zwecklos?

»C'est Kombo, c'est Kombo«, tuscheln die Fischer.

Kombo hustet. Ein Schwall Wasser ergießt sich aus seinem Gesicht. Seine aschgraue Haut bekommt Farbe, wird dunkelbraun. Er kommt zu sich. Auf dem Weg zum Ufer erfahren wir, dass Kombo drogensüchtig ist. Diese ›Vorstellung‹ habe er schon wiederholt geboten.

Am Wagen erhalten wir die Pässe mit Eingangsstempeln. Beide Zöllner behalten ihre gute Laune, wünschen uns in der Zentralafrikanischen Republik einen schönen Aufenthalt. So reibungslos haben wir uns den Grenzübergang nicht vorgestellt.

Was wir vermuten, bestätigt Simon: »Ich bin nicht das erste

Mal hier. Die Station wird mit kleinen Aufmerksamkeiten bei Stimmung gehalten.«

Der Fahrer will uns möglichst nah ans Ufer zu den Pirogen bringen, um das Verladen des Gepäcks zu vereinfachen. Dabei beschreibt der Wagen einen Bogen in Richtung Uferböschung. Hält. Simon fährt einige Schritte rückwärts, legt den ersten Gang ein. Die Räder des Toyota drehen durch, mahlen. Das Fahrzeug gleitet nach hinten weg. Wie in einem Fahrstuhl geht's abwärts. Panik bricht aus. Rauschen wir in den Fluss und laufen voll Wasser? Hinten rütteln die Amis an den Türen: »Damned shit!«, brüllen sie. Plötzlich erfährt der Wagen einen Stoß und hängt fest. Mit vereinten Kräften öffnen wir die verklemmten Türen, kriechen aus dem Inneren und betrachten die Bescherung. Der Toyota ist eine Fünfzig-Grad-Böschung runtergerutscht. Mit dem Heck bereits im Wasser, ist er von zwei stämmigen Kapokbäumen (*Ceiba pentandra*) gestoppt worden. An Lianen hangeln wir wie Tarzan die Böschung hinauf zur Lichtung. Oben hat sich unterdessen eine Traube palavernder Afrikaner gebildet. Gestikulierend werden gute Ratschläge erteilt. Simon ist erstaunlich gefasst. Zwar schimpft er über sein Missgeschick wie ein Rohrspatz, doch kopflos ist er nicht. Also bleibt er unser Chef.

Tatsächlich hatte es zwei Tage heftig geregnet. Das Erdreich in Ufer- und Böschungsnähe ist weich wie Pudding geworden. Unter der Last des überladenen Toyota rutschte dieser mit dem Pudding in den Fluss.

Simon: »Hätte schlimmer kommen können. Räumt das Gepäck aus dem Wagen. Ich sorge dafür, dass eine Piroge mit Außenborder klargemacht wird. Die wird euch zur Lodge bringen. Ich lasse den Wagen später mit 'ner Seilwinde hochziehen. Wenn ihr in zehn Tagen zurückkommt, steht der Wagen fahrbereit am Ufer. – Alles klar?«

Mit einigen hilfreichen Schwarzen klettern wir die Böschung hinab und laden aus. Unter den Gegebenheiten keine leichte Aufgabe, da damit zu rechnen ist, dass der Wagen von den Stämmen gleitet und im modrigen Uferwasser gänzlich versackt. Außerdem müssen wir das Gepäck im Auge behalten. Die Helfer werden zahlreicher. Schnell könnte eine Tasche, ein Rucksack in die falsche Richtung getragen werden. Am Fluss röhrt der Motor einer Piroge, die rasch beladen wird.

Simon begleiten die besten Wünsche. Natürlich haben wir ein mieses Gefühl, ihn mit dem Problem allein zu lassen. Verweilen können wir nicht, in der Doli Lodge wartet man auf uns.

»Macht euch keine Sorgen. Ich komme zurecht. Irgendwo lässt sich bestimmt eine Winde auftreiben. – Au revoir!«

Gemächlich tuckern wir den Sangha hinauf. Das Ufer ist von dichtem Stockwerkswald gesäumt. Fischerboote gleiten uns entgegen, andere überholen wir. Tiefer Frieden liegt über dem nachmittäglichen Fluss, der so breit sein mag wie die Elbe bei Lauenburg. Gerade passieren wir ein Camp, das der WWF für Ranger im Kampf gegen Wilderer erworben hat. Ein stillgelegtes Sägewerk rückt heran – und entschwindet. Sägewerke im Dzanga-Sangha-Gebiet sind ein verdammt heißes Eisen. Einst waren sie Arbeitgeber für Bantu und sesshafte Pygmäen. Man hat sie stillgelegt, weil der Primärwald Naturschutzgebiet geworden ist. Arbeitsplätze sollen der Tourismus und die Hege und Pflege der Tier- und Pflanzenwelt schaffen. Ein nobler Ansatz, nur wird er nicht von allen akzeptiert, zumal die Umstrukturierung schlecht bis schleppend in Gang kommt. Es hat mehrere Anschläge auf die Lodge gegeben, seit das Sägewerk geschlossen wurde. Wütende Arbeitslose wollten den WWF gewaltsam vertreiben. Auch das Jagdverbot für Bantu wird nicht allgemein eingesehen. Das Wild ist für alle da, nicht nur für die Naturapostel. Und wenn wir Elefanten-, Gorilla-, Antilopenfleisch oder anderes *bushmeat* essen wollen, möchten wir es kaufen können, sagt nicht nur die Bevölkerung in Bangui, nein, sagen auch viele Politiker, sogar Regierungsmitglieder der ZAR vertreten diese Meinung.

Gerade begrüßt uns ein erstes Baumhaus.

»Doli Lodge und der Ort Bayanga dahinter sind nicht mehr weit«, erklärt Alex.

Tatsächlich, nach einer dreistündigen Flussfahrt erreichen wir den Anlegesteg der Lodge, steigen die steile Treppe hinauf auf die ausladende Holzterrasse mit dem Restaurant, dem Hauptgebäude und den im Wald versteckt gelegenen Bambushütten. Eine herrliche Anlage ist diese Doli Lodge, die da oben über dem Fluss am Regenwald klebt wie ein Schwalbennest. Zehn Tage wird das Dschungelschwalbennest unser Basislager sein.

Das Dzanga-Sangha-Projekt

Ich sitze auf der Holzterrasse der Lodge hoch über dem Fluss. In der Ferne Wetterleuchten mit Donnergrollen. Im Süden wird es wieder geregnet haben. In den violetten Himmel schieben sich schwarze Wolken. Es ist feucht. Alles ist feucht, Haare, Kleider, Schuhe. Selbst die Sonne vermag kaum zu trocknen. So ist es nun mal in der Regenzeit im zentralen Afrika, wenn die Pilze sprießen, Schimmel flächig wuchert, Viren und Bakterien über dich herfallen. Der Mensch hockt apathisch herum und hofft auf Linderung: Feuchte Hitze und lähmende Schwüle mögen nachlassen.

In den Booten, unten auf dem Fluss, werden Fackeln aus dem Harz des Kopalbaums entzündet und Wurfspieße griffbereit deponiert. Die traditionelle Form des Nachtfischens beginnt. Auf diese Weise fangen die hiesigen Flussvölker den Wels. Fischen ist die Hauptbeschäftigung der Bantu in der Flussregion. Tagsüber wird von der Piroge aus mit dem Wurfnetz aus Nylon Beute gemacht, und am Ufer werden Treibnetze gespannt, deren Material früher aus Pflanzenfasern bestand.

Ein Vogel schreit in der Dunkelheit. Wie auf Kommando starten Grillen mit aufgeregtem Gezirpe. Vom gegenüberliegenden Flussufer dringen Trommelschläge und Gesang ans Ohr. Ein Don-

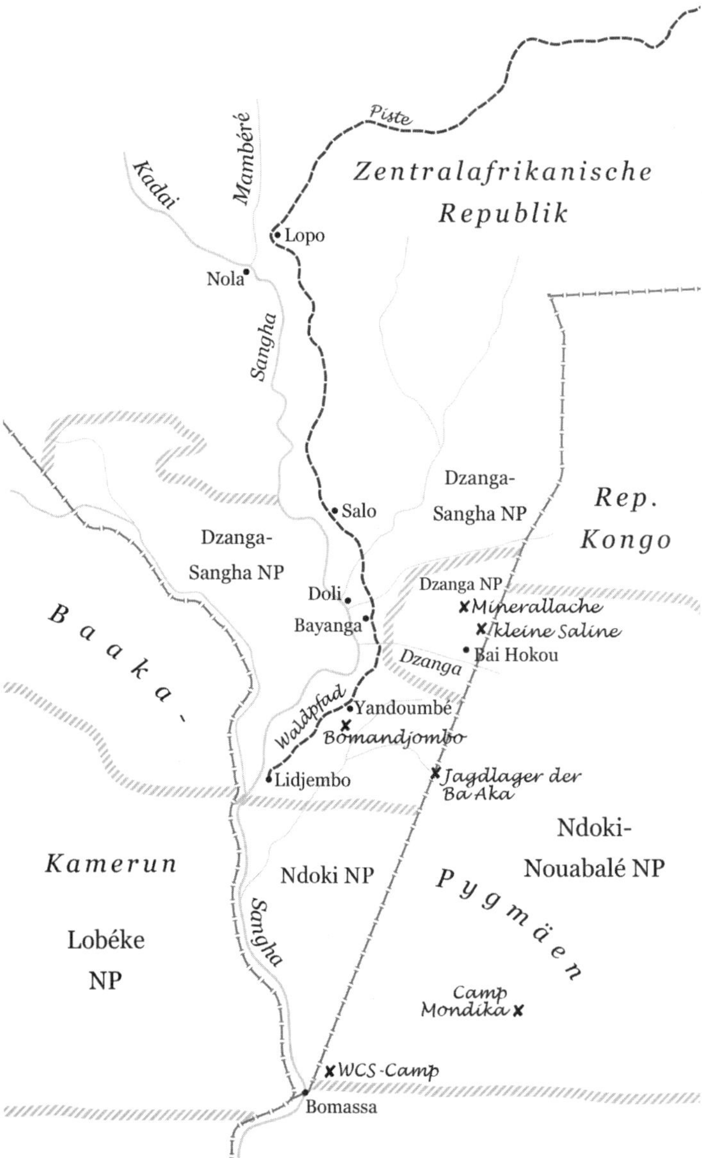
Piste
Zentralafrikanische Republik
Kadai
Mambéré
Lopo
Nola
Sangha
Salo
Dzanga-Sangha NP
Dzanga-Sangha NP
Rep. Kongo
Dzanga NP
Doli
Bayanga
Minerallache
kleine Saline
Bai Hokou
Dzanga
Baaka-
Waldpfad
Yandoumbé
Bomandjombo
Lidjembo
Jagdlager der Ba Aka
Ndoki-Nouabalé NP
Kamerun
Ndoki NP
Pygmäen
Lobéke NP
Sangha
Camp Mondika
WCS-Camp
Bomassa

nerschlag lässt mich aufschrecken. Dann wieder schläfrige Ruhe. Ich widme mich dem Castel Beer, um das Warten zu ertränken.

Am anderen Ende der Terrasse haben sich die Texaner niedergelassen. Zu ihnen setzt sich ein Schwarzer in gut geschnittenem Anzug mit weißem Hemd und Krawatte. Es wird verhandelt. So kommt es mir jedenfalls vor. Kurios, die Gruppe!

Paul, Richard und Alex treten aus der Dunkelheit, setzen sich zu mir. Dr. Oudoro hält ein Glas mit einer trüben Flüssigkeit in Händen.

»Molenge«, sagt er, »das ist Palmwein aus dem Saft der Mosendepalme, *Raphia hookeri.* Vergoren ergibt der Extrakt ein gesundes, wenn auch alkoholisches Getränk. Abends wird *molenge* in allen Dörfern rechts und links des Sangha getrunken. Die Blätter der Raphiapalme werden übrigens zur Abdeckung der Wohnhütten verwendet.«

Wir sinnen in die Nacht.

Richard bemerkt: »Wir sind doch jetzt im Land der Pygmäen, haben aber noch keinen einzigen gesehen.«

»Warten Sie's ab. Wir sind doch gerade erst angekommen. Morgen werden uns Waldmenschen zu den Gorillas begleiten. Sofern wir Glück haben, werden wir sie beobachten können.«

Im Zusammenhang mit den Pygmäen muss ich fortwährend an Cornelia Canady und Louis Sarno denken. Das hat folgende Bewandtnis: Sarno, der Amerikaner, aus New Jersey stammend, tingelte als Reisender und Musikforscher durch die Welt. Mitte der Achtzigerjahre hörte er zufällig Musik der Pygmäen. Es soll in den Niederlanden gewesen sein, und die für ihn so faszinierenden Klänge kamen aus dem Radio. Das polyphone Geflecht aus Frauenstimmen, Trommel- und *geedal*-Klängen hatte auf Louis eine hypnotische Wirkung von magischer Kraft. Musik des Waldes, die sein Leben radikal veränderte. Er begab sich zu den BaAka der Zentralafrikanischen Republik. Mit wenigen Unterbrechungen lebt Louis seit achtundzwanzig Jahren allein bei den Waldmenschen.

»Schon mal etwas von Louis Sarno gehört?«, frage ich Alex.

»Aber sicher!«, kommt die prompte Antwort.

»Ich möchte ihn besuchen.«

»Den Riesenpygmäen? Ein komischer Typ. Total verbuscht, kauzig. Von Besuchen hält er nichts, haust in Bomandjombo. Soviel ich weiß, heißt das Lager Yondumbé.«

»Ein halbes Menschenleben bei den Pygmäen gelebt, den Mann muss ich sprechen!«

Alex schüttelt verständnislos den Kopf.

»Lassen Sie erst mal das Naheliegende wirken: die Doli Lodge, das Dzanga-Sangha-Projekt.«

»Darüber würden wir gern einiges erfahren«, meldet sich Paul.

Nun lässt Dr. Oudoro sein Wissen sprudeln: Dzanga-Sangha, das Schutzgebiet im Dreiländereck, ist ein neuartiges Naturschutzkonzept. Es setzt sich aus mehreren Zonen zusammen, die wiederum in unterschiedliche Schutzkategorien unterteilt sind.

Dzanga und Ndoki, mit zusammen eintausendzweihundertzwanzig Quadratkilometern, bilden den Nationalpark Dzanga-Ndoki und den Kern des Dzanga-Sangha-Schutzgebiets. In diesem Kernbereich darf weder gejagt, gesammelt, gefischt noch Bewirtschaftung betrieben werden. Im Tropenwald-Reservat Dzanga-Sangha, dem dreitausenddreihundertneunundfünfzig Quadratkilometer großen Dzanga-Sangha Rainforest Reserve, kann eingeschränkt gejagt und gesammelt werden. Fischfang und Landwirtschaft sind in geringem Umfang statthaft. Das sind Konzessionen an die BaAka. In dem Dreiländereck Kamerun, ZAR, Kongo geht es um die Erhaltung der letzten großen Primärwaldgebiete, die die seltenen Bongos, eine Antilopenart, Gorillas, Schimpansen, Elefanten, Riesenwaldschweine, Leoparden, Sitatungas, Büffel, Riesenschuppentiere und viele weitere Arten beherbergen. Das Naturschutzgebiet im südwestlichen Zipfel der ZAR bildet den Kernraum der Nationalpark-Planung

Sangha, an der auch die Republik Kongo und Kamerun beteiligt sind.«

»Wann und auf wessen Betreiben ist das Naturschutzgebiet gegründet worden?«, fragt Richard.

»Im Januar 1988 wurde ein Abkommen zwischen der Regierung der ZAR und dem WWF USA unterzeichnet. Die besondere Kombination von Schutz- und eingeschränktem Nutzgebiet besteht seit 1990. Die Integration der Schutzgebiete Lobeke in Kamerun sowie Nouabalé Ndoki in der Republik Kongo in das Projekt soll demnächst verwirklicht werden. Mitte der Neunzigerjahre gaben Weltbank, GTZ (Gesellschaft für Technische Zusammenarbeit), WWF Deutschland, die USA, die Niederlande und private Sponsoren wie die Brauerei Krombacher aus Kreuztal dem Dzanga-Sangha-Konzept einen wichtigen Schub. Es steht auf solider Grundlage und beschäftigt über einhundertzwanzig Mitarbeiter, Bantu wie auch Pygmäen.«

»Eine stattliche Zahl«, meint Paul.

»Doktor Günter Merz, Leiter der Sektion Tropischer Regenwald International beim WWF, war ein unermüdlicher Kämpfer. Dank seines Engagements wurde Bayanga zum größten Projekt des WWF, das Mitarbeiter als Ranger, Touristenführer, Spurenleser, Küchen-, Service- und Lodge-Personal ausbildet und anstellt.«

Ich schaue mich um, bemerke, dass wir, bis auf die beiden Amerikaner mit dem Schwarzen, die einzigen Gäste auf der Terrasse sind.

Alex errät, was ich sagen will.

»Regenzeit und Unruhen in Bangui sorgen dafür, dass zurzeit wenige Besucher kommen. Außerdem ist sanfter, nachhaltiger Ökotourismus teuer. Was er auch sein soll, weil wir auf ein bestimmtes Klientel Wert legen. Wer in Europa eine Woche die Doli Lodge bucht, zahlt um die tausend Euro pro Tag.«

»Gibt es die Lodge schon lange?«, erkundige ich mich.

Alex denkt einen Moment nach.

»Als kleine Herberge etwa fünfzehn Jahre. Dr. Merz wollte Leben in das Haus bringen und es für Touristen attraktiver gestalten lassen. Als Managerin engagierte er eine gewisse Canady.«

»Die Deutsche Cornelia Canady?«, will ich wissen.

Es ist der Name, der mir im Zusammenhang mit Pygmäen im Gedächtnis herumspukt.

»Genau. Sie warb Sponsoren, fand Geldgeber, lernte für die Bungalows Personal an. Die Lodge wurde ausgebaut, die Küche für weiße Besucher schmackhaft gemacht. Im Restaurant servierte eine freundliche Bedienung. Für das Lodge-Management gründete sie die Agentur Dolicom Öko-Tourismus, die sich auf kleine exklusive Gruppen beschränkte. Nebenher baute sie die Zusammenarbeit mit den örtlichen BaAka aus, die als Fährtensucher oder Führer in ihrem Regenwald tätig sein konnten. Dr. Merz besuchte die Doli Lodge in der Nähe der Ortschaft Bayanga. Über die Fortschritte in der Lodge, deren Sango-Name Doli auf Deutsch Elefant bedeutet, war er sehr angetan. Für den WWF war es ein schwerer Schlag, als Günter Merz durch einen Autounfall ums Leben kam. Auch im Naturschutzgebiet ergaben sich Probleme: Wilderer waren eingefallen, schossen Elefanten, Gorillas, Antilopen. Touristen stießen auf Patronenhülsen, wurden von durch den Urwald peitschenden Schüssen aus großkalibrigen Waffen zu Tode erschreckt. Ranger meldeten angeschossenes Großwild, das durch den Wald irrte. Ein unfähiger Forstminister saß in Bangui, versprach vollmundig Hilfe. Tatsächlich aber wurde er von der *bushmeat*-Lobby und Elfenbeinhändlern bestochen. Außerdem hetzte er die Bantu-Bauern gegen den WWF auf. Ein Elefant war aus dem Wald gebrochen, hatte die Ernte eines Maniokfeldes vernichtet. Der erlegte Dickhäuter wurde auf dem Dorfplatz von Bayanga vor den Augen der hungrigen Bevölkerung verbrannt. Die Volksseele kochte und entlud sich in einem Aufstand, der mehrere Tote forderte.«

»Cornelia, eine Frau, die ihr Leben dem Wohlergehen der Pygmäen verschrieb. Zehn Jahre lebte sie bei einer BaAka-Gruppe im kleinen Dorf Bémbéma in der Zentralafrikanischen Republik, jagte, sammelte, tanzte, musizierte mit den Waldmenschen, zog mit ihnen in neue Reviere und litt, als sie deren Zerfall erleben musste«, gebe ich zum Besten. »Am Ende wollte sie ihre Freunde nach Bayanga bringen, in der Hoffnung, ihnen ein Leben in Würde zu ermöglichen. Die Gruppe entschied sich, im Jagdgrund zu bleiben, zog das Leben unter der Knechtschaft der Bantu vor, weil sie an den Errungenschaften der Zivilisation teilhaben wollte. Cornelia brach die Entscheidung das Herz. Sie wurde schwer krank. Hinzu kam ein erneuter Bürgerkrieg, der sie zwang, ihr geliebtes Stück Afrika mit den Worten zu verlassen: ›Ich werde nicht aufgeben. Solange ich kann, werde ich kämpfen. Kämpfen für den Erhalt des Regenwaldes, für den Schutz seiner Tiere und vor allem für die Herren des Waldes, meine geliebten Gefährten und Freunde‹.«

Nach meinen theatralisch rezitierten Worten schweigen wir eine Weile. Vernehmbar ist nur das Auf und Ab des Grillenzirpens.

Leise, wie zu sich selbst, resümiert Alex: »Sicher haben die Pygmäen instinktiv richtig gehandelt. Lieber sich in der Heimat assimilieren als fünfhundert Kilometer weit weg, in der Fremde, entwurzelt zu sein.«

»Souper, à table s'il vous plaît!«, ruft eine freundliche Stimme aus der Küche.

»Denkt daran, morgen um fünf Uhr marschbereit sein!«, erinnert Alex.

Dem Silberrücken auf der Spur

Vor uns eine kleine Lichtung, die von dichtem, tropfendem Wald umstellt ist. Seit zwei Stunden regnet es. Am Körper kein trockener Faden. Die Kleider scheinen auf der Haut zu faulen. Die Stimmung ist auf dem Nullpunkt. Wir haben Bai Hokou erreicht und wollen irgendwo in der Tiefe des Dschungels Gorillas suchen und beobachten. Wird unmöglich sein bei dem Wetter, bei der Sicht! Die Lichtung lebt. Zu meiner Überraschung erblicke ich zwei kleine Bretterhütten, rechts daneben ein Mehrpersonenzelt. Vor den Eingängen hocken Pygmäen und rauchen. Unser Fährtenleser Amabosu, ein Aka, ruft ihnen etwas zu. Unverständliche Laute schallen zurück. Auf einmal stehen Weiße vor den Behausungen, ein Mann und zwei Frauen, nur mit Shorts und kurzärmeligen Buschhemden bekleidet. Das erstaunt mich, in diesem malariaverseuchten Gebiet verpackt man sich doch vorsichtshalber wie eine Mumie.

Freudestrahlend kommen uns die drei entgegen. Wir schütteln Hände. BaAka begrüßen sich, indem sie die Innenseite ihrer rechten Hand an die Handinnenseite des Gegenübers legen.

»Willkommen auf Bai Hokou!«, sagt der Blondschopf, eine junge, attraktiv aussehende Frau in einem Deutsch mit Wiener Akzent. Rasch haben wir uns vorgestellt. Helene kommt tatsächlich aus Österreich, Ruth aus England und Petro ist Portugiese. Die Europäer arbeiten an einem Primatenprojekt. Es geht um Verhaltensforschung bei den Flachlandgorillas dieses Habitats. Seit über zwei Jahren forschen die drei Biologen, allein auf sich gestellt, im Wald. Allerdings haben sie einheimische Freunde, Simbu, Ewunji, Adamo, hervorragende Fährtenleser, die ihnen auch Boten- und Verpflegungsgänge abnehmen. Man bittet uns in das Mannschaftszelt, in dem ein langer Tisch mit Stühlen steht. Auf dem Tisch befinden sich Stapel von Skizzen und handschriftlichen Aufzeichnungen. Ruth schiebt die Papiere zur Seite und bietet Mineralwasser aus Plastikflaschen an. Auf einem Sideboard stehen Laptops, aufgeklappt und flimmernd.

»Habt ihr hier Strom?«, frage ich.

»Oben im Baum haben wir Windräder und Solarzellen installiert. Sollte alles ausfallen, können wir ein Dieselaggregat laufen lassen«, erklärt Ruth.

»Und wie sieht's mit der Verbindung zur Außenwelt aus?«

»In der Turmregion der Bäume ist eine Schüssel angebracht, die Satellitenempfang ermöglicht.«

Stühle werden gerückt, die Naturwissenschaftler haben sich gefunden und fachsimpeln angeregt. Ich mache eifrig Notizen: Die Gorillapopulation im Reservat und im Nationalpark wird auf dreitausend Tiere geschätzt, die von Dzanga-Sangha gehören zur Unterart des Westlichen Flachlandgorillas, *Gorilla gorilla gorilla,* im Unterschied zum Östlichen oder Grauen Flachlandgorilla, *Gorilla gorilla graueri.* Eine weitere große Art ist der Berggorilla, *Gorilla gorilla beringei,* der wie der Östliche in Bergregionen des Kongo, Ugandas und Ruandas lebt. Während das Verhalten des Berggorillas gut erforscht ist, steckt das Wissen über den Flachlandriesenaffen in den Kinderschuhen. Das erklärt sich unter anderem durch das schwierige Auffinden und Beobachten der Tiere und ihre Scheu. Von den im Osten Lebenden weiß man, dass sie ihre Nahrung am Boden finden: unterschiedliche Pflanzenarten, Gras- und Krautpflanzen, Früchte, als Beimischung Käfer, Larven, Raupen und Termiten. In den geschlossenen Waldgebieten des flachen Westens fällt wenig bis kein Sonnenlicht auf den Boden, folglich müssen die Affen, um an Mengen frischen Grüns und an Früchte zu gelangen, ins Blattwerk der Bäume klettern. Das Verhalten der in den Bäumen aktiven Gorillas ist aufwendig zu studieren. Die Schlafplätze der Riesen befinden sich auf dem Boden und in den Bäumen. Helene berichtet, dass die Forscher quasi die Wegbereiter der Gorillapirsch für Touristen sind. So eine Gorillafamilie besteht aus acht bis zwölf Mitgliedern: dem Pascha oder Silberrücken, vier oder fünf Weibchen und deren Jungtieren.

»Von den BaAka erfahren wir die Reviere und beginnen die Studien. Behutsam versuchen wir, näher und näher an die Tiere heranzukommen. Das ist ein Prozess von vielen Monaten. Langsam fassen Mensch und Tier Vertrauen. ›Habituierung‹ bedeutet, dass ein Wildtier den Menschen als neutrales Element seiner natürlichen Umgebung akzeptiert. Gorillas nehmen schließlich die Anwesenheit der Forscher und Führer unbekümmert zur Kenntnis. Der Abstand zwischen Tier und Mensch verringert sich, und die Beobachtungsdauer wird ausgedehnt. In einigen Fällen gelingt es, die Primaten zu berühren, sie zu kraulen oder ihnen eine Banane als Leckerei zu übergeben. Doch Vorsicht, Vertrautheit dieser Art ist bisweilen gefährlich. Eine Kollegin ist neulich schwer verletzt worden, als sie einem Silberrücken nahe war, der sich plötzlich von einem jungen Gorilla in seinem Revier bedroht fühlte. Der Pascha, genannt Mlima, wurde wild. Er griff nicht den ins Revier eingedrungenen Rivalen, sondern die Forscherin an. Packte sie am Arm, schleuderte sie zu Boden, fetzte ihr Fleisch vom Oberschenkel und biss ihr ein paar Finger ab. Durch lautes Geschrei ließ der Gorilla von der Frau ab und fiel über den Eindringling her. BaAka fanden die schwer Verwundete und schleppten sie zur WWF-Station in Bayanga. Sie konnte per Hubschrauber ausgeflogen und gerettet werden. Später wurde gemeldet, dass Mlima schwer lädiert gesichtet worden sei. Wahrscheinlich hatte ihm das junge Männchen oder ein Leopard ernsthaft zugesetzt. So ein Revier einer Gorillafamilie erstreckt sich über fünfzehn bis vierzig Quadratkilometer. Sie wandert täglich etwa zwei Kilometer. Haben die BaAka die Tiere aufgespürt, beginnen wir mit der Habituierung und Verhaltensforschungen. – Gorillapirsch ist ein Teil des Tourismusangebots, weil es für die Aufrechterhaltung des Nationalparks wirtschaftliche Bedeutung hat«, berichtet Ruth.

Es regnet nicht mehr. Unsere beiden Fährtensucher werden unruhig, wollen in den Wald, Gorillas aufspüren. Von Petro bekommen wir noch Verhaltensregeln und Tipps mit auf den Weg:

»Menschliche Krankheiten wie Schnupfen, Halsschmerzen oder Husten können für die Riesenaffen lebensgefährlich sein, weil sie dagegen keine Abwehrkräfte besitzen. Ihre letzte Erkältung muss mindestens zwei Wochen zurückliegen. Bis vor Kurzem mussten Besucher Impfungen gegen Polio und einen negativen Tuberkulose-Test beziehungsweise TBC-Impfungen vorweisen. Lautes Reden, schnelles Gestikulieren oder abrupte Bewegungen, das Abbrechen von Zweigen sind verboten, es stört die Gorillas und führt zu plötzlichen Angriffen.

Den Fährtensuchern ist unbedingt Folge zu leisten. Nur sie können das Verhalten der Tiere einschätzen und eine Gefahr rechtzeitig erkennen. Der Sicherheitsabstand von sieben Metern sollte nicht unterschritten werden. Falls sich ein Gorilla nähert, ducken Sie sich und treten Sie langsam zurück. Die Tiere niemals anstarren oder mit dem Finger in deren Richtung zeigen. Das Blitzlicht der Kameras muss ausgestellt sein. Das Rauchen, Essen und Trinken ist in Primatennähe verboten. Natürlich darf keinerlei Zivilisationsmüll zurückgelassen werden. Es hat hässliche Attacken gegeben, deshalb sollten Sie die Regeln unbedingt befolgen. Ein Silberrücken fühlt sich in seinem Revier rasch bedroht und stürzt sich blitzartig auf Eindringlinge. Und so ein ausgewachsenes Männchen bringt bis zu dreihundert Kilogramm auf die Waage, wird doppelt so schwer wie die Weibchen und verfügt über Bärenkräfte. Aufgerichtet kann es einen Meter achtzig messen. Auf freier Wildbahn werden Gorillas rund fünfzig Jahre alt.«

Beeindruckt und mit einem leicht mulmigen Gefühl in der Magengegend nehmen wir die Einweisung zur Kenntnis und folgen den Fährtensuchern, die schnell und leichtfüßig einem unsichtbaren Pfad folgen. Stumm und verbissen versuchen wir das Tempo zu halten. Schließen mit leichtem Trab auf. Schweiß fließt aus allen Poren. Er strömt vom Körper, als stünde man unter einer aufgedrehten Dusche. Außer Atem hecheln wir den BaAka Mobo und Bombé hinterdrein. Man muss ständig auf der Hut sein. Lianen und dornige Zweige klatschen an Waden, Schultern und Wangen. Falter, bunte Bremsen und andere Insekten wollen sich auf dir niederlassen, müssen weggewedelt werden. Jeder Tritt ist augenblicklich zu prüfen, bei dem Boden, schlüpfrig wie Schmierseife. Modrige, dicke Äste, Löcher, auch Wurzelwerk bringen dich zum Stolpern. Bodenschlangen sind höchst erschütterungsempfindlich, dürften sich – hoffentlich – verzogen haben. Anders verhält es sich mit Baumschlangen. Die können sich schon mal herunterlassen und genüsslich um deinen Hals legen. Es wird nicht gleich eine Python sein. Gerade bemerke ich eine Schar Ameisen, die sich an den Hosenbeinen festgebissen hat. Rasch stellen sie fest: Der Hosenstoff ist unappetitlich, kriechen hinter den Aufschlag und beißen schmerzhaft zu. Wie ist das bei unserem Tempo nur möglich? Nun ist der Grund morastig, schwarzbraune Brühe samt Fauna sickert in die Schuhe. Plötzlich schreit Paul auf und vollführt einen Veitstanz. Abrupt bleiben die Fährtensucher stehen. Mit finsteren Mienen mustern sie den Weißen. Hat man den Greenhorns nicht aufgetragen, sich leise durch den Regenwald zu bewegen? Schließlich lachen sie aus vollem Hals. Pauls Aufführung ist zu drollig und will nicht enden. Er reißt sich das Hemd herunter. Ein Tier mit einem langen, gelb-schwarz gestreiften Leib fliegt brummend davon. Eine Hornisse. Na, wenn es weiter nichts ist, lassen die BaAka erkennen. Sie stürmen weiter, als gelte es, eine Verabredung mit dem Silberrücken unbedingt einzuhalten.

Merkwürdig, nach einer Weile befällt mich eine wohltuende Apathie. Schlechte Gefühle, Bedenken, Angst lassen nach. Ich befinde mich im Zustand eines seltsamen Rausches. Endlich bin ich im richtigen, im unabsehbaren Urwald, der von einem dauernden Schwirren, von Duft und Schwall erfüllt ist. Blätter streifen wie endlose Vorhänge den Körper. Zottelige Affen springen mit ärgerlichen kleinen Schreien kühn durchs Blattwerk. Papageien, graue mit roten Schwänzen, flattern närrisch krächzend über unsere Köpfe. Überall üben die Insekten ihre Tyrannei aus. Doch Horden von Fliegen, Mücken, Ameisen, Motten, Gespensterheuschrecken, langhaarigen Raupen stören mich nicht mehr. Auch an Miniaturdrachen, an Goldengel oder schillernde Landkraken erinnerndes Getier kann mir nichts anhaben. Urwald ist kostbares, schmatzendes Leben, in dem mannigfach geboren und gestorben wird. Auf steinalten Baumriesen wuchert eine Fülle von farbenreichen Epiphyten, Orchideen und pflanzlichen Schmarotzern aller Arten und Formen. Die Erde vor dem Sündenfall!

Was war das? Gellende Schreie reißen mich schlagartig aus dem Sinnieren. Mobo, der unseren Trupp anführt, hebt die Hand. Achtung! Er späht in die Baumkronen. Irgendwo aus dichtem, dampfendem Blattwerk über uns platschen jäh schwere, große Früchte herab. Urplötzlich befinden wir uns unter Bombardement. Richard schreit getroffen auf.

Alex ruft: »Weißmantelaffen bewerfen uns mit Bokokob-Baum-Früchten. Nichts wie weg!«

Schützend halten wir die Arme über unsere Köpfe und rennen den Fährtensuchern nach. Immer noch prasseln schwere Fruchtkugeln aus den Bäumen, begleitet von einer tobenden, pfeifenden Affenhorde. Schemenhaft erkenne ich fast menschengroße Körper, die sich wütend von Ast zu Ast höher und höher schwingen.

Schließlich in Sicherheit, verharren wir schwer atmend, um die Aggressoren ausfindig zu machen. Es sind tatsächlich erstaunlich große Affen mit einem Fell langer, weißer, wallender Haare. Einer äugt frech herab, schreit, klatscht in die Hände, als wolle er sich Beifall spenden.

Wir waren ins Revier der *Colobe guerezza* geraten. Mantelaffen verteidigen ihre Reviere äußerst rabiat, wenn sie meinen, man wolle ihnen die Früchte wegnehmen. Trotzdem wundert Alex der entschlossene Angriff, weil sie erst richtig aus der Haut fahren, wenn ihre Weibchen trächtig sind.

Mobo bemerkt, dass Richard am Hals blutet. Mit dem Buschmesser schlägt er eine Schneise ins Unterholz. Augenscheinlich sucht er etwas. Als er auf den Pfad zurücktritt, hält er eine Pflanze in der Hand. Deren Sekret reibt er auf Richards Wunde.

»Ist das *Paullinia pinnata*?« fragt Paul.

»Exakt«, antwortet Alex, »damit lässt sich vieles kurieren. Die Apotheke der Pygmäen ist zehntausend Quadratkilometer groß.

Sie birgt Heilmittel für alle Fälle. Man muss nur die Rezepturen kennen.«

Wir sind fast vier Stunden durch den Wald marschiert, als die Fährtensucher das Tempo verlangsamen. Ich spüre eine fast körperliche Spannung, die sich in diesem Waldabschnitt meiner bemächtigt. Mobo verharrt und deutet auf einen Abdruck im feuchten Gras. Alex tritt heran und erklärt, dass es sich laut Mobo um eine recht frische Leopardenspur handele.

»Gorillas, Leoparden, Wildschweine – die werden sich doch nicht alle auf einmal über uns hermachen!«, bemerkt Richard skeptisch.

Nach allen Seiten sichernd, schleichen wir weiter. Wir fühlen, irgendetwas ereignet sich. Und zwar in allernächster Zeit. Doch was, wann und wo? Allein der Gedanke an Gorillas lässt Menschenaffen hinter Baumstämmen, im Buschwerk erscheinen. Völlig absurd, denn nie würde ich die Tiere als Erster entdecken können. Nur Mobo und Bombé sind in der Lage, den Dschungel instinktiv zu erfassen, gleichsam seine Geheimnisse zu enträtseln. Gesuchtes kann letztlich nur dadurch gefunden werden, dass man das Suchen aufgibt. Und dann scheint, ganz von ungefähr wie eine Überraschung, die Suche Erfolg zu haben. Das bilde ich mir ein, stinkend, schweißnass, mit Morast verschmiert und mit Stichen übersät. Die Knie beginnen zu schmerzen, die Stirn pocht. Aber ich fühle mich trotz des Ungemachs geheimnisvoll vorwärtsgetrieben durch eine verborgene Kraft.

Da hockt sich Mobo in Deckung. Gibt Zeichen, es ihm gleichzutun. Er weist voraus in undurchdringliches Pflanzengespinst. Ich sehe nichts. Doch dann, von Blättern abgeschirmt, etwas Großes, Schwarzes, wie ein Haufen Eierbrikett. Ich starre auf den Haufen, und dieser schwarze, große Haufen bewegt sich und grunzt, tief und bedrohlich. Neben mir gibt Bombé Laute von sich, die nach Schnalzen klingen. Schnalzen, das von dem schwarzen Haufen mit kehligem Bellen beantwortet wird. Ich traue meinen Augen nicht. Federleicht schnellt ein plattnasiges Ungeheuer aus der Deckung, keine zehn Meter vor uns. Ein übel gelauntes, faltiges Gesicht mit tief liegenden braunen Augen, voller List und Tücke, riesigen Nasenlöchern und schmallippigem, großem Maul, aus dem Blattfetzen heraushängen. Nicht in die Augen schauen, heißt die Vorschrift. Wie hypnotisiert starre ich den monströsen Gorilla an. Es ist ein Pascha, ein alter, mächtiger Silberrücken. Missmutig schaut er sich um. Hat uns natürlich längst gewittert. Das eingestreute Schnalzen Bombés scheint ihn zu beruhigen. Lässig greifen seine schaufelgroßen Hände nach einem Ingwerblatt. Dieses hünenhafte Fleisch- und Muskelpaket, von einem schwarzbraunen, zotteligen Fell überzogen, dreht sich jetzt nach rechts, um eine gelbe Frucht zu angeln. Die Frucht schiebt sich der Gorilla ins Maul, um sie genüsslich schmatzend zu zermalmen. Die Zähne, die er dabei freilegt, sind alles andere als vertrauenerweckend. Durch die Drehung ist sein silberfarbenes Rückenfell zu erkennen, dem er den Namen Silberrücken verdankt. Irgendetwas beunruhigt den Pascha. Er späht in unsere Richtung. Und – oh je, jetzt kann es gefährlich werden. Der Waldriese schiebt sich auf uns zu. Auf den Boden schauen, langsam zurückziehen, heißt das für uns. Ich kann das nicht, will sehen, was da passiert. Sechs, sieben Meter vor uns richtet sich der Gorilla voll auf, reißt das Maul auf, lässt ein markerschütterndes Brüllen hören und trommelt sich auf die kahle Brust. Unglaublich, da steht King Kong in voller Zerstörungswut. Das Gebrüll verhallt im Wald. Als Antwort sind die versöhnlichen Schnalz- und Klicklaute der Fährtensucher zu vernehmen. King Kong lässt sich wieder auf seine Pranken fallen. Innerlich aufgewühlt, ja wie benommen, setzen wir uns vorsichtig ab. Und erkennen den Grund für des Paschas Wutanfall. Unbekümmert schiebt sich eines seiner Weibchen mit drei Jungen durchs Blattwerk.

Mobo gibt Zeichen, etwas entfernt in einer Bodensenke Deckung zu nehmen. Von hier aus lässt sich das Treiben wunderbar beobachten. Völlig sorglos gibt sich die Äffin der Futtersuche hin. Sie bückt sich hier, rupft dort ein schmackhaftes Blatt ab. Grunzt den Kleinen etwas zu, wobei ihr praller, runder Bauch auf den Schenkeln wippt. Sie scheint trächtig zu sein. Hinter wulstigen Brauen schauen ihre Augen ab und zu in unsere Richtung. Ganz locker, ganz unaufgeregt werden wir inmitten der Familie geduldet. Es kommt mir vor, als säße ich als Besucher im Wohnzimmer alter Bekannter. Unerzogene Kinder tollen nicht auf Sesseln und Tischen herum, sondern im Gras, im Laub, im Astwerk. Doch der Ungehorsam täuscht. Grunzt die Mutter ermahnend, schwingen sich die Kinder in ihre Nähe, nehmen Tuchfühlung auf, lassen sich liebevoll kraulen. Es wird sich umarmt, geküsst. Liebespaare können nicht zärtlicher miteinander umgehen. Ein Jungtier krallt sich in die mütterliche Halsfalte und lässt sich in wiegendem Schlendergang an den nächsten Futterplatz tragen. Eine zweite Äffin hangelt sich von einem stämmigen Bilingabaum, gesellt sich zum Familienidyll. Das älteste der Gorillakinder hüpft auf den Boden, will erkunden, was sich in der Bodenwelle abspielt, aus der wir beobachten. Mobo behagt das nicht. Mütterliche Beschützerinstinkte könnten aktiviert werden, die Äffin angriffslustig oder gar den Pascha wild machen. Wir ziehen uns zurück. Das Affenkind honoriert unseren Abgang mit einer putzigen Geste. Seinem übermächtigen Vater gleich trommelt es mit seinen Fäusten auf das Brustkörbchen. Dann fegt es mit der rechten Hand den Boden von Blättern frei, so spielerisch, so anmutig, dass es einem ans Herz geht. Zwei kurze Grunzer der Mutter rufen den Vorwitzigen zurück. Vater Silberrücken war die ganze Zeit im Hintergrund geblieben. Hatte seinen maßlosen Hunger mit Früchten gestillt. Jetzt, da wir uns Äste knackend aus seinem Revier verabschieden, honoriert er es mit einem tiefen, zufriedenen Brummen.

Auf unserem Rückweg nach Bayanga schwingt das Gorillaerlebnis noch lange nach. Im Ort verabschieden wir uns von den Fährtensuchern, schenken ihnen T-Shirts, damit sie ihre alten, zerlöcherten ausrangieren können. Eine Packung Zigaretten erfreut die beiden ungemein. Sie sind wie die meisten BaAka leidenschaftliche Raucher. Den pfiffigen Mobo beschließe ich näher kennenzulernen. Sicher wird er mir dabei helfen, das Volk der BaAka besser zu verstehen.

In meinem Bungalow finde ich keinen Schlaf. Regen prasselt ohrenbetäubend laut aufs Blechdach. In einer Zimmerecke zirpen unermüdlich Grillen, in der anderen randaliert eine Maus, oder ist es etwas Größeres? Wenn ich die Augen schließe, erscheint King Kong und trommelt auf seinen blanken Brustkasten.

Paradies und Drama an den Salinen

Heute Morgen erscheint Oliver, der Lodge-Manager, in aller Frühe an unserem Tisch. Sein sorgenvolles Gesicht verrät nichts Gutes. Die beiden Amerikaner seien verschwunden, vermutlich ins Diamantengebiet von Bomandjombo abgetaucht. Ein weiterer Gast sei abgereist. Wir sind nun die einzigen Besucher. Es heißt, die Unruhen in Bangui würden sich zu einem neuen Bürgerkrieg ausweiten. Bewaffnete Banden haben sich mit Wilderern verbündet und ziehen, ihr Unwesen treibend, durchs Land. Oben in Nola habe es Schusswechsel gegeben.

Paul scheint ernsthaft besorgt zu sein: »Und was bedeutet das für uns?«

»Bisher blieben wir von größeren Ausschreitungen verschont. Aber man kann nie wissen. Wahrscheinlich wird die Lodge erst mal geschlossen.«

Ziemlich bedrückt schwingen wir uns in den bereitstehenden Rover. Die Fährtensucher Mobo und Bombé nebst Fahrer, einem Bantu, warten bereits. Wir schlagen uns in östliche Richtung durch den Wald. Der Pfad mag für ein Fahrrad geeignet sein, aber nicht für einen Geländewagen. Dornen und knorrige Äste kratzen am Chassis. Schlaglöcher und grundloser Schlamm greifen nach den Rädern, wollen den Wagen festhalten, am liebsten in sich aufnehmen. Im ersten Gang, mit eingeschalteter Differenzialsperre jault der Wagen durch einen viel zu engen Schacht. Gerade denke ich, wer hier reinfährt, kommt nicht mehr heraus, da lässt uns ein Schlag aus den Sitzen fliegen. Die Stoßstange hat einen Baum gerammt, der quer über dem Pfad liegt. Scheiben werden heruntergekurbelt. Die BaAka lehnen sich hinaus und schlagen mit Buschmessern die Türen von widerspenstigem Geäst frei. Als sie aussteigen können, bewaffnen sie sich mit Säge und Beil. Zehn Minuten später haben sie den Stamm zerteilt. Wir setzen die Fahrt bis zum nächsten Hindernis fort: einem Trichter, gefüllt mit brauner Schlammbrühe. Mobo hängt eine Liane hinein, misst zwei Meter. Mit vereinten Kräften schlagen wir eine Bresche in den Wald, an dem Trichter vorbei. Fortsetzung der Hindernisfahrt. Wir fragen uns, warum wir mit dem Auto unterwegs sind. Zu Fuß würde es nicht länger dauern. Es gibt keine Erklärung.

Auf einer Lichtung heißt es: aussteigen. Wir sammeln uns im Halbkreis um Mobo, der in Sango auf uns einredet. Alex übersetzt und interpretiert: Neben den Gorillas sind an sumpfigen Lichtungen, *bai* genannt, Waldelefanten die besondere Attraktion von Dzanga-Sangha. *Bai* bedeutet: wo die Tiere fressen. Man untersuchte, wie es zur Entstehung der *bai* kam, und stellte sich dabei die Frage, inwieweit Elefanten, in der Sprache der BaAka *doli* oder *njoku,* daran beteiligt sind. Es stellte sich heraus, dass die besondere Bodenbeschaffenheit der Auslöser ist. *Bai* entstehen im Bereich von Salinen beziehungsweise Salzflecken. Deren Mineralgehalt lockt die Waldelefanten an.

Alex: »Wir pirschen uns zuerst an die Dzanga-Bai-Saline. Mit etwas Glück sehen wir neben Dickhäutern auch andere Säuger. Auf dem Weg zur Saline geht's durch Elefantengebiet. Mit Einzelgängern, das sind leicht erregbare alte Herrschaften, ist nicht zu spaßen! Vor einiger Zeit rammte ein Altbulle einem Touristen seinen Stoßzahn ins Bein, und ein Filmteam wurde am Dzanga in die Flucht geschlagen, entkam nur knapp einer Katastrophe. Durch das Flüsschen da vorn müssen wir waten. Also haltet euch strikt an die Anweisungen der Fährtenleser. Sie merken den *doli* an, ob sie gerade gut oder schlecht gelaunt sind. Sollte tatsächlich ein Bursche angreifen, stellt euch hinter einen Baum – falls einer in der Nähe ist: ruhig verhalten und abwarten. Elefanten sehen zwar nur mäßig, nehmen aber bestens Witterung auf, riechen doppelt so gut wie Hunde. Wen wundert's bei den Nasen? Außerdem starten sie mit einem Scheinangriff. Erst das zweite Anstürmen wird gefährlich.«

Im Gänsemarsch ziehen wir über die Lichtung, werden vom Wald verschluckt. Wieder wird von den beiden BaAka ein Mordstempo angeschlagen. Warum hasten sie immer so? Oder kommt es uns verweichlichten Stadtmenschen nur schnell vor? Mobo und Bombé laufen heute barfuß. Ihre Füße tragen sie lautlos durchs Unterholz, es scheint, als würden sie schweben. Wir stolpern Äste knackend hinterdrein, bleiben an Wurzelwerk hängen, straucheln und fluchen.

Unerwartet öffnet sich der Wald. Wir treten in eine urwelthafte Sumpflandschaft mit umgestürzten Baumriesen und sattgrünem Elefantengras ein.

»Der Dzanga«, flüstert Alex, »zur Regenzeit tritt er über die Ufer und bildet ein riesiges Sumpfgebiet.«

»Da müssen wir durch?«, fragt Richard.

»Einen anderen Weg gibt's nicht! – Zieht die Schuhe besser gleich aus, sonst bleiben sie im Schlamm stecken und sind weg.«

Barfuß durch Sumpfwasser stapfen, in dem Wasserlarven, Blutegel, giftige Schnecken, Wasserskorpione, Wasserschlangen, womöglich Krokodile auf deine Beine warten, ist keine verlockende Vorstellung. Egal, wir wollen Waldelefanten erleben, das setzt

Überwindung, auch Opferbereitschaft voraus. Schwarzer Matsch quillt zwischen den Zehen. Nach etwa fünfzehn Zentimetern Eindringtiefe wird der Untergrund fester. Mutig arbeiten wir uns vor zu unseren Führern, die klares Wasser erreicht haben, nun aber bis über die Schultern im Fluss rudern. Schwärme von schillernden Libellen umkreisen uns, wechseln sich ab mit dichten Wolken von Mücken, die uns am liebsten erstechen würden. Augenscheinlich bekommen die BaAka festen Boden unter die Füße. Mit jedem Schritt werden sie größer, den Fluss haben sie durchwatet, sandiges, festes Ufer erreicht. Das beruhigt, denn jetzt stecken wir bis zur Hüfte im Flussbett und müssen uns mächtig gegen die Strömung lehnen.

Ziemlich aus der Puste, doch froh, Sumpf und Wasser entkommen zu sein, nimmt uns der Dschungel aufs Neue auf. Nach schätzungsweise einem Kilometer öffnet sich der Vorhang aus Lianen und Baumwirrwarr. Wir stehen vor einem überdimensionalen Hochsitz, mehr ein Aussichtsturm in Form einer Plattform. Vorsichtig und leise steigen wir schlüpfrige Holzstufen hinauf. Oben stockt uns der Atem angesichts der überwältigenden Natur! Es ist, als schauten wir am Tag der Schöpfung direkt ins Paradies. Die Saline liegt in ganzer Schönheit ausgebreitet vor uns. Mindestens sechzig Elefanten jeden Alters und unterschiedlicher Größe tummeln sich hier in Gemeinschaft höchst seltener Sitatunga-Antilopen, mehrerer Büffel und einer Rotte Riesenwaldschweine. Weiter links wühlen Hirschferkel nachbarschaftlich mit Pinselohrschweinen im Salinenschlamm, der die Farbe angerührten Betons hat. Gemächlich trottet eine Elefantenfamilie über einen der vielen Trampelpfade, die sich die Tierwelt im Laufe der Jahre durch den Schlick getreten hat. Unter uns herrscht Betriebsamkeit wie auf dem Hamburger Hauptbahnhof. Eine Antilopengruppe drängt von Süden her aus dem Wald. Verweilt unschlüssig, da ihr Stammplatz, vermute ich mal, von Büffeln besetzt ist, deren massige Körper in der Sonne dampfen. Kuhreiher haben sich auf ihren Rücken niedergelassen, wo sie eifrig nach Maden picken. Abseits des niederen Volkes der Stachelschweine, Honigdachse und Ginsterkatzen erscheint eine Abordnung Bongo-Antilopen. Nach allen Seiten sichernd, wagen sich die überaus scheuen Paarhufer aus dem Wald und zeigen sich in ganzer Pracht: rotbraune Decke, von weißen senkrechten Streifen durchzogen. Aus den Schädeln ist ihnen ein wehrhaftes, leicht geschwungenes Gehörn gewachsen. Eine imposante Antilopenart, die da jetzt fesseltief im Schlick verharrt.

Die Luft ist erfüllt von Schmatzen, Quaken, Brummen, Schlürfen und anderen Geräuschen des Wohlbefindens. Ausgelassene Riesenwaldschweine drängen sich respektlos in die Nähe erwachsener Dickhäuter. Mein Gott, die Riesenwaldschweine! Eine Ausgeburt an Hässlichkeit. Hässliche und Furcht einflößende Kreaturen, in ein borstiges, schwarzes Fell gekleidet, das nach allen Seiten absteht. Doch das Abstoßendste ist ihr Schädel mit einer enormen Rüsselfläche, kraterförmigen Nasenöffnungen und abscheulich quer verlaufenden Wulsten unter den Augen, die an pralle Eiterbeutel erinnern. Ausgewachsene Keiler bringen zweihundertfünfzig Kilogramm auf die Waage. Fühlen sie sich bedroht, wird angegriffen. Von wegen ›feige Sau‹!

Loxodonta africana cyclotis, der Waldelefant, ist der unumstrittene Herr der Saline und der Lohn eines beschwerlichen Dschungelmarsches.

Paul stößt mich an: »Im Gegensatz zum Savannenelefant *Loxodonta africana africana* ist *cyclotis* kleiner. Seine Schulterhöhe beträgt höchstens zwei Meter neunzig. Der Körperbau ist gedrungener, ihm wachsen schwach gebogene Stoßzähne, deren Elfenbein härter und dunkler ist. Die rundliche Form der Ohren gab ihm den Namen Rundohrelefant, *Loxodonta cyclotis*.«

»Schau dir die Burschen im Loch an«, flüstert Alex begeistert.

Bis übers Maul ist da eine Anzahl Bullen in Schlammlöcher getaucht. Lautstark blasen sie Luft aus ihren Rüsseln, bohren sie dann in den Grund tiefer Trichter.

»Was hat das zu bedeuten?«, frage ich.

»Sie saugen mit der Rüsselspitze Schlamm, in dem besondere Mineralien gebunden sind«, sagt Alex und erklärt weiter: »Das Lehmschlammgemisch enthält Natrium, Kalzium, Phosphat, Mangan, Magnesium, wertvolle Aufbaustoffe, die nicht nur bei Elefanten begehrt sind. Säugetiere und große Pflanzenfresser stillen in der Saline ihren Mineralstoffhaushalt, indem sie die nahrhafte Erde einfach fressen, ein Verhalten, das Geophagie genannt wird. Namentlich Elefanten haben in der Saline eine wahre Kraterlandschaft gebohrt. Mit ihren Stoßzähnen graben sie Löcher bis zu vier Metern Tiefe. Ihr geräuschvolles Luftblasen vor dem Bohren und Saugen gehört zur typischen Klangkulisse von Dzanga-Bai.«

Ein Bulle stemmt sich aus einem Loch, seine Ohren schlagen auf und zu wie klappende Türen. Ihm nähert sich ein anderer, verklebt mit gelben Schlammplacken. Sie trompeten, heben ihre Rüssel, stürmen aufeinander los. Die Rüssel umschlingen sich wie zu einem Knoten. Elfenbein knallt scheppernd aneinander. Zwei Jungbullen, die spielerisch ihre Kräfte messen. Es sieht gefährlicher aus, als es ist, lässt aber die gewaltige Kraft ahnen, die da entfesselt wird.

An einer anderen Stelle drischt ein Paar die Rüssel wie zum Schlagstockkampf aneinander. Ob das auch nur Spaß ist? Anzunehmen, denn über der einzigartigen Szenerie, an der man sich nicht sattsehen kann, liegt elysischer Friede.

Nur widerwillig folgen wir der Aufforderung Mobos, den im wahrsten Sinne himmlischen Ort zu verlassen. Eine weitere Saline steht auf dem Programm, eine kleinere, drei Kilometer südlich gelegene, die Alex noch sehen möchte. Sie befinde sich verwunschen in unmittelbarer Nähe einer für Ornithologen interessanten Graupapageien-Kolonie.

Im Nachhinein frage ich mich: Was hat uns geritten, ausgerechnet diese Saline aufzusuchen?

Dieses Mal durchwaten wir den Dzanga in westlicher Richtung. Stehen bis zu den Knien im Wasser, als die Fährtenleser Zeichen geben zu halten. Kraftvoll arbeiten sie sich auf unsere Höhe zurück. Ich spüre ihre Erregung. Sehe nichts Beängstigendes, höre nur: *»Doli, Doli!«* Arme weisen nach rechts. Köpfe fliegen in die Richtung einer mit Buschwerk bewachsenen Insel. Ich sehe immer noch nichts. Ein Trompetenstoß lässt uns zusammenfahren. Da stürmt er auch schon aus dem Dickicht, die Ohren nach vorn geklappt, den Rüssel hochgereckt, die Stoßzähne wie Lanzen waagerecht gestellt. Alle Wetter, der Bulle macht ernst. Die BaAka schreien etwas in seine Richtung. Schädelschüttelnd bleibt der Elefant stehen. Verharrt, scheint zu überlegen, ob er noch einmal durchstarten soll, um einen von uns aufs Korn zu nehmen respektive aufzuspießen. Nach bangen Sekunden fasst er den Entschluss: nicht der Mühe wert. Ganz langsam, wie in Zeitlupe, dreht er sich um, zeigt uns ein massiges Hinterteil mit wedelnder Schwanzquaste. Ich atme hörbar aus. Die Pygmäen zeigen ein verkrampftes Lächeln der Erleichterung. Alex ist sprachlos, Paul und Richard sind kreidebleich. Vorerst rühren wir uns nicht vom Fleck. Warten, bis uns die Fährtenleser auffordern, einen großen Bogen in Richtung Wald zu schlagen.

Ziemlich erschöpft erreichen wir die kleine Saline. Idyllisch gelegen ist sie, von alten Baumriesen umstellt, doch irgendwie unheimlich. Liegt es am schummrigen Licht? Am Gekreisch der Papageien? In der Saline saugen drei Elefanten im mineralreichen Schlamm. Zwei Bullen stehen am Waldrand. Waldbüffel, die gerade noch an einem Salzklumpen geleckt haben, schlagen sich ins Unterholz.

Anerkennend flüstere ich Alex zu: »Ein schönes, geheimnisvolles Fleckchen Erde.«

Da kracht ein Schuss. Instinktiv werfen wir uns zu Boden. Im Knall eines zweiten Schusses bricht drüben am Waldrand ein Bulle zusammen. Die anderen stürmen in den Dschungel. Wir sind wie benommen. Zwei Schüsse, dem irren Knall nach aus großkalibrigen Büchsen.

Alex flüstert: »Bleibt in Deckung, das sind Wilderer, vielleicht sogar Rebellen. Die dürfen uns nicht sehen.«

Drüben rührt sich nichts. Der Elefant liegt da wie ein riesiger grauer Granitfels. Mobo und Bombé robben tief in den Wald zurück, dann richten sie sich auf, gemeinsam geht's in einem mörderischen Eilmarsch den langen Weg retour zur Lichtung, wo der Rover steht. Es ist stockdunkel. Ich staune, wie sicher unsere Führer den Weg durchs Dschungellabyrinth zum Wagen gefunden haben. Sami, der Fahrer, hat sich im Rover eingeschlossen. Bantu fürchten sich des Nachts im Dschungel. Auf der Rückfahrt berichten wir von unserem Erlebnis an der kleinen Saline. Natürlich höchst dramatisch, als hätten wir im Trommelfeuer gelegen.

In der Lodge wird der Vorfall der Parkleitung gemeldet. Morgen vor Sonnenaufgang wird ein Trupp Ranger ausschwärmen und die Verfolgung aufnehmen. Dabei müssen die Wildhüter umsichtig vorgehen, um sich nicht selbst zu gefährden. Wilderer oder Rebellen sind hoch gerüstet, bisweilen verfügen sie über automatische Waffen, von denen sie in Bedrängnis rigoros Gebrauch machen. So manche Aktion der Ranger lief wegen ungleicher Kräfte ins Leere.

Wo der weisse Pygmäe wohnt

Was an Meldungen vom fernen Bangui durchdringt, klingt beunruhigend: Hungersnot, geplünderte Geschäfte, tobender Mob auf den Straßen, Schüsse und Tote. Wir diskutieren über unseren Verbleib im Reservat. Paul meint, es sei nur eine Frage der Zeit, bis der Aufstand in die äußersten Winkel des Landes getragen werde. Die Wilderer von gestern seien Vorboten. Alex spielt das Ereignis herunter. In Reservaten habe es schon immer Wilddiebe gegeben. Allmählich werden die Einschätzungen konträrer. Unsere Gruppe scheint sich zu spalten. Der Biologe Paul, der die Heilpflanzen der BaAka näher untersuchen will, meint, die Ruhe dafür nicht mehr zu haben, und der Völkerkundler Richard ist von den, wie er meint, assimilierten, entwurzelten Pygmäen schwer enttäuscht. Er ist überzeugt, auch anderswo im Wald keine autarken Naturgemeinschaften antreffen zu können. Das Volk der Waldmenschen sei definitiv untergegangen. Da gebe es nichts Ursprüngliches zu entdecken, nichts Interessantes zu erforschen. Ich halte ihm vor, vorschnell zu urteilen. Er habe doch bisher weder das Lager- noch das Dorf- oder Campleben der BaAka näher studieren können.

Alex hat sich mit Argumenten zurückgehalten. Als er merkt, dass sich unsere Gruppe in zwei Lager zu spalten droht, schlägt er vor, Rucksäcke mit Proviant, Wasser, Gastgeschenken zu packen und in ein sieben Kilometer entferntes Dorf zu marschieren.

»Irgendeines dieser heruntergekommenen Pygmäencamps?«, fragt Richard.

Es ist mir unangenehm, eine solche abfällige Bemerkung aus seinem Mund zu hören.

»In dem Dorf lebt Louis Sarno, der weiße Pygmäe«, sagt Alex. »Er wird uns Spannendes berichten können – wenn er Lust und Laune hat.«

Eine Stunde später sind wir marschbereit. Alex führt uns auf einem schmalen, recht ordentlich begehbaren Pfad in südliche Richtung. Louis ist von einigen Besuchern beschrieben worden, und ich stelle mir vor, wie er aus seinem einfachen Holzhaus heraustritt: bloßer Oberkörper, kahler Kopf, ein kantiges, spitzes Gesicht mit schmalem Oberlippenbart, an den Füßen Badelatschen. Seine ausgemergelte Gestalt von einem Meter neunzig überragt die BaAka an seiner Seite um zwei Haupteslängen. »Der Gesang des Waldes«, sein Buch, habe ich gelesen – und die Geschichten zweier seiner Besucher: Michael Oberts »Der größte Pygmäe« und »Der Riesenpygmäe« von Dominik Baur.

»Für mich ist Louis Sarno der faszinierendste Mensch, der mir auf meinen Reisen begegnet ist«, schrieb Obert über den Mann, der nunmehr achtundzwanzig Jahre fast ununterbrochen bei den Waldmenschen lebt, alle Leiden und Freuden mit ihnen teilt und erst vor wenigen Jahren in eine feste Hütte gezogen ist. Louis verfiel der ›Musik des Waldes‹, den eigentümlichen Klängen des Gesangs und der Instrumente: BaAka-Musik, der er lauschte, die er auf Tonträger aufnahm und die er der Welt draußen bekannt machte. Das polyphone Lautgeflecht habe sein Leben verändert, erklärt Louis seinen radikalen Lebenswandel. »Ich wurde von einem Lied ins Herz von Afrika gelockt. Die BaAka sind meine Familie, der Regenwald mein Zuhause«, sagte er Obert. Und weil er bei ihnen und wie sie lebt, kann er sich für ihre Belange überzeugend einsetzen. Das tut bitter not. Bantu haben sie mit Alkohol und Stoff abhängig gemacht, halten sie wie Sklaven und beuten die sanften, gutgläubigen und naiven Waldläufer schamlos aus. BaAka nennen Bantu *bilo*, fast ein Kosename. *Bambinga,* Nicht-Menschen, lästern die Bantu über die Pygmäen. Sagt das nicht alles?

Es heißt, Louis könne nicht auf Bäume klettern, keinen wilden Honig ernten, das Wesen der Waldgeister sei ihm fremd. Die Frauen würden über ihn kichern. Dennoch wurde er einer von ihnen. Er verliebte sich in eine Waldschöne, wurde mit ihr verheiratet, doch sie ließ ihn links liegen, was ihm den Schlaf raubte. Nach einer quälenden Zeit des Wartens zog sie in seinen ›Blätteriglu‹. Das war nach dem Umzug aus dem verlausten, schmutzigen Amopolo in die Nähe von Yandoumbé. Ngbali, wie Louis seine Frau nennt, gebar ihm zwei Söhne. Bald darauf verließ sie ihn und zog zu einem anderen, wohl attraktiveren Mann. BaAka-Frauen sind so frei. Schier unglaublich klingen Louis' Worte: »Die Wahrheit ist, dass kein Tag vergeht, an dem ich nicht darüber staune, was für ein außerordentliches Glück ich doch habe, dass ich hier leben darf. Ich weiß gar nicht, wie mir das gelingen konnte.« Obert nennt Louis den musikalischen Herodot des Kongobeckens. Ich glaube, er ist ein Zivilisationsflüchtling, ein radikaler Aussteiger, der einfach die Nase voll hat vom Treiben und Getriebenwerden, von der Jagd nach Geld und Gut, von Prestige und Geltungssucht. Er mag seinen Garten Eden gefunden haben. Vielleicht ist er wirklich glücklich. Doch der Preis, den er für das andere Leben bezahlt hat, ist hoch: Er musste Malaria, Typhus, Hepatitis, Loa-Loa überleben, auf der Speisekarte Würmer, Maden, Kaulquappen und andere Köstlichkeiten der BaAka akzeptieren. Ich bin sehr gespannt auf die Begegnung mit dem weißen Pygmäen.

Beißender Rauch steigt uns in die Nase. Wir vernehmen menschliche Geräusche: Rufen, Kindergeschrei, Lachen. Besorgt wende ich mich an Alex:

»Können wir einfach so ins Dorf marschieren?«

»Keine Sorge, die Leute sind Besuch gewohnt.«

Der Wald tritt zurück, und bevor wir die Lichtung erreicht haben, werden wir von johlenden, nackten Kindern umringt, die aus einer Ansammlung alter Lehmbuden und Blätterhütten hervorquellen. Von Scheu keine Spur. Etwas verhalten nähern sich Männer in zerlumpten Kleidern. Sie kommen von der Arbeit, das Buschmesser noch in der Faust. Frauen stehen stumm da oder lugen aus den niederen Eingängen ihrer bienenkorbähnlichen Hütten. Wer was auf sich hält, trägt Büstenhalter, ist tätowiert und bleckt mit spitz gefeilten Vorderzähnen. Vorwitzige zerren an unserer Kleidung oder fuchteln mit Pfeil und Bogen vor unseren Gesichtern herum. Wir begeben uns auf den Versammlungsplatz, wo ein würdig wirkender Herr auf uns zu warten scheint. Als Begrüßung legen wir rechte Hand an rechte Hand. Alex trägt unser Anliegen vor, das Dorf besuchen und Louis Sarno, den die BaAka Looyay nennen, weil sie Louis nicht aussprechen können, sehen zu wollen. Mit einer Kopfbewegung deutet der Dorfälteste zu einem einfachen, jedoch stabilen Holzhaus und schüttelt den Kopf. Wir erfahren, dass Louis nicht da ist. Er macht irgendwo einen Besuch. So ein Ärger aber auch! Wie gern hätte ich die Urwaldlegende gesprochen, Spannendes aus seinem Leben erfahren, vielleicht sogar BaAka-Musik seines Repertoires gehört. Nach der Erlaubnis, uns im Dorf umsehen zu dürfen, teilen wir die Mitbringsel aus, in der Hoffnung, die Waldmenschen müssen nicht zu viel davon an die Bantu abgeben. Bestimmt wird Louis dafür gesorgt haben, dass Yandoumbé möglichst frei von Schutzgeldabgaben bleibt. Begleitet von Geschrei ziehen wir durchs Dorf. Alex hat drei Kinder an der Hand. An mir zupfen ständig Halbwüchsige herum. Paul fotografiert digital und zeigt die Aufnahmen, was ein Mordsgelächter auslöst. Das ganze Dorf will geknipst werden, betrachtet sich anschließend unter Freudengeschrei. Hütten ganz unterschiedlicher Bauart stehen im Halbkreis auf der Lichtung. Vor einigen Behausungen schwelt ein Feuer.

Alex erklärt: »Pygmäen lassen ihre Feuerstelle nie ausgehen. Wenn sie umziehen, wird Glut in frische Blätter gewickelt und kilometerweit getragen. Nur sehr wenige Männer verstehen sich aufs Feuermachen.«

Vor einer traditionellen bienenkorbförmigen Hütte verweilen wir. Eine Frau fingert lappiges Grün aus einem Bündel Mongongoblätter, um damit defekte Stellen ihrer Hütte zu reparieren. Vor einer anderen Behausung sitzen Männer auf Klappstühlen und palavern.

»Sie erzählen sich Jagderlebnisse«, sagt Alex, der einige Wortfetzen aufgeschnappt hat. Jagen und Sammeln ist der Lebensinhalt der Waldmenschen. Mit dem Speer erlegen sie Elefanten, Antilopen, Wildschweine. Mit Armbrust, Bogen und vergifteten Pfeilen werden Affen und Vögel erbeutet. Jagen ist Männersache. Frauen sammeln Beeren, Knollen, Wurzeln, Pilze oder Nüsse. Nur bei der Netztreibjagd auf Niederwild sind Frauen beteiligt. Um Yandoumbé ist Jagen und Sammeln allerdings Nebensache geworden. Die Dörfler sind zu einem großen Teil sesshaft und treiben Ackerbau, gewinnen Kautschuk oder verrichten Feldarbeit. Allerlei Gegenstände liegen vor den Eingängen herum: Schalen, Plastikeimer, verbeulte Aluminiumtöpfe. Sogar ein großer Holzmörser wird da gerade von zwei Stößel schwingenden Mädchen bedient, die Reis stoßen.

Ich riskiere einen Blick in eine Laubhütte. Vom Geäst hängen Kleidungsstücke. Neben einer Schlafstätte, nichts weiter als eine Bastmatte, liegen Teller und Schalen. In der Hüttenmitte liegt ein Brett, das sicher den Tisch darstellen soll. Auf blankem Boden hockt eine Frau, die ich erst erkenne, als sie an ihrer Pfeife zieht. Ihr Winken deute ich als Aufforderung, in die halbdunkle Hütte zu kriechen. Geruch von Rauch und Schweiß umgibt mich. Fliegen umschwirren uns. Die Frau, in buntes Tuch gewickelt, redet auf mich ein. Es hört sich wie »Ee-ay« an. Jetzt sehe ich, dass sie Schweißperlen auf der Stirn hat und blutunterlaufene Augäpfel. Sie greift sich an die Stirn. Mit der anderen Hand gibt sie mir zu verstehen, ich möge ihr etwas hineinlegen. Medizin, Tabletten? Die Frau ist krank. Und, ehrlich gesagt, keine geeignete Tischdame für Konversationen.

Als wir uns vor der Lehmhütte des Dorfältesten niederlassen, erwähne ich die Kranke. Alex erfährt, dass sie tatsächlich krank sei, Fieber und Kopfschmerzen habe. Aspirin täte ihr gut. Ich bringe ihr zwei Tabletten mit Wasser. Es gibt Krankheiten, da ist die Dschungelapotheke überfordert. Eigentlich müssten Blätter der *Leptonychia* fiebrige Grippe heilen. Wenn es Grippe ist? Alex meint, dass wirkungsvolle Rezepturen bei den sesshaften Pygmäen allmählich in Vergessenheit geraten. Zudem wird Spritzen, Pillen und Säften der modernen Welt mehr heilende Wirkung zugetraut. Das ist die Krux: Einerseits beklagen die Pygmäen ihre schwindende Geborgenheit im Wald, das Aussterben des Wildes, die Fron bei den Bantu, andererseits wollen sie den Wald verlassen, um an den Errungenschaften der Zivilisation teilzuhaben – fließend Wasser, Elektrizität, Radio, Fernsehen. Für den Reiz des Neuen, das vermeintlich angenehme Leben, sind die Naturgemeinschaften bereit, alles aufzugeben, ihre Kultur, ihre Identität, ihre Bindung. Menschen wie Louis Sarno und Cornelia Canady wollten nicht wahrhaben, dass die Moderne stärker ist als die Tradition.

Als sie erkennen mussten, dass Gemeinschaften, die Kontakt zur Außenwelt aufgenommen hatten, für das Leben im Wald verloren waren, überkam sie eine tiefe Enttäuschung. Nein, es geht nicht um das Entweder-oder, es geht um die behutsame, respektvolle Integration der Naturgemeinschaften. Ein menschenwürdiger Integrationsprozess muss in erster Linie durch Afrikaner selbst erfolgen. Bantu, die mit BaAka in Kontakt sind, müssen ein Verantwortungsgefühl für ihre Mitmenschen aus dem Wald entwickeln. Ich weiß, wie theoretisch sich das anhört und wie schwer ein Gesinnungswandel umzusetzen ist. Industrienationen sind aufgerufen, diesen Integrationsprozess helfend zu begleiten. Es ist der einzige Weg. Naturgemeinschaften werden und wollen in einem Menschenzoo nicht überleben. Romantiker à la Rousseau mögen die Entwicklung bedauern, können sie jedoch nicht verhindern. Und ich gestehe, dass ich zu denen gehöre, die das Schwinden so wertvoller, so alter Kulturen beklagen. Es macht mich traurig, da sie auf der Erde kaum noch zu finden sind.

Der große Völkerkundler Claude Lévi-Strauss protokolliert in meinem Sinne: »Seit es Menschen gibt, hat sich in den verschiedenen Ökosystemen unserer Erde eine Vielzahl von Gesellschaften entwickelt, die das Überleben ihrer Mitglieder garantiert. Man kann deshalb nicht sagen, dass Naturgesellschaften weniger weit entwickelt sind als unsere: Sie sind ebenso alt und in ihrem Bezugssystem genauso komplex. Sie sichern Fortpflanzung und Schutz vor größeren Gefahren und sie wahren mittels ihrer Institution die gemeinschaftliche Identität. Wertvolle Attribute, denen die moderne Gesellschaft nachjagt. Geborgenheit, Glück und Zufriedenheit sind eigentlich nur noch bei unbeeinflussten Natur-Gesellschaften spürbar.«

Mein Blick schweift zu den verschiedenartigen Hütten und zu den Dorfbewohnern, die in ihrer Größe und in ihrer Physiognomie recht unterschiedlich sind. BaAka und Bantu der Umgebung mögen sich durch Heirat auffallend vermischt haben. Integration zum Wohle der Waldmenschen? Wer mag das beurteilen? Der Dorfälteste, wohl ein echter Aka, klein, etwas hellhäutiger als die Bantu. Sein rundes Gesicht schmücken blassblaue feine Schmucknarben, die von tiefen Falten umrahmt werden. Auffallend sind seine kleinen, flinken Augen, die alles gleichzeitig zu erfassen scheinen. Die Nase ist zwar groß, aber nicht platt, und die Lippen sind erstaunlich schmal. Sein Pfefferkornhaar trägt er kurz rasiert. Trotz seiner gerade mal ein Meter sechzig verfügt der alte Mann über eine angeborene Autorität.

»Was schätzt du, wie alt der Mann ist?«, fragt Alex, der beobachtet, dass ich den Alten mustere.

»Mitte sechzig, vielleicht älter.«

Alex spricht mit ihm. Am Ausdruck merke ich seine Verlegenheit, die er mit einem Lächeln überspielt.

»Er weiß es nicht genau, nimmt an, sechsunddreißig Jahre alt zu sein«, sagt Alex.

»So jung?«

»Pygmäen werden nicht alt. Im Durchschnitt fünfzig Jahre.«

»Merkwürdig, auf besondere Weise ist das Leben der BaAka mit dem der San der Kalahari vergleichbar: Größe, Alter, Sozialstruktur, Nahrungsbeschaffung …«

»Interessant ist, dass beide Naturvölker eine funktionierende Gemeinschaft ohne Hierarchie, ohne Clanchefs oder ›Häuptling‹ führen. Vielleicht gerade deshalb erstaunlich konfliktfrei leben. Bis auf Familienstreitigkeiten gibt es kaum Probleme, es gibt so gut wie keine Kapitalverbrechen oder gar Morde«, sagt Alex.

Ich erinnere mich an Louis, den ein amerikanisches Blatt als »König der Pygmäen« titulierte. Das hat ihn furchtbar aufgeregt, weil es am Wesen der Waldmenschen komplett vorbeigeht. Ihr friedfertiges Gemüt ist von den *bilo* schamlos ausgenutzt worden. Daran hat sich wenig geändert.

Elinga, so wenigstens klingt der Name des Dorfältesten, fordert uns auf, uns zu anderen Männern am Lagerfeuer zu gesellen. Es wird lebhaft diskutiert und kräftig geraucht, Zigaretten und klobige Pfeifen. Süßlicher Rauch mischt sich mit dem des beißenden Holzfeuers. Da haben sich einige Männer einen Joint gedreht.

»Die Sprache der BaAka heißt Yaka«, sagt Alex, »einige Worte verstehe ich.«

»Mir ist aufgefallen, dass sich der Name BaAka unterschiedlich schreibt. Was hat das auf sich?«

Richard dazu: »Die korrekte Schreibweise ist BaAka für mehrere Pygmäen. Aka ist die Einzahl, Ba die Mehrzahl. Geläufig ist auch die Bezeichnung Bayaka eines gewissen Armin Heymer, Verhaltensbiologe, der 1995 eine größere Abhandlung über die Pygmäen schrieb.«

So im Kreise der doch schon recht assimilierten Waldmenschen, möchte ich von den Fachleuten mehr erfahren, frage aufs Geratewohl und erfahre, dass die Waldvölker des Kongobeckens in drei Gruppen unterschieden werden: Der Ituri-Wald, im Nordosten der Demokratischen Republik Kongo, beherbergt die BaMbuti, Twa Sua (Basua), BaKango und Efé. Sie sind nach einem fast dreijährigen Leben unter ihnen in dem Buch »Molimo« von den Ethnologen Colin und Turnbull anschaulich beschrieben worden.

Im zentralen Kongobecken und in Teilen Ruandas und Burundis leben BaTwa. BaMbenga haben ihre Heimat am westlichen Verlauf des Oubangui, ein Gebiet, das sich über den Kongo, die Zentralafrikanische Republik, Kamerun und Gabun erstreckt. Zum Volk der BaMbenga gehören die BaAka, zwischen den Flüssen Oubangui und Sangha. Forschungen versuchen die Gemeinsamkeiten der drei Waldvölker zu beschreiben. Dabei hat sich herausgestellt: BaMbuti unterscheiden sich genetisch am stärksten von den übrigen Afrikanern, während BaTwa eher mit den Bantu als mit den BaMbuti zu vergleichen sind. BaMbenga, damit auch ›unsere‹ BaAka, stehen den BaMbuti näher.

Es ist durchaus möglich, dass Pygmäen ursprünglich eine gemeinsame Sprache hatten, diese jedoch durch den Einfluss und den Zivilisationsdruck eindringender Bantu und Sudanafrikaner bis auf einige Begriffe verfälscht, ja gänzlich untergegangen ist. Das Eigentümliche am Yaka, der BaAka-Sprache, ist, dass es sich um eine Bantu-Sprache handelt, die von Bantu längst nicht mehr gesprochen wird.

Ich lausche den Männern, den fremden Lauten ihrer Wörter, die wie das Gekreisch wilder Papageien anmuten. Gern würde ich ihrem Palaver folgen, das unter dem Einfluss von Marihuana, Palmwein und Schnaps lebhafter geworden ist. Etwas abseits der Herrenrunde hockt eine nicht gerade hübsche Frau vor ihrer Hütte und mischt sich lautstark in die Diskussion ein. Nervös zerrt sie an ihrem zerfransten Wickelrock, den sie demonstrativ unter dem mächtigen Hängebusen geschnürt hat. Den Füßen fehlen alle Zehen, auch zwei ihrer Finger sind von der Lepra weggefressen worden. Irgendetwas hat die Frau aufgebracht, richtig wütend gemacht. Nach einer Weile nähert sich eine junge, recht hübsche Aka im Rock und ehemals weißen Büstenhalter. Ein Baby hängt in einem Stofffetzen an ihrer linken Hüfte. Sie hört einen Moment zu, dann fällt sie den Männern keifend ins Wort. Dabei fährt sie ihr Gebiss aus, die spitz geschliffenen Zähne. Sie erinnern an die Reißwerkzeuge der Piranhas. Dracula zwingt sich als Vergleich auf. Alex wendet sich besorgt an Elinga, der sich die Auseinandersetzung stoisch anhört. »Ein Familienstreit«, heißt es.

Ins Schimpfen der Frauen ertönt der Klang einer *geedal.* Ganz zart zupft ein Mann Saiten, die über einen Bogen gespannt wurden. Er sitzt auf dem Versammlungsplatz, den Kopf gesenkt, hingebungsvoll seinen Tönen lauschend. In einer anderen Ecke des

Dorfes werden Trommeln geschlagen. Nun erscheinen Frauen und bilden eine Traube vor dem *geedal*-Spieler. Nach Beendigung ihrer Arbeit erscheint eine Frau nach der anderen.

Der Streit hat sich so rasch, wie er entstand, gelegt und nicht mehr entzündet. Zwei Trommler rücken auf den Platz vor, setzen sich auf die Fässer, bearbeiten das Trommelfell rhythmisch mit ihren Händen. Im Sitzen wiegen die Frauen ihre Hüften und klatschen dabei. Ein Bursche aus der Herrenriege steht auf, setzt sich neben mich. Nach einer Weile stößt er mich an.

»Beke udaku«, sagt er.

Ich blicke ihm verständnislos in seine schwarzen Augen, deren Wimpern kurz und gebogen sind. Seine Stirn ist tätowiert, mit senkrechten und waagerechten Zeichen, die an Runen erinnern.

»Er bat dich eben um eine Zigarette«, sagt Alex.

Ich muss ihm sagen lassen, dass ich Nichtraucher bin. Der Dorfälteste gibt ihm eine aus den Packungen, die wir mitgebracht haben. Wie selbstverständlich greift er sie, begibt sich zurück zu seiner Gruppe.

Unterdessen hat die Musik Form angenommen. Sie schwillt an zu einer mitreißenden Klang- und Stimmenorgie, an der sich jetzt auch die Jugend beteiligt. Unaufgefordert formieren sich Tänzer um die Musikanten, die im Zentrum ihre Instrumente bearbeiten. Männer stampfen gebückt, mit Rasseln an den Fußgelenken, Frauen schließen auf, stoßen Heultöne, dann mit wilder Kraft geschmetterte Jodellaute aus. Ihre Hinterteile lassen sie aufreizend wirbeln. Das vielstimmige *»Ija-ija-ija«* hallt in den Wald. Alle Laute des Dickichts werden übertönt. Ist das *eboka* oder *elanda,* die Musik der BaAka, die Louis Sarno in den Regenwald lockte? Ich weiß es nicht, spüre aber die magische Kraft der Klänge, die mich nicht unbeteiligt lässt. Man möchte aufspringen, sich einreihen in die hüpfende Masse schwitzender Leiber. Mittanzen zum harten Beat der Trommeln, im Staubwirbel des Versammlungsplatzes. Toben wie in Trance, bis zur totalen Erschöpfung.

Nein, wir beherrschen uns. Sind aber gebannt von der gewaltigen Darbietung, geboren aus Freude und Spontanität. Gesang, Tanz und Musik schwellen an und ab wie schwere Wogen, die sich an den Strand rollen. Das ganze Dorf nimmt teil. Väter haben ihre Kinder auf dem Schoß, streicheln sie liebevoll und wiegen sie im Rhythmus. Bei gedämpfter Musik sehe ich einen Vater selbstvergessen mit seinem Kleinkind im Arm tanzen. Er berührt die Kinderaugen mit seinen Lippen, scheint ihm etwas vorzusingen. Das Kind strahlt vor Glückseligkeit. Auch Richard hat die rührende Szene beobachtet.

»Väter der BaAka verbringen im Vergleich zu anderen Männern in indigenen Kulturen sehr viel Zeit mit ihren Kindern. In dem Zusammenhang kann man von reziprokem Altruismus sprechen. Man nimmt aufeinander Rücksicht und teilt sich Pflichten und Freuden. Wir bezeichnen Pygmäen als patrilinear, virolokal und egalitär«, doziert Richard.

»Ach du liebe Zeit. Und was bedeutet das?«, frage ich.

Unterdessen schwillt der Musikwirbel an und fesselt unsere Aufmerksamkeit. Zu dieser Sequenz gesellen sich hart und trocken schlagende Stocktrommler. Sie hämmern verzückt auf Kochtöpfen herum, was ungemein aggressiv wirkt. So fallen auch der Tanz und das Heulen der Jugend aus. Technobeat im Discosound dröhnen auf uns ein – und reduzieren sich.

Richard erklärt weiter: »Patrilinear bedeutet die Zugehörigkeit zur väterlichen Linie, Kinder tragen den Familiennamen des Vaters. Die Erbfolge läuft über die väterliche Linie. Virolokal heißt, dass die Familie bei der Gruppe des Mannes wohnt, und egalitär beschreibt, dass Mann und Frau gleichberechtigt sind.«

»Damit leben die BaAka in einer ausgesprochen modernen, toleranten, ja aufgeklärten Gesellschaftsform.«

»Was sie im rauen Umfeld allerdings sehr verletzlich macht!«

Musik und Tanz verebben. Bunte Schmetterlinge flattern ihren Nachtplätzen zu. Die ersten Fledermäuse torkeln durch die

Abenddämmerung. Dichtes Blätterwerk filtert die letzte, kaum mehr wahrnehmbare Abendsonne. Gleich wird die Nacht herniederfallen. *Bilo* haben Angst vor der Nacht. BaAka ist sie vertraut. Im Wald fühlen sie sich sicher – gleichgültig, ob Tag oder Nacht. Außerhalb lauert das Böse.

Nachts auf einem stockdunklen Dschungelpfad zu schreiten hat etwas Bedrohliches, Mystisches für Europäer. Plötzliche Vogel- oder Affenschreie lassen mich aufschrecken. Bäume und Büsche nehmen, von Taschenlampen angestrahlt, die Gestalt von Kobolden, Riesen oder Ungeheuern an. Astwerk erscheint wie Schlangen, hinter Baumstämmen sieht man Panther oder Gorillas lauern, Unterholzknacken lässt Elefanten durch den Dschungel brechen. Verdammt, man muss sich zusammenreißen, um nicht vor Angst schreiend loszurennen, einfach weg.

Noch dringt aus der Ferne, von Yandoumbé her, leises Trommeln und der Gesang heller Frauenstimmen an unser Ohr. Eine Beruhigung für überspannte Nerven. Doch der Weg ist noch weit und fremd.

Wie mag die Zukunft der BaAka aussehen, wenn das schattige Treibhausdickicht verschwunden ist und die Waldmenschen sich im Grasland befinden? Ohne den Schutz der Waldvegetation stehen sie vor dem Aussterben. Die hohe Sonneneinstrahlung und die geringe Luftfeuchtigkeit der Savanne werden die Dschungelnomaden physisch bald ruinieren. Augenkrankheiten, Hitzschlag, Magenbeschwerden, Malaria gehören heute schon zum Alltag der BaAka ... Das sind Gedanken, die mich auf dem Rückmarsch bewegen.

Eine ungeahnte Wende

In der Doli Lodge erfahren wir, dass die Wilderer mit dem Elfenbein entkommen sind. Hinterlassen haben sie einen schrecklich zugerichteten Kadaver. An anderer Stelle soll wieder zugeschlagen worden sein. Auf die gleiche Weise mussten weitere Elefanten durch großkalibrige Gewehre sterben. Die Besorgnis wächst, als die beiden Amerikaner aus Texas auftauchen. Erneut in Begleitung des mysteriösen Afrikaners mit Schlips und Kragen. Kurz darauf erscheint die Polizei und führt das Trio ab. Später heißt es, sie seien in einen Schmuggel mit Rohdiamanten verwickelt gewesen. Die Nähe zu den beiden bekam uns gar nicht gut, wir wurden einzeln verhört.

Für meine Freunde Paul und Richard ist das alles zu aufregend, es ist ihnen auf den Magen geschlagen. Sie sind keine Feldforscher, vielmehr Theoretiker, die Forschung am liebsten vom sicheren Zuhause aus betreiben, was sich leider erst hier am Sangha herausstellt. Ich fühle, dass unsere Reise eine Wende erfährt. Es ist müßig, Menschen in einer Umgebung halten zu wollen, in der sie sich nicht wohlfühlen.

Durch Dickicht und Blätterwand bahne ich mir einen Weg hinunter zum Fluss. Hole tief Luft. Der Geruch des Waldes und der modrigen Erde, der schwere Duft der Blüten beleben mich. Welch ein Aroma im afrikanischen Urwald an diesem Morgen! Wie anders war die Luft in der Hitze des Mittags oder am Abend. Im Laufe des Tages verändern sich die Gerüche, so wie sich die Lichtverhältnisse ändern. Waldmenschen vermögen die Tageszeit am Duft der Blumen, am Gesang der Vögel oder an der Farbe der Blätter zu bestimmen. Ich setze mich auf einen Basaltfelsen, der aus dem Uferschlamm ragt. Mein Blick schweift über den Fluss, zu den Stromwirbeln und den kurzen, glitzernden Wellen. Gerade kreist ein Fischadler über dem Wasser, stürzt herab, packt zu. Fliegt mit einem Wels in den Fängen davon.

Ich würde vieles dafür geben, wenn ich im Wald die Tageszeit am Duft der Blumen, am Gesang der Vögel oder an der Farbe der Blätter bestimmen könnte! Und ich beschließe zu bleiben.

Paul und Richard haben gepackt, begeben sich an den Anlegesteg der Pirogen, werfen ihr Gepäck ins Boot. Ein *bilo*-Fischer wirft den Motor an, dann entschwinden die ›Abenteurer‹ in südlicher Richtung.

Mit Alex habe ich eine Abmachung getroffen. Er wird mich begleiten und versuchen, eine Verbindung zu den BaAka herzustellen.

Mit Gastgeschenken ausgerüstet, gehen wir hinüber ins Dorf der Fährtenleser Mobo und Bombé. Die Ansiedlung ist eines jener Nester, die aus Lehmhütten mit Stroh- und Wellblechbedachung bestehen, aufgelockert von recht nachlässig erstellten ›Bienenkorb-Hütten‹. Mobo finden wir in einer soliden, rechteckig erbauten Lehmhütte. Er hockt auf einem Klappstuhl und wiegt zwei Kinder auf den Knien. Über unseren Besuch ist er augenscheinlich erfreut. Stolz stellt er seine Familie vor: vier Kinder und seine Frau, Boyemba, die ausgesprochen kinderlieb wirkt. Sie versorgt uns mit Palmwein, dann macht sie sich in einer verrußten Kochecke zu schaffen, in der irgendetwas gebrutzelt wird. Wir reden über dies und das, ziemlich belangloses Zeug, auch etwas konkreter, zum Beispiel über das Verhältnis zu den *bilo,* die überall ihre Finger im Spiel hätten, und über *moonju*, das sind die Weißen, die man gut schröpfen könne. Ernster wird es, als wir über den schwindenden Wildbestand klagen. Mobos Sippe hätte sich längst in den Wald aufmachen müssen, um zu jagen, Honig oder Früchte zu sammeln. Man benötige die Produkte, um sie bei den *bilo* gegen Salz, Zucker, Kaffee, Zigaretten einzutauschen. Jagen, Jagdlager – ein Leben, wie es die Pygmäen einst ausschließlich führten, das war unser Thema. Vorsichtig fragt Alex nach, ob man sich einer Jagdgemeinschaft anschließen könne. Davon hält Mobo nichts. Es gebe für Touristen organisierte Netzjagden, die dauerten ein paar Stunden. Wenn eine Jagd- und Sammelgemeinschaft in den Dschungel ziehe, werde ein Lager eingerichtet, das für Monate als Basis diene. Nein, für *bilo* und *moonju* sei das nichts. Die würden nur stören und Unruhe bringen, seien für das Leben im Wald ungeeignet.

Boyemba setzt uns eine Platte vor, auf der gekochte Maniokwurzeln, kleine Kugeln aus frittiertem Teig, Papaya und Bananen liegen. Damit ist das Thema Jagen mit BaAka erst einmal vom Tisch. Nach und nach erscheinen Verwandte und Freunde der Familie. Bombé ist auch dabei, setzt sich dazu, lacht und treibt Späßchen. Wahrscheinlich über uns, die so seltenen Gäste. Gemeinsam lässt man sich die Küche Boyembas schmecken. Ich vermisse Raupen, Maden, Frösche und ähnliches Getier. Nicht weil es mir fehlt oder ich so etwas mag. Ganz im Gegenteil! Es wird nur oft als Nahrung der Pygmäen in der Literatur geschildert. Louis Sarno schreibt, er sei des Öfteren mit gekochten Kaulquappen verköstigt worden, die wie Schlamm schmeckten. Nun, wir werden vegetarisch satt und brauchen uns nicht zu ekeln.

Alex ergreift seinen Rucksack. Als ich ahne, was er vorhat, wundere ich mich und gehe davon aus, dass er im Begriff ist, einen großen Fehler zu machen. Er übergibt Mobo und Boyemba unsere Gastgeschenke. Schön einzeln, für jeden sichtbar. Bei den Luxusgütern – Zucker, Salz, Kaffee, Zigaretten – bekommen die Dörfler Stielaugen. Ihnen scheint das Wasser im Mund zusammenzulaufen. Eine Doppelpackung Kaffee hält Alex mit den Worten zurück: »Die wartet auf dich, wenn du uns den Aufbruch einer Jagdgesellschaft meldest.«

Das ist keine Erpressung, nur der Hinweis auf ein Geschenk für einen guten Tipp. Dies coram publico erwähnt, führt vielleicht dazu, dass unser Wunsch beraten, am Ende sogar gebilligt wird.

Erst jetzt wird mir klar, dass die Verteilung der Geschenke vor dem halben Dorf durchdacht war und ganz im Sinne der Gastgeber ist. Wie BaAka ihre Beute teilen, so verfahren sie mit Geschenken. Je offizieller etwas übergeben wird, desto harmonischer folgt die Verteilung der ›Beute‹, lässt Argwohn, Neid und Missgunst gar nicht erst aufkommen. Wobei es übertrieben wäre zu behaupten, Pygmäen lebten in einer neidfreien Gesellschaft. Ich beobachte, wie ein weniger bedachter Mann seine Benachteiligung reklamiert und drei Zigaretten aus Mobos Packung wütend zurückwirft. Kleine Meinungsverschiedenheiten, die sich im Nu legen.

In dem schattenlosen Dorf wird die Hitze unerträglich. Wie flüssiges Blei wabert die Glut, lässt jede Aktivität ersterben. Frauen, die gerade noch vor ihren Hütten Körbe flochten, verkriechen sich in den Schatten. Wir lehnen apathisch an der Lehmwand von Mobos Behausung. Sind nur fähig, stechwütige Mücken durch träges Händewedeln zu vertreiben. Selbst Urwaldlaute, obligates Schreien von Affen, Hornvögeln, Papageien, hat der Gluthauch kaum hörbar gedämpft. Einzig der vielstimmige Chor der Zikaden zirpt in plötzlichen, schrillen Intervallen. Und der Schwarm bunter Schmetterlinge scheint die Hitze zu genießen. In der Dzanga-Sangha-Region allein soll es dreihundertsechzehn Arten geben. Auf der Lichtung gaukeln Schmetterlinge *(Lepidopterae)* wie einem Kaleidoskop entschlüpft: *L. charaxes, L. graphium* und *L. papilio.* Lässt sich da nicht gerade ein Riesenschwalbenschwanz mit rötlichen, schwarz gemusterten Flügeln auf einem Kothaufen nieder? Mit einer Spannweite von zwanzig Zentimetern gehört er zu den größten afrikanischen Schmetterlingen.

Ferner Donner lässt uns aufhorchen. Kein Wunder bei der den Atem nehmenden Schwüle. Kaum fünfzehn Minuten später hat sich der Himmel violett bezogen, dunkel und gefährlich. Jäh zuckt ein Blitz über den Wald. Ein Donnerschlag kracht ohrenbetäubend. Plötzlicher Sturm peitscht Baumkronen in eine ungeahnte Schräglage. Töpfe und Plastikeimer, auch Blätter an großen Ästen werden über die Lichtung gejagt. Beißender Alkalistaub fegt in die Hütten. Endlich, wie eine Erlösung, öffnen schwarze Wolken ihre Schleusen. Regen prasselt auf das Chaos, so mächtig, dass die Lichtung augenblicklich unter Wasser steht. Entfesselte Naturgewalten, wie sie sich nur in den Tropen austoben können. Blitze und Donner entladen sich gleichzeitig. Alles durchbebt den nachtdunklen Tag wie ein entfesseltes Feuerwerk.

Zwei Stunden später hat sich die Gewalt beruhigt. Die Sonne, das Licht kehren zurück. Im leichten, warmen Nieselregen eilen wir durch den dampfenden Dschungel.

Leben wie in der Steinzeit

Im Morgendunst beobachten wir eine Person, die auf etwas zu warten scheint. Regungslos starrt sie in Richtung unserer Hütten. Ist sie zu scheu, sich diesen zu nähern? Ein seltsam stummer Beobachter. Zweifellos ein junger Mann, der ein BaAka-Jäger sein mag, mit Speer und Bogen, doch die Größe ist die eines Bantu. Merkwürdig! Alex ruft etwas auf Sango hinüber. Der Mann antwortet. Eine Weile werden kurze Sätze hin und her geworfen, bis Alex sagt:

»Das ist Bobuku, der uns sagen will, dass Familien in den Wald ziehen, um ein Jagdlager zu errichten. Mobo lässt ausrichten, wir können die Gruppe begleiten.«

Welch eine Nachricht! Rasch packen wir das Nötigste zusammen und folgen Bobuku. Meine Kompassnadel zeigt in südliche Richtung. Es dauert keine zehn Minuten, bis wir auf einen zweiten Mann, mit einem Buschmesser bewaffnet, treffen, der hinter einer wilden Bananenstaude hervortritt. Er ist von kleiner Statur, hellhäutiger, ein typischer Aka. Er scheint auf uns gewartet zu haben. Wortlos setzt er sich an die Spitze unseres Minitrupps, der im Eilmarsch einem imaginären Pfad zu einem, zumindest mir, unbekannten Ziel folgt.

Pygmäen wandern selten einzeln durch den Dschungel. Und es fällt auf, dass die beiden Jäger sich laut unterhalten, bisweilen in die Hände klatschen oder irgendetwas in den Wald rufen. Auf diese Weise werden Tiere verscheucht, die ansonsten angreifen würden. Leoparden, Büffel oder Wildschweine zum Beispiel. Auch Schlangen verziehen sich bei Lärm und Erschütterungen. Auf der Jagd selbst verhalten sich Pygmäen dann natürlich geräuschlos wie Pythonschlangen.

Nach zwei Stunden habe ich meinen Wasservorrat ausgetrunken. Die Lunge pfeift. Meine Zunge klebt trocken am Gaumen. Schwindel macht sich bemerkbar. Ich fluche auf die beiden Waldläufer da vorn, die das Tempo einfach nicht drosseln wollen. Ein aus dem Takt geratener Kreislauf zwingt mich, auf einem Baumstamm zu verschnaufen. Alex ruft nach vorn. Die Jäger halten mürrisch inne. Ihren Mienen entnehme ich, was sie denken: Herrje, das kann ja heiter werden mit dem schlappen Weißen! Oder täusche ich mich?

Der Mann mit dem Buschmesser heißt Etku. Er schaut sich um, schlägt aus einer armdicken Liane ein langes, tropfendes Stück heraus, das er mir reicht. Ich lasse den Saft in den Mund laufen. Angenehm kühlend wirkt er und schmeckt ähnlich wie Traubensaft. Gestärkt schleppe ich mich weiter, ›gedopt‹ wie mit Traubenzucker. Nach einiger Zeit höre ich Gesang, gemischt mit hellen Stimmen. Frauen, die sich unterhalten, andere, die singen? Tatsächlich! Vor uns befinden sich Kinder, Mütter, auch ältere Männer. Sie kriechen durchs Unterholz, suchen Früchte des Waldes: Pilze, Knollen, Wurzeln, Beeren, Nüsse, die in eine Kiepe geworfen werden. Der Behälter wird mit einem breiten Band an der Stirn befestigt und auf dem Rücken getragen. Mütter transportieren ihre Babys seitlich in einer Stoffschlaufe, damit haben sie ihre Hände frei fürs Sammeln und Graben. Alex meint, sie singen, weil sie glücklich sind, wieder im Wald zu sein. Für die meisten BaAka bleiben Dörfer und Siedlungen Notunterkünfte. Sie entsprechen nicht ihrer Natur. Wenn der Jagd- und Sammelinstinkt durchbricht, machen sie sich auf, um zu leben wie ihre Vorfahren, und sei es nur für einige Monate. Auch entschwinden sie gern ihren *patrons,* den Bantu, um frei zu sein. *Bilo* meiden den Wald, weil sie Angst vor den dort hausenden Geistern haben. Wir eilen an zwei weiteren Gruppen vorbei, die alle vor dem Morgengrauen aufgebrochen waren, um das neue Lager mit ihrer Sammelbeute vor Einbruch der Nacht zu erreichen.

Im Schatten der Bäume steigen wir jetzt durch Gelände, das wie eine Rampe bergan führt. Ich bin dem Aka dankbar für den stärkenden Lianentrunk und der Sonne, dass sie ihre heißen, erbarmungslosen Lanzen nicht durchs schützende Blattwerk bohrt. Oben auf dem Bergrücken ist der Wald lichter. Helligkeit sickert durch Baumkronen, und die Welt um uns lodert im Wechsel tanzender Schatten und gleißenden Lichts, wenn ein Windzug die Blätter berührt. Die Sonne ist jetzt eine angenehme Wärmequelle.

Immer noch wie Gehetzte bahnen wir uns einen Weg ins Tal. Alex meint, irgendwo da unten, an einem Nebenflüsschen des Sangha, werden die Familien ihr Lager errichten, vielleicht ist längst eine Vorhut eingetroffen.

»Horch«, sagt Alex plötzlich, »hast du etwas gehört?«

Ich spitze die Ohren: »Nein, nichts.«

Bobuku und Etku lauschen, blicken zu den Baumwipfeln hinauf. Klar, dass sie etwas vernommen haben. Etwas Bedrohliches? Schließlich vernehme auch ich es: fernes Donnergrollen. So bald werde es zwar nicht regnen, heißt es, doch wir sollten uns beeilen, wenn wir keine sehr nasse Nacht erleben wollten. Also eilen wir weiter – bis wir menschliche Geräusche vernehmen: Rufe, Lachen, Kindergeschrei, Ästeknacken und das Schlagen auf Holz. Etku bleibt stehen, deutet nach vorn, in Richtung einer hellen Stelle des Waldes. Er gibt Zeichen, dass wir stehen bleiben sollen, während sich die beiden BaAka der lichten Stelle nähern. Es dauert nicht lange, die menschlichen Laute verstummen. Gespenstisch, so aus der Tiefe des Waldes nur noch Geräusche und Laute der Tierwelt zu vernehmen.

Was mag sich da vorn abspielen? Ist das überhaupt ein BaAka-Lager? Wird man uns aufnehmen oder zurückschicken? Ein Wegschicken ohne Begleitung wäre unser sicheres Ende. Müde und zerknirscht lehne ich mich an das Dreieck eines Woll- oder Kapokbaums, Giganten des Regenwalds, die bis achtzig Meter hoch werden. Nichts passiert. Ich horche in den Dschungel hinein, hoffe, endlich Kontakt zu den Waldmenschen zu bekommen, und denke an ihre ersten Berührungen mit der Außenwelt. Pygmäen sind die ältesten Einwohner des tropischen Waldes, der einst nahezu von Küste zu Küste und damit in einem breiten Gürtel von Tansania bis Sierra Leone reichte. Die erste schriftliche Überlieferung, die sie erwähnt, datiert aus der Zeit um 2200 vor Christus. Der Herrscher Altägyptens entsandte eine Expedition, um die Nilquellen zu finden. Am Grabmal Pharao Neferkares stießen Forscher zufällig auf einen Bericht des Expeditionsleiters Harchuf: Im Westen der Mondberge wurde ein großer Wald betreten. Dort traf man ein winziges Volk, das zu Ehren eines Gottes tanzte und sang. Neferkare wollte es genau wissen. Er befahl Harchuf einen dieser sonderbaren Tänzer mitzubringen. Auf den Stelen des Harchuf-Grabes heißt es: »Heil und Gruß dem Gottestänzer, dem Herzerfreuer, ihm, nach dem der König von Ober- und Unterägypten Neferkare, der ewig lebt, verlangt! Meine Majestät wünscht diesen Zwerg dringender zu sehen als ein Geschenk aus dem Erzlande und aus Punt ...«

Auch spätere Überlieferungen zeigen, dass die Ägypter anscheinend Kontakt mit Pygmäen hatten. Homer schildert in der »Ilias«, dass Kraniche das Volk der Pygmäen zu vernichten trachten: »... Kreischend sie fliegen dahin, zum fernen Okeanosstrome, Tod und Verderben dem Volke der kleinen Pygmäen zu bringen ...« Wahrscheinlich mischte der Dichter ägyptische Quellen mit Mythischem.

Aristoteles, um 350 vor Christus, stellte fest, dass die Existenz der Zwergmenschen erwiesen sei. Sie lebten seiner Meinung nach in dem Land, wo der Nil fließt. Interessant ist, dass die Künstler pompejischer Mosaiken wussten, wie die Waldmenschen lebten, wie sie ihre Hütten bauten. Doch das Wissen geriet in Vergessenheit. Stattdessen wurden aus ihnen Fabelwesen oder Ungeheuer mit langen Schwänzen und übernatürlichen Eigenschaften. Für den heiligen Augustinus beispielsweise waren es Dämonen. Albertus Magnus, um 1250 Gelehrter und Bischof, hielt Pygmäen für Kreaturen zwischen Mensch und Tier: Geschöpfe, die in den Baumwipfeln umhersprängen, sich an ihren Schwänzen baumeln ließen, ja sich sogar unsichtbar machen könnten. Auf der Weltkarte, die Andreas Walsperger im 15. Jahrhundert zeichnete, ist der Lebensraum der Pygmäen eingetragen. Man wusste also, wo sie leben, doch in den Erläuterungen wurden sie als Ungeheuer bezeichnet. Im 17. Jahrhundert erhielt der englische Anatom Edward Tyson einschlägige Skelette aus Afrika, die er untersuchte. Sein Urteil lautete, dass Pygmäen mit Sicherheit keine Menschen seien. Heute wissen wir: Sein Fehlurteil bezog sich auf Untersuchungen an einem Schimpansenknochengerüst ...

Alex ist eingeschlafen. Zusammengesunken lehnt er an einem Baumstamm. Über sein rechtes Bein krabbelt eine faustgroße, haarige Spinne – und verschwindet im Laubwerk. Die beiden Jäger Bobuku und Etku bleiben verschwunden. Was hat das zu bedeuten? Ich verbanne trübe Gedanken, widme mich den Pygmäen in ihrer Wirkung auf die Europäer.

Im 16. und 17. Jahrhundert behaupteten portugiesische Forscher, die Zwergmenschen könnten sich unsichtbar machen, und trotz ihres Wuchses wären sie in der Lage, Elefanten mit ihren Händen zu töten. Beides trifft zu, wenn auch im übertragenen Sinn: In ihrem Element, dem Dschungel, vermögen sich die Jäger tatsächlich unsichtbar an die Beute heranzuschleichen, sie zu töten und dann wie ein Schatten zu verschwinden. Elefanten wird heute noch aufgelauert. Aus unmittelbarer Nähe sind BaAka in der Lage, den Dickhäuter mit einem Kurzspeer niederzustrecken. Es wird so verblüffend schnell Beute gemacht, dass die portugiesischen Sklavenhändler überzeugt waren, da töten Zwerge Elefanten mit bloßen Händen.

Auch das Andichten ihrer langen Schwänze ist leicht zu erklären: Pygmäen stellten ihre Lendenschurze aus weich gegerbter Baumrinde her, die sie über Hüftgürtel zogen. Bei den Frauen hingen diese Rindentücher fast bis zum Boden herab und mussten den Europäern aus der Distanz wie Schwänze vorkommen – Irrtümer, die nicht mehr möglich sind, weil die Waldmenschen fast nur noch Hosen, Hemden oder Wickelröcke tragen.

Erst der deutsche Afrikaforscher Georg Schweinfurth schrieb 1874 in seinem Buch »Im Herzen von Afrika«, die Pygmäen seien Menschen. Was außer Frage stand, denn einige Jahre zuvor hatte der italienische Forscher Giovanni Miani zwei junge Burschen aus dem Ituri-Gebiet des östlichen Kongo zur Società Geografica Italiana geschickt, wo sich Graf Francesco Miniscalchi-Erizzo, der Vize-Präsident der Gesellschaft in Verona, um die Exoten kümmerte. Zeitungen jener Zeit berichteten, dass die beiden Pygmäen rasch Italienisch lernten und sich einer von ihnen sogar das Klavierspielen aneignete, was nicht nur Intelligenz, sondern auch Begabung voraussetzt.

Allmählich kommt mir unsere Situation absurd vor. Während wir verlassen ausharren, wird irgendwo im Wald über Wohl und Wehe palavert. Alex' Ruhe fängt an mich aggressiv zu machen. Er schläft immer noch, augenscheinlich so fest, dass er Ameisen unbemerkt übers Gesicht huschen lässt. Ich wecke ihn und erkläre, dass das Warten ein Ende haben müsse. Als Alex sich den Schlaf aus den Augen gerieben und das Ungeziefer weggeschnippt hat, schaut er auf seine Uhr und meint:

»Waldmenschen haben kein Zeitgefühl wie wir. Unser Besuch muss erst ausdiskutiert werden.«

Dennoch beschließen wir, uns der lichten Stelle zu nähern, von der knapp eine Stunde zuvor die menschlichen Laute zu vernehmen waren. Nach einigen Hundert Metern haben wir uns an eine Lichtung herangepirscht, auf der einige halbrunde Hütten stehen: bedeckt mit frischen, grünen Blättern, im Halbkreis auf gerodetem Platz angeordnet. Obgleich der Lagerplatz gut dreihundert Quadratmeter groß ist, dringt nur spärlich Sonnenlicht bis auf den Boden. Baumriesen bilden mit ihrem Blätterdach einen Dom, unter dem eine fast steinzeitliche Welt agiert. Einige Männer begeben sich in ihre Hütten, erscheinen mit Pfeil und Bogen und hocken sich zu einer Gruppe Gestikulierender in der Mitte des Lagers, wo ein Lagerfeuer schwelt. Halbnackte Frauen machen sich an Hüttendächern zu schaffen. Gerade erscheint eine kräftige, sehnige Gestalt mit einer Axt, um eine Holzstange zu bearbeiten. Bis auf einen ist niemand größer als ein Meter sechzig. Bekleidet, wie Gott sie schuf: die Kinder. Mit Schamschurz: die Erwachsenen. Von wenigen Ausnahmen abgesehen, haben sich die Waldmenschen in ihrem Refugium von den Zivilisationslumpen getrennt. Am Feuer erkenne ich Bobuku, den ›Riesen‹ unter den ›Zwergen‹, der auf einen alten Mann einredet. Als von rechts Frauen und Kinder aus dem Wald treten, wird es im Lager schlagartig quirlig. Es sind Familien, die wir auf dem Weg überholt haben. Aus der Distanz beobachten wir das Treiben. Ich komme mir vor, als sei ich mit der Zeitmaschine in eine andere Welt katapultiert worden, in die Welt des J. R. R. Tolkien. Vor mir liegt das friedfertige Auenland von Mittelerde, bewohnt von sanften Hobbits. Sind wir die Bösen, die ihre Idylle, ihr Universum zerstören?

Ein Knacken lässt uns herumfahren. Wie aus dem Nichts ist Etku, der Jäger, aufgetaucht. Er strahlt über sein sympathisches Gesicht. Wir dürfen ins Lager. Hoffentlich sind wir auch willkommen? Neugierig und innerlich aufgeregt betrete ich die Lichtung, die einer schummrigen Kathedrale mit ganz eigentümlichem Zauber gleicht. Der Lagerplatz ist von Unterholz und Blattwerk sauber befreit, sogar gefegt worden.

Etku begleitet uns zu dem Alten, der Krepos heißt, das verstehe ich zumindest. Ein vielleicht dreijähriger Steppke schaut mich entgeistert an. Als ich zu ihm treten will, wendet er sich erschrocken ab und sucht brüllend Schutz an Mutters Rockschoß.

»Kamas, kadi a pae«, sagt der Alte am Feuer und streckt uns seine Hand hin. Alex wiederholt die Begrüßung: »Guten Tag, Bruder.« Stolz erklärt uns der Alte, dass wir ein schönes Lager besuchen würden. Eines mit sauberem Flusswasser, in einem Waldgebiet mit ausreichend Wild. Er sei sehr froh, dem schmutzigen, heißen Dorf entkommen, endlich wieder zu Hause zu sein. Gern würde er hier sterben, wenn es der Waldgeist erlaube. Es stimmt nachdenklich, die sogenannten ›Primitiven‹ in einer Welt leben zu sehen, in der wir, die doch alles zu wissen und zu beherrschen glauben, jämmerlich zugrunde gehen würden. Jäger kommen ins Lager, grüßen, als sie ans Feuer treten. Ohne Argwohn, ohne Misstrauen werfen sie ihre Netze ab und lassen sich darauf nieder. Alex berichtet telegrammstilhaft, somit bin ich zumindest grob informiert. Die Männer sprechen über das nahende Gewitter. Man beschließt, die restlichen Hütten zu bauen, bevor es regnet.

Wie verabredet, erheben sich die Männer, begeben sich zu ihren Familien, um sich gemeinsam dem Hüttenbau zu widmen. Dafür schlagen die Frauen passende, weidenähnliche Zweige ab und suchen Stellen, an denen sie Mongongoblätter finden, abschneiden und stapeln. So ein Stoß Blätter wird abgelegt, wo die Männer Stangenholz als Hüttengerüst zu einem Halbkreis spannen und in den Boden rammen. Ich schaue mir die Bauaktivitäten aus der Nähe an, beschließe, mich nützlich zu machen. Schnüre einen Stapel Mongongoblätter zusammen, reiche sie einem Hausbauer zu, der das Gitterwerk einer Hütte gerade beendet hat. Prompt wirft er mir das Grünzeug zurück. Alle lachen, amüsieren sich über den dummen, weißen Riesen. Eine Frau eilt mit einem Messer herbei, schlitzt die Blattstiele nach unten hin auf und verhakt drei Blätter zu einer Matte, die sie dem Mann reicht. Damit kann er etwas anfangen. Er hängt und verknotet die Blätter am Gerüst, ordentlich überlappend wie Pfannen. So baut der Pygmäe ein wasserdichtes Dach, das seine Hütte auch bei Unwetter schützt. Gute Laune steckt an. Von allen Hüttenbaustellen vernehme ich Gesang, Lachen und Geschrei. Auch der Nachwuchs hat sich an unsere Anwesenheit gewöhnt. Freudig entschlossen helfe ich weiter. Mit Erstaunen stelle ich fest, wie kräftig die BaAka sind. Gerüststangen stoßen sie in den Boden, als wäre der butterweich. Da ich als Gerüstbauer auch nicht zu gebrauchen bin, kümmere ich mich um das Flechten der Blätter zu Matten. Zwei gelingen ganz passabel. Bei der dritten schneide ich mich an den scharfen Stängeln. Natürlich erwarte ich Spottgelächter. Ganz im Gegenteil. Als eine Frau meine blutende Hand sieht, zeigt sich bei ihr Besorgnis. Aus der ›Apotheke Wald‹ erscheint sie später mit einer braunen Paste, die sie im Handumdrehen aus Kügelchen gestoßen hat. Dr. Oudoro erklärt, das seien Samen des Kapokbaums, wegen ihrer antibakteriellen Wirkung würden sie bei der Wundbehandlung verwendet.

Alex' Gastgeschenke und meine stümperhafte Hilfsbereitschaft zeigen Wirkung. Zwei Jäger mit ihren Frauen unterstützen uns beim Bau einer eigenen Hütte. Der Lagerrat hat es erlaubt. Wir werten die Genehmigung als noble Geste. Vielleicht als Zeichen guten Willens und als Hinweis, etwas verweilen zu dürfen?

Trotz des nahenden Unwetters bleibt die Stimmung heiter, ja fröhlich. Familien, die ihre Hütte noch nicht fertig haben, erhalten Unterstützung von denen, die ihre Unterkünfte vor unserer Ankunft bezogen haben. Alles sieht nach einer ausgesprochen harmonischen Jagd- und Sammelgemeinschaft aus. Bobuku, der Mischling, und Etku haben ihre Hütte am Südende des Krals gebaut. Da sie noch unverheiratet sind, werden sie zusammen schlafen. Unser ›Bienenkorb‹ ist bezugsbereit, ein Kunstwerk aus Naturprodukten, das wir stolz einrichten. Wir hängen unsere Habseligkeiten an das Gittergeflecht und schichten Schlafplätze aus Reisig auf. Das ist zwar nicht so weich wie trockenes Laub, mit dem Pygmäen ihr Bett bauen, aber ungezieferfrei. Laubbetten müssen alle zwei, drei Tage ausgewechselt werden, will man nicht von Sandflöhen, Ameisen, Wanzen kujoniert werden. Der Hütteneingang weist zum Versammlungsplatz, was den Vorteil hat, die Aktivitäten der Jagdgesellschaft stets beobachten zu können. Wir sitzen am offenen Eingangsloch und genießen das pittoreske Lagerleben. Allmählich leert sich der Versammlungsplatz. Frauen wickeln Glut in präparierte, feuerbeständige Blätter oder verlagern die Feuer in ihre Hütten. Krepos, der Lagerälteste, sitzt mit seiner Frau im Eingang seiner Behausung und zieht genüsslich an der Pfeife. Aus einer Hütte klingt Gesang herüber. Text und Melodie wiederholen sich als endloser Refrain.

»Die Stimme singt: ›Der Wald ist das Gute‹«, sagt Alex, »der Waldgeist wird von BaAka als gütiger Schutzgeist verehrt. Ist das verwunderlich? Schließlich sichert ihnen der Wald Nahrung und Geborgenheit. Zumindest war das über viele Generationen so. Nur im Wald fühlen sich Pygmäen wirklich sicher. Wehrhaftes Wild ist für sie keine Bedrohung.«

Ganz in sich versunken tanzt ein Jäger zum Gesang, dem wir da lauschen. Er dreht sich, stampft mit den Füßen, hebt die Arme und deutet mit den Händen Gehörn an.

»Der Mann freut sich auf die Jagd. Er demonstriert tanzend, dass er eine Antilope erlegen will«, erklärt der Bantu Oudoro.

Gottestänzer nannten die Ägypter die Pygmäen. Der tanzende Jäger verleiht der Bezeichnung frappierende Symbolik.

Mir fällt auf, dass sich um so etwas Besonderes wie das Feuer meistens Frauen kümmern. Alex klärt mich auf:

»Bei den Pygmäen haben Frauen wichtige Aufgaben zu erfüllen. Sie werden in keiner Weise zurückgesetzt wie in vielen Gesellschaftsformen Afrikas. Zwangsheiraten sind unbekannt. Frauen jagen ebenfalls, im Allgemeinen mit dem Netz, und Männer sind sich nicht zu schade, Pilze, Nüsse oder Knollen zu sammeln oder sich um die Kinder zu kümmern. Nach einer alten Sage stahlen die Frauen das Feuer von den Schimpansen. Und fühlen sich seither dem Element besonders verpflichtet.«

»Frauen, die Affen das Feuer stehlen? Wie ist das zu verstehen?«

»Vor langer, langer Zeit befand sich eine Pygmäenfrau auf Pirsch und gelangte in ein Schimpansenlager. Die Affen fraßen am Feuer gebratene Bananen. Staunend setzte sich die Frau, die wärmendes Feuer nicht kannte, zu ihnen. Als sie in ihr Lager zurückkehrte, erzählte sie ihrer Sippe von der Entdeckung, die großes

Begehren auslöste. Tage später erschien die Frau wieder im Schimpansenlager, traf aber nur die Affenkinder an. Und die amüsierten sich über die drollige Kleidung der Pygmäenfrau. Sie hatte nämlich an ihren Lendenschurz eine lange Schleppe aus Bast gebunden. Aus gutem Grund: Sie setzte sich ans Feuer, entzündete die Bastschleppe und rannte davon. Die Schimpansenkinder schrien ihre Eltern herbei, die die Zwergin bis ins Camp verfolgten. Dort stellten sie die Feuerräuberin und fragten: ›Warum hast du uns das Feuer gestohlen?‹ Die Pygmäen lachten die Affen aus und brüllten im Chor: ›Weil ihr zu dumm seid, darauf aufzupassen!‹ Schwer gekränkt zogen sich die Schimpansen zurück und leben seither ohne Feuer.«

Etku erscheint mit einem Bananenblatt, auf dem gekochte Yamswurzeln und Fleischstücke liegen. Die Freundlichkeit erwidern wir mit einer Packung Zigaretten. Beim Weggehen schaut er zum Himmel. Das Gewitter wird nicht mehr lange auf sich warten lassen.

Das Randalieren der Frösche am nahen Fluss verhallt. Im plötzlichen Windhauch beginnen die Gräser am Lagersaum zu schwanken. Und dann legt sich Dunkelheit wie schwarzes Tuch auf die Lichtung. Ich staune über die Gelassenheit der Menschen angesichts des drohenden Unwetters. Gespannte Erwartung hängt in der Luft. Ein ganz eigenartiger, neuer Geruch, wie Ammoniak, strömt aus dem Wald. Ist das der Geruch von Angst? Tropengewitter verbreiten Furcht. Entfesselte Urkraft lässt stets aufs Neue schaudern! Jäh stürzt ein Wind zornig und gewichtig wie ein Büffel auf uns los. Blätter und Zweige wirbeln durch die Luft, durchfegen die Hütten. Wir klammern uns ans Gestänge, in Angst, der ›Bienenkorb‹ könne gepackt und weggetragen werden. Lautes unheilvolles Zischen kündigt an, dass der Himmel seine Schleusen geöffnet hat. Regen prasselt auf die Baumkronen. Die Erde erreicht er gedämpft wie Sprühwasser. Blitze zucken gleich weißen, zackigen Adern durch den Wald, die das Lager taghell erleuchten – für Sekunden nur, doch schaurig grell. Es folgt, fast gleichzeitig, markerschütternder Donner. Die Antwort darauf ist Kindergeschrei. Frauen springen aus ihren Hütten, zerren hektisch an der Dachabdeckung. Auch an unserer Hütte findet der Regen einen Weg durch die Blätter. Das sei bei einer neuen Hütte nicht ungewöhnlich, meint Alex. Die Blätter liegen erst nach einigen Tagen richtig fest, und erst dann halten sie jedem Regen stand.

Noch ein paar Mal zucken weiße Schlangen über dem Lager, gefolgt von trockenem Krachen, bis ganz allmählich der Donner rumpelnd und grollend in der Ferne entschwindet. Und die Blitze flackern schwach über einem anderen Teil des Waldes. Angriffslust und Eigensinn schwinden aus dem Sturm. Regen fließt dünn und gleichmäßig herab. Die Natur hat ihren Zorn entladen, der Waldgeist befindet sich erneut im Einklang mit den Geschöpfen der Welt. Dann erstirbt der Regen völlig. Eine große, kühle Stille erfüllt die Luft. Alex knipst die Taschenlampe an, lässt den Lichtstrahl über die Hütten wandern, deren Dächer dampfen, als hätten sie sich entzündet. Einige Jäger spähen aus den Eingängen, prüfen den schlammigen Boden.

Alex erklärt: »Ein heftiges Gewitter kann die Jagd für Tage verderben.«

Was ist ein Jagdlager ohne Jagd, denke ich noch und lasse mich müde auf den Reisighaufen fallen, meine schwankend-piekende Schlafstatt.

Irgendwann in der Nacht reißt mich ein Schrei aus dem Schlaf. Ein Uhu? Ein Waldkauz? Ich nutze das Wachsein und folge einer menschlichen Regung. Stapfe einige Schritte hinter der Hütte in den Wald. Die Nacht hängt schwer und still herab. Ich horche angestrengt, meine, etwas anderes gehört zu haben als Nachtvögel oder Heimchen. Da, wieder! Irgendwo im Dschungel hinter uns, ganz schwach, trocken und kurz – doch nicht etwa ein ferner Schuss?

Wie ein elektrischer Schlag zuckt ein stechender Schmerz durch meinen rechten Fuß. Hängt schließlich wie eine Flamme im

Bein. Verflucht, was war das? Eine große Spinne, eine Schlange? Die Taschenlampe liegt in der Hütte. Wie dumm! Die Marter bohrt sich ihren Weg in Richtung Knie. Um Hilfe rufen? Aber nein. Was nützt es? Ich humpele dem Lager zu. Liege schwitzend da, stöhnend, mich hin und her windend, während der Fuß heiß wird und allmählich auseinandergeht.

Alex fühlt sich gestört: »Was ist los? Lieg endlich still!«, grunzt er schlaftrunken.

»Mich hat was gebissen, 'ne Schlange oder so.«

»Wird 'ne Walzenspinne gewesen sein.«

»Und?«

Er schnarcht schon wieder. Zum Schmerz gesellt sich Wut.

Der Dschungel: Küche und Apotheke

Wenn im Regenwald die Sonne aufgeht, bebt das Geäst unter den hektischen Sprüngen der Affen, der Vögel, der gesamten Fauna. Alles vibriert im Diskant der Stimmen. Leben explodiert. Hungriges, hemmungsloses Leben – umarmend, schmarotzend, tötend, zeugend und gebärend. Tropen, das ist Kampf auf allen Etagen, aber auch prächtige, verschwenderische Schönheit. Wildheit der Geräusche, Gerüche, Farben und Sinne.

Das Gebrüll von Affen reißt mich aus fiebriger Lethargie. Sie sitzen im Baum und blöken. Ich betrachte den Wald über mir. Wieder bläht ein Mantelaffe seine Backen und lässt irre Laute ab. Dieser Kopf, groß wie eine Pampelmuse, weißer Gesichtsrahmen, schwarze Schnauze – fast wie ein Totenschädel.

Mit einem tiefen Seufzer wälze ich mich vom Lager. Das Bein hämmert, ist dunkelrot geschwollen und glüht. Mir ist schwindelig. Ich torkele zum Hauptfeuer auf dem Versammlungsplatz. Frauen ordnen Blattwerk an zerzausten Dächern. Einige Männer verlassen mit Pfeil und Bogen den Kral, um Vögel oder Affen zu jagen. Alex, Krcpos und Etku diskutieren über die sonderbaren Geräusche der Nacht, die die Jäger auch gehört haben und dem Alten melden. Das Fieber lässt mich schwanken, fast ins Feuer fallen. Mir ist hundeelend. Etku ruft ein verhutzeltes Mütterchen heran, die mir den Schweiß von der Stirn wischt, dann ein bitteres Getränk einflößt. Kimpa heißt das Weib, deren Bauch und Busen wie nasse Lederlappen am Körper hängen. Sie betrachtet die Wunde, drückt daran herum, dass ich in die Luft gehen möchte. Mich habe kein Tier gebissen oder gestochen. Es sei eine Dornenart, die unangenehme Entzündungen verursache, heißt es. Alex erklärt, Kimpa sei die Medizinfrau der Sippe, bei einem Schlangenbiss hätte ich die Nacht nicht überlebt, lässt sie ausrichten. Das beruhigt mich ungeheuer.

Mein Allheilmittel ist Aspirin. Ich schleppe mich zur Hütte zurück. Schlucke zwei Tabletten. Vorsichtshalber gleich mit: Lariam. Das Fieber kann auch eine Malariaattacke bedeuten. Schüttelfrost überkommt mich. Ich friere wie ein Schneider. Plötzlich ist mir alles egal. Die Sinne schwinden. Ich komme zu mir, als Alex mich mit Backpfeifen zurückholt.

»He, aufwachen. Oder müssen wir uns Sorgen machen?«

Kimpa hatte während meines Tiefschlafs das rechte Bein mit einer dunkelbraunen Paste eingerieben, die ein angenehmes Gefühl von Wärme verursacht. Die Entzündung beginnt abzuklingen. Auch die Schmerzen lassen merklich nach. Ich liege da mit dem maßlosen Ärger im Bauch, den Pygmäen zur Last zu fallen. Hatten sie nicht Wichtigeres zu tun, als einen ungebetenen Weißen zu verarzten? Nichts zu machen, ich muss die Hilfe annehmen. Das Fieber sitzt in den Knochen wie ein Dämon, der mich ans Lager fesselt.

Nach zwei Tagen im Dämmerzustand bin ich, dank der alten Medizinfrau, leidlich wiederhergestellt. Meine angeborene Neugier ist erwacht, und ich kann Alex und Kimpa überreden, einen Erkundungsgang durch den Urwald zu unternehmen, um wenigstens einige der Heil-, Gift- und Kräuterpflanzen kennenzulernen.

Ausgerüstet mit Kamera, Notizblock, einem *Kosmos*-Führer für die tropische Botanik Afrikas und einer WWF-Broschüre zum Regenwald Zentralafrikas, machen wir uns auf den Weg. Kimpa hängt sich ihren aus Lianen geflochtenen Tragekorb um, der von einem Bastgurt an der Stirn gehalten wird. Somit hat sie beide Hände frei. Sie verbindet das Lehrreiche mit dem Nützlichen. Staunend stehe ich vor Stämmen, die von armdicken Lianen umrankt werden, die ganz unterschiedliche Blattformen aufweisen. An so einem Baumriesen schmarotzen, ranken oder hängen nicht selten dreißig und mehr verschiedene Gewächse, die zusammen eigene Biotope bilden: Gewächse mit den unterschiedlichsten Auswirkungen auf die menschliche Gesundheit, je nachdem ob sie roh, gekocht oder sonst wie verabreicht werden. Frappierend gelenkig klettert die Alte einen Stamm hoch und schlägt in fünf Metern Höhe keimende Sprösslinge ab, die besonders vitaminreich sein sollen. An einer anderen Stelle sammelt sie *mbanga,* Blätter einer afrikanischen Ölpalme, die gerollt als Zigarren geraucht werden. Wahre Lungentorpedos. In der Pfeife werden Blätter der Kamastaude geschmaucht. Rauchbare Blätter tauschen die BaAka bei den Bantu gegen Salz oder Zucker ein.

So eine Pygmäenpfeife besteht aus einem Kopf aus der ausgehöhlten Raphiapalmnuss und einem Stiel aus Bambus oder Bananenholz. BaAka sind wahre Räuchermännchen. Geraucht wird bei allen Gelegenheiten. Selbst Frauen und Kinder paffen zum Zeitvertreib, zur Entspannung.

Gegen Mittag fingert die Alte eine Nuss aus ihrem Hüftbeutel und knabbert mit einem ihrer letzten Zähne daran. Eine Art Kolanuss, mit der sie sich aufputscht. Freigiebig reicht sie die Droge weiter. Sie schmeckt bitter, wie eine unreife Rosskastanie, mit der Wirkung von zwei Dosen Red Bull. Nach der kurzen Pause wird weiter gesucht und gesammelt. Ich fühle mich an die Nachkriegszeit erinnert, in der ich mit meinen Eltern fast täglich durch den Stuvenwald südlich Hamburgs streifte, um Pilze, Beeren und Nüsse zu suchen. Karge Mahlzeiten wurden gesund ergänzt, und ich entwickelte mit der Zeit ein beachtliches Wissen, was die Verwendbarkeit der heimischen Pflanzen anging.

Kimpas Tragekorb füllt sich mit einem Schatz interessanter Produkte, deren Wirkung zum Teil an Ort und Stelle erklärt werden kann. Andere nehmen wir mit, um sie im Lager zu analysieren: Für die Ernährung der BaAka spielen die Blätter der Kokoliane *(Gnetum buchholzianum)* und der *Gnetum africanum* als Proteinversorger eine wichtige Rolle. Kokosamen sind auf dem Markt von Bayanga heiß begehrt. Die Früchte der *ntwa,* der auch als Busch- oder Wilde Mango bezeichneten *Irvingia gabonensis,* werden geschält und geröstet. Der Kern dieser Steinfrucht, gemahlen und zu einem Brei verarbeitet, ist ein Gewürz für Fisch und Fleisch. Die schmackhafte *Irvingia*-Frucht wird in großen Mengen geerntet, ja sogar als eines von wenigen Nahrungsmitteln auf Vorrat gelagert. Mokana *(Panda oleosa),* eine gesunde Nuss, finden Pygmäen das ganze Jahr hindurch. Sie wird en passant auf der Pirsch gesammelt. Wir lernen nahrhafte Waldfrüchte kennen, von denen ich einige Exoten probiere, zum Beispiel Engende, Ndemo *(Landolphia)* oder Mobai *(Anonidium mannii).* Aber ich muss sagen, Bananen oder Ananas schmecken mit Abstand besser!

Schritt für Schritt erfahre ich mehr über die Geheimnisse der Urwaldbotanik. Für den Kenner bereichert sie nicht allein die Speisekarte, sie stellt auch einen reich gefüllten Arzneischrank dar: Hals- und Hustenbeschwerden lindern Tees aus der Rinde des Mosekebaums *(Chytranthus gilletii).* Geraspelte, grüne Rinde des Mortunga *(Polyalthia suaveoleus),* als Paste auf die Stirn gerieben, bekämpft fiebrige Erkrankungen. Kimpa pflückt gerade Blätter des Bäumchens Elende. Gekochter Sud davon hilft bei Atembeschwerden. Die Rinde des Mukatabaums *(Garcinia punctata)* wirkt beruhigend auf den Magen-Darm-Trakt. BaAka schwören bei Durchfall auf Mukatatee. Mit einem Trunk aus der Wurzelrinde des Bolongo, des Zahnwehbaums *(Zanthoxylum cha-*

lybeum), werden Zahnschmerzen bekämpft. Alex schneidet mit dem Taschenmesser einen Baum an, aus dem rasch rote Flüssigkeit dringt.

»Das Blut des Malanga *(Staudtia kamerunensis)* wird Kindern mit der Meerkatzenkrankheit auf Stirn und Schläfen gerieben.«

»Noch nie etwas von Meerkatzenkrankheit gehört!«

»Ihr nennt es Epilepsie. Der Name rührt von den spastischen Bewegungen her, die Meerkatzen im Alarmzustand ausführen.«

»Kennen die Pygmäen auch etwas gegen Schlangenbisse oder Würmer?«, frage ich spontan.

Alex versichert sich in Sango bei der Medizinfrau, die sogleich suchend unterwegs ist. Nach einer Weile präsentiert sie Blätter des Ingokastrauchs, der im Pflanzenführer mit *Thomanderisa hensii* bezeichnet wird. Ein Aufguss davon soll Darmwürmer töten. Mogombo *(Tabernaemontana crassa)* lindert Schlangenbisse. Gegen den Biss einer Grünen Buschviper sei allerdings kein Kraut gewachsen, meint Alex. Da helfe nur das passende Serum.

Die Alte gönnt sich keine Ruhepause. Ich aber kann eine kleine Pause gebrauchen. Mein Bein macht sich unangenehm bemerkbar, hinzu kommen Schmerzen unter zwei Zehen. Ich ziehe Schuhe und Strümpfe aus, zeige Alex die Bescherung.

»Sandflöhe«, meint er trocken, »die holt man sich beim Barfußlaufen in Dörfern oder in alten Jagdcamps der Pygmäen. Kinder haben fast alle die lästigen Parasiten.«

Krampfhaft überlege ich, wo ich mir die Quälgeister geholt haben könnte. Ganz früh schon am Sandstrand vom Tropicana? Ist auch egal, irgendwie müssen sie schleunigst ausgegraben werden. Die Medizinfrau rückt an, nickt eifrig. Will sagen, das sei ein Fall für ihr Ressort. Mit wahrer Wollust popelt sie mit einem Spreißelholz unter meinen Zehennägeln. Und wird fündig. Nach festem Druck flutscht eine blassbraune Made unterm Nagel hervor. Alex wendet sich ab, damit ihm beim Zuschauen nicht schlecht wird. Kimpas Hüftgürtel birgt nicht nur Tabak, sondern auch ein grobes braunes Pulver. Sie schüttet sich davon etwas in ihre Hand, träufelt wasserklaren Saft einer Liane darauf und rührt einen Brei an. Diesen streicht sie auf die blutenden Zehen. Es brennt wie Jod und kühlt. Es würde mich wundern, wenn die Operation nicht zu Blutvergiftung oder Amputation führt. Später erfahre ich, dass die Alte zerriebene Rinde von Wurzeln des Sombolostrauchs *(Peniaanthus longifolius)* verwendete, die tatsächlich als Balsam gegen Sandflöhe wirkt. BaAka-Kinder werden damit erfolgreich behandelt.

Gern würde ich mich jetzt irgendwo betten und die Beine hochlegen. Doch der Lehrpfad ist noch nicht zu Ende. Da gibt es Mokula (*Microdesmis puberula),* aus dem ein Aphrodisiakum, also ein Liebestrank, gewonnen wird. Und Tee aus der Malangarinde erhält Frauen ihre Fruchtbarkeit über das Klimakterium hinaus. Für den Mann liefert der Dschungel die Mongembawurzel. Diese ins Essen geraspelt, steigert seine Potenz.

Gottestänzer tanzen gern und viel zu ihrer Musik. Um möglichst lange durchzuhalten, rösten sie die Wurzel von *Canthium orthacanthum* zu Pulver, das mit Palmöl und Salz gemischt als Körperlotion verwendet wird. Ganz unermüdliche Tänzer haben das Rauschmittel zuvor gegessen. Es soll wie Ecstasy wirken.

Alex bleibt auf einmal stehen und meint:

»Nach all den nützlichen, heilenden, bekömmlichen Gewächsen kann man den Eindruck gewinnen, der Dschungel sei ein Garten Eden. So ist es nicht! Allerdings bewundernswert ist, dass die Pygmäen ihr Wissen ohne schriftliche Überlieferung über Generationen weitergegeben und vervollständigt haben.«

»Bis die Außenwelt ihre Autarkie zerstörte, mit der Folge, dass das Wissen von Naturvölkern allmählich untergeht.«

»Für den Stadtmenschen ist der Regenwald eine Bedrohung. Weil ihm Wissen und Erfahrung fehlen, wird er im Überfluss von Leben nach kurzer Zeit umkommen. Er wird sich vergiften, verdursten oder aufgefressen werden. – Eigentlich paradox«, meint

Alex. »Es sind nicht die großen Tiere, die ihn vernichten, es sind die kleinen und unsichtbaren.«

»Es gibt für Greenhorns so eine Regel: Iss nichts Unbekanntes, was rot ist oder bitter schmeckt.«

Alex lacht und nimmt Kimpa einen Lianenstengel mit kleinen Früchten aus der Hand.

»Dies ist eine Ibololiane, sie soll süßlich schmecken, und doch ist sie giftig. Immerhin: Ihre Früchte sind rot. BaAka-Jäger vergiften damit ihre Pfeile. Beruhigend ist, dass die Lianenart selten vorkommt.«

Zu besonderen Anlässen suchen die Frauen Gewächse wie Dindembe *(Rothmannia whitfieldii)*, ihr Saft dient als Farbstoff für Körperbemalungen und Gesichtstätowierungen. Beliebt sind alle Arten von Pflanzenfasern, beispielsweise für die Herstellung von Stricken, Körben, Gürteln, Taschen oder Netzen.

Einem Impuls folgend, werfe ich meinen Rucksack auf den Boden und setze mich drauf.

»Alex, es tut mir leid, ich kann nicht mehr. Das Dschungelwissen erschlägt mich. Außerdem hämmert mein Fuß. Ich glaube, das Fieber meldet sich wieder.«

»Okay, wir kehren um. Trink noch etwas aus der Wasserliane.«

Die Flüssigkeit und einige Riegel Traubenzucker kräftigen. Auf dem Rückweg hören wir wieder kurze, unnatürliche Laute. Fern zwar, aber dennoch bedrohlich.

Im Lager empfängt uns Besorgnis, ja Betroffenheit. Heimkehrende Jäger berichten von Wilderern, die die Jagdgründe unsicher machen und das Wild vertreiben. Am großen Lagerfeuer des Versammlungsplatzes palavert Krepos mit anderen Männern. Die Jagd war schlecht, nur zwei Vögel und ein Äffchen konnten erlegt werden. Was tun? Das Lager aufgeben? Woanders hinziehen? Eigentlich ist der Platz ideal, so in Flussnähe. Können die Wilderer für das Camp eine Bedrohung sein und die BaAka demnächst überfallen werden? Das Für und Wider einer Umsiedlung geht bis in den späten Abend. Dann steht fest: kein Umzug. Die Jäger sind überzeugt, nicht gesehen worden zu sein. Also wird das Lager hoffentlich unentdeckt bleiben. Die Sippe wird in den nächsten Tagen in einem anderen Grund, weiter östlich, jagen. Damit hat sich die Aufregung gelegt. Die Familien ziehen sich nach dem Verzehr des Abendbrots in ihre Behausungen zurück.

Bis, ja, bis Streitgeschrei aus der Hütte der beiden Junggesellen Bobuku und Etku erschallt. Bald darauf springt Etku empört und vor Wut schäumend aus dem Eingangsloch. Auf dem Versammlungsplatz bringt er sich tanzend in Position, verkündet lauthals, dass Bobuku ihn bestohlen habe und er nicht mehr unter einem Dach mit ihm schlafen könne. Das jedenfalls entnahm Alex seinem Auftritt.

Schweigen. Einige Leute recken neugierig die Hälse aus ihren Hütten. Andere rufen: »Ruhe, wir wollen schlafen!« Etku huscht nach seiner Darbietung in eine Hütte seiner Familie. Keine schöne Situation. Auf das Nachspiel, die Konfliktlösung, bin ich gespannt.

Das grosse Jagen

Der Tagesanbruch ist noch in weiter Ferne. Doch im Camp macht sich Unruhe bemerkbar. Stimmen fliegen von Hütte zu Hütte, dann erscheinen die ersten BaAka auf dem Versammlungsplatz. In der Dunkelheit sind sie nur schemenhaft wahrzunehmen. Ich luge aus unserer Hütte.

»Heute wird gejagt«, sagt Alex ganz verschlafen. Er wälzt sich auf seinem Reisiglager.

Ich lege mich vor dem Hütteneingang auf die Lauer und beobachte das Treiben, komme mir nun selbst wie ein Jäger vor. Schummrig kündigt sich der Morgen an. Alex robbt heran, gibt mir Erklärungen: Hauptbeschäftigung und Liebe der Waldmenschen sei die Jagd. Nicht um des Tötens willen. Jagen bedeute Leben und Überleben. Erst mit der allmählichen Durchdringung des Kongobeckens und der Auseinandersetzung mit den *bilo,* den Bantu, entwickelte sich der Tauschhandel: Wildfleisch gegen Salz, Zucker, Gegenstände des täglichen Gebrauchs.

Auf dem Hüttenplatz bilden sich zwei Gruppen: eine große mit Frauen, Männern und Kindern, auf deren Schultern Bündel brauner Netze ruhen, und ein kleines Grüppchen. Dort versammeln sich Männer, die ihre Speere, Messer, Bögen und Pfeile überprüfen. Die Netzjagd, *mulongo* genannt, ist ein Tagesgeschäft, eine Jagdart im Gruppenverband, an der sich quasi die ganze Familie beteiligt. Gefangen wird Kleinwild, wie Ducker-Antilopen, Quastenstachler, Hirschferkel. Das Netz, *bokia,* wird aus Fasern der Kosaliane *(Manniophyton fulvum)* geknüpft. Leider verwenden die BaAka seit einiger Zeit auch Plastiknetze, die leichter und stabiler sind. Die Jagd mit Pfeil und Bogen, der Armbrust, dem Speer und mit Schlingenfallen, die sie *toba* nennen, ist den Männern vorbehalten.

»Rechts die kleine Gruppe wird gleich ausschwärmen«, meint Alex. »Die Männer jagen einzeln oder zu zweit, bisweilen dringen sie tief in den Wald vor und bleiben mehrere Tage weg. Früher wurden Elefanten, Gorillas, Leoparden oder Wildschweine erlegt, heute fast nur noch die wehrhaften Riesenwaldschweine, *Hylochoerus meinertzhageni.*«

Etku hat sich zu den Netzjägern gesellt, während Bobuku mit Pfeil und Bogen etwas abseits steht. Wie verabredet, schlüpfen die Jäger jetzt in den Wald. Einzeln und paarweise haben sie sich in unterschiedliche Richtungen abgesetzt. Die Netzjäger, nicht recht einig, palavern noch. Ich streiche mir etwas von der Heilpaste auf den Fuß, steige in die nassen, kalten Klamotten und begebe mich auf den Dorfplatz. Wiederhergestellt bin ich noch nicht, aber darf ich mir eine Netzjagd entgehen lassen? Mit Gestik und Zeichensprache mache ich Krepos, dem Lagerältesten, klar, dass ich teilnehmen möchte. Er hat keine Einwände und begleitet mich zur Gruppe. Eine kahlköpfige Frau – oder ist es noch ein Mädchen? – mit ebenmäßigem Gesicht, recht hübsch anzusehen, lächelt, legt dabei spitz gefeilte Zähne frei. Sie drückt mir einen Blechtopf mit einem Stößel in die Hand. Dabei macht sie mir klar, dass ich später damit schlagen solle. Aha, damit habe ich schon mal meine Aufgabe als krachmachender Treiber gefunden.

Die Gruppe setzt sich in Bewegung, damit verstummt jegliches Geschnatter, es wird still, bis auf die natürlichen Laute des Waldes. Im Gänsemarsch schlagen wir uns durchs Dickicht. Schon habe ich in diesem Dschungellabyrinth die Orientierung verloren. Dornen zerkratzen Arme, Gesicht und Bekleidung. Wieder macht sich der Wuchs der BaAka bezahlt. Geschmeidig, fast lautlos, huscht der Trupp durchs Pflanzengewirr. Mbia, das Mädchen mit den spitzen Zähnen, eilt behände vor mir. Ich habe Mühe, ihr Tempo zu halten. Bei jeder Dornenliane fürchte ich um die Unversehrtheit ihres wohlgeformten Busens, da sie nur mit einem Wickelrock bekleidet ist. Die Sorge ist unbegründet. Dornen schlägt sie mit dem Buschmesser ab oder windet sich geschickt daran vorbei. Bald merke ich, dass sie den Weg versperrendes Geäst abschlägt, um mir, dem Waldtollpatsch, den Pfad zu ebnen. Mein Blick ist auf den Boden geheftet, um ja nicht über Wurzeln zu stolpern oder gar in Straßen von Treiberameisen zu treten. Dabei habe ich Mbias Füße im Blick. Sie sehen zart aus, doch die Sohlen müssen lederhart sein. Wäre ein Urwaldmarsch sonst möglich? Interessant, bei Belastung verbreitert sich die Fußfläche. (So etwas habe ich bisher nur bei Elefanten beobachtet.) Dabei wandert Mbias kleiner Zeh weit nach außen. Ihre Füße haben sicher noch nie in Schuhen gesteckt.

Sie dreht sich um und zeigt in eine Baumkrone, aus der gerade Gekreisch ertönt. Da oben schwingen sich Schimpansen von Ast zu Ast. Eine komplette Familie schimpft auf uns herab. Bisher war ich der Meinung gewesen, dass es sich bei Schimpansen um friedliche, gesellige und gutmütige Artgenossen handeln würde. Forschungen haben ein ganz anderes Bild ergeben. Diese Waldbewohner, etwa doppelt so stark wie ausgewachsene, gut trainierte Männer, entwickeln bisweilen ein hohes Aggressionspotenzial, überfallen Nachbargruppen, reißen Feinden den Brustkorb auf und beißen ins Herz. Dabei kommt es zu Kannibalismus. Selbst Menschen, die zu Schimpansen jahrelang ein liebevolles Verhältnis gepflegt haben, sind vor plötzlichen Attacken nicht gefeit.

Die Schimpansengruppe begleitet uns eine Weile. Ihr Gezeter deute ich als Schimpfkanonade gegen Reviereindringlinge.

Schweigsam marschieren wir weiter. Wald wechselt von fast undurchdringlich zu licht und sonnendurchflutet. Areale von Bambus, von mannshohen Farnen werden durchschritten, dann solche uralter Bestände von Kapokbäumen mit Brettwurzeln, die wie Segel auf dem Boden stehen und mit grünen Mooskissen überwuchert sind. Ebenholzstämme sind von anderen farnartigen Pflanzen bewachsen. Überall hängen Moose und Flechten wie lange eisgraue Bärte herab. Wir durchschreiten unberührten Urwald, der an die Zeit der Saurier vor einhundertfünfzig Millionen Jahren erinnern mag.

Ganz unterschiedliche Temperaturschübe nehme ich wahr: Angenehm kühl, feucht schwül, dann trocken heiß – und intensive Duftschleier umspielen die Nase. Aromen modrigen Blattwerks, intensiver Pilz- und Morchelgeruch, betörender Nelkenduft, das Bukett trockener Baumrinde: ein Strauß unterschiedlicher Ausdünstungen von Flora und Fauna.

Gegen Mittag erreichen wir ein Gebiet, das dem Truppführer gefällt. Wir schließen auf und versammeln uns auf einem rasch freigeschlagenen Plätzchen, um leise ein paar Instruktionen zu erhalten. Die Jagdgesellschaft besteht aus vierzehn Leuten, davon haben fünf Netze geschultert. Der Rest ist mit Blech- und Kalebassebehältern ausgerüstet. Jetzt schlagen sich die Netzträger geräuschlos wie Schatten in die Büsche. Ich war informiert worden: Sie werden ihre ein Meter dreißig hohen Netze ausrollen, sie an Äste und um Baumstämme binden. Auf diese Weise entsteht ein halbkreisbildendes Netzwerk mit einer Breite von etwa zweihundert Metern. Alles geschieht schnell, doch ohne Hektik. Ich befinde mich zwischen Etku und Mbia, die mir freundlich zunicken.

Mit durchdringendem Geschrei und wildem Topfschlagen beginnt die Jagd. Wir stürmen querfeldein durch Unterholz, den irgendwo gespannten Netzen entgegen. Äste peitschen ins Gesicht. Ich verheddere mich in Schlingpflanzen, schlage lang hin, rappele mich auf, tobe weiter. Rechts, links, vor mir springt, in Panik versetzt, Niederwild davon. Da ein Ducker, hier ein Dachs, oder war das ein Riesenhörnchen? Wir dürfen nicht verweilen. Treiber müssen treiben! Ich bin ohnehin weit zurückgefallen, renne einfach dem Spektakel nach, ohne zu wissen, ob die Richtung stimmt. Denke, dass ich ja irgendwie das Netz erreichen, damit auf die Gruppe treffen müsse. Außer Atem haste ich durch den Wald. Der Puls pocht, das Herz hämmert. Ich halte inne, horche. Höre kein Geschrei, kein Topfschlagen. Verdammt, wo bin ich? Noch vor dem Netz oder schon außerhalb? Keine Ahnung. Ich eile weiter. Der Fuß macht sich schmerzend bemerkbar.

Weiter, nur weiter. Am Netz werde ich ›meine‹ BaAka treffen, dann bin ich in Sicherheit. Ich höre Vögel schreien und unbekanntes Getier kreischen. Es riecht nach Moder und Verwesung. Jegliche Orientierung ist mir abhandengekommen. Eine magische, unheimliche Atmosphäre umgibt mich. Angst kriecht jäh wie ein Untier an mir hoch und besetzt meine Gedanken. Ist das der Beginn von Panik? Ich fürchte zu fantasieren: Schlangen, große Spinnen, haarige Riesenraupen. Schlingpflanzen greifen wie Kraken nach mir. Ich bin jetzt sieben Stunden auf den Beinen, zum Durst kommt Hunger. Der Fuß gehorcht mir nicht mehr. Wie leichtsinnig, als verweichlichter Stadtonkel mit Pygmäen durch den Dschungel zu rennen! Ich brülle die Namen Etku und Mbia in den Wald. Wieder und wieder. Papageienkrächzen ist die Antwort.

Die Herren des Waldes sind wahrscheinlich längst weitergezogen. In dem Triumph, einem Weißen seine Schwäche beweisen zu können? Warum soll man ihn nicht dort verfaulen lassen, wo er sie zu vertreiben trachtet? Keuchend schleppe ich mich weiter. Der Durst wird quälend. Im triefend nassen Regenwald verdursten. Wie paradox. Ich suche Wasserlianen. War das diese oder jene? Bin unsicher, trinke Regenwasser aus Blattkelchen. Sorge vor Bakterien ist nicht angebracht. Mit Macht und Stärke der Natur konfrontiert, ist längst klar: Ich habe mich völlig verlaufen. Doch seltsamerweise werde ich gelassen, mehr noch, Lethargie lässt mich das Vorhandensein von Leben und Tod teilnahmslos ertragen. Doch diese gelassene Stimmung hält nicht lange vor.

Angst hat mich wieder in ihren Krallen. Panikattacken lassen mich erneut Namen in den Wald brüllen. Erschöpft, von Verzweiflung gepackt, lasse ich mich auf einen Baumstamm fallen. Es ist nicht das erste Mal, dass mich Regenwald zu verschlingen droht. Im Oriente Ecuadors oder im Dschungel Myanmars gab es ähnliche Situationen, doch stets Orientierungshilfen, wenn auch nur vage, wie einen Pfad oder einen Fluss. Ich hatte einen Kompass dabei, der allerdings im Wald wenig hilfreich ist. Welchen Strohhalm gibt es hier zu ergreifen? Ich habe mich blindlings auf die Waldmenschen verlassen. Alex wird mich für einen Vollidioten halten. Während ich über eine Lösung nachgrübele, erscheint aus dem Grün des Waldes ein Gespenst. Und das Gespenst tritt leichtfüßig an den Baumstamm und grinst schelmisch. Es ist, ich kann es kaum glauben, der Jäger Etku. Ich springe auf, umarme ihn, wie den letzten überlebenden Menschen einer globalen Katastrophe.

Ich ihm dicht auf den Fersen, bahnen wir uns den Weg zurück zur Gruppe. Die ist gerade dabei, Kleinwild aus den Netzen einer zweiten Treibjagd zu fangen. Dabei geht es für mitteleuropäische Gemüter brutal, ja grausam zu. Verängstigt kauern quiekend Ducker-Antilopen, Hirschferkel, Weißbauchigel, Buschhörnchen, ein urzeitlich anmutendes Schuppentier in den Maschen. Flinke

Hände greifen zu, packen die Beute. Mit lautem Knacken werden die Beine gebrochen, die zuckenden Bälge in Behälter geworfen. Anderem Getier wird, mit einem Ruck des Kopfes in den Nacken, der Halswirbel gebrochen. Drei Frauen machen sich mit Messern über den Fang in den Eimern her, die Tiere werden getötet und portioniert. Ich wende mich ab. Lebewesen kann man humaner töten! Doch ich bin nicht befugt, Sitten und Gebräuche der Pygmäen zu kritisieren.

Später im Lager erfahre ich von Alex, dass mein Verschwinden gleich wahrgenommen wurde. Auch die Rufe waren zu hören. Doch die Jagd hatte Priorität. Das weiße Greenhorn sollte sich gedulden, mit dem Wald vertraut machen. Im Refugium der BaAka geht niemand verloren, besonders keiner, der Spuren hinterlässt, so sichtbar wie Fußabdrücke am jungfräulichen Strand. Ich glaube, die Pygmäen haben sich aus meiner Situation einen derben Spaß gemacht. Noch heute ist es mir ein Rätsel, warum ich ihre zweite Treibjagd nicht gehört habe.

Zurück im Lager: Vor den Hütten qualmen Feuer. Eine Vorhut hatte unseren guten Fang gemeldet. So werden wir mit ausgelassener Freude begrüßt. Auf dem Versammlungsplatz werden die Fleischstücke erst einmal auf den Boden gelegt. Das Lager versammelt sich, um die Beute zu beurteilen. Nach festen Regeln, die mir gerecht erscheinen, wird verteilt. Gute Stücke erhalten der Dorfälteste, seine Frau und die Treiber. Etwas weniger geht an die Unbeteiligten.

Die ersten Jäger treffen ein und werfen ein Riesenwaldschwein, eine Ginsterkatze und eine Ralle auf frisch ausgelegte Blätter auf dem Platz. Bobuku erscheint, sichtlich missmutig. Er hatte kein Jagdglück. Er lässt sich vor seiner Hütte nieder, schaut grimmig dem Treiben in der Campmitte zu. Auf den Lagerfeuern wird das Fleisch gekocht oder gebraten. Innerhalb der nächsten Stunde widmen sich alle dem reichen Mahl. Bis auf Bobuku, und das soll sich bald zu einem handfesten Eklat entwickeln.

Ich weiß nicht, ob ich Schwein, Dachs oder Antilope esse, auf jeden Fall ist das Fleisch schmackhaft und ganz gegen meine Vermutung zart. Alex neben mir lässt es sich ebenfalls schmecken und meint:

»Als Treiber hättest du anfangs deine Sache ganz gut gemacht, dann seist du in die falsche Richtung gelaufen und schreiend umhergeirrt.«

»Wie kommst du denn darauf?«

»Deine Crew erzählt gerade dein Missgeschick und amüsiert sich.«

Ich beobachte Etku und Mbia, wie sie gestikulierend dem Alten etwas erzählen und die Zuhörer vor Lachen glucksen, dann verstohlen herüberschauen.

»Die haben dir gerade einen Namen gegeben«, sagt Alex.

»Na und, welchen?«

»Waldläufer.«

»Nicht schlecht, damit kann ich leben.«

»Gemeint ist aber ein Waldläufer, der sich im Wald verirrt«, erklärt Alex.

Ich mustere Mbia streng und hebe den mahnenden Zeigefinger. Darauf lacht sie so schrill und herzhaft, dass die anderen belustigt einfallen. So ist es nach erfolgreichen Jagdtagen: Man pflegt mit kleinen und großen Übertreibungen die Geschehnisse nachzuvollziehen, verbal und mit Gestik. Dabei berichten die Jäger über Wunderbares oder Aufregendes, über Heldentaten, die sie immer dann vollführen, wenn zufällig niemand anwesend ist. Jägerlatein kennen alle Kulturkreise! BaAka entwickeln dabei eine besondere Fantasie, die es schwer macht, zwischen tatsächlicher Begebenheit und Legende zu unterscheiden.

Zum Abschluss einer guten Jagd gehören Musik und Tanz. Nach der Mahlzeit erheben sich die jungen, kräftigen Männer, auch Frauen und Kinder, die noch nicht müde sind, versammeln sich auf dem Platz, singen das durchdringende »*Ja-ia-ija*« zu ihrem

Stampftanz bei Trommel- und *geedal*-Tönen. Wie immer steigern sich Rhythmus und Tanzintensität zu einem sinnlichen Event, bei dem Mädchen- und Frauenbrüste wippen und Gesäße wild kreisen, Pobacken fliegen, während die Männer forscher und forscher stampfen. Mbia tanzt wie ein Wirbelwind vor meiner Nase und achtet darauf, dass ihre schönen Brüste zur Geltung kommen.

Alex stößt mich an und meint: »Das ist eine Aufforderung mitzutanzen.«

Ich deute auf meinen Fuß und mache eine bedauernde Geste. Mbia hindert das nicht daran, weiterzuwirbeln, während die Trommler einen extrem harten Beat hämmern. Das Camp ist in Staubwolken rasender Füße gehüllt.

Ein Becher mit *liko* wandert von Mund zu Mund, ein Getränk aus Waldbeeren, Gräsern und Kolanüssen. Schön belebend. Auch die Pfeife mit dem fast zwei Meter langen Stiel kreist zu denen, die weder Tabak noch einen ›Rotzkocher‹ besitzen. In den Ausdruck ausgelassener Freude hinein ertönt plötzlich wütendes Gebrüll. Alle Köpfe zucken in Richtung Bobukus Hütte. Trommeln sterben, *geedal* verstummen, Tänzer bleiben wie versteinert stehen.

Bobuku kommt auf den Platz gestürmt. Seine Augen rollen wild. Grimmig schaut er drein, zu allem entschlossen. Ein aufgeregter Wortschwall entströmt seinem Mund. Es hört sich an wie eine Anklage oder eine Forderung. Bobuku redet sich in Rage. Schweigsam wird ihm zugehört. Endlich ergreift Krepos, der Lagerälteste, das Wort und bringt den Rasenden zum Schweigen. Der alte Jäger gibt ein Statement ab, kompetent in wohlgesetzten Worten. So kommt es wenigstens bei mir an. Nun spricht Etku, der sich gestern bestohlen fühlte. Er bleibt ruhig, wendet sich dem Ältesten und uns zu, scheint jedoch Bobuku zu meinen und zu beschuldigen. Ich verstehe nichts. Spüre jedoch die äußerst heikle Situation. Das Palaver geht bis in die Nacht hinein, schwappt wie eine Welle von vorn nach hinten und flaut allmählich ab. Längst sind die betagten Zuhörer eingeschlafen. Bobuku ergreift wieder einmal das Wort. Das Auditorium lacht und höhnt. Und dann passiert etwas Seltsames: Bobuku greift an seinen Gürtel, löst einen Beutel, den er auf den Boden schleudert. Jetzt rennt er in den Wald. Ich deute es als Flucht.

»Die Gemeinschaft hat ihn ausgeschlossen. Man hat ihn verstoßen«, flüstert Alex.

In unserer Hütte erklärt er später den Vorfall: Es ist nicht ehrenrührig, Bantu oder Weiße zu bestehlen. Doch untereinander kommt Diebstahl so gut wie nie vor, weil BaAka kaum persönlichen Besitz haben oder horten und weil sie es nicht nötig haben, wird doch jegliche Beute nach festen Regeln aufgeteilt. Faulheit oder Neid können allerdings Beweggründe für kleine Rationen sein. Bobuku galt als faul. Beim Hüttenbau sammelte er nie Blätter, saß herum, wenn das Gerüst in den Boden zu rammen war. In hohen Baumwipfeln Honig ernten war auch nicht sein Ding, und bei der Netzjagd war ihm das Spannen der Netze zu mühsam. Am liebsten streifte er allein mit dem Speer durch den Wald und rauchte Tabak oder Gras, das er überall stibitzte. Weil er kein guter Jäger war, erschien er abends, häufig bekifft, mit leeren Händen, verlangte jedoch stets seinen Anteil. Schon seit Längerem galt Bobuku als stehlender Nassauer, der Verwarnungen in den Wind schlug. Als er gestern seinen Kameraden Etku bestahl, wurde er vom gemeinsamen Mahl ausgeschlossen, das brachte ihn auf die Palme. Er stritt alles ab und pries sich als Spaßmacher, guten Geschichtenerzähler und ausdauernden Tänzer. Der alte Jäger gab ihm zu verstehen, dass das Maß voll sei, er müsse jetzt bestraft werden. Da er ein junger Bursche sei, seien Prügel mit dornigen Lianen angebracht. Das sah Bobuku nicht ein. So palaverte die Gemeinschaft endlos lange über das Strafmaß, bis die BaAka lachten und spotteten. Bobuku war der Lächerlichkeit preisgegeben worden. Für einen Jäger sind Verachtung und Schmähung eine Strafe, die weit härter ist als einige Schläge mit einer Dornenliane. Bobuku blieb nichts anderes übrig, als zu flüchten. Damit war er aus der Gemeinschaft verbannt – für Pygmäen eine furchtbare Ahndung, die nur in ganz seltenen Fällen endgültig ist.

»Der Wald läutert. In ein, zwei Monaten wird Bobuku reumütig in die Gemeinschaft zurückkommen – und aufgenommen werden. Wenn er nicht rückfällig wird, ist die Angelegenheit erledigt«, meint Alex.

Erstaunlich, denke ich, hat doch der Jäger, als Dieb, in seiner Ehre gekränkt, ein hohes Maß an Strafe selbst gewählt.

»Warum gibt es bei den Pygmäen keine ›Häuptlinge‹ und Gesetze?«

»Ganz einfach«, sagt der Bantu, »weil der Wald ihre höchste Instanz ist. Er liefert ihnen alles: Leben, Nahrung, Geborgenheit. Als Volk des Waldes ist der Wald das Maß der Dinge, Taten und ihrer Gedanken. Er ist ihr ›Häuptling‹, Gesetzgeber und Richter.«

Genug Stoff zum Nachdenken. Bin auch ich als ›Waldläufer, der sich verirrt‹, der Lächerlichkeit ausgesetzt? Ich beschließe an meinem angeschlagenen Image zu arbeiten. Unter Jägern und Sammlern kann ich mich nur auf der Jagd bewähren. Aber ich bin kein Jäger, und Tiere zu töten geht mir gegen den Strich. Gut, damals als Junge, in einer Zeit der Spatzenplage beim Bauern, hatte ich auch mal einen Sperling mit der Schleuder erschossen und dafür eine Prämie erhalten. Natürlich ist die Jagd der BaAka anders zu beurteilen als das Trophäenschießen weißer Jäger.

Etku, mein ›Retter‹, nimmt mir die Entscheidung ab. Ich hatte mich für seinen Einsatz mit einem Taschenmesser und Zigaretten bedankt. Wir rauchen gemeinsam am Feuer.

Mit Pfeil und Bogen bewaffnet, war er mit einer erlegten Waldginsterkatze *(Genetta servalina)* von der Jagd zurückgekehrt. Ich inspiziere seine Pfeile mit scharfer Eisenspitze und Widerhaken. Etku macht mir verständlich, dass ich vorsichtig sein solle. Klar, die Spitzen sind vergiftet. Er erlaubt mir, einen Pfeil auf die Sehne zu spannen. Ich stehe auf, zeige auf einen dünnen Stamm. Schon zittert der Pfeil ziemlich mittig im Holz. Er staunt und ruft etwas.

Andere Jäger kriechen neugierig aus ihren Hütten. Er reicht mir einen zweiten Pfeil, den ich unmittelbar unter den ersten schieße. Es folgt anerkennendes Geraune. Alex ist aufmerksam geworden, begibt sich ans Feuer, meint trocken:

»Reine Glückssache. Aller guten Dinge sind drei.«

Nun soll meine Schießkunst nachhaltig demonstriert werden. Der Baum steht immerhin in gut fünfzehn Metern Entfernung. Wieder wird mir ein Pfeil gereicht. Kühn wie Robin Hood wird die Sehne gespannt, kurz gezielt, der Pfeil trifft zwei Zentimeter über dem ersten. Die Jäger stoßen spitze Schreie des Vergnügens aus. Nun muss sich Etku als Schütze beweisen. Sein erster Schuss geht daneben. Die beiden anderen treffen den Stamm am Rand. Der Aka ist konsterniert. Wie ist es möglich, dass der Sesselfurzer so gut schießen kann? Er spurtet in seine Hütte und holt einen Speer. Den schleudert er in Richtung Stamm und trifft auf Anhieb dreimal. In dieser Disziplin muss ich passen. Der Speer landet irgendwo, nur nicht im Baumstamm. Etku ist beruhigt. Wir geben uns die Hand. Am Lagerfeuer verrate ich die Ursache meiner Schießkunst, Alex übersetzt. Zu Hause bin ich einst aktiver Bogenschütze gewesen, hatte so manchen Preis gewonnen. Etku ist erleichtert zu hören, dass nicht alle Weißen so gut mit Pfeil und Bogen umgehen können.

Neugierig frage ich, ob der diskriminierende Name noch Gültigkeit habe. Die Jäger schütteln die Köpfe. Ich sei jetzt einer, »der den dünnen Baum trifft«, meint Alex. Na, wenn das mal stimmt.

Ein bisschen Eindruck haben die Schießübungen wohl doch gemacht. Etku lädt mich ein, mit auf die Jagd »für Männer« zu gehen. Ich fasse das als Ehre auf. Kann vor Aufregung kaum schlafen, bin morgens um vier marschbereit: mit geliehenem Bogen und einem Köcher voll vergifteter Pfeile. Es geht querfeldein durch den Wald. Leider bin ich mit dem Fuß immer noch gehandicapt, sodass Etku oft auf mich warten muss. Es ärgert mich, ihm als Jagdgehilfe zur Last zu fallen. Gegen Mittag haben wir noch kein Wild aufspüren können. Das ist auf meine Pirsch zurückzuführen. Ich bin einfach zu laut. Verheddere mich im Geäst, stolpere oder bekomme den Pfeil auf die Sehne, wenn die Beute auf und davon ist. Wegen der Geräuschkulisse geht es dem Aka ebenso.

Rechts raschelt etwas im Unterholz. Etwas Geflecktes! Doch nicht etwa ein Leopard? Bevor ich das Etwas deuten kann, vernehme ich ein schauriges Grunzen. Dann tobt ein Riesenwaldschwein davon. Etkus Speer steckt ihm in der Flanke. Die Waffe knickt an einer definierten Stelle ab. Das Schwein verfängt sich. Zwei gezielt platzierte Pfeile machen das Tier kampfunfähig. Mit dem Buschmesser wird dem Keiler der Garaus gemacht. Schaurig sieht der Bursche aus der Nähe aus und verdammt wehrhaft mit Mordshauern. Das durch Blätter abgeschirmte Licht lässt die Decke gefleckt erscheinen, wie Leopardenfell. Etku schlägt Bambus zu einer Stange von zwei Metern Länge, dreht das Tier auf den Rücken und bindet die Beine über der Stange mit Lianen zusammen. Wir wuchten uns den Balg auf die Schultern. Bestimmt einhundert Kilogramm schleifen wir da über den Boden. Schwerstarbeit! Ich muss alle zweihundert Meter absetzen. Im Camp werden wir mit großem Hallo empfangen. Wäre die Beute gar ein Büffel oder ein Elefant gewesen, hätten die BaAka ihre Hütten verlassen und neue gebaut, um die Beute an Ort und Stelle zu verspeisen.

Am Lagerfeuer übertreffen sich die Jäger wieder einmal mit Jägerlatein. Zu stimmen scheint allerdings, dass in unmittelbarer Nähe ein zorniger Elefantenbulle sein Unwesen treibt. Ein alter Einzelgänger, und der könnte der Jagdgemeinschaft gefährlich werden, sollte er überraschend auftauchen. Der Dorfälteste berät sich. Man beschließt, mehrere Feuer lodern zu lassen und Wache zu schieben. Der Elefant erscheint nicht, stattdessen eine nicht minder unangenehme Gefahr.

Zu Ehren Etkus, des Jägers, wird natürlich auch in dieser Nacht gesungen, getanzt, musiziert bis zum Morgengrauen, bis der Letzte erschöpft und vollgefuttert zu Boden sinkt. Vom Genuss des fermentierten *kangay* und des vielen Fleisches ist mir übel. Als Gefährte des großen Jägers erhielt ich einen riesigen Brocken Schweinefleisch und wurde genötigt, alles zu vertilgen. Naturvölker können Unmengen essen, wenn Nahrung vorhanden ist, aber auch mehrere Tage hungern, ohne merklich an Kraft zu verlieren – eine Fähigkeit, die uns als ›Vorratsgesellschaft‹ längst abhandengekommen ist.

Ein trauriges Ereignis

Im Camp gönnt man sich heute etwas Ruhe. Mit Alex schaue ich in die eine oder andere Hütte. Es wird sich zugelächelt und ein schöner Tag gewünscht. Neben der Hütte des Dorfältesten bietet sich eine merkwürdige Szene: Ein Jüngling liegt am Boden mit einem Bambusstab quer im Mund. Auf ihm kniet ein Mann, in der einen Hand ein Holzscheit als Hammer, in der anderen ein Metallteil, eine Art Stecheisen, das er dem Jungen an die oberen Schneidezähne hält. Mit kräftigen Schlägen bricht er stückchenweise Kalk aus den Zähnen. Der Liegende röchelt, rollt erbarmungswürdig mit den Augen. Ab und zu schlägt der Zahnklempner auf den Kiefer. Dann spritzt das Blut. Der Junge quiekt wie ein angestochenes Ferkel.

»Geschlechtsreife Mädchen und Jungen, die Männer sein wollen, werden fünf der oberen Schneidezähne spitz geschlagen. Wie die Gesichtstätowierung wird auch die Zahnprozedur ohne große Zeremonie durchgeführt, eher wie nebenbei. Viele Sippen nehmen von der Zahnbehandlung gänzlich Abstand«, sagt Alex und ergänzt: »Die Beschneidung, als Element der Mannesweihe, führen die BaAka auch nur halbherzig durch. Es ist eine von den Bantu eingeführte und übernommene Sitte, die bei den Waldmenschen keine besondere Bedeutung hat.«

»Kommt das Piranhagebiss aus der Mode?«

»Scheint so. Tätowierungen sind bei den BaAka auch nicht mehr in, dafür umso mehr bei den Weißen.«

Wir lassen uns neben dem Zahndrechsler nieder, der eifrig weiter modelliert. Dabei kommt mir Colin Turnbull in den Sinn, ein Ethnologe und Anthropologe, der 1951 das Vertrauen der BaMbuti der Ituri-Region gewann. Drei seiner Freunde und Jäger führten ihn eines Tages abseits der Hütten an einen besonderen Platz im Dschungel und machten ihn zu »einem aus dem Wald«. Die BaMbuti wollten sicher sein, dass Colin wiederkommen würde. Der Jäger Kolongo hielt seinen Kopf, und ein anderer schnitt mit einer rostigen Pfeilspitze kleine, aber tiefe Schlitze in die Stirn und über die Augen des gebürtigen Engländers. Anschließend wurde eine Paste aus schwarzer Asche in die Wunde gerieben. So in den Reigen richtiger Waldmänner aufgenommen, erschien Colin im Lager, wo ihn die Frauen unter kreischendem Gelächter empfingen und meinten, dass ihm jetzt nur noch eine Heirat zum »weißen Pygmäen« fehle. Nach einem *molimo,* einer mystischen Tanz- und Gesangszeremonie, verließ Colin die Pygmäen – und kehrte zwei Jahre später zu ihnen zurück.

An Alex gewandt fragte ich, ob ihm *molimo* ein Begriff sei.

»Durchaus, bei den BaAka ist es die *ejengi*-Zeremonie, ein heiliges Tanzfest, bei dem der Waldgeist auftritt. Aus dichtem Wald erscheint eine mit Stroh oder Blättern unkenntlich verkleidete Person, tanzt bei Trommelwirbeln bis zur Raserei und verschwindet so überraschend, wie sie erschienen ist. Es ist ein magisch-kultisches Ereignis, bei dem der Waldgott über den Waldgeist Kontakt mit den Menschen aufnimmt. Ansonsten sind Pygmäen-Tanzfeste Ausdruck von Lebensfreude und nicht zeremoniell-religiösen Regeln unterworfen. Waldmenschen glauben an das Gute. Verfehlungen regelt die Gemeinschaft, indem sie den Täter nötigt, die Strafe selbst zu wählen und zu vollziehen. Du hast es ja selbst erlebt.«

»Ein besonderes Volk, und in der Welt außerhalb ihres Gartens ›Wald‹ so verwundbar. Pygmäen sind naiv, arglos, leicht auszunehmen, zu übervorteilen. So klingen ethnische Todesurteile«, antworte ich.

»So ist es wohl. Sie verkörpern ein Sozialsystem, von dem wir viel lernen könnten, um das Miteinander erträglicher zu machen. Dennoch ist ihre Lebensweise dem Untergang geweiht. Es fehlt der unbedingte Wille zum Siegen, des Im-Konkurrenzkampf-bestehen-Wollens. Affen wehren sich, wenn sie getreten werden, Pygmäen nicht«, meint der Bantu.

»Aber sind sie deshalb dumm? Ich glaube, sie sind zufrieden, sich selbst genug in einer Welt des Raffens und Betrügens. Ein Unternehmer sagte mal: ›Wachsen oder weichen‹, wird damit nicht das Ende der Zivilisation beschrieben?«

An diesem Tag dachte ich viel über die so unterschiedlichen Welten Afrikas nach. *Africa nigra,* der unbegreifliche Kontinent, durchpflügt von Mächten der Steinzeit, des religiösen Fanatismus, einer Geister- und Dämonenwelt, des rigorosen Gewinnstrebens – wo treibt er hin?

Eine spürbare Unruhe durchfährt das Lager. Etwas Ungewöhnliches muss geschehen sein. Als Frauen klagend und jammernd aus Krepos' Hütte kriechen, ist klar: Der alte Jäger ist gestorben. Bis auf die klagenden Verwandten ist es geheimnisvoll still im Camp. Selbst die Kinder, die sonst um diese Zeit ausgelassen toben, verharren wie in Andacht, suchen bei ihren Müttern Schutz. Verlust- und Schmerzjammern sind keine Etikette, sie sind tief empfunden. In einem Bantudorf herrscht beim Tod eines einflussreichen Menschen Furcht. Es sei die Angst vor Zauberei und der Macht des Bösen, erfahre ich. Bei den Pygmäen sei das anders. Da gebe es keine Furcht, aber den Schmerz eines endgültigen Verlustes, der zu betrauern sei.

Jung und Alt umsteht die Hütte, versucht den Alten auf dem Totenbett durch bloße Anwesenheit zu würdigen. Im Halbdunkel liegt der ruhig Entschlafene, umgeben von Weinenden. Es herrscht Erregung, verbunden mit ans Herz gehender Anteilnahme. Selbst den jungen Jägern laufen Tränen über die Wangen. Auch Etku geht es so, wenngleich alle wissen, dass Krepos ein langes, schönes Leben hatte, das er abschließen konnte, wie er es sich stets gewünscht hatte: ohne zu leiden, frei, in seiner geliebten Heimat, dem Wald.

Doch sein Tod ist ein Verlust für die Sippen, der Leere und Unsicherheit hinterlässt. Nach dem letzten Blick auf den Toten versammeln wir uns schweigend vor einem lodernden Feuer, das vor seiner Hütte entfacht wurde. Die Stimmung ist gedrückt, in einer gewissen Weise ratlos, bis ein Jäger ans Feuer tritt. Es ist Maket, einer seiner Söhne, der Worte an die Trauernden richtet.

»Er spricht über seinen Vater«, sagt Alex, »und er bestätigt, dass er einen guten Tod hatte. Einen, den sich BaAka wünschen: zu Hause im Wald.«

Alle nicken zustimmend, als er fortfährt, jeder solle zufrieden sein, dass Krepos so lange gelebt habe und so gut gestorben sei. Das Jammern solle nun aufhören. Der Tod sei eine wichtige Angelegenheit, wie die Geburt – beides Ereignisse, die unser Dasein beträfen und den Glauben an den beschützenden Waldgott. Es sei jetzt die Zeit des ehrwürdigen Feierns gekommen. Bei diesem Schlusswort stochert Maket mit seinem Speer im Feuer, wobei Flammen und Funken hoch aufwirbeln. Im Hintergrund wird eine Trommel geschlagen, in die wenig später weitere einfallen. Ihr Tamtam hallt bis in den nächsten Nachmittag hinein. Trommelschlag begleitet schließlich die Gemeinschaft an ein lichtdurchflutetes Plätzchen, wo der Dorfälteste begraben wird. Seine Frau Asefa beugt sich über die Grube – stürzt hinein. Ich kann nicht deuten, ob sie aus Versehen oder bewusst hinabgefallen ist. Starke Arme ziehen sie heraus. Vielleicht ist es eine Demonstration großer Verbundenheit?

Nach der Beerdigung verstummen die Trommeln. Am Lagerfeuer trifft man sich, und gedämpfte Stimmen palavern bis tief in die Nacht. Der alte Mann, die Institution, ist nicht mehr da, jeder spürt die Leere.

Ein Angriff

In der Nacht träume ich von einem alten, von tiefen Gesichtsfalten gezeichneten Mann, der sich todesmutig vor sein Dorf stellt, um einen wütenden Elefanten abzuwehren, doch der Dickhäuter lässt sich nicht besänftigen. Er umfasst den Mann mit seinem Rüssel und schleudert ihn ins Dickicht. Dann zertrampelt er die Hütten.

Ich wache auf und liege lauschend da, blicke aus der Hüttenöffnung. Die Elefantenwache hockt nicht vor dem Feuer, wie seltsam. Ich luge um die Ecke und beobachte, wie die Jäger auf dem Boden herumstampfen, immer hektischer und wilder. Plötzlich rufen sie etwas. Es hört sich wie Fluchen an. Da ist auch schon das ganze Camp auf den Beinen.

»Was ist los?«, frage ich Alex.

»Man hat Späher der Treiberameisen entdeckt. Kundschafter, die Fressbares suchen, um anschließend eine Armee von Artgenossen aufmarschieren zu lassen. So ein Raubzug folgt unmittelbar oder ein, zwei Tage später. Wenn sich die Insekten entschließen, das Lager anzugreifen, ist Gefahr im Verzug. Sie kennen kein Erbarmen.«

Seit wir als Schüler »Leiningens Kampf mit den Ameisen«, eine Novelle von Carl Stephenson, gelesen haben, sind mir Wanderameisen eine Horrorvorstellung. In der Geschichte überlebt der deutsche Farmer Leiningen, angefressen, mit knapper Not einen Angriff von Treiberameisen. Sie kennen keinen ständigen Wohnsitz, bauen sich auch kein Nest. Sie streifen in langen, bisweilen sogar breiten Kolonnen durch die Landschaft und säubern sie von allerlei Getier. Auch Vögel und Säugetiere gehören zu ihrer Beute. Ihre Stärke ist die Anzahl, ihre Taktik der Kampf, gepaart mit erbarmungsloser Fresslust bis zur Selbstaufgabe. Die

Individuen sind Kamikaze-Kampfmaschinen, die kein Pardon gewähren, selbst weder Furcht noch Panik kennen. Es sind auf Vernichtung programmierte Insekten. Nachts biwakieren sie im Unterholz. In den Morgenstunden ziehen sie weiter, zielstrebig den Duftmarken ihrer Späher nach. Dabei kann sie nichts und niemand aufhalten. In gewissen Abständen lassen sie sich für eine längere Zeit in einem Loch oder einem hohlen Baumstamm nieder. Das geschieht, nachdem die Königin ihre Eier abgelegt hat, alle Larven geschlüpft sind. Es kommt auch vor, dass die Arbeiterinnen Larven mitschleppen. Das entspricht einem hundert Kilo schweren Kartoffelsack, den ein Marathonläufer rennend transportiert. Diese Ameisen bilden eine Armee des Todes, nicht selten zwanzig Millionen Insekten stark, die sich auf ihren Raubzügen in bis zu zwanzig Meter breiten Schwärmen über den Waldboden ergießt. So eine Kampflawine besteht aus der Königin, mit fünf Zentimetern Länge die größte Ameisenkönigin der Erde, eineinhalb Zentimeter großen Soldaten mit riesigen, messerscharfen Beißzangen, den Mandibeln, dann mittelgroßen und kleinen Arbeiterinnen mit ebenfalls scharfen Zangen. Die Kundschafter sondern eine chemische Substanz ab, die der Armee mindestens einen Tag lang als Orientierung dient. Treiberameisen besitzen keine Augen, ihre kollektive Intelligenz speist sich aus zwei mit Millionen winziger Härchen besetzten Kopffühlern, Sinneszellen, die äußerst geruchs-, vibrations- und berührungsempfindlich sind.

Neugierig betrachte ich die Krabbeltiere, wie sie sich suchend ihren Weg durchs Camp bahnen. Auch wenn es zwecklos ist, treten die BaAka einige tot. Die Duftspur ist längst gelegt. Es ist nur eine Frage der Zeit, wann die Streitmacht folgt. Neugierig, doch besorgt erwarte ich den Überfall. So eine wildwütige Armada kann für Menschen höchst unangenehm sein. Unser Jagdcamp wäre nicht das erste, das von einer solchen Armee regelrecht erobert wird. Es gibt abscheuliche Beschreibungen von Menschen, die gefesselt Treiberameisen zum Fraß vorgeworfen wurden. In kurzer Zeit waren die Unglücklichen bei lebendigem Leib bis aufs Skelett aufgefressen worden.

Nun gilt es, alles Essbare zu sichern. Die Anweisung lautet: Ruhe bewahren, möglichst ziehen lassen, in der Hoffnung, dass sie nicht verweilen, um auszuschwärmen. Vielleicht handelt es sich ja nur um einige Hunderttausend Fresser.

Heute geht niemand auf die Jagd. Gut möglich, dass schon bald jede Hand gebraucht wird.

»Was passiert, wenn sie uns nachts überfallen?«, gebe ich zu bedenken.

»Höchst unwahrscheinlich. Bei Dunkelheit sind sie selten auf Nahrungssuche«, meint Alex.

Wir essen Bananen, etwas Fleisch und Maniok, die Reste werden sorgfältig verpackt. Drei Stunden später hat sich noch nichts ereignet. Ich denke schon an blinden Alarm.

Da ertönt Alex' Stimme vom östlichen Lagerrand: »Des Fourmis! Ameisen!«

Mein Blick streift den Boden vor unserer Hütte. Nicht zu fassen, die Viecher haben uns bereits eingekreist. Schon raschelt und rauscht es, dann ein Knistern, als brenne ein Buschfeuer. Ich schaue an meinen Beinen herunter. Mein Gott! Sie sind überall, auf den Schuhen, an den Hosenbeinen, haben sich im Stoff festgebissen. Ich renne in westliche Richtung. Auch diese Lagerecke haben sie längst erobert. Der Versammlungsplatz scheint in Bewegung zu geraten. Keine rote Erde mehr! Stattdessen eine prasselnde Flut krabbelnder, rennender Leiber, Fühler, Beine, drohend aufgerichteter Köpfe, wie lebende Beißzangen. Die Feuer züngeln prasselnd! Ist da eine Tausendschaft in die Flammen hineingeraten?

Ich höre die BaAka fluchen, Kinder schreien, Frauen lamentieren. Sie vollführen einen Veitstanz, schlagen um sich wie bei einer Selbstgeißelung, um sich von der Plage zu befreien. Das ist also die Hauptmasse, die einer Walze gleich heranrollt und in mehreren

Schichten das Lager überflutet. Uns attackiert eine große, eine sehr große Armee! An meinen Beinen brennen die Bisse, wütende Soldaten erkennen, dass ich aus Fleisch und Blut und damit fressbar bin, schlagen ihre scharfen Mandibeln in meine Haut. Ihre Duftsignale locken weitere herbei. Eilig schlüpfe ich aus der Hose, versuche die Tiere abzuschlagen. Rümpfe fallen ab, die Köpfe aber bleiben fest verbissen im Fleisch. Ich muss wegtanzen, weil sich immer mehr Ameisen an den Beinen höher arbeiten. In Windeseile streife ich mit der Klinge des Taschenmessers die Beine ab, die Insekten purzeln hinunter.

Ich hüpfe auf unsere Hütte zu, entdecke mit Schrecken, dass eine neue Kolonne in genau diese Richtung rollt. Ein dicker Strang hastet mehrspurig und übereinander heran, als gelte es fliehende Beute zu packen. Nur noch wenige Meter und sie hätten die Hütte erstürmt. Ich renne zum Feuer, packe zur Hälfte brennende Scheite und werfe sie in die Ameisenstraße. Jetzt sind die Biester richtig wild, verhaken sich, bilden lebende Schnüre und Brücken. Ein anderer Pulk baut eine neue Schnellstraße. Oh Wunder, er ändert die Richtung. Die Wildgewordenen formieren sich aufs Neue, schlagen und kämpfen sich an der Hütte vorbei.

Ich sehe, auch BaAka bekämpfen die Invasion mit Feuer. Scheint ein probates Mittel zu sein. Ihre geballte Kraft konnte aufgerieben und in eine andere Richtung gezwungen werden, allerdings auch mit dem Ergebnis, dass sich einige Zigtausend hochaggressiv auf unsere Beine stürzen und dort festbeißen.

Erleichtert stellen wir fest, dass eine erhebliche Masse Leiber zu einer Kolonne zusammenströmt und sich in Richtung Wald ergießt. Noch ist die Gefahr nicht gebannt. Ältere Jäger sind der Meinung, die Treiberameisen planten einen taktischen Rückzug, um später mit geballter Kraft erneut anzugreifen. An den gefährdeten Lagerbereichen wird ein Brandgürtel angelegt, im Vertrauen auf die abschreckende Wirkung des Feuers. In den nächsten Stunden sind wir mit dem Vernichten der vielen versprengten Biester beschäftigt, die, festgebissen, den Anschluss an den Schwarm verpasst haben oder zu aufgeregt sind, eine eigene Formation zu bilden.

Ein erneuter Angriff scheint auszubleiben. Im Vertrauen auf die Feuergürtel, die ständig beschickt werden und beruhigend lodern, begeben wir uns aufs Reisiglager.

Der nächste Morgen. Noch in Erwartung unliebsamer Überraschungen, ist heute Körperpflege angesagt. Ich deute die Aktivität als Entspannungstherapie oder Stressbewältigung. Männlein und Weiblein schaben sich vor ihren Hütten die Schädel kahl oder legen einfallsreiche Kurzhaarfrisuren an, so zum Beispiel Bürstenschnitte bei glatt rasierten Schläfen und Hinterköpfen, lustige Haarinseln oder die Andeutung eines Irokesenschnitts. Aus hygienischen Gründen herrscht die Glatze bei beiden Geschlechtern vor. Sie wird alle zwei, drei Monate erneuert. Als Friseurbesteck dient ein rostiges Metallmesser oder eines aus geschliffenem Bambusholz, wobei das störrisch-harte Pfefferkornhaar mehr ausgerissen als geschnitten wird – eine Prozedur, die klaglos erlitten wird, ja sogar Spaß macht.

Gegenseitige Körperpflege wird bei den BaAka ernst genommen. Ungeziefer trägt man nicht gern mit sich herum. Sich lausende Frauen und Mädchen sind häufig zu beobachten, wenn die Grüppchen herumsitzen, miteinander schwatzen. Kopfläuse sind zwar lästig, aber auch ein schöner Zeitvertreib, da sie geknackt und verspeist werden können.

Die Putz- und Flickstunden erinnern mich daran, auch etwas für meine Gesundheit zu tun. Lariam ist zu nehmen, allerlei Entzündungen, Kratzer und Bisse müssen versorgt werden. Sandflöhe sind wieder aktiv, lösen Fußnägel. Für eine Spezialbehandlung konsultiere ich einmal mehr Kimpa, die Medizinfrau. Pediküre ist ihr Spezialgebiet. Nur soll sie mit meinen Zehen nicht so ruppig umgehen!

Ich sitze vor meiner ›Bienenkorb‹-Behausung, lasse die Zeit fließen wie durch eine Sanduhr. Ein schönes Gefühl. Genieße deine Muße und verweile in der Gegenwart. Glücklich ist der, der das in unserer getriebenen Welt noch kann. In ihrem Wald können die Pygmäen dies. Wie lange noch?

Mich beschleicht ein Gefühl von Traurigkeit und Zorn, wenn ich an die Zukunft des Regenwalds denke. Bleibt den Waldmenschen noch ein Stück ihrer Jagdgründe oder werden sie von der ›Moderne‹ weggefegt, untergepflügt, ausgerottet? Unsere Welt wäre um einen wichtigen Schöpfungsakt ärmer.

Kümmernis bereitet mir auch die Aufbruchstimmung. Für mich wird es Zeit, das Dorf, den Dschungel, damit die sanften Waldmenschen zu verlassen. Der Tag des Abschieds wird kommen, bald schon und für immer. Die Idylle der Jagdcamps wird es bald nicht mehr geben – eine kummervolle Erkenntnis.

Ein tückischer Honigbaum

Unser Camp bleibt von einem zweiten Ameisenangriff verschont. Die Jäger gehen ihrer Lieblingsbeschäftigung nach, pirschen durch den Wald.

Mutoma ist hochschwanger. Ihre Niederkunft steht unmittelbar bevor. Gegen Mittag verschwindet sie im Wald, macht sich allein und ohne Hilfe auf, einem neuen Erdenbürger das Leben zu schenken. Für uns medizinisch und klinisch versorgte Mitteleuropäer mutet eine Geburt bei Pygmäen herzlos, ja brutal an. Die Gesetze der Natur sind die der natürlichen Auslese: *survival of the fittest.* Das gilt auch für die Menschen, die in ihr bestehen wollen. Mutoma wird ihr Baby gebären, ihm die Nabelschnur durchtrennen, die Nachgeburt verscharren und ins Lager zurückkehren. Wird stolz und glücklich Mann und Familie den Sprössling präsentieren – wenn alles gut geht.

Hat die Mutter eine Totgeburt, kommt sie allein zurück. Überlebt die Mutter die Geburt ihres gesunden Babys nicht, stirbt das Neugeborene, weil es verhungert. Aus dem BaAka-

Lager ist keine Hilfe zu erwarten. Bei Mehrlingsgeburten kann es vorkommen, dass ein Kind getötet werden muss, damit die übrigen in Notzeiten überleben können. Versorgungsengpässe führen bisweilen zu solchen Zwangsmaßnahmen. Es dauert keine zwei Stunden, da erscheint Mutoma als glückliche Mutter, den Säugling seitlich in einem Schultertuch tragend. Mit *geedal*-Klängen und Gesang wird das Baby begrüßt. Etwas später erscheint der Vater mit einer Botschaft, die das Lager noch frohlocken lassen wird. Doch als Erstes begibt er sich zu seiner Hütte, wo seine Frau vor dem Eingangsloch das Neugeborene stillt. Liebevoll streichelt er sie. Pygmäen verkehren untereinander sehr herzlich und lassen ihrem Zärtlichkeitsbedürfnis freien Lauf. Der Jäger erfährt, dass er einen Sohn bekommen hat. Er küsst ihn auf die Stirn – ein rührendes Bild. Der Kuss, so wird mir bewusst, ist ein universeller Ausdruck der Zuneigung. Die Eltern kriechen mit dem Baby in ihre Hütte, und obgleich der Vater eine wichtige Mitteilung zur Versorgung kundtun wollte, widmet er sich zunächst seiner Familie.

Auf meiner Reise zu den Pygmäen wird mir bei diesem Erlebnis klar, dass ursprüngliche Kulturen, die wir gern als primitiv bezeichnen, mehr Zeit für ein freundliches Miteinander aufwenden als wir. Und ich frage mich: Was können wir diesen Menschen bieten, um deren Fortschritt wir so eifrig bemüht sind? Wir entwurzeln sie und bringen Gier und Unrast in ihr Leben. Man kann sie doch nicht so leben lassen, ist unser Argument. Was für Naturgemeinschaften gut ist, bestimmen wir. Eine Einflussnahme, die die wunderbare Vielfalt der Schöpfung schon bald uniformieren wird.

Buuy genannter Honig ist der beliebteste Leckerbissen der Waldmenschen. Normalerweise beginnt die Sammelzeit kurz nach der Regenzeit, Ende Oktober. Doch wann ist es im Dschungel wirklich trocken? So lässt sich Bienenhonig auch schon mal außerhalb der Saison ernten.

»Banjooey-Wildbienen, wie sie die BaAka nennen, sammeln Blütenstaub, den sie in Nestern hoch oben in Baumkronen deponieren«, erklärt Alex. »Nach einer Zeit der Reife, fünf Monate später, kann der Honig geerntet werden. Ein waghalsiges Unterfangen! Pygmäen kennen mehrere Honigsorten, die von unterschiedlichen Bienenarten erzeugt werden. Kleine, stachellose produzieren *kuma,* einen dunklen Honig, scharf im Geschmack. BaAka verdünnen ihn mit Wasser zu *njambu,* einem Gebräu, das sie ›Kaffee des Waldes‹ nennen. *Sako* ist Honig, der im Boden oder in fauligen Stämmen geerntet wird. Er ist begehrt. Doch nichts geht über *banjooey*-Honig, ihn lieben die BaAka über alles und verschlingen ihn zur Erntezeit in Mengen – bis ihnen die Bäuche wehtun.«

Ngoma, der frischgebackene Vater, hatte ein *banjooey*-Bienennest entdeckt. Und das weckte Freude auf die süße Lust. Als Ngoma aus seiner Hütte kriecht, macht er sich mit zwei jungen Jägern auf. Natürlich wollen wir dabei sein. Auf dieser Jagd können wir nichts vertreiben, höchstens selbst vertrieben werden, durch stechwütige Bienen. Wir folgen und pirschen im Trupp in gewohntem Tempo ein gehöriges Stück durch den Wald. Mit einem Mal nehme ich ein hohes Summen wahr. Bienen schwirren an unseren Köpfen vorbei wie blaue Bohnen. Alex schlägt danach, was sie erst richtig wild macht. Wie die BaAka versuche ich, die emsigen Flieger zu ignorieren, verweile, mache mich bienenfest durch Zuknöpfen des Kragens, Schließen der Hosenbeine. Bienen greifen nicht aus Stechlust an, nur wenn sie in Panik geraten oder geschlagen werden. Alex schreit auf. Augenscheinlich hat ihn eine in den Nacken gestochen. Kein Wunder bei seiner irren Wedelei, die nun die Jäger amüsiert.

Vor einem besonders hohen Baum stoppt Ngoma, seinen Gefährten zeigt er etwas, oben im Wipfel. Ist die dunkle Stelle in der Blattkrone ein Bienenbau? So muss es sein. Ngoma lässt sich einen Riemen geben, den er um Baumstamm und Rücken schlägt und verknotet. An seinem Hosengürtel baumelt ein Blecheimer mit

Werkzeug und einer Blattkugel. Behände wie ein Schimpanse erklimmt der Jäger den Baumriesen, von einer mächtigen Bienenwolke umschwärmt. Schon ist er im Blattwerk verschwunden, taucht darüber auf und erreicht in fünfzig Metern Höhe das dunkle Knäuel, den Bienenstock. Im Wipfel qualmt es auf einmal.

»Ngoma räuchert den Stock aus. Der Rauch betäubt die Bienen. Sie werden ihn kaum stechen«, sagt Alex.

»Wo hat er denn das Feuer her?«, frage ich erstaunt.

»Er hat Glut mit hinaufgenommen, im Eimer, verpackt in feuchten, feuerfesten Blättern. Wenn er mit dem Ausräuchern fertig ist, schöpft er den Honig in den Eimer.«

Wartend lassen wir uns am Stamm nieder. Das ständige Beobachten des Imkers da oben führt zur Genickstarre.

Vorsichtig lässt er sich endlich herab. Er ist mächtig behängt. Sieben, acht Meter über dem Boden passiert es: Ngoma stößt einen Schrei aus und stürzt ab.

»Nein!«, entfährt es mir.

Alex springt auf. Der Jäger ist unmittelbar neben ihm aufgeschlagen. Es knackte schauderhaft, als sei ein Ast gebrochen. Die Gefährten stürzen heran, wollen das stöhnende Bündel Mensch auf die Beine stellen. Es brüllt und sackt zusammen. Ich versuche mein Erste-Hilfe-Wissen anzuwenden. Um zu erkennen, was mit Ngoma geschehen ist, rolle ich ihn auf den Rücken und bringe ihn in eine ausgestreckte Lage. Unter der Last von Jäger und vollem Honigeimer war einer der Rindenriemen gerissen, Ngoma abwärts gesaust. Hat sich, Gott sei Dank, im Flug nicht gedreht, ist mit den Füßen auf den Waldboden geschlagen. Kopf, Arme und das linke Bein kann er bewegen. Damit scheinen Hals- und Rückenwirbel unversehrt zu sein. Behutsam schneiden wir das rechte Hosenbein auf. Da haben wir die Bescherung: einen offenen Schienbeinbruch, übel anzusehen. Wahrscheinlich sind auch seine Fußknöchel angebrochen, zumindest gestaucht. Man berät sich, und dann geschieht etwas in dieser Situation Seltsames.

Ngoma tastet neben und über sich, als suche er etwas. Seine Hände berühren den Eimer, der, oh Wunder, nicht umgefallen ist. Seine Miene drückt Zufriedenheit aus. Er greift in den Honig und führt eine Hand voll klebriger Masse in den Mund. Dabei lächelt er und fordert uns auf, es ihm gleichzutun. Ein ungeahntes Honiggelage hebt an. Dabei verdrücken die BaAka riesige Mengen, lecken sich schmatzend die Finger. Alex und mir genügen zwei Portionen, die wir auf ein Palmblatt befördern. Bei den Pygmäen entwickelt sich der Appetit wie zur Gier Süchtiger. Als der Eimer halb leer ist, halten sie inne. Schließlich soll die Lagergemeinschaft auch etwas von dem süßen Leckerbissen haben, der mich übrigens geschmacklich an unseren Heidehonig erinnert, wenngleich er die Farbe von Rapshonig hat.

Mit zwei Bambusstangen schienen wir Ngomas Bein und richten ihn auf. Wir wollen den einen Meter vierzig kleinen Mann unterhaken, so durchs Dickicht mehr tragen als schleppen. Zwecklos, er kann nicht auftreten, ein solcher Transport bereitet ihm zu arge Schmerzen. Die Jäger schlagen mit ihren Buschmessern schlanke Stämme aus dem Wald, die wir mit Lianen zu einer Trage verschnüren. Sicherheitshalber binden wir Ngoma an dem Gestell fest, dann bugsieren wir ihn als Paket durchs Unterholz.

Für die BaAka birgt der Wald keine Geheimnisse, längst wurde die Kunde vom Unfall ins Lager getragen. Frauen und Männer erscheinen, beklagen das Ereignis und schlagen eine Bresche, damit Ngoma zügig transportiert werden kann.

Im Lager waltet Kimpa ihres Amtes als Notärztin mit allerlei Tinkturen, Salben und Pasten. Mit einem offenen Beinbruch ist sie allerdings überfordert. Ngoma scheint höllische Schmerzen zu haben. Schweiß perlt von seiner Stirn. Ich unterstütze Ngoma mit Penizillin, Aspirin und Jod aus meiner Notapotheke. Augenzwinkernd lässt Kimpa ausrichten, dass Bolongotee die Schmerzen wohl nicht so rasch bekämpfe, und fragt über Alex, ob ich etwas Wirkungsvolles habe. Ich verabreiche dem Verunglückten zweitausendvierhundert Milligramm Ibuprofen, was ihn schier betäuben wird. Alex und mir ist klar, dass er rasch schulmedizinische Hilfe braucht. Anderenfalls besteht Lebensgefahr. Er muss ins Hospital von Bayanga. Der Knochen ist zu säubern, zu richten, zu schienen, ärztlich zu versorgen.

Da auch für mich der Tag des Aufbruchs gekommen ist, kann Alex das Palaver um die Zukunft Ngomas verkürzen und vorschlagen, ihn morgen in aller Frühe nach Bayanga zu bringen. Noch am Abend stimmt die Familie Ngomas zu, den Marsch im Morgengrauen anzutreten. Mutoma besteht darauf, mit ihrem dann gerade mal zwei Tage alten Säugling dabei zu sein. Trotz der Honigernte herrscht im Camp gedrückte Stimmung, die Sorge um den Jäger und jungen Vater ist groß.

Auf meinem Reisiglager denke ich die ganze Zeit an einen Jäger, den eine schwarze Mamba in die Hand biss. Es war die Linke. Mit einem Beil schlug er sich die Hand ab. Tage später starb er an einer Blutvergiftung. Der offene Bruch Ngomas, ein böses Omen?

Rückmarsch: Noch im Dämmerlicht verlassen wir unsere Hütte, bald darauf das Jagdlager, in dem ich so viel erlebt habe und so manches über die Waldmenschen erfahren konnte. Wehmut würgt im Hals, als ich mich von den lieb gewonnenen Menschen verabschiede. Noch ein letztes freundliches Händeschütteln und Schulterklopfen. Etku, mein Retter, der stets hilfsbereite Jäger, breitet die Arme aus. Er war mir ein Freund, er wird im Camp bleiben, für die Sippen mit anderen Jägern für Fleisch sorgen. Bobuku streift irgendwo ruhelos durch den Wald. Sicher wird er irgendwann erscheinen, seine Taten bereuen und in die Gemeinschaft zurückkehren. Etku wird ihm dabei helfen und ihm verzeihen, dessen bin ich sicher.

Am Camprand warten die Träger und Ngomas Familie mit Mutoma, die ihr Baby wieder in einem Tuch seitlich auf der Hüfte trägt. Mittlerweile hat sich auch Alex von allen verabschiedet. Die Trage mit dem Verletzten wird angehoben, der Trupp setzt sich in

Bewegung. Ein kurzes Winken noch, dic Lichtung mit den ›Bienenkorb‹-Hütten entschwindet dem Blick. Der Dschungel hat uns verschluckt. Ich denke besorgt an den langen Rückweg, der wieder zum Eilmarsch wird, auf dem sich alle Urwaldteufel gegen mich verschworen zu haben scheinen. Schweiß fließt in Strömen, die Wasserflasche ist nach drei Stunden leer. Vor mir hasten die Träger mit Ngoma. Ich staune über die Kondition von Alex. Der Puls hämmert, das Herz rast, der Fuß schmerzt. Ich fühle das Fieber aufsteigen, haste, stolpere, torkele weiter, weiter und immer weiter. Komme mir vor wie ein Verdammter auf dem Todesmarsch.

Auf dem Fluss Sangha

Es regnet in Strömen. In Plastikplanen eingehüllt, bin ich dennoch bis auf die Haut nass. Der Fahrtwind ist kalt und lässt die Augen tränen. Seit vier Stunden hocke ich nun im Bilgenwasser einer Piroge. Wir tuckern mit Vollgas auf dem Sangha stromab nach Süden, der Republik Kongo entgegen. Noch befinden wir uns zwischen der Zentralafrikanischen Republik und Kamerun. Bayanga liegt hinter uns. Die Piroge ist schmal, ein besserer Einbaum, dem ein Außenborder ans Heck gehängt wurde. Vor mir hocken hintereinander aufgereiht sechs Afrikaner, unter ihnen zwei Typen in Fantasieuniformen, die für Söldner oder Milizionäre gehalten werden können. Eine Frau kauert ganz vorn. Ihr schwappen von Zeit zu Zeit Bugwellen ins Gesicht. Im Wasser, das sich mit Dieselöl angereichert hat und stinkt, liegt unser Gepäck. Ich ziehe einen Plastikfetzen über den Kopf, versuche zu schlafen, das gelingt nicht. Stattdessen lasse ich Revue passieren, was in Bayanga geschah: Spätabends wurde der Ort erreicht. Im Hospiz kümmerte sich ein Notdienst um Ngoma. Während ein Teil seiner Familie ins BaAka-Dorf bei der Bantu-Siedlung zog, blieb Mutoma mit Kind und ihren Eltern im Krankenhaus. Alex organisierte für den nächsten Tag den Pirogentransport. Nun rückte auch für uns die Stunde des Abschieds heran. Er musste zurück nach Yaoundé, ich in den Süden zum Kongo, will mich ein Stück auf Henry Morton Stanleys Spuren begeben, des Mannes, der David Livingstone suchte und schließlich fand und der für Leopold II., König der Belgier, das riesige Gebiet Kongo ›aufbereitete‹. Afrikas dunkles Herz scheint sich im Bürgerkrieg zu zerfleischen und von allen guten Geistern verlassen zu sein.

Mich lässt der Gedanke an die Zukunft der Pygmäen nicht los. Mögen es achtzigtausend sein, die in der grünen Lunge Zentralafrikas leben, bedroht von Kettensägen, Harvestern, Rohstoffsuchern, Landnehmern und Investmentmultis. Alle rücken erbarmungslos heran. Beschnitten in ihrem Lebensraum, fremden Einflüssen ausgesetzt, verlieren die Waldmenschen ihre Identität, finden sich wieder, entwurzelt, versklavt in den Slums großer Städte, wo sie den Bodensatz der Ärmsten der Armen bilden. Doch wie kann die immer bemühte Weltgemeinschaft die letzten Naturgesellschaften vor dem Untergang bewahren? Durch hermetisch abgeriegelte Gebiete? Durch einen Menschenzoo? Durch behutsame Integration? Es ist das Fehlen probater Lösungen, was so tieftraurig macht.

Ich riskiere einen Blick auf den Fluss, der sich von Regenwald und Mangroven umsäumt gen Süden wälzt, um dann nach sechshundert Kilometern im Sumpf bei Mossaka den Kongo zu speisen. Rechts liegt auf Kamerungebiet der Nationalpark Lobéké, auch ein Refugium für Elefanten- und Gorillabeobachtungen. Links wird jetzt der Regenwald von Sandstrand mit anschließenden Gebäuden verdrängt. Wir haben Lidjombo am zentralafrikanischen Ufer des Flusses erreicht. Im Ort herrscht Waschtag. Eine Hundertschaft Frauen steht knietief im Wasser, schrubbt Hosen, Hemden, Unterwäsche. Unser Steuermann lässt den Motor aufheulen, damit ihm die Waschfrauen Platz zum Anlegen machen. Es nieselt aus grau verhangenem Himmel. Steifbeinig begeben wir uns an den Strand. Eine Meute Mopedfahrer rauscht heran, wittert ein Geschäft. Ich stehe ratlos herum, muss erst checken, was da abgeht.

»He, Mann, das sind die Taxis hier«, ruft mir einer der Söldner zu, »Hotel Diba hat vielleicht noch was frei. Lidjombo is'n heißes Pflaster, ha, ha.«

Damit schwingt er sich auf den Sozius eines Mopeds. Ab geht's. Ich mache es ihm nach. Schnell wird klar, warum die Taxis nur zwei Räder haben. Der Knüppeldamm, der zum Flussufer führt, ist katastrophal, eventuell noch mit einem Panzer befahrbar. Wie ein Klammeraffe hänge ich auf der Sitzbank, auf dem Rücken hüpft der Rucksack, der Fahrer balanciert durch Furchen, an Trichtern vorbei und prescht durch einen quirligen Ort, der auf den ersten Blick nur aus Bars und Gotteshäusern aller Religionen besteht, abgesehen von Ansammlungen heruntergekommener Häuser und Müllberge. Ziemlich am Ende von Lidjombo kratzt mein tollkühner Fahrer eine Rechtskurve und stoppt vor einem Eisentor mit dem verrosteten Schild »Diba«. Das Tor ist noch angelehnt, da kurz zuvor jemand hineingeschlüpft sein muss. Von einer Eineinhalb-Zentner-Mami, grell geschminkt und mit Haaren wie ein Bettvorleger, werde ich kritisch gemustert. Nach Zahlung einer Vorkasse von achtzig Dollar führt mich ein spindeldürrer Schwarzer in eine Kammer: fensterlos, ohne Waschbecken, weder Tisch noch Stuhl, dafür mit einem Lager, mit Sicherheit weniger hygienisch als das bei den BaAka. Immerhin, ich habe eine Unterkunft. Mit Grausen denke ich an morgen, spätestens dann sind die Einreiseformalitäten für den Kongo zu überstehen. Ein gültiges Visum kann ich wenigstens vorweisen.

Hunger meldet sich. Ich begebe mich in einen ungemütlichen Raum, in dem von der Wand ein Fernseher flimmert und plärrt. Auf Plastikgestühl hocken Bantu und schaufeln sich Spaghettiberge rein. Dachte ich's mir doch, in einer Ecke sitzen die beiden Landsknechte aus dem Boot. Der mir den Tipp gab, grinst breit, winkt mich heran. Ich zögere. Ob das der richtige Umgang ist? Aber was soll schon passieren? Ich begrüße die beiden und lasse mich nieder. Sie stellen sich mit Moïse und Kasinga vor. Moïse ist redselig. Tiefschwarz, Glatze, rundes Gesicht mit Schmucknarben, zynische Mundwinkel. Ein Bild, das gut einen Steckbrief zieren könnte. Der andere hat etwas feinere Gesichtszüge. Einen Gebrauchtwagen würde ich ihm dennoch nicht abkaufen. Ist es als vertrauensbildende Maßnahme zu bewerten, dass sie erzählen, Unteroffiziere einer Armee zu sein? Welcher, bleibt ein Geheimnis. Sie seien auf dem Weg nach Brazzaville. Sehr mysteriös, die Stadt liegt im Kongo. Das trifft sich aber nicht schlecht, die Hauptstadt der Republik Kongo ist auch mein Etappenziel. Moïse beugt sich vor, sodass ich seinen sauren Atem rieche.

»Holz, Diamanten, Gold? Was führt Sie hierher?«

Ich verstehe nicht gleich. Er grinst dreckig.

»Weiße sind selten hier. In kleinen Grüppchen tauchen mal Touristen auf, die in die Parks gehen. Alleinreisende haben Geschäfte im Sinn, trübe Geschäfte. Dies ist ein idealer Platz dafür.«

Aha, denke ich. So zwischen Zentralafrika und dem Kongo lässt sich trefflich schmuggeln oder alles Mögliche verschieben.

»Na, rücken Sie schon raus, was sind Ihre Absichten?«, fragt Kasinga in einem Ton, der mir nicht gefällt.

Ich antworte: »Land und Leute, die Geschichte des Kongo …«

»Mann, sagen Sie's doch gleich: Journalist, Spion!«, erklärt Moïse und fixiert mich mit stechenden Augen.

Schon bedaure ich, mich mit den Burschen eingelassen zu haben. Wir bestellen etwas zu essen. Ich versuche die Situation zu entspannen und ordere drei 33-Export. Bier, das die Afrikaner hier gern trinken. Moïse schlägt mir auf die Schulter, entblößt ein Raubtiergebiss zu einem Lachen und meint:

»Nichts für ungut, Mann, sollte ein Witz sein. – Sind Sie eigentlich offiziell eingereist?«

Schon wieder so eine Anspielung.

»Selbstverständlich!«

»Nur so 'ne Frage. Bei Grenzformalitäten können wir Ihnen helfen.«

Die beiden werden immer geheimnisvoller. Oder war das eben eine Falle? Teller mit Nudeln, Soße, Kochbananen, Zwiebeln und das Bier werden gebracht.

»A votre santé!«, brummen die beiden. War das ernst gemeint?

Nach einer Weile sagt Kasinga, man wolle noch etwas durch den Ort gehen. Wenn ich Lust habe, könne ich mich anschließen. Allein herumzulaufen sei in Lidjombo nicht ratsam. Natürlich beschleicht mich Skepsis. Die beiden haben die Statur mittlerer Gorillas, könnten mir höchst unangenehm werden, sollten sie Böses im Schilde führen. Andererseits bin ich nach Afrika gereist, um nahe am Geschehen zu sein, und dazu gehört nun mal etwas Risiko. Sicherheitshalber greife ich in die Hosentasche und prüfe das Vorhandensein des Pfeffersspraydöschens.

»Gut, ich bin dabei, machen wir uns auf«, verkünde ich frei heraus.

Auf der Hauptstraße empfängt uns quirliges Leben und schreiende Musik. Tapfer ruft ein Muezzin gegen den Krach zum Gebet. Wir wenden uns nach rechts, passieren Bars, in denen Männer und Frauen Bier trinken und gelangweilt einer Fernsehsendung folgen. Für verruchtes Nachtleben ist es noch zu früh. Hinter einer Kirche der Siebten-Tags-Adventisten führt der Weg in eine Senke. Der Ort ist zu Ende. Vor uns befindet sich eine Kohlenhalde. Beißender, schwarzer Qualm quillt aus unzähligen Schloten über bauchigen Öfen. Zwischen den Öfen wuseln barfüßige Arbeiter, die Holz heranschleppen, um die Öfen zu beschicken. Ein skurriles Bild schwarzer, rauchender Erde, das an einen Vulkanausbruch erinnert. Ich zücke meine kleine Kamera, will die eindrucksvolle Holzkohlenproduktion aufnehmen. Eine Schar Arbeiter winkt mit der Faust. Nein, sie drohen, sogar äußerst aufgebracht. Moïse stellt sich vor mich.

»Keine Fotos. Die Leute werfen mit Steinen, zerschlagen Ihre Kamera!«, mahnt er.

»Warum das?«

»Die fürchten um ihren Arbeitsplatz. Vor nicht langer Zeit haben Umweltschützer Aufnahmen gemacht und kritische Berichte in Frankreich und anderswo veröffentlicht. Auf Fremde reagieren die Arbeiter höchst aggressiv«, warnt der Söldner.

Wir schlendern weiter und geraten an ein mit hohem Stacheldrahtzaun abgesichertes Areal, auf dem sich Pyramiden von Holzstämmen und Bretterstapel befinden. Von Westen her donnern pausenlos Trucks heran, beladen mit uralten Stämmen, und verschwinden auf dem Hochsicherheitsgelände eines großen Sägewerks.

»Fotografieren verboten«, erinnert Kasinga.

Ich versuche zu ergründen, wer das Werk betreibt. Kann kein Firmenschild noch sonst einen Hinweis entdecken. Meine Begleiter tippen auf ein chinesisches oder französisches Unternehmen. Auf dem Weg zurück in den Ort frage ich mich die ganze Zeit, ob es Absicht war, mir den Raubbau an Edelholz zu zeigen, oder ob es zufällig geschah. Falls es Absicht war, zu welchem Zweck? Wieder im Trubel Lidjombos mit seinen Shops, den schlecht nachgemachten Uhren und sonstigen Imitationen. Eine Verkäuferin hängt mir ein Schweinsteiger-Trikot um die Schulter, dann eine Handtasche ›von Hermes‹ – *meilleur marché* – an den Arm. Eine andere stülpt mir einen Fez auf den Kopf. Es geht zu wie auf dem Jahrmarkt. Und immer wieder wechseln sich Bars mit Gebetshäusern von Protestanten, Katholiken, Muslimen, Buddhisten und christlichen Sekten ab. Sicher gibt's auch Synagogen, die ich aber nicht erkenne. Im Pionier- und Schmugglernest ein Schmelztiegel von Religionen. Geht es um eine rasche Abbitte, eine beruhigende Beichte nach unsauberen Geschäften? Mafiabosse sind bisweilen gläubig, vor und nach dem Morden sind sie in Kirchen anzutreffen.

Die beiden Söldner steuern eine Bar an, die sich *Jardin d'Eden* nennt. Sie ist im Wildweststil gehalten. Vorn eine Balustrade, dann folgt eine Loggia, dahinter von Schwingtüren abgetrennt ein dunkler Kontaktsaal mit langem Tresen. Bei kreischender Musik dreht sich eine Lichtorgel. Mädchen mit meterlangen Beinen räkeln sich gelangweilt auf Barhockern. Moïse tätschelt einem attraktiven Geschöpf, das kurz vor dem Einschlafen ist, den Po. Kasinga nimmt neben einer anderen Platz und gibt mir Zeichen, es ihm gleichzutun. Ich halte den Krach nicht aus, schüttle bedauernd den Kopf und bestelle auf der Loggia ein Bier. Als die beiden nach einer halben Stunde immer noch mit den ›Damen‹ beschäftigt sind, suche ich das Hotel auf, taste mich ins Zimmer. Der Strom ist ausgefallen. Wunderbare Ruhe, für Minuten nur, dann dröhnt eine Liveband. An Schlafen ist nicht zu denken. Die beiden Typen beschäftigen mich. Was haben die wirklich vor?

Unser Wassertaxi, die fast lecke Piroge, ist startklar. Wir nehmen unsere nassen Plätze ein und tuckern davon. Die Söldner sitzen vor mir, sind offenbar gut gelaunt, geben Zeichen, alles im Griff zu haben. Der Skipper steuert in Strommitte, damit beginnt die zweite Etappe einer langen, zermürbenden Flussfahrt in den Süden, mit dem Ziel Bomassa in der Republik Kongo, auch Kongo-Brazz genannt. Eine stundenlange Fahrt im engen, unbequemen Boot übersteht man am besten in der Meditation oder schlafend, wie es die Afrikaner beneidenswert gut beherrschen.

In Bomassa liegt das Hauptquartier der Wildlife Conservation Society (WCS), die ein Forschercamp in der Mbeli Bay, ein anderes in Mondika unterhält. An der Anlegestelle treffe ich Marie, eine Biologin, und Ijana, ihre Assistentin. Im Laufe des Gesprächs bekomme ich mit, dass man im Camp übernachten und am nächsten Tag mit ihnen zur Mondika-Station gelangen könne. Welch ein Angebot! Noch einmal in die ›grüne Hölle‹ tauchen. Vielleicht ein letztes Mal? Michael ›Nick‹ Nichols, einer der großen Fotografen von *National Geographic*, beschreibt das Gebiet Nouabalé-Ndoki als »den letzten Platz der Erde«. Und meint damit ein letztes Plätzchen unberührter Natur, das er mit fantastischen Fotos dokumentiert.

Ein Abstecher ist auch eine passende Gelegenheit, mich von den beiden sonderbaren Söldnern – oder sind es Milizen? – auf elegante Weise zu distanzieren.

Am nächsten Vormittag trifft ein Land Rover mit BaAka ein, Angestellte des WCS. Auf schmalem Pfad rumpeln wir in nordöstlicher Richtung durch den Wald, bis der Weg endet. Jetzt heißt es aussteigen, zu Fuß geht's weiter: erst über durchweichten Waldboden, dann vier Stunden durch schweres Gelände, in dem sich Sumpf und hüfthohes Wasser abwechseln.

Endlich steigt der Dschungel an. Das Camp Mondika auf einer Anhöhe erscheint wie eine Erlösung. Nach einer kurzen Stärkung begleiten uns BaAka auf einem Pfad in Gorillagebiet. Primatenforscherin Marie, ein achtundzwanzigjähriger blonder Lockenkopf aus Belgien, bat zuvor zwei Amerikaner, einen Japaner und mich zu einem Briefing. Es gilt, eine der sechzehn Primatenfamilien zu finden und zu beobachten. Das Schutzgebiet beherbergt einhundertfünfzig Gorillas, darunter den legendären Silberrücken Kingo, der schon einige Revierkämpfe und Leopardenangriffe überstanden hat. BaAka nennen den Pascha seines furchterregenden Brüllens wegen Kingo, was Mächtige Stimme bedeutet. Ja, Kingo ist eine Legende im Urwaldreservat Nouabalé-Ndoki. Er soll zwei allzu leichtsinnigen Wissenschaftlerinnen Finger ausgerissen haben, als sie versuchten, ihn mit Bananen zu füttern. Ein Husarenstück erlaubte sich Kingo mit einem Kamerateam, das unbedingt einen zornigen Silberrücken filmen wollte. Kingo wurde geneckt und verdammt wütend. Während ein Filmer die Szene in den Kasten bekam, tobte Kingo dem Ärgernden nach und biss ihn in den Schädel, wobei er ihn glatt skalpierte.

Geführt von BaAka, begeben wir uns auf die Pirsch. Es regnet wieder so heftig, dass wir selbst unter dem dichten Blätterdach nach kurzer Zeit durchnässt sind. Von Gorillas oder sonstigem Wild keine Spur. Langsam vergeht uns der Spaß, Affen zu suchen, die sich bei dem Sauwetter verkrochen haben. Einer der BaAka spricht ein paar Brocken Französisch. Ich frage ihn, wo sich die Familien aufhalten mögen. Er sei sicher, im Umkreis von fünf bis zehn Kilometern. Jim, einer der Amerikaner, versteht *dix kilomètres* und schimpft: »Shit, I have enough!« Dennoch arbeiten wir uns weiter durchs Strauchwerk.

Aus dunkler Tiefe taucht da ein anderer Aka auf, hält die Hände vor den Mund, dann deutet er nach rechts. Schleichend folgen wir ihm. Wow, da sitzt er, an die Brettwurzeln eines Baumriesen gelehnt. Wir brauchen keine Erklärung, es ist Kingo, die Legende!

Längst hat er uns gewittert und gesehen. Wie versteinert stehen wir vor ihm, nur durch wenige Zweige getrennt. Der Abstand beträgt keine fünf Meter. Unglaublich, einen ›King Kong‹ aus einer solchen Nähe im Wald zu sehen! Lässig greift er hier ein Blatt, dort einen saftigen Stängel, mampft in aller Gelassenheit. Ab und zu würdigt er uns eines raschen Blickes. Ich sehe seine schwarzen, tief liegenden Augen unter wulstigen Jochbeinen vergraben. Staune über die platte Nase mit den trichterförmigen Löchern, die breite, flächige Visage, von tiefen Falten durchzogen. Oder sind es Narben? Dann das Maul, mit schmalen Lippen, die Mundwinkel verächtlich herabgezogen. Der ganze Koloss ein furchterregendes Muskelpaket. Und die Hände bestehen aus Fingern, dick und schwarz wie verkohlte Bratwürste. Neben mir knackt es. Kingo stiert böse in unsere Richtung. Plötzlich lässt er einen irren Laut ab, ein tiefes Brüllen, das durch Mark und Bein geht. Dabei reißt er sein Maul auf und zeigt Reißzähne von vier Zentimetern Länge. Ein Pflanzenfresser mit solchen Eckzähnen! Erschrocken will ich zurückweichen, flüchten. Zum

Glück steht ein Aka, der mich packt und zurückhält, hinter mir. Kingos Drohgebärde hat mich alle Verhaltensweisen vergessen lassen. Den anderen ging's ebenso. Nach der Unmutsäußerung tritt Ruhe ein. Trotz schummerigen Lichts können wir fotografieren. Gebannt beobachten wir den Pascha gut eine Stunde. Bis etwas Erstaunliches passiert: Er legt sich hin, kuschelt sich ins Laub und streckt die Beine in die Luft. Vorsichtig ziehen wir uns zurück.

Der Anführer der Pygmäen erklärt, dass wir in des Gorillas Schlafstätte schauen konnten. Da es bald Nacht wird, habe der sich schon mal schlafen gelegt. Auf meine Frage nach den erstaunlichen Eckzähnen erfahren wir: Es sind die Kampfzähne der Männchen.

In unmittelbarer Nähe des Silberrückens tollen noch zwei seiner Weibchen mit Jungen herum. Auch an sie kommen wir erstaunlich nah heran. Jim steht auf einem Trampelpfad und knipst im letzten Büchsenlicht. Ein Weibchen schwingt sich vom Baum, gibt Jim keck einen Klaps auf den Hintern und trottet mit ihrem Jungen auf dem Rücken den Pfad entlang, bis sich beide in die Büsche schlagen ...

Wir treten in der anbrechenden Dunkelheit unseren Rückzug an, eskortiert von den BaAka, um ja niemanden im Wald zu verlieren. Die Gorillabegegnung bewegt uns sehr und schwingt noch lange nach.

Im Mondika-Camp gibt's nur ein Thema: das Erlebnis mit den wilden Menschenaffen, die sich uns von ihrer vertraulichen Seite zeigten. Dabei überhören wir beinahe, dass in Campnähe ein Elefant gesichtet wurde. Unterkünfte, einfache Bungalows, mit zwei Feldbetten ausgerüstet, stehen verstreut im Wald. Ihre Lage muss man sich gut einprägen, anderenfalls findet man seine Hütte nicht und irrt im Wald umher. Toilettenhäuschen liegen versteckt abseits der Behausungen.

Nach dem Abendessen machen wir uns mit Stirn- und Taschenlampen auf die Suche nach den Unterkünften. Wegen der

Schlangen, Ameisen und anderer Waldbewohner wurden die Bungalows auf Stelzen gesetzt. Was eigentlich ganz beruhigend ist. Meine Hütte ist die äußerste. Hinter ihr steht die Dschungelwand. Besorgt die Umgebung ableuchtend, schreite ich den Weg zur Hütte hinauf. Der Weg kommt mir sehr weit vor. Bin ich noch auf dem richtigen Pfad?

Plötzlich flattert neben mir etwas davon. Erschrocken springe ich zur Seite. Im Wald sehe ich Kingo wütende Grimassen schneiden. Herrje, jetzt werd nicht hysterisch! Merkwürdig, im BaAka-Jagdlager hatte ich mich sicherer gefühlt. Endlich erreiche ich den richtigen Bungalow, steige hastig die Treppen hinauf und verschließe die Tür. In Gedanken an »Traumatische Tropen« schlafe ich ein.

Was ist denn das? Der Bungalow wackelt, als ob ihn jemand schüttelt. Da, wieder! Ein Griff zur Taschenlampe. Ich leuchte durch's Fliegendrahtfenster. Ein Elefant macht sich an den Pfählen und am Boden der Hütte zu schaffen. Sein Rüssel züngelt an meiner Tür. Mit den Füßen steht er auf der Treppe. Licht aus. Was hat der Bursche vor? Will er die Hütte auseinandernehmen, sich nur kratzen oder neugierig umschauen?

Elefanten sehen schlecht, dafür können sie sehr gut riechen. Wenn der Dickhäuter tatsächlich einen Leckerbissen erschnuppert, wird er die Tür eindrücken. Und was passiert mit mir? Hinten durch die Bretterwand kann ich nicht verschwinden.

Ich leuchte vorsichtig von der Seite. Der Rüssel ist weg, ich sehe nur noch ein massiges Hinterteil, das davonwankt. Uff, das war ein Schreck in nächtlicher Stunde.

Beim Frühstück mag ich das Erlebnis gar nicht erwähnen, man könnte die Sache für Einbildung oder einen Traum halten. Miki, der Japaner, meint mit vollem Mund:

»Ich glaube, an meiner Bude ist nachts ein Elefant vorbeimarschiert.«

»Gut möglich«, meint Marie, »die Pygmäen sprachen auch davon.«

»Bei mir hat er an die Tür geklopft«, gebe ich cool zum Besten.

Den Yankees bleibt der Bissen im Halse stecken: »Boah, not to believe!«

Wieder in Bomassa, werden die Einreiseformalitäten ohne Komplikationen geregelt. Gegen Mittag legt eine Piroge an, und zwei Stunden später befinde ich mich auf dem vertrauten Sangha mit Kurs auf Ouesso, die Provinzhauptstadt am Rand eines riesigen Sumpfgebiets, das der Naturkundler Michael Fay zu Fuß durchquerte. Es ging ihm um die Dokumentation des Urwalds, bevor er dem Fortschritt zum Opfer fällt. Sein Höllenmarsch startete am 20. September 1999 in Bomassa und endete nach zweitausend Kilometern, am 18. Dezember 2000, wie erwähnt, an der Atlantikküste Gabuns. Sein Fazit:

»In fünf bis zehn Jahren gibt es hier keinen Urwald mehr. Die Holzfirmen saugen ihm das Lebensblut aus.«

KONGO-BRAZZ
(REPUBLIK KONGO)

Ouesso

Im Boot kauert von Schüttelfrost geplagt Michel Bougnet, der wie ich allein unterwegs ist. Er ist schon zwei Monate on tour, hat sich von Bouar in der Zentralafrikanischen Republik bis hierher durchgeschlagen und möchte, falls er nicht schlappmacht, Luanda in Angola erreichen. Er ist lang, hager, eher spindeldürr, um die vierzig, mit verfilztem Bart und einer runden Brille auf der Nase, die ihn wie einen intellektuellen, russischen Emigranten wirken lässt. Er sitzt hinter mir, trotz Fahrtwind und Motorenlärm betreiben wir etwas Konversation. Er berichtet, noch nicht ganz wiederhergestellt zu sein. In Nola warf ihn Malaria nieder und fesselte ihn zwei Wochen ans Bett, in einem Hospital, so verwanzt und verdreckt, dass es an ein Wunder grenzt, da lebendig herausgekommen zu sein. Michel ist frisch geschieden. Endlich frei, meint er. Seine Anstellung als Lehrer an einer Privatschule hat er gekündigt, will nur noch reisen. In Afrika reisen und schreiben. Ein Kollege. Wie ich bald herausfinde, ist Michel ein Connaisseur, was das frankofone Afrika betrifft.

Gegen Nachmittag zeichnet sich am rechten Flussufer die Silhouette Ouessos ab. Wenig später legen wir an. Nach Stunden spartanischen Kauerns im Bootsrumpf gelange ich nur mit Mühe in die Senkrechte. Helfende Hände zerren mich aus dem Einbaum. Michel ruft ein Taxi, das uns ins Hotel *Nianina*, eine Empfehlung des Skippers, bringt. Der Weg dorthin ist unbefestigt, und es staubt wie bei einem Sandsturm. Das Einchecken gestaltet sich etwas kompliziert, weil die Schlüssel keine Nummern haben. Der Angestellte an der Rezeption hat keinen Überblick, überlässt uns schließlich die Schlüsselsuche.

Wir beschließen eine Stadtrundfahrt zu unternehmen. Dieses Mal ist das Taxi ein Toyota-Pick-up. Das Führerhaus ist besetzt. Wir klettern auf die offene Ladefläche, zwei Stühle werden heraufgereicht – los geht die Fahrt. Die Afrikaner am Straßenrand winken und amüsieren sich. Weiße auf einer Ladefläche sind ein seltenes Bild!

Wir machen einen Schlenker hinunter zum alten Sangha-Hafen, dann verweilen wir vor einem Verwaltungsgebäude, wo sich Musikanten und Tänzer eingefunden haben. *Groupe Traditionnel Essongo* heißt die Folkloretruppe. Der Sound gefällt uns, wir beschließen zu bleiben und schicken das Taxi weg. Trommler, Sänger und Xylofonspieler heizen die Stimmung an. Im Nu bilden sich Menschentrauben um die Akteure. Die Trommler wechseln den Standort, die Menge weicht vor und zurück. Ich beobachte Langfinger bei der Arbeit.

Michel: »Pass auf, hinter dir haben uns Taschendiebe im Visier.«

Kaum gewarnt, werde ich unsanft angestoßen. Der Schwarze entschuldigt sich. Reflexartig greife ich in meine rechte Gesäßtasche – und kann einer fremden Hand darin Guten Tag sagen. Damit hat die fremde Hand nicht gerechnet und zuckt zurück. Als ich mich umdrehe, schaue ich in unbeteiligte Gesichter.

»Der im roten T-Shirt war's«, flüstert der Franzose.

»Na, wenn schon. Wir haben uns begrüßt.«

Vor den Musikanten baut sich eine Gruppe Mädchen auf: Beine weiß bemalt, Baströckchen, enge blaue Hemden. Eine Solotänzerin schält sich aus der Gruppe, schiebt sich mit stampfenden Minischritten vor ihre klatschenden, Hüften wiegenden Kolleginnen. Ihre Beine trippeln auseinander, das Gesäß wirbelt zu den Trommel- und Xylofonschlägen wie ein Tornado ... Tatsächlich, das ist der etwas abgewandelte Jagd- und Fruchtbarkeitstanz der BaAka! Die Musik des Regenwaldes. Auch Michel ist hin und weg. Wir harren aus, bis die letzte Tänzerin ihre kräftezehrende Soloeinlage vollendet hat.

Von den Rhythmen aufgeheizt, marschieren wir zum bekannten Fleischmarkt der Stadt. Ich wäre glatt vorbeigelaufen. Das Areal ist verhängt und verbarrikadiert. Als wir durch das Tor gehen wollen, wird uns der Eintritt von Wächtern versperrt.

»Entrée interdite!«

»Wieso das?«, frage ich erstaunt.

Wir versuchen zu verhandeln. Nichts zu machen, die drei Bantu bleiben hart. Bevor sie böse werden, zieht mich Michel zur Seite.

»Als Weiße kommen wir da nicht hinein. Ich erinnere mich an einen Vorfall vor einem Jahr.«

»Um was ging's da?«

»Es ist streng verboten, auf dem Fleischmarkt zu fotografieren. Dennoch gelang es einem Reporterteam, dort mit versteckter Kamera zu filmen und Fotos zu machen. Dokumente, die veröffentlicht wurden und Politikern und Marktbetreibern in Ouesso, Brazzaville und Frankreich zu Gesicht kamen. Das war ein ziemlicher Skandal.«

»Und, wo ist das Problem?«

»Na, die verkaufen hier hauptsächlich *bushmeat:* Elefanten-, Antilopen-, Büffel-, Affenfleisch. Den meisten Ärger macht Gorillafleisch, abgehackte Hände und Füße, auch andere Teile. Und als herauskam, dass Mittelsmänner Gorillafleisch für Spitzenpolitiker einkauften, war der Skandal perfekt. Für Europäer sind Angebote wie Elefantenrüssel in Bouillon, Yams an Schlangenspießchen, Krokodilsteak mit Salat oder Gorillapranke mit weißer Soße kriminelle Gerichte. Für die High Society Afrikas jedoch gehört Buschfleisch zu einem exquisiten Menü. Dabei denkt man sich so wenig wie wir beim Verzehr von Schweinefleisch.«

»Okay, nur sind bei uns die Schweine nicht vom Aussterben bedroht«, gebe ich zu bedenken.

»In Bangui ließ sich gar der Forstminister regelmäßig mit Gorillafleisch versorgen. Das schlug Wellen! Andererseits leidet die Bevölkerung Zentralafrikas an chronischer Unterernährung. Als Hauptnahrungsmittel füllt Maniok die leeren Bäuche. Ein Magenfüller ohne besonderen Nährwert. Die getrockneten Stücke, weiß und spröde wie Kalk, werden im Mörser zu Mehl zerstoßen und als *fufu,* ein fester Brei, das Brot der Armen, verspeist. Heimisches Buschfleisch wäre ein wichtiger Proteinlieferant für eine gesunde Ernährung. Allerdings sind die besiedelten Gebiete radikal leergeschossen worden. Was bleibt, ist das Wildern in den Reservaten und Nationalparks – wo das Fleisch für die Reichen herkommt.«

Auf dem Weg zum Hotel erzählt Michel, dass er mal Wochen von Maniok leben musste, dabei an sich Müdigkeit und Kräfteverfall beobachtete. Auch ich habe die Blätter und die Wurzelknollen von Maniok zur Genüge gegessen. Beides schmeckt nach nichts. *Fufu:* scheußlich wie Tapetenkleister. Schlimm für eine Bevölkerung, die tagtäglich davon leben muss! Doch schlimmer noch ist die Tatsache, dass Zentralafrika mit Regen und Wachstum gesegnet ist. Es könnten vitaminreiche, gesunde, schmackhafte Gemüse, auch Obst angebaut und dreimal im Jahr geerntet werden.

Doch die Menschen bleiben hungrig: wegen Unkenntnis, chaotischer Organisation, Verwaltung und Politik. Es ist zum Heulen, dass die großen Möglichkeiten, Chancen, Potenziale brachliegen. Stattdessen bekriegt man sich in Zentralafrika, im Osten des Kongo. Oder die Menschen setzen sich einfach ab, flüchten nach Europa. Was ist los mit dem Kongobecken? Mit Afrika? Ich reise dort umher, um zu verstehen. Bisher gibt es nur Fragen, brennende Fragen – doch weder Antworten noch Lösungen.

Im *Nianina* diskutieren wir bei Nudeln mit Tomatensoße und Ngok-Bier über die desolate Wirtschaft Afrikas. In den Achtzigerjahren leitete ich im nigerianischen Sokoto eine Großbaustelle. Unsere Zentrale befand sich in Lagos. Bei MAN hatten wir sechzehn nagelneue Lkws bestellt, die mit einheimischen Fahrern tausend Kilometer durch Nigeria nach Sokoto in der Sahelzone expediert werden mussten. Merkwürdigerweise kamen nur zehn Fahrzeuge am Bestimmungsort an. Ich nahm an, dass die Fahrer die Lkws auf der Strecke verkauft und sich verdrückt hätten. Dem war nicht so. Geraume Zeit später erschienen die Fahrer nach und nach und erklärten, dass ihr Lkw kaputt sei. Ich fuhr die Strecke ab und entdeckte in Flusstälern, über die sich schmale Brücken spannten, unsere total zerstörten MAN-Laster in Gräben oder Flüssen liegen. Seltsam war, dass auf den anderen Seiten ebenfalls einheimische Fahrzeuge herumlagen.

Nach Gesprächen mit den Fahrern wurde mir klar: Jeder will seine Vorfahrt erzwingen, man braust aufeinander zu und springt vor dem Crash aus dem Führerhaus. Wer sitzen bleibt, stirbt oder wird zumindest schwer verletzt. Noch heute habe ich die Unschuldsmienen unserer Fahrer vor Augen.

Als ich Michel die Geschichte erzählt habe, greift er zum Bier, nimmt einen ordentlichen Schluck und meint dann:

»Ist das nicht eine Metapher für den Zustand des Kontinents? Ein Erdteil, reich an Ressourcen aller Art, kommt einfach nicht voran, im Gegenteil, versinkt partiell im Tohuwabohu. Weil verstärkt Schlamperei, Inkompetenz, Rücksichtslosigkeit herrschen. Es ist, als brausten täglich zigtausend Lkws aufeinander zu, deren Fahrer in letzter Sekunde abspringen. Ist es nicht verwunderlich, dass die Mehrzahl der schwarzafrikanischen Länder heute schlechter dran ist als zur Kolonialzeit? Von mittlerweile einer Milliarde Afrikanern leben drei Viertel in Armut. Jedes dritte Kind ist unterernährt. Viele Millionen Menschen sind auf der Flucht in eine bessere Welt, und es werden von Jahr zu Jahr mehr. Woran liegt das? Ich höre immer, die EU und Amerika strangulierten die afrikanische Wirtschaft, indem sie deren teure Produkte auf dem Weltmarkt nicht zulassen. Tatsache ist, die Produkte sind auf dem Markt unverkäuflich, weil zu schlecht, einfach unbrauchbar. Asiens einstige Armenhäuser haben sich hochgearbeitet, weil sie akzeptable Waren und Dienstleistungen anbieten.«

»Und der Grund dafür?«, frage ich.

»Es gibt verschiedene Erklärungen: die enorme Rückständigkeit, Korruption der Eliten und der Bevölkerung, Entwicklungsunfähigkeit. Hinzu kommt der im Afrikaner tief verwurzelte Aberglaube. Bei der Bekämpfung der Ebola-Epidemie wird das Leben in einer Geister- und Dämonenwelt, selbst bei gläubigen Christen, offensichtlich.«

»Gibt es auch für die Afrikaner entlastende Argumente?«

»Kommt auf die Wertung an. Nehmen wir die extremen Klimaverhältnisse. Doch die kennt Südostasien auch. Oder die Heimsuchung durch gefährliche Infektionskrankheiten: Malaria, Gelbfieber, Tuberkulose, Ebola und andere. Gibt's die in Asien? Ja, auch! Kolonialismus? Auch den gab's in den meisten ostasiatischen Staaten, wenngleich die Länder Afrikas ungleich brutaler ausgeplündert wurden. Hinzu kommt, dass die Europäer Afrika ohne Rücksicht auf ethnische Zugehörigkeiten aufteilten, was die vielen Konflikte der Neuzeit erklärt. Sklavenhandel? Der wurde in Afrika singulär betrieben, angefangen von den Arabern, verstärkt durch die Europäer. Die exzessive Menschenjagd mag sich tief in die Psyche der Schwarzafrikaner gegraben haben. Auf vielen afrikanischen Staaten lastet zudem der Nachteil der Geografie. Sie sind vom Meer abgeschnitten, was wiederum die Transportkosten gegenüber Küstenstaaten, je nach Lage, verzehnfachen kann. Dann ist da noch die desolate Infrastruktur, einhergehend mit erpresserischen Wegzöllen, dann ...«

»Schon richtig. Aber ist es nicht auch so, dass die Kolonialmächte die jungen, selbstständigen Staaten auf den Wandel in keiner Weise vorbereitet haben?«, unterbreche ich den Franzosen.

»Das stimmt nur in Ausnahmefällen. Die meisten neuen Regierungen lehnten jegliche Einmischung von außen ab, weil sie glaubten, die Strukturen besser managen zu können. Nicht das Wohl des Staates und seiner Bürger hat Priorität, allein tribalistische Belange derjenigen, die an der Macht sind, bestimmen das Handeln – besser gesagt das Ausbeuten. Afrikanische Eliten wuchsen über Nacht in die Rolle schamloser Kleptokraten.«

»Siehst du das Hauptübel in der korrupten, inkompetenten Führungsclique?«, frage ich.

»In der Summe ja. Machterhalt und Bereicherung bestimmen ihre Politik.«

Nachdenklich starren wir ins Leere. Fernseher an den Wänden plärren und lassen dümmliche Werbespots über die Schirme flirren. Wir sind nicht mehr die einzigen Weißen in der Restauranthalle. Eine kleine Reisegruppe, zwei Frauen, zwei Männer, ein afrikanischer Reiseleiter, hat einen runden Tisch besetzt und parliert lebhaft. Belgier, die ihre Erlebnisse reflektieren, die sie im Parc National d'Odzala hatten, meint Michel.

Eine der Frauen im modischen Safarilook erhebt und wendet sich forschen Schrittes in Richtung Toilettenhäuschen. Keine zwei Minuten später lässt uns ein entsetzlicher, ein tierischer Schrei zusammenfahren. Dem Schrei folgt ein weiterer und immer weitere. Einer der Belgier springt auf, da stürzt die Frau ins Restaurant. Gestikulierend, bebend, brüllend, die Safarihose hängt in Kniehöhe. Der Belgier versucht die Frau, wahrscheinlich seine, zu beruhigen, ihr die Designer-Khakihose zu lüpfen. Zwecklos, sie schreit und schlägt um sich. Ist regelrecht von Sinnen. Ein epileptischer, ein hysterischer Anfall? Ein Nervenzusammenbruch? Alle sind ratlos.

Der Mann packt sie und schleppt sie aufs Zimmer. Wir hören, dass sie dort weiterschreit. Nach etwa einer Stunde erscheint der Mann, sichtlich derangiert, ja abgekämpft, entschuldigt sich für das Ausrasten seiner Frau. Und er berichtet. Kaum hatte sich seine Frau auf die Brille gesetzt, schob sich eine giftgrüne Schlange zwischen ihren Schenkeln hervor, züngelte und verschwand durch ein Loch der Klotür.

Jetzt brüllen die Afrikaner vor Lachen. Die Belgier schauen betreten.

»Wie schrecklich!«, meint die andere Frau aus der Reisegruppe.

Brazzaville

Unausgesprochen steht fest, dass wir ein Stück der Reise gemeinsam unternehmen werden. Der heutige Tag steht im Zeichen der Organisation einer Fahrt in die tausend Kilometer südlich gelegene Metropole Brazzaville. Hauptstadt der Republik Kongo, gelegen am Kongo, dem zweitgrößten und wasserreichsten Fluss Afrikas. Ich war auf dem Nil gereist und auf dem Niger, besondere Erlebnisse verbinden mich mit diesen mächtigen Strömen. Der Kongo jedoch bleibt für mich immer ein von vielen Mythen umhüllter Fluss, das Objekt meiner Wünsche und Sehnsüchte. Seit ich Joseph Conrads »Herz der Finsternis«, Henry Morton Stanleys »Wie ich Livingstone fand« oder Peter Forbaths »The River Kongo« verschlungen habe, üben seine Wasser eine unwiderstehliche Anziehungskraft auf mich aus, und es steht fest, dass ich ihn eines Tages erleben muss! Und dieser Tag ist nicht mehr fern. Ich bin erfasst von fiebernder Erwartung.

Den ganzen Vormittag über klappern wir Fuhrunternehmer und private Taxifahrer ab. Angebote gibt's zuhauf. Nur die Konditionen stimmen nicht: fünfzig Prozent des hohen Fahrpreises als Vorkasse plus Übernahme der Spritkosten. Das wäre noch nicht das Schlimmste. Was uns die Herren Fahrer an Fahrzeugen präsentieren, mag uns vielleicht an den Stadtrand Ouessos bringen können, jedoch keinen Kilometer weiter.

Wir entscheiden uns für den Luftweg, lassen uns zum Flughafen fahren und ergattern tatsächlich eine Nachmittagsmaschine nach Brazzaville. Beim Flug über das Kongobecken mit dem größten zusammenhängenden Sumpfgebiet der Erde rufe ich mir einige Fakten zur Republik ins Gedächtnis: Mit dreihundertzweiundvierzigtausend Quadratkilometern ist das Land etwas kleiner als Deutschland, hat aber nur knapp fünf Millionen Einwohner, im Wesentlichen Bantu-Gruppen. Darunter sind BaKongo und Ba-Vili am stärksten vertreten. Der Großteil unter ihnen bezeichnet sich als Christen.

Im 17. und 18. Jahrhundert herrschte im damaligen Teke-Reich Sklavenhandel, an dem sich Frankreich anfangs beteiligte, dann aber Missionseifer entwickelte. Graf Pierre Savorgnan de Brazza, ein französischer Marineoffizier und Afrikareisender mit italienischen Wurzeln, unternahm zwischen 1875 und 1905 mehrere Expeditionen. Frankreich übertrug ihm die Aufgabe, in Zentralafrika, mit Schwerpunkt im Königreich Teke, Ansprüche geltend zu machen, indem er Handelsstationen gründen und den Fluss Kongo als Handelsroute erschließen sollte. De Brazza, was war das für ein Mensch? Ungewöhnlich, dass die Hauptstadt der längst unabhängigen Republik Kongo nach wie vor seinen Namen trägt.

Ich wende mich an Michel. Der lächelt und meint:

»Stell dir den Grafen wie einen afrikanischen Lawrence von Arabien vor. Stets reiste er im Outfit eines Arabers, manches Mal barfuß oder in Sandalen, das Haupt in ein Tuch gehüllt. Er wird unter den durchweg brutalen frühen Kolonialisten und Eroberern als Humanist, als eine Gestalt beschrieben, die ohne Gewaltanwendung Gebietserwerbungen vertraglich regelte. Man könnte ihn einen ehrlichen Makler nennen. – Seine letzte Kongoreise sollte klären, ob es zutreffe, dass französische Soldaten Gräueltaten an Afrikanern begingen, um die Kautschukgewinnung zu steigern. De Brazza berichtete von unmenschlichen Praktiken, prangerte sie an und forderte Abhilfe. Nun, der Regierung kam seine Aufklärung ungelegen, und sie hielt den Bericht vorerst geheim.

Brazza erkrankte auf der Rückreise an Malaria und starb, gerade mal dreiundfünfzigjährig, 1905 in Dakar. In Paris wurde er mit einem Staatsbegräbnis geehrt. 2006 ereilte ihn postum eine weitere große Ehre: In der nach ihm benannten Stadt Brazzaville ließ die kongolesische Regierung ein Mausoleum bauen, in das seine Asche überführt wurde.«

»Einer der wenigen Edlen in Afrika«, bemerke ich und versinke in meinen Gedanken: Auch der kleine Kongo ist geschunden worden, die häufigen Namenswechsel lassen es erahnen – im Vergleich zum großen Bruder Zaire, der heutigen Demokratischen Republik, jedoch weit weniger. 1880 unterzeichnete De Brazza im Namen Frankreichs und des *makoko* (König) der Teke einen Protektoratsvertrag. Gegen den Widerstand König Leopolds II. war damit die Souveränität Frankreichs am Kongo besiegelt. 1903 erhielt die Kolonie die Bezeichnung Mittel-Kongo. 1910 schließlich wurde das Land unter anderem mit Gabun und dem Tschad Teil von Französisch-Äquatorialafrika. Zum Leidwesen der Franzosen entstand 1926 eine politisch-religiöse Widerstandsbewegung, deren ›Heiland‹ der katholische Katechet André Grenard Matswa (auch: Matsoua) war. Seine Anhänger glaubten auch nach seinem Tod – er starb 1942 in Haft – an seine Wiederkehr, was sicherlich Fulbert Youlou zugute kam. Der 1917 geborene und zum katholischen Priester ausgebildete Youlou galt vielen anfangs als ›Erbe‹ Matswas und setzte sich als politischer Führer durch. Mit ihm erlangte die Kolonie im Jahr 1960 als Republik Kongo ihre Unabhängigkeit, und Youlou wurde Präsident des neuen Staates. Schon drei Jahre später wurde er gestürzt, und das Land driftete, nicht ohne Blutvergießen, in linksradikales Fahrwasser, intensivierte seine Kontakte zur Sowjetunion, zu China und Kuba, ohne jedoch die wirtschaftliche Verbundenheit mit Frankreich aufzugeben.

Brazzaville diente Ende der Sechzigerjahre den Rebellen aus dem benachbarten Zaire als eine Basis ihrer Aktivitäten gegen Mobutu. Eine neu gegründete Arbeiterpartei (Einheitspartei) verkündete die Umwandlung der Republik Kongo in eine Volksdemokratie. Marien Ngouabi, einmal mehr ein neuer Präsident, rief 1968 die Volksrepublik Kongo aus. Nach dem Zusammenbruch der Sowjetunion wurde die Einheitspartei aufgelöst. Ein Mehrparteiensystem führte zu Unruhen und Kämpfen, die bis 1997 anhielten. Am Ende der Bürgerkriege setzte sich Denis Sassou Nguesso, der Interimspräsident von 1979, als Staatschef durch. Er regiert die Republik Kongo nun schon achtzehn Jahre.

Die Kriege trieben das an Bodenschätzen reiche Land in den Ruin, von dem es sich mit Präsident Nguesso zu erholen sucht. Der smarte Staatsmann regiert mit harter Hand und hat während seiner Amtszeit schon so manche gefährliche Klippe umschiffen müssen.

»Weißt du Näheres über die Operation ›Ohrfeige durch den Älteren‹?«

»Na klar«, sagt der Franzose, »bei ›Mbata ya Mokolo‹ ging's um eine ziemlich rigorose Massenausweisung mutmaßlicher illegaler Migranten aus der benachbarten Demokratischen Republik Kongo. Anfang 2014 sind rund sechzigtausend Menschen von Brazzaville nach Kinshasa deportiert worden. Angeblich Prostituierte und Kriminelle, so jedenfalls verteidigte Sassou Nguesso die Aktion. Tatsächlich handelte es sich um einen kleinen Teil der vierhunderttausend Flüchtlinge aus dem instabilen südlichen Nachbarland.«

Ich erinnere mich, dass gegen Sassou Nguesso und Gabuns Präsidenten Omar Bongo die Pariser Staatsanwaltschaft 2007 wegen Unterschlagung öffentlichen Eigentums ermittelte. Aus mysteriösen Gründen wurden die Ermittlungen jedoch eingestellt. Global Witness, eine britische Organisation, veröffentlichte ein Dossier über den Präsidentensohn Denis Christel Sassou Nguesso und dessen Bereicherung an Erdöleinnahmen seines Landes. Für den Vater war die nicht widerlegbare Behauptung äußerst peinlich, weil er vom Internationalen Währungsfonds finanzielle Unterstützung erhalten hatte, die wiederum an eine vorbildliche Regierungsführung gebunden war.

Michel stößt mich an und deutet zur Kabinenscheibe. Wir sind im Anflug auf Brazzaville. Die beiden Hauptstädte liegen sich direkt gegenüber, getrennt von einem mächtigen Fluss, dem Kongo. Die Städte Brazzaville mit eineinhalb Millionen und Kinshasa mit fast zehn Millionen Einwohnern haben sich wie schwarzer Hautkrebs in das Pflanzengrün gefressen. Im Sinkflug wächst der Kongo zu einer ungeheuren, silbrig glänzenden Wassermasse, die im Südwesten weiße Flächen durchbrechen. Das sind die unteren Fälle, eine Flusslandschaft von zweihundertfünfzig Kilometern Länge, durchwirkt von Katarakten und Stromschnellen – für Schiffe nicht passierbar.

1940 schloss sich Französisch-Kongo dem unbesetzten Frankreich an, und Brazzaville war in diesem Jahr für kurze Zeit die Hauptstadt des freien Frankreich. Danach folgte die Verlegung nach Algier. Ich kann Michel berichten, dass Dresden seit 1975 Partnerstadt ist und Rolf-Christel Guié-Mien, ein bekannter deutsch-kongolesischer Fußballer, aus Brazzaville stammt. Der Franzose berichtet, dass sich die Stadt aus einer Handelsstation entwickelte, die an der Kongoverbreiterung, Pool Malebo genannt, lag. De Brazza hatte das Stationsgebiet 1880 von ›Häuptling‹ Makoko erworben.

Gerade rumpelt die Maschine auf die Landebahn des Maya-Maya-Flughafens. Noch auf dem Airport erkundigen wir uns nach einer geeigneten Unterkunft, beschließen aber, vor dem Dunkelwerden mit dem Taxi vor die Stadt zu fahren, um wenigstens die ersten Katarakte zu erleben.

Weithin sichtbar ist die Tour Nabemba, der Nabemba-Turm, das einhundertsechs Meter hohe Wahrzeichen Brazzavilles: ein Bauwerk in Form eines konkaven Zylinders, benannt nach Nabemba, dem höchsten Berg des Landes, gebaut mit beim französischen Ölkonzern Elf Aquitaine geliehenem Geld. Daher heißt das Objekt auch Elf Tower. Die Einwohner haben für den Prestigebau nur Kopfschütteln übrig, da kein sinnvoller Nutzen erkennbar ist, außer, dass damit die Überlegenheit Brazzavilles gegenüber Kinshasa demonstriert werden soll.

Auf einem ausgewaschenen Sandweg mit Furchen, die den Taxifahrer veranlassen, eine Zulage zu verlangen, gelangen wir ans Flussufer. Einheimische Familien haben sich zum Picknick eingefunden. Kinder spielen am Strand oder tollen auf schwarzen Lavabrocken herum. *Les Cataractes* sind ein Ausflugsziel. Die Idylle stören Wolken von Fliegen, durch die Uferschwalben schießen, um Beute zu machen. Wir spazieren am Ufer entlang bis zu einer Stelle, von der aus Gischt und tobendes Wasser zu sehen sind. Wir steigen auf einen besonders hohen Felsen, um das ganze Areal von Stromschnellen überblicken zu können. Es reicht bis hinüber ans andere Ufer, das im Dunst nur zu erahnen ist. Hier oben nimmt man das wilde Rauschen der Wassermassen wahr, spürt die Macht des Kongo, »des Flusses, der alle Flüsse verschluckt«, wie die Einheimischen sagen. Er ist mit fast vierzigtausend Kubikmetern pro Stunde der am meisten Wasserführende und mit 4374 Kilometern der zweitlängste Strom Afrikas. Zählt man den Luapula und dessen Nebenflüsse Luvua und Chambeshi hinzu, misst der Kongo 4835 Kilometer. Sein Lauf beschreibt, ausgehend von seiner Quelle im Mitumba-Gebirge in der Provinz Katanga (Demokratische Republik Kongo) bis zur Mündung im Atlantik westlich von Boma, ein gigantisches Knie und bildet das Kongobecken, die zweitgrößte Lunge unserer Erde. Ein Biologenteam maß im Unterlauf Wassertiefen von über zweihundert Metern. Damit ist kein Fluss tiefer als der Kongo, und seine Stromschnellen, die Stanley-, Livingstone- und Unteren Fälle, sind die wasserreichsten. Von seiner Gesamtlänge sind dreitausend Kilometer schiffbar. Somit ist der Strom eine wichtige Schifffahrtsstraße, wenngleich der entscheidende Abschnitt Kinshasa–Boma durch die Lavabarriere und die Felshindernisse der Unteren Fälle blockiert ist. Noch – bis sich Investoren finden, die die Katarakte wegsprengen lassen, um so den lukrativen Ozeanzugang für zwei Hauptstädte zu schaffen.

Der Kongo, ein Strom der Superlative auch in negativer Hinsicht: Kein Fluss hat mehr Leichen transportiert als dieser. »Blood River« nennt ihn der Journalist Tim Butcher, der ihn auf Stanleys Spuren befahren hat. Doch das ist ein anderes Kapitel, ein Kapitel Zaires beziehungsweise der Demokratischen Republik Kongo. An diesem wildromantischen Spätnachmittag will ich mir die Laune nicht durch Gräueltaten vermiesen lassen.

Wir haben uns auf dem Felsen niedergesetzt, lassen die Wildheit der Natur wirken, während die Dämmerung uns umhüllt. Die letzten Pelikane gleiten über die Schaumköpfe, und die Schwalben werden von Schwärmen gaukelnder Fledermäuse abgelöst.

Im *Mami Wata*, einem Restaurant der gehobenen Klasse unmittelbar am Kongo mit Blick auf die Lichter Kinshasas, hätte ich fast den Glauben an das Gute im Menschen verloren. Zum Glück nur fast. Nach der langen, entbehrungsreichen Zeit im Regenwald gönnen wir uns ein gutes Essen mit Vorspeise, Kongobarsch mit Gemüsen als Hauptgang und Crème brûlée zum Dessert, dazu ein Gläschen teuren französischen Wein. Bevor die Speisen von emsigen Kellnern serviert werden, verschwindet Michel, wahrscheinlich aufs stille Örtchen. Wir genießen das Menü und die Tropennacht bei quakenden Fröschen, die sich im hauseigenen Pool versammelt haben.

Allmählich macht sich Müdigkeit breit. Nach einem Verdauungsschnäpschen, schönem, weichem Rémy Martin, wollen wir zahlen und unser Hotel mit dem sinnigen Namen *Gaby* aufsuchen. Der Kellner erscheint mit der Rechnung. Wir greifen zu unseren Geldbörsen. Michel sucht seine Taschen ab. In seinem Gesicht meine ich, Blässe zu erkennen. Er wird nervös. Dann stößt er hervor: »Mein Portemonnaie ist weg!«

»Nur die Ruhe, such ganz systematisch.«

»Verdammt, es ist weg. Man hat mich bestohlen.«

»Nur wo? Wann?«

»Keine Ahnung. Irgendwo, vielleicht auf dem Flughafen.«

Könnte möglich sein. Das Taxi hatte ich bezahlt. Nun muss ich auch die Rechnung ganz übernehmen. Womöglich auch das Hotel. Sollte er mich reinlegen wollen? Ist der Diebstahl vorgetäuscht? Ich wurde auf sonderbare Weise misstrauisch. Ich werfe einen Blick auf die Rechnung. Überschlage, was es kostet, den Franzosen heute und morgen freizuhalten. Ein stattliches Sümmchen!

»Kein Geld im Brustbeutel?«, frage ich.

»Nein, nur noch etwas im Rucksack, und der ist im Hotel.«

»Du warst doch auf der Toilette«, sage ich, »schau dort mal nach.«

Er lacht bitter: »Wenn du da etwas liegen lässt, ist es weg.«

Doch er steht auf und eilt davon. Nach geraumer Zeit kommt er zurück. Nichts.

Ich bezahle. Der Kellner hat Michels Pech mitbekommen und meint: »Malchance, das Geld ist weggezaubert worden.«

Ziemlich zerknirscht stehen wir auf, um zum Ausgang zu gehen. Da springt uns ein jüngerer Afrikaner nach.

»Vermissen Sie etwas?«

»Aber sicher, ein grünes Portemonnaie mit einem eingestanzten B«, antwortet Michel fast euphorisch.

»Dann ist dies Ihres«, sagt der Mann und reicht ihm die Geldbörse. In freudiger Erregung öffnet der Franzose das Lederetui, in dem sich Scheine und Kreditkarten befinden. Er zieht mehrere Scheine heraus und will sie dem Afrikaner als Finderlohn überreichen. Der winkt ab.

»Nein danke. Das ist doch selbstverständlich. Ihnen muss das Etui auf der Toilette aus der Tasche gefallen sein.«

Damit verschwindet der Schwarze. Beiden fällt uns ein Stein vom Herzen. Auf der Fahrt zum *Gaby* erzähle ich Michel von einem ähnlichen Erlebnis in Addis Abeba. Dort auf dem Markt hatte ein Schuhputzjunge, im Rinnstein hockend, beobachtet, wie mich Taschendiebe bestahlen. Er rannte zu einem Polizisten, der in der Nähe Streife ging. Gemeinsam verfolgten sie die Diebe. Die warfen meinen Brustbeutel, der dummerweise zur Tatzeit in einer Seitentasche gesteckt hatte, weg. Für die Verfolger war ich längst im Gewühl des Marktes abhandengekommen. Erst im Hotel merkte ich die Bescherung, war am Boden zerstört, in dem Beutel war alles: Pass, Geld, Flugtickets, Kreditkarte. Total aufgelöst versuchte ich, meine scheußliche Situation zu analysieren. Am nächsten Morgen informierte mich die Rezeption, dass ich mich auf der Revierwache am anderen Ende von Addis melden möge. Ich marschierte mit einem Äthiopier als Führer dorthin. Ein Polizist übergab mir meinen prall gefüllten Brustbeutel, in dem kein Cent fehlte. Einen Finderlohn lehnte der Polizist strikt ab. Dafür bekam der Schuhputzer einen Betrag, der ihn auf der Stelle Feierabend machen ließ.

»Tolle Story«, meint Michel, »und wie hatten die dich gefunden?«

»Bevor ich auf den Markt ging, hatte ich im Hotel *Ras*, so hieß es, ein Bier getrunken und zufällig die Quittung mit Namen und Adresse in den Brustbeutel gesteckt.«

»Unglaublich, und dann heißt es, Afrikaner seien unehrliche Zeitgenossen«, sagt Michel.

DEMO-
KRATISCHE
REPUBLIK
KONGO

Kinshasa

Aus- wie Einreise gestalten sich als Geduldsspiel. Nach lähmender Wartezeit am Hafen ergattern wir eine Fähre und setzen über den Strom. Neben mir sitzt eine attraktiv angehübschte Schwarze, zwanzig Jahre jung, die mit ihrem Smartphone pausenlos Selfies produziert, die sie umgehend in ihre sozialen Netzwerke stellt. Dabei entwickelt sie eine manische Akribie, die schon beängstigend ist, ja süchtig wirkt. Ich schaue mich um, beobachte, dass sie in ihrer Altersklasse nicht die Einzige ist, die der Spielerei verfallen ist.

Nach zwanzig Minuten legen wir an einem Ponton an und erleben einen bürokratischen Einreisewahnsinn. Formulare sind auszufüllen, Reisepässe werden eingesammelt und verschwinden. Gelbfiebernachweise requiriert eine andere Person und entfleucht damit. Dann werden wir von einem Wachhäuschen zum nächsten geschickt und hoffen, auf wundersame Weise wieder an die Pässe zu gelangen. In einem Häuschen entdecken wir eine Uniformierte – hinter zwei Computern, mit einem hohen Stapel an Pässen, die sie in aller Gemütsruhe abzuschreiben scheint. Ihre elektronischen Hilfsmittel sind defekt. Ob unsere Pässe in dem Stapel ruhen? Wir erkundigen uns. Wir möchten uns gedulden. Schließlich wären alle schwer damit beschäftigt, die Formalitäten zügig abzuwickeln. Wir hatten Kinshasa zur Mittagszeit erreicht. Nun ist es gleich vier Uhr nachmittags, und wir hocken immer noch in einem überfüllten, heißen, stinkenden Kabuff, in Sorge um unsere Ausweise und Impfnachweise.

Michel trocken, obgleich ihm, wie mir, der Schweiß aus allen Poren strömt:

»Ich habe hier schon mal ’ne Nacht verbracht.«

Ich bin gerade eingenickt, da höre ich meinen Namen. War das geträumt? Nein, er wurde noch mal gerufen. Ich eile an einen Schreibtisch mit einer Schwarzen in Zivil, die, kaum zu glauben, meinen Pass von vorn nach hinten und umgekehrt durchblättert, Fragen nach meinen Absichten stellt, dann, oh Wunder, neben das Visum zwei Stempel klopft.

»Impfpass?«, herrscht sie mich an.

»Wurde eingesammelt.«

»Von wem?«

»Na, von Ihrem Kollegen.«

»Impfpass gehört in den Reisepass. Ohne gültigen Impfpass keine Einreise!«

Mir will gerade der Kragen platzen, als Michel in die Bresche springt und der Frau klarmacht, dass ich einen gültigen Impfpass besitze, dieser kassiert wurde und so weiter und so fort. Schließlich flüstert Michel mir zu:

»Schieb ihr diskret dreißig Dollar zu.«

Nach einer halben Stunde ist der Franzose dran. Gleiches Prozedere, der gleiche Betrag wandert in die Privatschatulle. Gegen

Abend sind wir offiziell in der Demokratischen Republik Kongo. Ist das Afrikas dunkles Herz? Ich bin in diesem Land noch nie gewesen. Neugierde wächst in mir. Ein riesiges Land mit tragischer Geschichte, großen Reichtümern und einer so armen Bevölkerung. Was wird mich erwarten?

Michel will noch zwei Tage in der Stadt bleiben, dann werden sich unsere Wege trennen. Er wird nach Angola reisen, an den Tschikapa-Fluss zu den Diamantenschürfern, und darüber schreiben. Ich werde meiner Sehnsucht folgen, mit einer Piroge auf dem Kongo stromaufwärts fahren, wenigstens ein Stückchen Stanleys Spuren aufnehmen, wenngleich in entgegengesetzter Richtung. Dann rufen das Grasland Kameruns und das berühmte Nguon-Fest von Foumban im Land Sultan Nyoyas, König von Bamoun (Bamun).

Kinshasa, die Megapolis, steht im krassen Widerspruch zum Land. Hochhäuser, asphaltierte Straßen, noble Hotels, feine Restaurants in der verkehrsreichen Innenstadt. Außerhalb: unübersehbare Slums, die ständig wachsen. Schon heute ist Kinshasa auf zehn Millionen Einwohner ausgeufert, bei einem Bevölkerungswachstum inklusive Zuwanderung von vier Prozent jährlich. Das bedeutet, die Hauptstadt könnte in zehn Jahren vierzehn Millionen Menschen zählen, die zu fünfundneunzig Prozent nicht richtig satt werden. Wenn das kein Dynamit ist?

Michels Ortskenntnisse lassen uns in der katholischen Missionsstation Ste Anne Quartier beziehen. Eine gut von einer Polin geführte Mission mit Hotelbetrieb nahe dem Kongo mit einem interessanten Blick auf ein Sägewerk mit Holzumschlagplatz, Hafen und Fluss.

Unser Taxi braust den Boulevard du 30 Juin entlang, die längste Unabhängigkeitshauptstraße Afrikas. An einer Kreuzung regelt ein Verkehrsroboter die Autoschlangen. Beachtet wird er von niemandem. Es ist ein Maschinenmensch, der auf einer Verkehrsinsel steht und wie eine Ampel agiert. Ursprünglich hatten die Chinesen acht solcher Roboter geliefert und installiert. Sieben dieser in der Welt einzigartigen Apparaturen wurden gestohlen. Dieser letzte Maschinenpolizist soll noch funktionieren. Nur, davon merkt man nichts.

Gerade taucht die schwach beleuchtete Statue Patrice Lumumbas auf. Ich möchte halten lassen, um mir das überlebensgroße Standbild des so forsch ausschreitenden Mannes mit der zukunftsweisenden Armbewegung aus der Nähe anzuschauen. Der Verkehrsstrom lässt es nicht zu. Im Wagen erzählt mir Michel längst entfallene Ereignisse aus dem Leben des tragischen Helden Lumumba.

Machtkämpfe: von Lumumba bis Kabila

Zusammen mit siebzehn afrikanischen Ländern erhielt auch der Kongo seine Unabhängigkeit. Ein charismatischer junger Mann namens Patrice Lumumba wurde Premierminister des neuen Staates. Er beschwor die Einheit und eine gerechte Verteilung des an Ressourcen reichen Landes. Doch er verkannte die Machbarkeit. Aus dem Hoffnungsträger der Bevölkerung wurde ein Todeskandidat. Der so intelligente wie eloquente Sohn eines Bauern avancierte zum maßgebenden Oppositionellen in der Kolonie Belgisch-Kongo. Den Weg dorthin hatte der 1925 als Isaïe Tasumbu Tawosa Geborene rasch zurückgelegt. Sein Mut, seine Begeisterungsfähigkeit und eine gewisse Aufsässigkeit verhalfen ihm zu dem Namen Lumumba, Mannschaft. Er ging in die Großstadt Stanleyville, heute Kisangani, bildete sich, machte Karriere bei der Post, nahm offiziell den Namen Patrice Lumumba an. Man schickte ihn auf einen Lehrgang nach Léopoldville (Kinshasa). Er wurde 1954 behördlich ins »Register der zivilisierten einheimischen Bevölkerung« aufgenommen. Zu seiner Zeit besaßen nur etwas mehr als einhundert Kongolesen eine Bestätigung als *évolué*. Mit sechsundzwanzig Jahren bekam seine Karriere einen Knick.

Wegen Unterschlagung und Urkundenfälschung musste er für zwölf Monate ins Gefängnis, wo er sich rasch radikalisierte: »Habe ich etwas anderes getan, als ein bisschen von dem Geld zurückzunehmen, das die Belgier dem Kongo gestohlen haben?«

Noch kooperierte er mit den Weißen, genoss deren süßes Leben, nachdem er nach seiner Entlassung den Job als Werbemanager für Polar-Bier erhalten hatte. Doch denen, die ihn hören wollten, und das wurden immer mehr, führte er die Demütigung der Schwarzen unter der Knute der Kolonialherren vor Augen. Mit vierunddreißig Jahren gehörte Lumumba zu den wortgewaltigsten Führern im Freiheitskampf gegen die Belgier.

»Die Unabhängigkeit darf nicht länger als ein Geschenk Belgiens betrachtet werden. Im Gegenteil: Es ist ein Recht, das das kongolesische Volk verloren hat«, hämmerte er seinen Anhängern ins Bewusstsein. Die Position in der Brauerei hing er an den Nagel, wurde Berufspolitiker. Längst hatte er Kontakt zu den moderateren, dennoch einflussreichen Kongolesen Joseph Kasavubu, dem späteren Präsidenten, und Moïse Tshombé, dem starken Mann aus der Provinz Katanga, aufgenommen. In der Kolonie spitzte sich die Lage zu. In Léopoldville kam es zu Ausschreitungen. Die Bevölkerung schrie: »Unabhängigkeit!« Es gab Tote und Verwundete. Überall im Land erhoben sich die Menschen gegen das Kolonialregime. Der Kongo flackerte, konnte jeden Moment lichterloh brennen. Kasavubu hielt sich zurück. Lumumba forderte die sofortige Unabhängigkeit, wurde verhaftet, zu sechs Monaten Gefängnis verurteilt.

Brüssel erkannte die brisante Lage und lud 1960 führende schwarze Politiker zu einem Gespräch ein. Kasavubu, Tshombé und viele andere waren eingetroffen. Lumumba fehlte. Ohne ihn werde nicht verhandelt, verkündeten die Afrikaner. Der glühendste Verfechter der Freiheit wurde eingeflogen: verbunden und lädiert. Man hatte ihn in der Haft gefoltert. Die Kongolesen forderten wie mit einer Stimme die sofortige Unabhängigkeit. Der

Druck der Afrikaner ließ keine Alternative zu. König Baudouin versprach Selbstbestimmung. Man einigte sich auf den 30. Juni 1960.

Auf der Konferenz in Brüssel wurde klar: Der unnachgiebige, radikale Lumumba war kein Verhandlungspartner. Der musste eliminiert werden. Nur auf welche Weise? Bei den Wahlen hatte seine Partei einen fulminanten Sieg errungen. Er war der beliebteste Politiker, wurde Premierminister, ging ein Zweckbündnis mit Kasavubu ein, dem er das eher repräsentative Amt des Präsidenten überließ.

Brüssel setzte auf den moderaten Kasavubu in der Hoffnung, daraus einmal Vorteile zu ziehen. Zur Unabhängigkeitsfeier reiste König Baudouin an, Urgroßneffe König Leopolds II., jenes Herrschers über den Kongo, dem das Riesenland als Privatbesitz übereignet worden war. Baudouin in seiner Ansprache (»Ich hab sie noch im Ohr«, meint Michel):

»Die Unabhängigkeit des Kongo stellt den Höhepunkt des Werkes dar, das vom Genie König Leopolds II. entworfen, von ihm mit zähem Mut umgesetzt und schließlich von Belgien mit Ausdauer fortgesetzt wurde. Es ist nun an Ihnen, Messieurs, zu beweisen, dass wir recht daran taten, Ihnen zu vertrauen.«

Kasavubu trat ans Mikrofon, bedankte sich artig und pries die Einsicht der belgischen Regierung. Eigentlich wäre der Staatsakt damit beendet gewesen, wenn nicht, protokollwidrig, Patrice Lumumba vorgetreten wäre. Mit eindringlichen Worten verkündete er sein Postulat zum Kolonialismus.

»Wir wurden verhöhnt und beleidigt. Wir mussten morgens, mittags und abends Schläge erdulden, weil wir Neger waren. Wir mussten erleben, dass man unser Land raubte aufgrund von Texten, die sich Gesetze nannten, in Wirklichkeit aber nur das Recht des Stärkeren besiegelten. Auch die Erschießungen, denen so viele unserer Brüder zum Opfer fielen, wird niemand von uns je vergessen. All dies, meine Brüder, haben wir erlitten.«

»So lautete ein Teil der Rede eines Freiheitshelden«, sagt Michel, »für die Ohren des Königs ein Skandal. Noch nie hatte es ein Schwarzer gewagt, öffentlich, vor der Weltpresse, vor laufenden Kameras, den Weißen solche Worte um die Ohren zu hauen.«

Lumumba hatte sich seinen Zorn von der Seele geredet und sein Grab geschaufelt. Die Presse Belgiens bezeichnete ihn als »Barbaren« und »dreckigen Neger«. Er wurde als Kommunist verdächtigt, obgleich er das nie war. Als US-Präsident Eisenhower ihn als »Gefahr für den Frieden und die Sicherheit der Welt« bezeichnete, saß er zwischen allen Stühlen. Die Ereignisse gerieten außer Kontrolle. Revolten, Aufstände, Tote, viele Weiße verließen fluchtartig das Land. Moïse Tshombé, Gouverneur von Katanga, erklärte die Provinz für unabhängig. Welch ein Dolchstoß der rohstoffreichsten Region gegen die Politik der nationalen Einheit Lumumbas! Nicht hinnehmbar. Der Premierminister mobilisierte eine desolate Armee gegen seinen einstigen Verbündeten. Tshombé verteidigte sich mit Hilfe der Belgier und ausländischer Söldner, die in Brüssel angeworben wurden. Es war die Zeit von Legionären wie dem berüchtigten Kongo-Müller aus Westdeutschland. Premier Lumumba und Präsident Kasavubu gerieten durch den Bürgerkrieg in höchste Bedrängnis. Von der UNO im Stich gelassen, wendete sich der Premier mit einem Hilferuf an Nikita Chruschtschow in Moskau. Die CIA meldete dies nach Washington. Hieß das etwa sowjetische Truppen in einem Land von strategischer Bedeutung? Auf geheimen Kanälen rieten westliche Diplomaten Präsident Kasavubu, sich von Lumumba zu trennen.

Noch im September 1960 erklärte Kasavubu Lumumba als abgesetzt. Der Premier reagierte seinerseits mit der Amtsenthebung des Präsidenten. Tohuwabohu als Chance für Armeechef Joseph-Désiré Mobutu, einen alten Freund Lumumbas, der den Feldwebel Mobutu gerade erst zum Kommandeur der Truppen gemacht hatte. Nun dankte Mobutu es als Verräter, putschte und setzte beide, Premier wie Präsident, ab. Später wurde bekannt, dass Mobutu schon seit 1959 auf der Gehaltsliste der CIA stand. Lumumba wurde unter Hausarrest gestellt, er sollte beseitigt werden. Unter dem Decknamen Barracuda wurde in Brüssel seine Entführung und Ermordung geplant. Der Plan schien zu scheitern, weil die Zielperson fliehen konnte. Doch schon wenige Tage nach der Flucht spürten Mobutus Soldaten den einstigen Freund und Weggefährten auf, nahmen ihn fest und brachten ihn in die Hauptstadt, wo er gefesselt, zusammengeschlagen und gedemütigt Pressefotografen vorgeführt wurde. Während Lumumba im Militärlager in einer verdreckten Zelle schmachtete und gequält wurde, beratschlagten seine Häscher, wie er am elegantesten zu liquidieren sei, ohne seine Anhänger zum Aufstand zu ermuntern. Die Lösung war Katanga. Dorthin abgeschoben, würde Moïse Tshombé ihn gebührend in Empfang nehmen.

Im Januar 1961 wurde Lumumba mit einer DC-4 nach Elisabethville (Lubumbashi) verfrachtet. Aufgrund der erlittenen Folter war er nur noch ein Schatten seiner selbst. Man brachte ihn in einen einsam gelegenen Bungalow, wo er wieder Torturen ausgesetzt wurde. Es hieß, dass sich Minister der Katanga-Regierung, selbst Tshombé, einfanden, um den Gefangenen zu schlagen und zu quälen. Alles unter den Augen von Belgiern, die die gesamte Operation als Katanga-Berater initiiert hatten.

Kurze Zeit später rollte ein Konvoi an einen Waldrand mit ausgehobenen Gruben. Die Gefangenen, Lumumba und zwei Leidensgenossen, wurden aus einem der Fahrzeuge gezerrt, an die Gruben gestellt und erschossen. Der einstige Premierminister war fünfunddreißig Jahre alt, der Kongo gerade mal zweihundertundeinen Tag zuvor unabhängig geworden. Tshombé, der sich vom Verbündeten zum Feind entwickelt hatte, schaute der Exekution – im Beisein der Belgier – zu. Schon am Tag darauf gruben Schwarze auf Befehl belgischer Polizeiberater die Leichen aus, zerteilten sie in kleine Portionen und lösten diese in einem Fass mit Schwefelsäure auf. Knochen wurden verbrannt. Nichts durfte an den Mann erinnern, der es gewagt hatte, den Belgiern die Wahrheit über ihren Kolonialismus ins Gesicht zu sagen. Radio Katanga meldete, Lumumba sei geflohen. Dann hieß es, er sei auf der Flucht erkannt und von Dörflern gelyncht worden.

»Wie sind eigentlich die wirklichen Umstände bekannt geworden?«, will ich wissen.

»Viele Jahre später brachten Aussagen von Beteiligten und intensive Nachforschungen eines belgischen Soziologen den tatsächlichen Hergang ans Licht. Auch ein Reymer Klüver sorgte für Aufklärung mit seiner Kongo-Reportage ›Die letzten Tage des Patrice Lumumba‹.«

Nachdenklich betrachte ich den vorbeirauschenden Verkehr und sage: »Wenn Nelson Mandela, der weiß Gott Grund genug gehabt hätte, seinem Zorn über seine Peiniger freien Lauf zu lassen, wenn er nur ansatzweise ausgesprochen hätte, was Lumumba aussprach – ich bin überzeugt, er hätte Südafrika zerrissen. Lumumba war kein besonnener Staatsmann, er war ein Volkstribun, der seinen Emotionen unterlag. Ein tragischer Held, der das Gute wollte, doch stets das Verkehrte tat. Mit den Nachwirkungen hat der Kongo immer noch zu kämpfen.«

In der Tat, nach ihm verfiel der Kongo in drei sich bekriegende Mächte: Soldaten Mobutus und Kasavubus, Tshombés Milizen und Söldner, dann Lumumbas Anhänger. Auf einer Friedensmission stürzte der UN-Generalsekretär Dag Hammarskjöld über dem Dschungel ab. Wollten westliche Geheimdienste einen Waffenstillstand im Kongo verhindern?

Der Bürgerkrieg tobte weiter. Mobutu hatte Kasavubu wieder als Präsidenten etabliert. Allmählich wurde das Morden selbst den Belgiern und Amerikanern zu heftig, sie nötigten Tshombé, mit der Zentralregierung eine gemeinsame Politik zu machen, dafür sollte er den Premierminister-Posten erhalten. Er willigte ein. Gemeinsam wurden Lumumbas Anhänger zwei Jahre später endgültig geschlagen. Endlich Ruhe im Land – möchte man glauben. Weit gefehlt. Mobutu putschte ein zweites Mal und verjagte Tshombé und Kasavubu. Der Staatsstreich geschah in Absprache mit dem Westen. Mobutu galt als treuester Verbündeter der USA. Belgien, Frankreich, auch andere europäische Staaten unterhielten enge Beziehungen zum Regime Mobutu, das sich über dreißig Jahre an der Macht hielt. Er taufte Léopoldville in Kinshasa und den Kongo in Zaire um.

Das Volk darbte, die Verhältnisse in Zaire wurden desolater als in den düstersten Zeiten der Kolonialwirtschaft. Allein dem Mobutu-Clan ging's bestens. Im Laufe seiner Amtszeit schaffte er über vierzig Milliarden Dollar Privatvermögen illegal beiseite. Im unendlich rohstoffreichen Osten Zaires geriet allmählich alles außer Kontrolle. Söldner kämpften gegen Freischärler oder gegen Regierungstruppen. Kindersoldaten wurden rekrutiert. Jeder schoss gegen jeden, finanziert, aufgeputscht von Großmächten, rohstoffgierigen Konzernen aus dem Ausland, privaten Glücksrittern, Einfluss nehmenden Despoten aus der Nachbarschaft Zaires. Mobutu erließ in diesen Wirren ein folgenschweres Dekret gegen die Tutsi, die auch im Osten als Unruhestifter mitmischten. Er drohte ihnen Tod und Verfolgung an, wenn sie sich nicht augenblicklich nach Ruanda zurückzögen. Mobutu, der Mann mit der Leopardenkappe, Intimus der USA, der Schlächter vom Kongo, der in Hinterhältigkeit und Brutalität dem irren Idi Amin von Uganda um nichts nachstand, trat mit der Verordnung eine Lawine los. Tutsi-Rebellen verbündeten sich mit anderen Oppositionellen und marschierten westwärts. Truppen des Revolutionsführers Laurent-Désiré Kabila eroberten Kinshasa. Der Präsident floh Hals über Kopf nach Marokko, wo er bald darauf an Prostatakrebs starb.

Neuer Präsident wurde der starke Mann aus dem Osten – Laurent-Désiré Kabila. Noch tobte in Zaire, das sich mittlerweile Demokratische Republik Kongo nannte, Krieg. Sieben afrikanische

Nachbarländer waren involviert. Die Weltpresse sprach von einem »afrikanischen Weltkrieg«. Über drei Millionen Menschen betrug der Blutzoll. Am 16. Januar 2001 fiel Präsident Kabila einem Attentat zum Opfer. Sein Sohn Joseph sollte sein Nachfolger werden, doch Kabila-Gegner zweifelten an Josephs Verwandtschaft mit der Sippe. Sie behaupteten, er sei ein Tutsi aus Ruanda, weil er nicht die im Westen des Landes übliche Landessprache, Lingála, spreche.

Um Joseph auf den Thron zu hieven, musste getäuscht und getrickst werden. Es gab viele Anwärter auf den lukrativen Präsidentenposten. Eine Minengesellschaft und der Strippenzieher Augustin Katumba Mwanke führten Regie. Gleich nach dem tödlichen Attentat wurde Laurent Kabilas Leiche im Firmenjet nach Kinshasa geflogen und die Falschmeldung verbreitet, er hätte den Anschlag überlebt. Rivalen und Ränkeschmiede blieben in Deckung. Die Täuschung ermöglichte es Joseph, die Amtsübernahme zu organisieren, wenngleich es sich dabei um ein höchst riskantes, gefährliches Unternehmen handelte, begleitet vom Aufmarsch geheimnisvoller Truppenkontingente, von der Belagerung des Präsidentenpalastes und undurchschaubaren Militäraktionen.

Die Lage beruhigte sich, als Joseph in der Öffentlichkeit auftrat. Am Internationalen Flughafen nahm er den Sarg seines Vaters in Empfang. Lokale Herrscher aus näherer und fernerer Umgebung erwiesen dem neuen, zugleich sehr jungen Präsidenten ihre Reverenz. Ein großes Aufgebot an Leibwächtern, Geheimagenten, doch vor allem an Soldaten aus Zimbabwe, enge Verbündete der Kabila-Sippe, sorgten für Ruhe – die auch tatsächlich hielt.

Nach dem gelungenen Coup wurden die Beteiligten mit Kobaltkonzessionen fürstlich belohnt.

»Soweit ich informiert bin, fädelte Josephs Berater Mwanke den Deal mit Ridgepoint Overseas, einem Unternehmen von Billy Rautenbach aus Zimbabwe, ein. Die graue Eminenz Mwanke war von 2002 bis 2004 Vorstandsmitglied beim Kupferproduzenten Anvil Mining Ltd., der wahrscheinlich auch profitierte. Mwanke, der 2012 bei einem Unfall ums Leben kam, spielte übrigens eine wichtige Rolle bei der Plünderung der Rohstoffe des Kongo: Er half, das elitäre Netzwerk zwischen Kabila-Clan, vertrauten Politikern und Wirtschaftsbossen zu spinnen. Dennoch sitzt Joseph Kabila auf wackeligem Thron, zu erkennen am Putsch von 2004, dem er gerade noch mit heiler Haut entkommen konnte, und an der sich formierenden Opposition, die Proteste plant, weil sie seinen Wahlsieg von 2006 nicht akzeptiert«, berichtet Michel.

»Was ist Joseph, der jetzige Präsident, für ein Mensch?«, möchte ich wissen.

»Schwer durchschaubar. Ein gewählter Präsident mit diktatorischen Zügen, möchte ich sagen. Er stand stets im Schatten seines Vaters. Nach militärischer Ausbildung in Uganda, Ruanda und Peking machte sein Vater ihn 2000 zum Stabschef der Armee. Als er dann dessen Nachfolge antrat, bemühte er sich um Stabilität, bildete eine Allparteienregierung mit dem Auftrag, für 2006 freie Wahlen vorzubereiten. 2002 geschah dann etwas Seltsames: Präsident Joseph Kabila holte Patrice Lumumba symbolisch nach Kinshasa zurück, indem er die Bronzestatue errichten ließ, an der wir vorhin vorbeifuhren. Späte Ehrung eines verkannten Freiheitskämpfers, der dem Intrigenspiel der Mächte geopfert wurde. Im Oktober 2006 wurde tatsächlich gewählt. Im zweiten Wahlgang gewann Joseph die meisten Stimmen und wurde als Staatspräsident vereidigt. Ein Silberstreif im Demokratieverständnis der wohl geschundensten Region Afrikas? Möchte man hoffen, wären da nicht die dunklen Geschäfte des Kabila-Clans, dessen lukrative Einnahmequellen aus staatlichen Bergbaukonzessionen gespeist werden.«

Lola Ya Bonobo

Wir haben die Hektik Kinshasas in südlicher Richtung verlassen. Wir durchfahren Vororte, die allmählich dem Wald weichen, verlassen die Hauptstraße, biegen rechts ab in einen Sandweg, der in einen Parkplatz unter schlanken Palmen mündet.

»Arrivé«, sagt Michel beim Aussteigen. Bei diesem Abstecher hat er mich im Ungewissen gelassen. Meinte nur, ich möge mich auf eine interessante Begegnung gefasst machen. Wir schreiten über eine Holzbrücke, an einem Teich vorbei. Dann stehen wir vor einem eindrucksvollen Gebäude in Form einer traditionellen Hütte, deren innerer Bereich über eine ausladende Freitreppe zu erreichen ist. Ich lese »Lola Ya Bonobo« auf einem Hinweisschild mit der Abbildung eines Affen. Der Affe hat ein schwarzes Fell und sieht einem Schimpansen frappierend ähnlich. Ist wohl auch einer?

In der Hütte hängen Tafeln und Großfotos mit Skizzen und Tabellen. Ich überfliege die Informationen, sage:

»Drollig, die Bilder mit den Schimpansen.«

Michel: »Das sind keine Schimpansen, das sind Bonobos. Wir sind hier im Lola Ya Bonobo, dem Paradies der Bonobos, aus der Lingála-Sprache übersetzt. Ein Reservat nur für diese Affenart. Sie sind uns Menschen von allen Menschenaffen am ähnlichsten.«

Ein Kongolese erscheint, stellt sich als Zoologe und Parkführer namens Blaise Mbwaki vor. Mit ihm werden wir durch den Park gehen, das erstaunliche Verhalten dieser Primaten erleben und beobachten. Doch zuvor erzählt er Wissenswertes zur Gründung dieses Refugiums:

»In Kinshasa lebt Claudine André, siebenundsechzigjährig, einst Kunstsammlerin und Geschäftsführerin einer Nobelboutique. Geboren ist sie in La Hestre, Belgien. Ihre Familie wanderte in den Kongo aus, als sie vier Jahre alt war. Mit vierzehn Jahren floh sie mit ihren Eltern, kam wieder, musste unter Mobutu im Bürgerkrieg das Land abermals verlassen. Unter Präsident Laurent Kabila wanderte sie erneut ein. Neben ihrem Broterwerb half sie ehrenamtlich im Zoo von Kinshasa. Dort traf sie Mikeno, ein halbtotes Bonobo-Äffchen, das sie gesundpflegte. Mikeno veränderte ihr Leben. Sie verschrieb sich mit ganzer Kraft dem Wohlergehen der Bonobos, die im Aussterben begriffen sind. Als dem Zoo immer mehr Affen gebracht wurden, meist in desolatem Zustand, verhandelte sie mit der Regierung und erwirkte 2002, dass dieses fünfundzwanzig Hektar große Reservat gegründet werden konnte. Es ist der einzige Affenpark dieser Art. Man muss wissen, dass es wahrscheinlich nur noch einige Tausend Bonobos, lateinisch *Pan paniscus*, gibt. Frei leben sie nur im südlichen Teil des Kongobeckens. Sie sind endemisch, das heißt, nur dort anzutreffen. Der Fluss Kongo bildet die nördliche Verbreitungsgrenze. Schimpansen und Bonobos sind artverwandt, zeigen aber unterschiedliche Verhaltensmuster. Seit eineinhalb Millionen Jahren, damals entstand der Kongo als unüberwindbare Barriere, hat es keine Vermischung der beiden Arten gegeben. Die heutige Verfolgung und Dezimierung der Bonobo-Bestände hat mehrere Gründe: Zerstörung des natürlichen Lebensraums, Wilderei, der Handel mit ihrem Fleisch, die Verwendung der Tiere als Spielzeug, als Haustiere oder für Zauberpraktiken. Auf dem Schwarzmarkt werden für Babys bis zu siebzigtausend Dollar erzielt. Ihre Intelligenz lässt sie rasch Kunststücke und andere Fertigkeiten für die Schaustellerei erlernen. Unter den Menschenaffenarten gehört der Bonobo zu der seltensten und am meisten gefährdeten Spezies. All das veranlasste Claudine André nicht nur den Park zu gründen, sie rief auch die Tierschutzorganisation ADC, *Amis des Bonobos du Congo*, ins Leben und begeisterte vierunddreißig Stiftungen dafür, ihr Projekt finanziell zu unterstützen: unter anderem die Fondation Brigitte Bardot, den San Diego Zoo, die Stiftungen Fujifilm, Air France oder den Conservation Fund. In Gründung befindet sich die deutsche Hilfsorganisation *Les amis des Bonobos en Europe*. Madame André sieht ihren Park als Auswilderungsstätte, um den Tieren ein erfolgreiches Weiterleben in freier Wildbahn zu ermöglichen. Derzeit sind einundzwanzig Mitarbeiter, darunter Biologen, Ökologen, Zoologen und Tierpfleger, im Bonobo-Paradies tätig. – So, nun wollen wir uns den Primaten selbst widmen.«

Auf dem Weg zu einem Gehege mit dichtem Waldbestand, Grasland und Flüsschen frage ich Blaise:

»Woher kommt der merkwürdige Name?«

»Bonobo beruht auf der falschen Wiedergabe des Namens Bolobo. Bolobo ist eine Ortschaft am Unterlauf des Kongo, von wo aus man übrigens auch die ersten Exemplare dieser Spezies nach Europa transportierte. Entdeckt hatte man sie erst 1929 und anfänglich für Schimpansen gehalten. Der deutsche Zoologe Ernst Schwarz erkannte und beschrieb den Unterschied.«

Wir stehen vor einer Gruppe tobender Affen, die quiekende Laute ausstoßen.

»Und worin besteht der Unterschied?«

»Es gibt körperliche und Verhaltensunterschiede. Bonobos sind feingliedriger, ihr Schädel ist runder und zierlicher. Arme und Beine sind schmaler und länger, die schwarzen Gesichter sind umrahmt von langen, schwarzen Haaren mit einem Mittelscheitel, den Mund umgeben rosafarbene Lippen, die Eckzähne sind bei Männchen und Weibchen gleich stark ausgebildet. Die beiden größten Zehen sind miteinander verwachsen. Im Vergleich zum Schimpansen klingen ihre Stimmen höher. Stillende Mütter entwickeln Brüste, die an solche von Frauen erinnern. Und die Verhaltensunterschiede sind eklatant: Während Schimpansen ständig streiten oder sich bekriegen, die Männchen dominieren, Auseinandersetzungen oft äußerst gewalttätig und tödlich ausgehen, töten sich Bonobos nicht. Bei ihnen dominieren eher die Weibchen. Temperamentsausbrüche, Futterneid oder andere Streitereien kommen selten vor und werden auf besondere Weise gelöst beziehungsweise kontrolliert – wie, werden wir bald sehen.«

Den Affen zuzuschauen ist ungemein spannend. Sie benehmen sich verblüffend menschlich: laufen bisweilen aufrecht auf den relativ kurzen Beinen, werfen sich zum Spaß Bananenschalen zu. Einer zieht den anderen auf einem Bananenblatt. Andere schlagen Purzelbäume oder hängen schaukelnd an Lianen. Als ich mit meiner Kamera nah an einen Witzbold heranrücke, greift er in den Sand und bewirft mich damit. Mein plötzliches Zurückweichen löst bei ihm einen menschlich klingenden Lachanfall aus. Er wirft den Kopf in den Nacken, brüllt regelrecht vor Begeisterung. Am Ufer hockt ein Bonobo, der sich intensiv mit einer Nuss beschäftigt. Erst beißt er drauf, dann sucht er einen faustgroßen Stein, hämmert auf ihr herum, bis die Nussschale zerspringt. Als er den Kern verspeist hat, reibt er sich genüsslich den Leib. Ein anderer Bursche hat sich mit einem Stöckchen bewaffnet, mit dem er in einem Termitenhaufen herumstochert. Die Larven scheinen ihm zu schmecken. Weibchen stolzieren mit ihrem Nachwuchs umher, der auf dem Rücken oder am Bauch klammert. Unter einem Strauch liegt ein Affenliebespaar. Es streichelt sich, schaut sich tief in die Augen, nach einem intensiven Kuss wird sich umarmt, dann, nicht zu glauben, kopulieren sie, sehen sich sogar dabei an, was in der Tierwelt sonst nicht vorkommt.

Michel wirft einer rangelnden Gruppe Bananen zu, sie stürzt sich auf die Leckerbissen. Kein Kreischen, Toben, Zähnefletschen oder futterneidisches Beißen, nein, zu kurz Gekommene kopulieren! Männlein, Weiblein, Junge, Alte. Rudelbumsen könnte man es nennen. Bunga Bunga würden die Italiener sagen, Gruppensex wie im Swingerklub. Ganz unaufgeregt, ohne Eifersüchteleien. Selbst die dominierenden Weibchen schauen dem Treiben emotionslos zu oder sind selbst beteiligt.

Aus dem Dschungel rennen zwei Affen heran, verharren kurz, kopulieren so nebenbei, entspannt sozusagen, und interessieren sich für den Bananenspender.

Blaise Mbwaki erklärt: »Bonobos haben zu 98,7 Prozent dasselbe Erbgut wie wir. Damit nehmen sie in der Ähnlichkeit den ersten Rang ein, gefolgt vom Schimpansen, dem Gorilla, dem Orang-Utan und schließlich dem Gibbon. Dr. Frans de Waal, ein niederländischer Zoologe und Verhaltensforscher, hat sich speziell mit Schimpansen und Bonobos befasst. Dabei analysierte er auch das unterschiedliche Sexualverhalten. Bei Schimpansen hat Sex immer etwas mit Unterwerfung und Beherrschung zu tun. Anders verhält es sich bei den Bonobos. Sexualität dient ihnen zum Spannungsabbau in unterschiedlichen Situationen – beim Spielen, bei der Nahrungssuche, beim Fressen –, was ein harmonisches Miteinander zur Folge hat. De Waal spricht bei den ›Make love, not war‹-Affen von einer Pansexualität, im Sinne von: Sie treiben es mit allen und jedem. Kleine besteigen große, große kleine Affen. Bisexualität wurde beobachtet, und wie bei uns ist Sex bei den Bonobos nicht nur für die Fortpflanzung von Bedeutung, sondern auch für ein erfülltes Leben. Obwohl jedes Individuum den Akt um die zehnmal pro Tag ausführt, kann man, laut De Waal, nicht von Sexsucht sprechen. Zwanghafte Handlungen oder schädliche Nebenwirkungen konnten bei den häufigen Kopulationen von je etwa dreizehn Sekunden Dauer nicht festgestellt werden. Es geht allein um Konfliktbewältigung, Wohlbefinden und Fortpflanzung. Erstaunlich ist dabei, dass Weibchen nur alle sechs Jahre Nachwuchs bekommen, dabei niemals Mehrlinge. Der Nachwuchs bleibt vier Jahre in der Obhut der Mutter, ist ab dem neunten Jahr geschlechtsreif. Die erste Fortpflanzung findet in der Regel erst nach dem vierzehnten Lebensjahr statt. Das Durchschnittsalter der Bonobos beträgt fünfzig Jahre.«

»Wie gestaltet sich denn so der Speiseplan?«, will eine Afrikanerin mit zwei Kindern aus unserer Gruppe wissen.

»Oh, der ist überwiegend vegetarisch, dennoch recht vielseitig: Bananen, Avocados, Zuckerrohr, Erd- und andere Nüsse, auch schon mal Insekten und Würmer. Ein erwachsener Bonobo vertilgt gut sieben Kilogramm Obst und Gemüse pro Tag. Zur Nachtruhe begibt er sich in die Krone hoher Bäume, wo er sich ein Nest aus Blättern baut. Eine solche Schlafstatt verwendet er nur einmal, weil er stetig in seinem Revier umherzieht.«

Wir verweilen bei einer Primatenfamilie, die sich wieder mit Werkzeugen an Baumrinden zu schaffen macht. Um Engerlinge oder Raupen zu ergattern, haben sie sich Stöckchen mit Widerhaken gesucht und bohren mit Geschick in Spalten herum. Faszinierend ist ihre Fertigkeit! Zoologe Mbwaki schaut schweigend zu. Nach einer Weile berichtet er über eine Primatologin namens Sue Savage-Rumbaugh, die die Intelligenz und die Lernfähigkeit der Bonobos untersuchte. Sie brachte es fertig, Jungtiere ein Vokabular von zweihundert Begriffen zu lehren, die auf einer Symboltastatur richtig aufgerufen werden konnten. Dabei kam heraus, dass ein Affe nicht nur um einen bestimmten Saft bat, sondern das Getränk in einer roten Tasse wünschte. Die Forscherin arbeitete unter anderem mit zwei Bonobos, die sie Kanzi und Panbanisha nannte. Ersterer war ein Männchen, Panbanisha ein Weibchen, beide hatten ein liebevolles Verhältnis. Auf einem Spaziergang kam ihr Kanzi lust- und freudlos vor. Sie: »Bist du traurig, Kanzi?« »Ja«, tippte er ein. Sie: »Möchtest du Panbanisha sehen?« »Ja«, tippte Kanzi erneut ins Gerät. Das Bonobomädchen wurde geholt. Kanzi freute sich, blühte sichtlich auf. Sue bewies auf eindrucksvolle Weise, dass ihre Probanden ein Gefühlsleben haben.

Wieder fliegt eine Banane ins Gehege, die geschickt von einem Affen aufgefangen, geschält, dann verputzt wird. Die Schale wirft er einem Weibchen mit Busen und Baby im Arm zu. Die Mutter kreischt erschrocken auf. Er schleicht sich von hinten heran, kurzes Kopulieren, die Welt ist wieder in Ordnung, man spaziert freudig seiner Wege.

Schamhaft schaut die Afrikanerin zur Seite, ihre Kinder feixen. Wir staunen über das stressfreie Verhalten ›primitiver‹ Affen. Und was uns Mbwaki jetzt erzählt, klingt sehr überraschend:

»Ein durch trübe Kanäle in eine Bar geratener Bonobo arbeitete zur Belustigung der Gäste hinterm Tresen. Er kannte alle fünfzehn Schnapssorten und reichte dem Barmixer auf Kommando die richtige Flasche. Heimlich gönnte sich der Affe immer mal wieder selbst einen Schluck, war zwar nie betrunken, doch stets gut gelaunt. Andrés Tierschutzorganisation wurde informiert und holte das Tier wegen nicht artgerechter Haltung nach Lola Ya Bonobo – was dem Bonobo anfangs gar nicht gefiel. Er war nämlich alkoholsüchtig geworden. Mit einem Kumpel grub er sich unter dem elektrischen Gehegezaun hindurch und marschierte in die Pantryküche der Parkverwaltung. Dort entdeckte er einen Kühlschrank mit Spirituosen. Flaschen aufdrehen war seine tägliche Übung. Beide tranken sich einen mächtigen Rausch an. Am nächsten Tag kamen sie zur Ausnüchterung in unsere Extraabteilung, wurden einer Sonderbehandlung unterzogen. Die Extraabteilung ist eine Forschungsstation, in der Wissenschaftler und Assistenten sich mit der Betreuung von kranken, verstörten oder übel zugerichteten Bonobos beschäftigen.«

Vor uns befindet sich ein großer Wintergarten, die Forschungsstation, in der mehrere Frauen sitzen, die alle Affen auf dem Schoß, dem Rücken, auf der Schulter haben und sich mit ihnen spielerisch beschäftigen.

»Hier werden die Mühseligen und Beladenen wieder aufgepäppelt«, sagt unser Zoologe. »Es ist die Auffangstation für die Tiere, die aus den Fängen illegaler Händler befreit werden. Wenn es die Station nicht gäbe, müssten die Affen getötet werden. Die Bonobos sind schwer traumatisiert. Mit Zuneigung und fürsorglicher Pflege versucht man, sie ganz allmählich zu stabilisieren, um sie schließlich ins Freigehege zu entlassen oder sie vielleicht einmal der freien Wildbahn zuzuführen.«

Wieder in Kinshasa, hilft mir Michel, für den nächsten Tag eine Piroge zu organisieren, mit der ich den Kongo befahren werde. Unser Abschiedsessen genießen wir im *Limoncello*, einem anerkannt guten Italiener. Er hat sich hinter meterhohen Mauern verschanzt, um gegen neidische Blicke oder Übergriffe von Banden geschützt zu sein. Das Restaurant ist hervorragend geführt, die Bedienung besteht aus durchweg hübschen, aufmerksamen Kongolesinnen. Hier im *Limoncello* glaubt man nicht, in einem total heruntergewirtschafteten Staat zu sein, dessen Osten von Machtkämpfen heimgesucht wird. Bei diesem Italiener lassen die Jeunesse dorée – in der Hauptsache junge Afrikaner aus dem arrivierten Geldadel – und Europäer, die im Minengeschäft ihr Geld machen, bei Schampus die Puppen tanzen. Wir fühlen uns unwohl, essen hastig einen Kapitänsfisch aus dem Kongo und verlassen das Lokal. Draußen vor der Stahltür empfängt uns das brutale Kontrastprogramm, das wahre Gesicht, die Fratze der Demokratischen Republik: eine bettelnde, flehende Masse Obdachloser, kranker, verkrüppelter und verunstalteter Kriegsveteranen, Menschen ohne Arme, ohne Beine, Menschen, die vom Bürgerkrieg gezeichnet sind. Alles Leid, alle Armut des Kongo scheint sich an diesem Abend hier vor dem schicken Italiener versammelt zu haben. Wie selten zuvor belastet mich diese Armut. Ausgestreckte Hände und Armstummel betteln nicht, sie fordern: bestimmt und zornig. Ihr da drinnen verfresst und versauft das Geld unserer Naturschätze. Ihr seid verantwortlich für diese himmelschreiende Ungerechtigkeit. Seht, was ihr aus uns gemacht habt. Aber wir rufen, ja wir schreien euch zu: Das habt ihr nicht straflos gemacht! Wir kommen, wir werden holen, was unser ist. Erlebte Ungerechtigkeit ist es, was die Menschen aggressiv macht und mich in diesem Land, in diesem Augenblick maßlos deprimiert. Mit eingezogenen Köpfen eilen wir der Hauptstraße entgegen und bringen uns in die Obhut der Mission Ste Anne.

Ich hätte es mir denken können: unten am Fluss kein Skipper, keine Piroge. Die Anzahlung ist futsch. Ziemlich betreten lungere ich an der Mole herum, muss erst einmal eruieren, wo und wie ich ein Boot ergattern kann oder an eine Mitfahrgelegenheit komme. In einem Land des Misstrauens, in dem bei jeder Gelegenheit, von jedem Beamten oder von selbst ernannten Kontrolleuren Passierscheine oder Besuchslegitimationen verlangt werden, sind Transportmöglichkeiten eingeschränkt. Im Netz der korrupten Bürokratie ist Reisen gefährlich und teuer. Nicht nur für den Passagier, auch für den Transporteur. Da reicht es nicht, einen Pass mit Visum vorzulegen. Du benötigst schriftliche Genehmigungen von Präfekten, von Staatssicherheitsorganen, die Grund, Ziel und Dauer deiner Reiseabsicht erklären. Möglichst zweisprachig, in Französisch und Lingála.

Schon rasch ist klar, dass ich heute kein geeignetes Boot in Hafennähe finden werde. Ich beschließe, die Stadt zu erkunden, den Moloch Kinshasa, den die einen Brennpunkt der Gewalt, von Elend, Hunger, Tod nennen, andere das Zentrum unbekümmerter Lebenslust, in krassem Kontrast zu dem Land, in dem die Megacity Hauptstadt ist. Auf mich wirkt Kinshasa wie ein Termitenhaufen, der in Höhe und Breite unter zittriger Emsigkeit ausufert. Wobei die Emsigkeit den Eindrucke eines chaotischen Aktionismus vermittelt: quirliges Treiben ohne Ziel und Richtung. Verglichen mit anderen Städten ist Kinshasa grau. Selbst den Fassaden moderner, hoher Gebäude fehlt frohe Farbe, nur der zentrale Markt zeigt sich anders. Die Straßen sind Schlammlöcher. Verkäufer zerren zweirädrige Karren durch stinkende Pfützen. Hauswände sind verschmiert oder mit buntem Tuch, auch Plastikfetzen, behängt. Sonnenschirme leuchten wie riesige Fliegenpilze. Grelles Weiß von getrocknetem Maniok beißt in den Augen. Das Knollengewächs heißt auch Kassave. Frauen hocken auf der Erde, verkaufen das Nahrungsmittel als Mehl in Plastiktüten, aber auch in Strünken, die wie Nilpferdzähne aussehen und zu Haufen geschichtet sind.

Ich gerate in einen Slum im Zentrum. An einem Abwasserkanal stehen Behausungen aus Plastik, Brettern, verbeulten Blechen. Autowracks, vom Müll halb vergraben, hängen an der Uferböschung. Im Gebirge bunten Unrats steht eine Frau und macht Toilette, putzt sich die Zähne. Sie meint wohl, wenigstens sich in diesem Haufen Dreck sauber halten zu müssen.

Matonge ist Kinshasas Vergnügungsviertel mit Straßenständen, Bauchläden, Bars und Puffs. In einem Open-Air-Beauty-Salon liegt eine Frau, vielleicht fünfundzwanzig Jahre alt, und starrt in den Himmel. Sie hat weiße Fingernägel. Ebenso weiß ist ihre Gesichtsmaske. Ihr Rock reicht knapp über den Po, die Bluse lässt tief blicken. Unschwer zu erraten, dass sie sich für die Nacht schön machen lässt. Im Einsatz ist sie allerdings vierundzwanzig Stunden.

»Holà, chéri! Comment ça va? Angst vor Aids?«

Sie zieht einen Brief aus ihrem Handtäschchen.

»Hier mein Zertifikat vom Centre de dépistage du Sida – negativ.«

Die Aids-Bescheinigung braucht man sich gar nicht erst anzusehen, sie ist garantiert falsch oder uralt. Ich suche das Weite. Soll sich *la belle de nuit* an Diamantenhändler, Waffenschieber, Goldsucher und andere Hasardeure machen. Fest steht, dass Aids im Kongo extrem häufig vorkommt und die weltweit verbreitete Variante des HI-Virus schon um 1920 in Kinshasa entstanden ist. Die ältesten HIV-Sequenzen stammen aus Blutproben, die Ende der Fünfzigerjahre ebenfalls hier entnommen wurden. Die Übertragung auf Menschen erfolgt durch Affen. Insgesamt haben sich bisher rund einhundert Millionen Menschen infiziert. Im Kongo liegt die Infektionsrate mit HIV bei zwanzig Prozent. Wohl Grund genug zu besonderer Vorsicht!

Im Juli 2006 campierten deutsche Soldaten auf dem alten Stadtflughafen Ndolo. Im Rahmen eines UN-Mandats hatten zweitausend Soldaten aus einundzwanzig Staaten die Aufgabe, Polizei, Armee und die sechzehntausendachthundert Blauhelmsoldaten zu unterstützen, falls nach Bekanntgabe der Wahlergebnisse Unruhen ausbrächen. Die EUFOR (European Union Force)-Mission wurde mit »Demokratie für den Kongo« bezeichnet. Neben Frankreich stellte Deutschland das größte Kontingent. Fünfhundert Soldaten wurden im Nachbarland Gabun und zweihundertachtzig auf dem Flughafengelände in Kinshasa stationiert. Die heikle Mission leitete der deutsche Generalleutnant Karlheinz Viereck. Kinshasa brodelte im Wahlfieber. Dreiunddreißig Präsidentschaftskandidaten waren angetreten, den Kongo regieren zu wollen. Wer würde die ersten freien Wahlen nach sechsundvierzig Jahren gewinnen? Würden sich Milizen, Soldaten, die Bevölkerung mit dem Wahlergebnis abfinden oder politische Gegner ihre Anhänger gegeneinander aufhetzen, sodass erneut ein Bürgerkrieg aufflammen würde, der die Soldaten der EUFOR zermalmen würde?

Oscar Kashala, einer von denen, die das Präsidentenamt anstrebten, hatte zu einer Kundgebung ins Stadion Tata Raphaël – einen besonderen Ort – gerufen, und seine Anhänger und Wahlkämpfer strömten herbei. »Wir wählen Oscar Kashala«, stand auf einigen Transparenten. Studenten, viele Fans sangen zu kreischender Musik und jubelten: »Kashala, Sohn des Kongo«. Plötzlich prasselten Steine in die Menge. Ein Spähtrupp von Anhängern Kabilas, der durch einen Seiteneingang drängte? Menschen bluteten und schrien um Hilfe. Die Randalierer wurden gejagt und niedergeknüppelt. Schüsse fielen keine.

Das Volk murrte und knurrte, die europäischen Soldaten seien gekommen, um die Marionette Joseph Kabila zu unterstützen und ins Amt zu hieven, außerdem wollten sie sich als neue Kolonialmacht aufspielen, um sich die Bodenschätze zu sichern. Trotz allem blieben der Wahlsonntag und die Zeit danach erstaunlich ruhig. Joseph Kabila wurde zum Präsidenten gewählt, die ausländischen Soldaten wurden abgezogen.

Und was hat es mit dem ›besonderen Ort‹ auf sich? Ich lasse mich mit dem Taxi zum *Stade Tata Raphaël* kutschieren, vorbei am Nationalstadion, dem *Stade des Martyrs*, das 1994 mit chinesischer Hilfe gebaut wurde und nur einen Kilometer vom Tata Raphaël entfernt liegt. Werde abgesetzt, umrunde das Stadion. Die Seiteneingänge sind offen, damit ist der Blick ins Innere möglich. Der Blick fällt auf modrige Tribünen, ruinenhafte Trainingshallen, eingeschlagene Scheiben, doch sie haben in der Erinnerung an das

Ereignis an Glanz nichts verloren. In Kinshasa wurde drei Tage mit internationalen Popstars gefeiert. Ich stelle mir fünfundsiebzigtausend schwarze Zuschauer vor, die »Ali, boma ye! Ali, boma ye!« – »Ali, schlag ihn tot!« brüllen. Das war am 30. Oktober 1974 um vier Uhr morgens in einer besonders heißen Tropennacht.

»Pardon, Monsieur, haben Sie ihn gekannt? Den besten Boxer aller Zeiten?«, spricht mich ein Mann mit sonorer Stimme von hinten an. Erstaunt wende ich mich um und schaue in das schwarze Gesicht eines Mannes, vielleicht fünfzig Jahre alt, etwas heruntergekommen, doch irgendwie sympathisch.

»Ich sah Sie ins Stadion gehen, denke mir, Sie interessieren sich für den Kampf der Kämpfe. Ich bin Fremdenführer, besser, war Fremdenführer«, sagt er etwas verlegen, »über meine Stadt wollen die Besucher nichts mehr wissen, haben nur ›d'affaires‹ im Sinn. Ich heiße Albert Kabarede«, dabei reicht er mir seine schweißige Hand. Ich mustere ihn eine Weile. Schwanke zwischen: Brauche keinen Fremdenführer und – zu den Ereignissen von damals würde ich gern etwas erfahren.

»Habe den Kampf, habe einige Kämpfe mit Cassius Clay gesehen«, antworte ich.

»Muhammad Ali«, verbessert er mich und fügt hinzu: »›Rumble in the Jungle‹ in diesem Stadion war sein größter Kampf. Ich war damals dabei, saß dahinten.«

Er zeigt rechts an den äußersten Rand der Tribünen.

»Den Boxring hatte man im Zentrum des Fußballfeldes errichtet. Wir schrien uns mit ›Ali, boma ye!‹ heiser.«

»Ist mir auch in Erinnerung. Warum aber die Parteinahme? George Foreman war doch auch ein Schwarzer mit afrikanischen Wurzeln?«

Albert verzieht sein Gesicht: »Foreman war Amerikaner und boxte wie ein Elefant. Ali ist einer von uns. Sein Stil war elegant, er tänzelte wie eine Gazelle, schlug aber zu, hart wie ein Gorilla.«

»Anfangs musste Ali 'ne Menge einstecken. Kein Punch wurde

Foreman gefährlich. Im Gegenteil, Ali hing in den Seilen, und der hünenhafte George drosch auf den Filigrantechniker erbarmungslos ein.«

»Genau, bis kurz vor dem Gong in der achten Runde: Ali löste sich plötzlich von den Ringseilen, landete eine Rechts-links-Kombination, der Gegner taumelte, dann schickte er Foreman mit einem rechten, eisenharten Haken auf die Bretter. Wir tobten vor Begeisterung. Das Stadion verwandelte sich in ein Tollhaus. Unglaublich, Ali war wieder Boxweltmeister im Schwergewicht, hatte den bisher unschlagbaren Foreman umgehauen. In absoluter Hochstimmung strömten wir nach dem Kampf in die Bars von Kinshasa. In einigen gab's das Bier gratis, in anderen zum halben Preis. Wir tranken auf Alis Wohl und auf das Wohl unseres Präsidenten Mobutu Sese Seko, der uns ›Rumble in the Jungle‹ ermöglichte.«

»Ein Wohl auf Diktator Joseph-Désiré Mobutu, der euch bestohlen hat?«, frage ich.

»Damals war uns nicht bewusst, wie viel er und sein Clan beiseite geschafft hatten. In den Siebzigerjahren ging es uns recht gut. In der Stadt pulsierte das Leben. Es kamen sogar Touristen, als Fremdenführer hatte ich Arbeit, konnte meine Familie ernähren. Unsere Hauptstadt wurde Kin-la-Belle genannt. Und der Präsident gab uns das Gefühl, stolz darauf sein zu können, Kongolese zu sein. Er ließ Wasserkraftwerke bauen. Es gab Strom. Wir hatten das Fernsehen im Land. Die Welt schaute auf uns, als er den Boxkampf in Kinshasa austragen ließ.«

»Boxpromoter Don King setzte ein Preisgeld von zehn Millionen Dollar fest, eine irre Summe, die niemand bezahlen wollte.«

»Soweit ich weiß, ging's unserer Wirtschaft damals ganz gut. Man wollte feiern und ›le combat du siècle‹ war für Zaire ein guter Anlass«, meint Albert.

Bemerkenswert finde ich, dass Cassius Clay und Joseph-Désiré, ursprünglich beide Christen, etwa zur gleichen Zeit ihre Taufnamen ablegten. Beide in ihrer Aversion gegenüber der weißen Arroganz? Oder aus politisch-religiösen Gründen? Clay wurde der Muslim Muhammad Ali. Mobutu erinnerte sich afrikanischer Werte und nannte sich Mobutu Sese Seko Nkuku Ngbendu wa Za Banga, was mehrere Übersetzungen zulässt: Mobutu, der machtvolle Krieger, der Kraft seiner Ausdauer und seines starken Willens von Sieg zu Sieg eilt, dabei nur Feuer hinterlässt, oder Mobutu, für alle Zeit der mächtige Hahn, der keine Henne unbestiegen lässt. Wobei Hahn auch als Krieger zu interpretieren ist. Trotz angeblicher Abneigung, was den American Way of Life betrifft, lebten beide gut von Amerika. Der eine hielt sich dank Partnerschaft an der Macht, dem anderen wurde trotz wüster Sprüche eine sportliche Ehre nach der anderen durch die USA zuteil. Noch heute, schwer an Parkinson erkrankt, genießt Ali zu Hause großes Ansehen.

Kraft seiner Macht ging die Afrikanisierung unter Mobutu weiter: Das Land wurde in Zaire umbenannt. Alle christlichen Vornamen mussten afrikanisiert werden, dazu wurde der *abacost,* von *à bas le costume,* weg mit dem Anzug, ein spezielles Kleidungsstück für Männer, eingeführt. Der ›Anzug‹ bestand aus einer hochgeschlossenen Jacke, dem Mao-Look sehr ähnlich. Mobutu überführte sukzessive belgische, auch französische Unternehmen in Volksbesitz, was nach Verstaatlichung aussah, de facto aber eine Übertragung in den Privatbesitz des Mobutu-Clans war. Obgleich die christliche Kirche, Belgien und Frankreich vor Wut schäumten, hielten die USA weiter ihre schützende Hand über den Kleptomanen.

»Darf ich Ihnen noch mehr über Kinshasa erzählen?«, fragt Monsieur Kabarede und schaut mich erwartungsvoll an.

»Warum nicht. Wenn Sie Zeit haben – gehen wir etwas essen.«

Damit hat Albert nicht gerechnet. Natürlich hat er Zeit. Alle Afrikaner, die auf den Straßen herumstreunen, haben Zeit. Ihr geflügeltes Wort lautet: Ihr habt die Uhr, wir haben die Zeit.

»Nicht weit, da drüben ist ein Bistro«, sagt er freudig.

Auf dem Weg dorthin spuken zwei Ereignisse in meinem Kopf herum. 1968 lebte Pierre Mulele als Flüchtling in Brazzaville. Infolge eines Bauernaufstands, den Mulele angezettelt hatte, war er bei Mobutu in Ungnade gefallen. Der Präsident ließ nun ausrichten, Mulele sei amnestiert und man werde ihn wie einen Bruder in Kinshasa empfangen. Mulele freute sich über das Angebot, überquerte den Kongo und wurde tatsächlich, endlich wieder zu Hause, festlich empfangen. Nach drei Tagen holte man ihn ab, brachte ihn in ein Militärlager, wo man ihn folterte, ihm Nase und Ohren abschnitt, die Augäpfel herausdrückte, dann die Genitalien abtrennte. Noch bei lebendigem Leib wurden ihm Arme und Beine abgehackt, schließlich warfen seine Peiniger den Rumpf in den Kongo. Alle Freunde und Bekannten, die Mulele in den drei Tagen besuchten, wurden gleichfalls liquidiert.

Ein Beispiel von vielen, die dokumentieren, wie Mobutu mit seinen politischen Gegnern umzugehen pflegte. Die andere Begebenheit bezieht sich auf den deutschen Journalisten Roland Brockmann. Er war in den Kongo gereist, nicht um über die Hässlichkeiten, über Dreck, Verzweiflung, Tod, Hunger, Elend, Gewalt zu berichten, nein, seine Intention war es, das Schöne im Land zu erkunden: freundliche Menschen, erhabene Natur, die Musik. Er hatte den legendären Rumba-Musiker Simaro Lutumba erleben können, gemeinsam mit einem kongolesischen Kollegen namens Emanuel. Es war spätabends, und die beiden Journalisten beschlossen, mit dem Wagen in die Wohnung Emanuels zu fahren, in der auch Brockmann wohnte. Vor der Wohnung wurden sie von drei Gangstern überfallen, niedergeschlagen, Brockmann mit vorgehaltener Waffe in die Wohnung Emanuels gezerrt, wo ihm sein ganzes Geld gestohlen wurde. Einer der Gangster war im Begriff, Brockmann zu erschießen. Er wehrte sich. Der Schuss streifte seinen Schädel. Die Gangster flüchteten. Roland Brockmann hatte den Überfall überlebt. Aus dem Bericht über das Schöne im Kongo ist nichts geworden.

Das Bistro ist ein mittelprächtiges Straßencafé, in dem Afrikaner beim Bier sitzen und gestenreich palavern. Wir lassen uns draußen auf Rohrstühlen nieder und bestellen zwei Flaschen Primus, das örtliche Bier, und zwei Pizzen. Nun möchte ich doch wissen, mit wem ich es da zu tun habe. Wie zufällig lasse ich nach dem Bezahlen mein Portemonnaie auf dem Tisch liegen und begebe mich ins Bistro. Nach einer Weile komme ich zurück. Albert sitzt noch da, aber die Geldbörse ist weg. Kaum Platz genommen, schiebt er mir das Ledertäschchen zu.

»Das dürfen Sie nicht einfach liegen lassen. Ein unehrlicher Passant greift sich das Portemonnaie und verschwindet.«

»Ganz recht. Dumm von mir. Danke.«

Ich brauche nicht nachzuzählen. Albert scheint eine ehrliche Haut zu sein. In der Tasche stecken immerhin fünfzig Dollar. Auf die könnte ich verzichten. Der Verlust der Barschaft im Brustbeutel dagegen würde mich hart treffen.

Während wir uns die Pizza schmecken lassen, erzähle ich Albert die Geschichte vom Journalisten Brockmann. Betreten hält er inne, dann meint er fast entschuldigend:

»Bürgerkriege und Ausbeutung haben uns arm gemacht. Kriminalität breitet sich aus wie ein böses Geschwür. Andererseits kann der Ehrliche kaum überleben. Meine Frau hat mich mit zwei Kindern verlassen, weil ich sie nicht satt bekomme. Sie schlägt sich als Nutte durch. Ich glaube, meine beiden Töchter müssen auch anschaffen gehen.«

»Schlimm – und wie kommen Sie über die Runden?«

»Ich lebe seit einiger Zeit bei der Familie meines Bruders, der ist Polizist.«

»Polizisten werden doch auch schlecht bis gar nicht bezahlt«, bemerke ich.

»Das stimmt. Aber er hat sein Auskommen. Polizisten haben hierzulande immer Möglichkeiten, hin und wieder zu kassieren. Außerdem hat seine Frau etwas Land und baut Bananen,

Ananas, Gemüse und Kassave an, was sie auf dem Markt verkauft.«

Ich wundere mich über Alberts Informationsfreudigkeit. Bezweckt er damit etwas Bestimmtes, oder will er neugierigen Ausländern die Situation seines Landes erläutern? Wir reden eine Zeit lang über dies und das, bis ich merke, dass er am Leben in Europa interessiert ist. Er stellt Fragen zu Einreisemöglichkeiten, zum Verdienst, zu Lebensbedingungen und vielem mehr. Ich habe nicht den Eindruck, dass er nur seinen Wissensdurst stillen will. Ich schildere Deutschland nicht als Land, in dem für Afrikaner Milch und Honig flössen, das Geld auf der Straße liege, ganz im Gegenteil. Wie die meisten Afrikaner, die ich kennenlernte, ist Albert Kabarede sicherlich ein unverbesserlicher Optimist, der nur seine Chancen sieht, niemals die Risiken.

Wir schließen unsere Unterhaltung mit dem Beklagen des täglichen Überlebenskampfs, der im Kongo den meisten Menschen ihre Fähigkeiten und die Kraft raubt, ein würdiges Leben zu führen. Eine korrupte, nur auf den eigenen Vorteil bedachte Regierung wird nie und nimmer innovative Geister sich entfalten lassen, die eine prosperierende Gesellschaft so dringend benötigt. Schwingt da nicht doch Pessimismus mit, denkt man an die Demokratische Republik Kongo?

In Not und aussichtsloser Situation suchen viele Kinshaser ihr Heil in der Religion christlichen Irrglaubens. Wir haben die Pizzeria verlassen, wenden uns auf der Avenue du Peuple in den nördlichen Teil der Stadt. Passieren den Aéroport de Ndolo, wo die deutschen Soldaten ihr Camp aufschlugen, nachdem sie den alten Flughafen von Gerümpel befreit und begehbar gemacht hatten. Unzählige Pfingstkirchen treiben in der Stadt ihr Unwesen: mit selbst ernannten Propheten, die für Bargeld oder Sachwerte von Teufeln, Krankheiten oder Hexen befreien. Albert führt mich an solchen Gotteshäusern vorbei.

»Sonntags strömen um die zwanzigtausend Gläubige zum Wunderheiler der Kirche des Lebenden Gottes. Er gibt vor, Aids kurieren zu können.«

»Der Glaube der Verzweifelten?«

»Muss wohl so sein. Ich war selbst einige Male in dem Gottesdienst, bis ich merkte, dass Prophet Tubutu nur eins im Sinn hat: die Gläubigen auszunehmen. Er erscheint schick gekleidet, im großen Mercedes-Benz. Sein Haus ist teuer eingerichtet mit riesigem Flachschirm-Farbfernseher. Er erzählt, Gott habe sich von dem auserwählten Volk Israel ab- und den Kongolesen zugewandt. Und Tubutu seien Kräfte gegeben worden, die Gläubigen ein gesundes Leben bescherten – bei entsprechender Spende.«

»Und die seriösen Kirchen nehmen den Humbug hin?«

»Sie sind entsetzt, aber machtlos, ihre Lehren versagen bei den Gurus, die in Wirklichkeit ›féticheuros‹, Hexenmeister, Wunderheiler, Voodoo-Priester sind«, sagt Albert.

Ich schaue den Afrikaner von der Seite an. Vielleicht etwas zu skeptisch, denn er meint:

»An Hexerei glaube ich nicht. Ich bin Katholik, bin zur Kommunion gegangen, habe mich auch kirchlich trauen lassen!«

Auf dem Kongo

Mataku reißt im Heck den Yamaha-Außenborder an. Er steuert eine Schleife, lässt die Île des Pêcheurs links liegen und gleitet stromaufwärts. Ich kann es immer noch nicht glauben, auf dieser Patrouillenfahrt dabei zu sein. In einer Motorpiroge mit dem Steuermann Mataku, Albert, der sich als Freund und Helfer erwiesen hat, seinem Bruder Claude, dem Polizisten, und Nkrombe, von dem ich nicht weiß, ob er einfacher Polizist, Soldat oder von der Geheimpolizei, der Sûreté, ist. Auch egal, solange ich nicht Gegenstand von Ermittlungen bin, fühle ich mich in dem Kreis gut aufgehoben. Das Ziel ist Bolobo, knapp vierhundert Kilometer in nördlicher Richtung. Ein Inspektionstrip mit Familienbesuch. An dem ich mich natürlich finanziell beteiligt habe. Das sind die sympathischen Seiten Afrikas: Mit Glück, Beziehungen und Bakschisch ist auf dem Erdteil möglich, was anderswo nicht funktioniert.

Auf unserem gestrigen Weg durch die Stadt hatte ich erfahren, dass Albert in der Rue Itaga, im Stadtteil Barumbu, wohnt. Das liegt auf halbem Weg zur Mission Ste Anne. Gastfreundschaft ist ein hohes Gut. Also durfte ich die Einladung des Afrikaners, die Wohnung seines Bruders zu besuchen, nicht ablehnen. Eine gewisse Neugierde spielte bei der Zusage auch eine Rolle. Mit sechs Flaschen Primus, die ich zuvor in einem Eckladen besorgt hatte, überfielen wir Claude, der recht verdattert schaute, seinen Bruder mit einem Weißen zu sehen. Weiße, die man bei jeder Gelegenheit um Dollar erleichtert, aber doch nicht in die Wohnstube lässt. Mit Primus konnte die Stimmung des Polizisten etwas aufgelockert werden. Schließlich wurde die Familie beim Fernsehen gestört. Auf plüschigen, großen Kissen saßen Claude, zwei halbwüchsige Kinder, eine recht hübsche Frau und ein junger Mann um einen alten kastenförmigen Fernseher, der ein scheußlich flimmerndes Bild abgab. Die Tapete, an einigen Stellen eingerissen, prangte orientalisch bunt wie auch die Vorhänge. Man könnte die Einrichtung als ärmlich, aber nicht ungemütlich bezeichnen. Mir wurde eine Kissenecke freigemacht. Alica, die Frau des Polizisten, huschte in die Küche. Erschien wieder mit gerösteten Kochbananenscheiben und Bohnengemüse. Ehemann Claude ist äußerlich ein ›Bulle‹, wie er im Buche steht: runder Kopf, stiernackig, mit listigen Augen. Ein Mann, mit dem man dienstlich nichts zu tun haben möchte. Zwar sieht er Albert ähnlich, ist vom Typ her jedoch gänzlich anders, grober geraten. Während Albert ihm auf Lingála sicherlich mein Erscheinen zu erklären versuchte, flitzten seine Augen argwöhnisch zwischen seinem Bruder und mir hin und her. Doch dann raffte er sich zu einem »Bienvenu à Kinshasa!« auf.

Auf den jungen Mann, Dominique, schien sein Vater Albert sichtlich stolz zu sein. Dominique schlägt sich mit Gelegenheitsjobs durch. Sein Französisch war gut zu verstehen, kam mir fast gestelzt vor. Nach den ersten *santés* und dem Gefühl, dass man sich näherkam, kam mir plötzlich in den Sinn, mein Anliegen zu erwähnen. Nur so, informationshalber. Claude hörte sich das Vorhaben an.

»Bootsfahrt auf dem Kongo? Wohin?«, fragte er.

»Richtung Lisala.«

»Das ist sehr weit. Eintausendfünfhundert Kilometer. Dauert zwei Wochen, mindestens.«

Nun zückte er sein Handy, und es folgte eine Kette von Gesprächen. Einige in barschem Befehlston, andere kleinlaut, überhöflich. Nach einer Stunde stand fest: Morgen wartet eine Piroge auf den Polizeioffizier, östlich des Hafens, dort, wo der Lukunga in den Kongo mündet.

Anlass: eine Kontrollfahrt nach Bolobo. Kosten: zweihundertfünfzig Dollar. Dass damit ein Familienbesuch verbunden wird, verriet mir Albert, als das Bier getrunken war und ich mich verabschiedete.

Und nun befahre ich den mächtigen Kongo, den als erster Weißer der Journalist und Abenteurer Henry Morton Stanley auf seiner Expedition 1874 bis 1877 bezwang. Einen legendären Namen hatte sich Stanley bereits im November 1971 gemacht, indem er den verschollen geglaubten schottischen Entdecker Dr. David Livingstone aufgespürt hatte. Das war in Ujiji am Tanganjika-See im heutigen Tansania. Dort fiel auch der denkwürdige Begrüßungssatz: »Doctor Livingstone, I presume.« Sein Schreibtalent, seine Rücksichtslosigkeit und sein Drang nach Höherem waren es, die Stanley frühe Berühmtheit bescherten. Als uneheliches Kind des Hausmädchens Betsy Parry wurde er in dem walisischen Ort Denbigh geboren und als John Rowlands ins Geburtsregister eingetragen. Den Vater, den seine Mutter stets verschwieg, sollte John nie kennenlernen. Als Kind wurde John herumgereicht, bis er schließlich in einem Arbeitshaus landete, in dem abscheuliche Zustände herrschten. Mit fünfzehn Jahren verließ er das Haus, arbeitete als Tagelöhner, bis er zwei Jahre später den Entschluss fasste, nach New Orleans zu segeln, wo er einen Henry Hope Stanley traf, der ihn angeblich aufnahm und adoptierte, was sich allerdings später als falsch herausstellte. John redigierte seinen Lebenslauf von Zeit zu Zeit. Sicher ist, dass er in dieser Zeit den Namen Henry Stanley trug und später Morton ergänzte. Mit Hope Stanley überwarf er sich, kämpfte im Bürgerkrieg bei den Konföderierten, lief zur Armee der Nordstaaten über, wurde wegen Krankheit ausgemustert. Kurze Zeit später meldete er sich bei der Kriegsmarine. Weil ihm irgendetwas nicht passte, desertierte er, schlug sich nach St. Louis durch, wo er als Reporter arbeitete und allerlei spannende Geschichten über Indianeraufstände schrieb. Mit James Gordon Bennett, Herausgeber des Boulevardblatts *New York Herald*, begann Stanleys Karriere. Dem Zeitungsmann Bennett gefiel der Schreibstil des ›jungen Wilden‹. Er schickte ihn als Berichterstatter nach Abessinien (Äthiopien), dann per Telegramm nach Zentralafrika: »Finden Sie Livingstone!« Stanley fand ihn und begleitete den schon kranken, angeschlagenen Forscher und Missionar einige Zeit. Während Stanley nach London reiste, um vor der Royal Geographical Society und Königin Victoria über die Begegnung zu berichten, starb Livingstone in Ilala, am Bangweulu-See im heutigen Sambia, an Ruhr. Einen großen Forscher und edlen Menschen hatte das afrikanische Klima dahingerafft, einen Philantropen, den die Schwarzen verehrten. Ganz anders Stanley, der aufbrausende, von Ehrgeiz und Komplexen getriebene Menschenschinder, den die britische Königin als einen »grässlichen kleinen Mann« bezeichnete.

Nun gut, er war brutal gegen sich und andere und besessen von dem Willen, Afrika als seine Chance wahrzunehmen. Ziel der zweiten Expedition war herauszufinden, wo der Nil entspringt. Livingstone vermutete, der Lualaba sei die Quelle. Der Brite John Speke meinte, der Nil entspringe am Nordufer des Victoria-Sees. Für Stanley war der Nil sekundär. Er wollte sich als Entdecker beweisen. Den Kongo kartieren. Der Welt zeigen, dass ›Livingstone finden‹ kein Zufallstreffer war.

Warum spukt mir das Leben Stanleys hier auf dem Kongo im Kopf herum? Ist es die Kraft, die in Menschen steckt, die trotz unglücklicher Startbedingungen Erstaunliches leisten? Mit der Kongo-Expedition und der anschließenden Zusammenarbeit mit dem belgischen König Leopold leistete Stanley Erstaunliches. Es ging um die Veränderung des Kongobeckens, eines Territoriums weitaus größer als Deutschland, Frankreich und Belgien zusammen. Und es ging, Gott sei's geklagt, um die Entwicklung hin zu einem der größten Verbrechen der Geschichte, vertuscht und schöngeredet von Leopold und Stanley.

»Nun habe ich Millionen dafür ausgegeben, die Presse beider Hemisphären zum Schweigen zu bringen, und immer noch gibt es undichte Stellen«, ließ Mark Twain später den König in seinem Pamphlet »König Leopolds Selbstgespräche« ausrufen. Aufgedeckt haben die Unmenschlichkeiten in den Tiefen des Kongo Fotos und Berichte amerikanischer Missionare. Und nicht zuletzt Joseph Conrad. Er soll neun Jahre alt gewesen sein, als er mit dem Finger auf einen großen weißen Fleck auf einer Afrikakarte gezeigt und gesagt hatte: »Da will ich hin, wenn ich mal groß bin.« Der Fleck war der Kongo in der Mitte des Schwarzen Erdteils. Den Wunsch, dorthin zu reisen, verwirklichte er fünfundzwanzig Jahre später, indem er als Kapitän eines Flussdampfers den Kongo oberhalb der Stanley-Fälle befuhr. Allerdings nur für einige Monate, weil er Malaria bekam. Das Fieber plagte ihn zeitlebens. Dennoch hatte Conrad genug gesehen, erlebt und vernommen, um sich ein Bild von den Zuständen jener Regionen zu machen, die sich im Privatbesitz Leopolds II. befanden. Er schrieb 1899 die wirkmächtige Erzählung »Herz der Finsternis«, in der es um den erfolgreichen Leiter einer Außenstation geht – Mister Kurtz –, der mehr Elfenbein erbeutet, gestohlen und verschachert hat, als alle anderen skrupellosen Agenten zusammen. Mister Kurtz verkörpert den eiskalten, perfiden Kolonialisten, der die Einheimischen in unvorstellbarer Grausamkeit ausbeutet. Sein Lebensweg ist mit Leichen und Menschenschädeln gepflastert. Vermutlich war der belgische Offizier Léon Rom das reale Vorbild für Conrads sadistische Figur.

Leopold und Stanley gerierten sich scheinheilig als Freund und Helfer der indigenen Bevölkerung und erwirkten auf der Berliner Konferenz, die Reichskanzler Otto von Bismarck 1885 einberief, die Anerkennung Leopolds als Herrscher über den Kongostaat. Wer nun – lebend auf des Königs Privatbesitz – nicht die vorgeschriebene Menge Kautschuk ablieferte, gleichgültig ob Mann, Frau oder Kind, der ging einer – oder beider – Hände verlustig: Sie wurden abgehackt. Fotos dieser Torturen gingen um die Welt und veranlassten den britischen Konsul Roger Casement zu einer Pressekonferenz, bei der sich Mark Twain, Conan Doyle und auch Joseph Conrad einfanden. Für Conrad war die Aktivität Belgiens im Kongo nichts anderes als ein zerstörerischer Beutezug: »Der Pesthauch aberwitziger Raubgier schien alles wie Aasgeruch zu durchdringen. Bei Gott! Ich hatte nie etwas so Unwirkliches in meinem Leben gesehen.«

Die Geschichte der Kolonie bedrückt mich. Ich ziehe es vor, mit den Passagieren nicht darüber zu diskutieren. Es würde die Stimmung verderben, womöglich schreckliche Erinnerungen an ihre Vorfahren wachrufen, einmal mehr dunkle Herzen bluten lassen. Geht es mir nicht wie dem Romancier Graham Greene nach einer seiner ausgedehnten Afrikareisen, die ihn auch in den Kongo führten? »Afrika wird für mich immer ein Land sein wie der Atlas der Viktorianischen Zeit: ein weißer unerforschter Kontinent in der Gestalt des menschlichen Herzens.« So ist es, und ich erinnere mich meiner Sehnsucht, einmal diesen mächtigen Fluss befahren zu wollen. Heute ist es möglich! Ich recke mich auf, spähe zum Ufer, suche es ab nach Krokodilen, Flusspferden, Seeadlern. Nichts dergleichen.

Seit den Sechzigerjahren des letzten Jahrhunderts ist das Kongobecken so gut wie leergeschossen. Bürgerkriege, Wilderer,

Großwildjäger, Fallensteller: Sie alle haben dazu beigetragen. Doch was bleibt, auch wenn die Fauna ins Verborgene zurückgewichen ist, ist die Vorstellungskraft. Was ich sehe, ist eine unendliche Wasserfläche. Wir fahren in den Stanley Pool, heute Pool Malebo genannt, die Verbreiterung des Kongo, die aus der Luft wie eine geplatzte Aorta aussieht. Hier ist der Fluss kein Strom mehr. Er ist eine endlose Wasserlandschaft mit einer bis zum Horizont reichenden Hauptader, die sich südlich an einer Insel vorbeiwälzt. Ein Geflecht von Kapillaren umfasst das Sumpfland nördlich der Insel. Hier wird der Mythos vom Kongo »als Fluss, der alle Flüsse verschluckt«, offenkundig. Zu sehen sind treibende Baumstämme, Sandbänke, die das Navigieren erschweren, und für Schiffsschrauben gefährliche grüne Inseln, die uns entgegentreiben: Wasserhyazinthen, wie Flöße, einige davon groß wie Fußballfelder. Aus harmlosen Sämlingen, die ein belgischer Kolonialbediensteter aus Südamerika einführte, um ein Gewässer seines Gartens zu verschönern, sind Wucherpflanzen geworden. Oder war es ein amerikanischer Missionar, der etwas Exotisches aus fremden Landen an den Kongo brachte? Sicher ist, die anfangs beliebte Wasserhyazinthe mutierte zu einem botanischen Geschwür und ist im Begriff, das Ökosystem zu ersticken, es gleichsam unter einer tödlichen Matte zu begraben. Die Hyazinthenart ist zu einem für Natur und Technik gefährlichen Unkraut geworden.

Wer über den Kongo gleitet, dessen Wasser von so weit her, aus Seen gespeist, durch Sumpfgebiete über Katarakte und Stromschnellen dem Atlantik entgegenfließt, der verliert den Blick für Naturschönheit. Er sieht den Blut-Fluss, die Leichen, die im Laufe der Jahrhunderte auf ihm dahintrieben, immer noch treiben. Und ihn überkommt das Gefühl, an einem von der Vorsehung verfluchten Ort zu sein. An einem Ort, an dem sich Menschen, schwarze wie weiße, stärker als anderswo versündigt haben. So kommt mir wieder Joseph Conrad in den Sinn: »... in der Nacht dieser ungeheuren Wildnis stand mir kein schattenhafter Freund zur Seite, nur die nichtswürdige Erinnerung an eine prosaische Zeitungssensation und das ekelhafte Wissen um die widerlichste Jagd nach Beute, die je die Geschichte des menschlichen Geistes entstellt hat.«

Die Beutejagd begann im November 1874. Ausgestattet mit Vorschusshonoraren in Höhe von zwölftausend Pfund der Zeitungen *New York Herald* und *New York Telegraph* und weiteren eingeworbenen Geldern, stellte Stanley seine Kongo-Flussexpedition ähnlich einem militärischen Kommando zusammen: die besten verfügbaren Navigationsgeräte, Chronometer, Tropenarzneien, drei weiße Assistenten, dreihundertzweiundfünfzig Träger und vor allem Waffen und Munition. Ein besonderes Ausrüstungsobjekt stellte die *Lady Alice* dar, ein demontierbares Schiff. Alice war der Name von Stanleys damaliger Verlobter, die den Abenteurer jedoch später sitzen ließ. Fünf Hunde gehörten auch zur Expedition.

Am Strand Ostafrikas, vis-à-vis von Sansibar, startete die Expeditionskarawane, die sich über tausend Meter zog. Vor ihr lag eine extrem strapaziöse Reise, die viele Menschen das Leben kosten sollte: Expeditionsmitglieder ebenso wie Indigene. Stanley ließ, traf er auf unwillige Schwarze, rücksichtslos von seinen Feuerwaffen Gebrauch machen. An vielen Stellen in Stanleys Reisebericht »Durch den dunkeln Welttheil« las ich abfällige Bemerkungen über seine eigenen Leute oder die Afrikaner. Schwarze Menschen waren für ihn stets nur Mittel zum Zweck.

Mit großer Heftigkeit quillt die Hitze vom Land her über den Fluss. Ich bekomme Kopfschmerzen, versuche meinen Schädel mit Wasser zu kühlen. Albert und die anderen schlafen in bizarren Stellungen. Nur der Bootsführer hält einsam Wacht, späht voraus, um ja keine Hyazintheninsel zu touchieren, was das Ende der Flussfahrt zur Folge hätte.

Ich widme mich erneut der ersten Kongofahrt eines Europäers. Stanley war mit seiner Expedition durchs heutige Tansania gezogen, hatte den Victoria-See umrundet, war dann über den Tanganjika-See gefahren. Als er den Kongo-Oberlauf erblickte, fand er die bewegenden Worte: »Ein stilles Entzücken erfüllte meine Seele, als ich auf den majestätischen Strom sah. Das große Geheimnis, das alle diese Jahrhunderte hindurch die Natur vor der wissenschaftlichen Welt verborgen gehalten hatte, es harrte jetzt seiner Enthüllung entgegen. 220 Meilen weit war ich einem seiner Quellgewässer bis zu seiner Mündung gefolgt, und nun lag der stolze Strom selbst vor mir. Meine Aufgabe war nun, ihm bis zum Ozean zu folgen.«

Mittlerweile war seine Expedition auf einhundertsiebenundvierzig Mann zusammengeschmolzen. Träger waren desertiert oder gestorben, zwei der weißen Begleiter der Malaria erlegen. Der Kongo führte durch Gebiete, die arabische Sklavenhändler für sich reklamierten. Mit deren Hilfe war nicht zu rechnen: Sie argwöhnten, ihren lukrativen Menschenhandel an die Weißen zu verlieren.

Stanleys Hartnäckigkeit wurde unterschätzt, mit Verhandlungsgeschick und Bestechung erwirkte er die Weiterreise auf mühseligem Landweg, den er beschrieb: »Wir haben eine schreckliche Zeit in diesen Wäldern durchgemacht ... Ein solches Kriechen, Greifen und Grapschen, Zerren und Zwängen durch den feuchten, dumpfen Dschungel ... Es war manchmal so finster in den Wäldern, dass ich die Worte nicht erkennen konnte, wenn ich mit Bleistift ... in mein Notizbuch einschrieb ... Wir kamen im Lager an, völlig erschöpft von dem Kämpfen und Ringen ...«

Es war Ende Dezember 1876, als Stanleys komplette Mannschaft auf dem Kongo abwärts trieb, stets vom Volk der Wagenia bedroht, die den Trupp für Sklavenjäger hielten, mit denen sie bereits leidvolle Erfahrungen gemacht hatten. Angst und Aggression der am Fluss lebenden Völker wurden mit Gewehrfeuer beantwortet. Hinter dem heutigen Ort Ubundu überraschte Stanley ein anderes Hindernis: unpassierbare Stromschnellen und Katarakte.

Die Expedition wurde wochenlang an den tosenden Wassern aufgehalten, verlor Menschenleben, Güter, Begleitboote, *Lady Alice* und Pirogen mussten um Wasserfälle getragen werden. Obendrein kämpfte Stanley gegen aufgebrachte Einheimische. Dabei kam es, wie er später schrieb, »zu Schlachten mit den Negern zu Wasser und auf dem Land«. Vielleicht gerade wegen der existenziellen Bedrohung an den Wasserfällen war Stanley besonders stolz auf ihre Entdeckung. Sie trugen übrigens noch bis Ende des 20. Jahrhunderts seinen Namen. Heute heißt der nördliche Abschnitt der Stromschnellen Boyoma-, der südliche Tshunga-Fälle.

Er schrieb: »Die Ripon-Fälle am Ausfluss des Victoria-Sees erscheinen nur matt und schwach im Vergleich mit diesem pfeilschnellen Herunterfließen ..., aber der Livingstone [so nannte Stanley den Kongo], dessen Wassermasse reichlich zehnmal so groß ist als die des Victoria-Nils, bringt uns ... in viel großartigerer Weise den Charakter unwiderstehlicher Gewalt zur Anschauung und vereinigt eine gewaltige Tiefe mit einem wildlärmenden Hinabstürzen.« Bis zur nächsten Wasserfalllandschaft sollten es noch genau 1734 Kilometer sein.

Oben, gleich hinter den heutigen Hauptstädten Brazzaville und Kinshasa, stand ich mit Michel staunend an ihrem Ufer. Doch dass es auch dort nicht weiterging, konnte Stanley nicht ahnen. Wacker und verbissen kämpfte sich der Trupp das Flussknie hinauf, dann südwestlich hinunter auf den Kongoabschnitt, den auch wir gerade entgegengesetzt befahren. Es war im März 1877, als der Entdecker voll Euphorie die grandiose Wasserfläche Stanley Pool durchruderte. Er fühlte sein Ziel, den Atlantik, in greifbarer Nähe. Ein Trugschluss! Der Pool verengte sich, schon lauerten wieder Stromschnellen.

Stanley berichtete: »Er ist nicht mehr das herrliche Gewässer, dessen mystische Schönheit und edle Erhabenheit, dessen ruhige Fluten [...] bezaubert hat, er ist im Gegenteil zu einem wütenden Fluß [...] geworden, welcher in einem abschüssigen Bett rauschend hinabstürzt. Lava-Riffe versperren ihm den Weg und hervorspringende Bergwälle von ungeheurem Ausmaß, so daß er sich in viel gekrümmtem Laufe bald durch tiefe Schlünde winden muß, bald wieder über gewaltige Terrassen in einer Reihe hoher oder niedriger Wasserfälle und Stromschnellen hinabstürzt.«

Heute, einhundertachtunddreißig Jahre später, nachdem ich Pool und Katarakte selbst erlebt habe, kann ich Stanleys Beschreibung nachvollziehen, aus beschaulicher Distanz, ohne auch nur den Hauch eines Kampfes mit Katarakten erleben zu müssen. Er ruderte möglichst nah an die Fälle heran, schlug eine Bresche durch den Dschungel, um sich mit Mannschaft und Booten zum nächsten befahrbaren Abschnitt bugsieren zu können. Die Methode hatte sich an den unteren Stromschnellen bewährt. Doch diese waren ungleich wilder, besaßen dazu eine Länge von zweihundertfünfzig Kilometern, mitunter eingerahmt von steilen Felswänden. Die Verpflegung war ausgegangen, Nachschub nicht zu beschaffen. Seine Mannschaft war von Hunger und Fieber geschwächt. Die Expedition drohte an den Unteren Fällen, rund einhundertfünfzig Kilometer vor dem Ziel, zu scheitern. Stanleys letzter weißer Gefährte, Edward Pocock, ertrank in den Stromschnellen mit mehreren Trägern. Monatelang quälte man sich an dem schier unüberwindlichen Stück Kongo, bis Stanley entschied, seine geliebte *Lady Alice* samt den noch im Tross befindlichen Pirogen aufzugeben, um auf dem Landweg in Flussnähe gen Westen zu marschieren. Sehr weit kam die Expedition nicht, Hunger und Krankheiten entkräfteten sie. Mit dem Tod vor Augen war Stanley gezwungen zu lagern. Als letzten Versuch, die hoffnungslose Situation zu ändern, schickte er einen Boten mit einem schriftlichen Hilferuf Richtung Westen zu dem kleinen Handelshafen Embomma (Boma). Stanley war bekannt, dass der portugiesische Entdecker Diogo Cão 1482 dort die Kongomündung erreicht hatte und an dieser Stelle eine winzige Station europäischer Händler entstanden war. Der Bote, Stanley hatte einen etwas Englisch sprechenden Sansibaren geschickt, erreichte Boma und traf auf Europäer, die den Notruf verstanden. Im Handumdrehen wurde ein Hilfskonvoi mit Nahrungsmitteln zusammengestellt, der sich gen Osten aufmachte. Die ausgezehrte Truppe um Stanley konnte wenig später gefunden und gerettet werden.

Stanley im Überschwang: »Dem allgütigen Gott sei ewig Dank! Der lang dauernde Krieg, den wir gegen die Hungersnot geführt, die enge Belagerung der uns von allen Seiten bestürmenden Leiden war nun vorüber ... Nie schien mir das dürre, wüste Afrika so unwürdig, so verächtlich wie jetzt, wo die Herrscherin Europas vor meinen entzückten Augen emporstieg und mir ihre unendlichen Schätze des Lebens zeigte und mich mit ihren reichen Gaben beglückte!«

Gestärkt brach Stanley mit seiner Mannschaft auf und traf am 9. August 1877 in Boma ein. Damit hatte er größtenteils unerforschtes Afrika von Ost nach West in genau 999 Tagen durchreist. Für die damalige Zeit eine großartige Leistung! Als er zwei Tage später die Kongomündung per Schiff auf dem Weg nach London verließ, schrieb er voller Wehmut: »Indem ich mich umwandte, um einen letzten Blick zurück auf den gewaltigen Strom zu werfen, auf dessen braunem Busen wir so großes Leid erduldet, sah ich ihn ehrfurchtsvoll und gedemütigt der Schwelle der unendlichen Wasserfläche nahen, gegen deren unermessliches Volumen und grenzenlose Ausdehnung seine Flut, so furchtbar auch seine Macht und so schrecklich seine Wut gewesen war, doch nur wie ein Tropfen erschien.«

Kaum in London angekommen, versuchte der jetzt siebenunddreißigjährige Entdecker, die britische Regierung dafür zu gewinnen, das Kongobecken als Kolonie dem Königreich einzugliedern. Zum Erstaunen Stanleys stieß sein Vorschlag auf Desinteresse. Das Parlament lehnte ein Engagement in Zentralafrika ab. Gründe waren wohl die empfindlichen Verluste an Menschenleben und Finanzmitteln, die die Krone in der Kap-Kolonie zur damaligen Zeit zu verkraften hatte.

Zur gleichen Zeit träumte der belgische König Leopold II. von einer Kolonie, die sein Reich aufwerten sollte. Stanley, der in Großbritannien gerade abgeblitzt war, erschien ihm wie ein Wink des Schicksals. Beide trafen sich 1878 zu einem Sondierungsgespräch in Brüssel und wurden handelseinig. Stanley wurde Leopolds Verbündeter mit dem Auftrag, das riesige Gebiet für den König in Besitz zu nehmen. Der Entdecker kehrte als Konquistador in den Kongo zurück und sammelte in großem Stil Kaufverträge rund um den Strom. Clan- oder Dorfoberen ebenso wie lokalen Königen wurden Verträge vorgelegt, die sie nicht lesen konnten und deren Inhalt sie nicht verstanden. Für Glasperlen und anderen Tand unterkreuzten sie beispielsweise eine Klausel, die besagte, dass nicht nur das Land, sondern auch die Arbeitskraft der Bevölkerung in den Besitz Leopolds überging. Wer nicht unterkreuzen wollte, wurde gezwungen – auch mit Waffengewalt. Stanley war fünf Jahre für Leopold im Kongo tätig, seiner brutalen und rücksichtslosen Vorgehensweise wegen erhielt der eingebürgerte Amerikaner aus Wales von den Kongolesen den Swahili-Namen Bula Matari: Der die Steine bricht.

Andererseits schuf Stanley, wie später auch andere Kolonialisten, Straßen, Gleisanlagen und weitere Infrastrukturen im Land, allerdings stets unter härtesten Bedingungen für Gesundheit und Leben der indigenen Bevölkerung.

Während sich der Fahrtwind wie heißer Atem aus einem Kanonenofen anfühlt und die Sonne glühende Strahlen schickt, lassen mich Stanleys Worte auf seiner zweiten Kongoreise nicht ruhen, weil sie gerade geschrieben sein könnten: »Wir gleiten vorbei an Luftwurzeln der Mangroven, über denen die heilige Stille des Todes ruht. Und vorbei an einer dunkelgrünen Wand aus Baumriesen mit Brettwurzeln wie geblähte Segel. Überall Hitze, die jede Kreatur paralysiert. Die Sonne entfärbt, zeichnet Schatten schärfer, kohleschwarz, wirft grelles Licht auf Berge und verleiht der Landschaft unbeschreibliche Feierlichkeit und zugleich abstoßende Ungeselligkeit.«

Allmählich wird der Pool Malebo wieder zu einem Strom. Wir passieren das Dorf Maluku. Am Strand träge Betriebsamkeit: Menschen waschen, planschen im Wasser, bespritzen sich oder fischen. Einige winken. Pirogen sind ungeordnet auf den Ufersand gezogen worden. Laute einer mir unbekannten Sprache dringen an mein Ohr, wahrscheinlich Lingála. Nkrombe von der Sûreté antwortet mit einem Wortschwall, der die Dörfler zum Lachen bringt.

Ich frage Nkrombe, was er den Leuten zugerufen habe. Er sagt, er habe auf ihre Forderung, den Weißen abzuliefern, damit sie für die Herausgabe Lösegeld bekommen könnten, geantwortet, dass er mich schon in Gewahrsam genommen habe, um zu kassieren. Eine Anspielung auf den Sklavenhandel unter anderen Vorzeichen? Er klopft mir versöhnlich auf die Schulter. War wohl ein derber Spaß. Mir ist nicht zum Spaßen zumute. Zu Kopfschmerzen sind Übelkeit und Gliederpein hinzugekommen. Ich fühle Fieber aufkommen. Höchst unangenehm, wenn mich Malaria erwischen würde! Vor mir liegen Termine in Foumban und N'Djamena, die ich nicht platzen lassen darf. Ich bekomme es mit der Angst zu tun, fingere in meinem Medizinset nach Lariam. Ich schlucke eine Tablette mit zwei Aspirin, in der Hoffnung auf Linderung. Albert beobachtet mich schon geraume Zeit und meint:

»Trinken, viel trinken, du siehst ziemlich krank aus.«

»Verdammt, so fühl ich mich auch!«

Ich muss liegen, da mich Schwindel befällt. Nur wohin? Im Boot schwappt Wasser. Albert und Claude erkennen die Situation, schöpfen das Boot aus und legen die Schwimmwesten in den Rumpf, damit ich mich einigermaßen trocken ausstrecken kann. Völlig groggy verharre ich in der Piroge, anstatt zu schlafen kreisen wirre Gedanken zu Ebola in meinem Kopf herum.

Das Ebola-Virus gehört zur Gattung der *Filoviridae.* Es stammt aus dem tropischen Regenwald Zentralafrikas und wurde erstmals

1976 von Wissenschaftlern in Yambuku, Zaire, entdeckt. Benannt ist das Virus nach dem kongolesischen Flüsschen Ebola, das sich durch dichten Regenwald der Provinz Équateur im Nordwesten der Demokratischen Republik Kongo (früher Zaire) schlängelt, dann mit dem Dwa den Mongala bildet, der schließlich in den Kongo mündet. Damals starben im katholischen Missionskrankenhaus 280 von 318 infizierten Afrikanern an Ebola – fast neunzig Prozent. Gibt es erneut Fälle im Kongo? Wenn ja – wo? Die Inkubationszeit beträgt zwei Tage bis drei Wochen. Danach beträgt die Lebenserwartung neun Tage. Wirkungsvolle Impfseren gibt es nicht. Und wie kann man sich anstecken? Fledermäuse, Flughunde, auch Affen kommen als Zwischenwirte in Frage: Einheimische scheinen sich unter anderem über den Verzehr von Schimpansenfleisch zu infizieren. Und in Krankenhäusern ist die Ansteckungsgefahr über unsaubere Spritzen, OP-Besteck, feuchten Husten oder Berührungen groß. Symptome sind Fieber, Schüttelfrost, Kopf- und Muskelschmerzen, Appetitlosigkeit. Es folgen Erbrechen, Durchfall, Magenkrämpfe und Brustschmerzen. Im Endstadium treten Blutungen im Magen-Darm-Trakt, an den Schleimhäuten, in den Augen und im Mund auf. Der Patient schwitzt Blut, die Einheimischen nennen das grauenvolle Siechtum daher Blutfieber. Schon nach fünf bis sechs Tagen überzieht den Körper ein masernartiger Hautausschlag. Lähmungen und Psychosen leiten das Ende ein.

Ich liege im Boot und habe Horrorvisionen. Albert beträufelt mich mit kühlendem Flusswasser, das mir in Nase und Mund läuft. Kongowasser, in dem es von Millionen gefährlicher Keime nur so wimmelt! Panik erfasst mich. Ich will raus aus dem Land, dem Dschungel, dem Sumpf tödlicher Krankheiten. Raus, raus, nur raus!

Doch mir ist elend, ich bin viel zu schwach. Mein Betreuer drückt mich sanft ins Boot, kühlt mich und flößt mir Wasser ein. Und dann ist mir egal, was es für Wasser ist: Trinkwasser, Waschwasser oder Kloake. Wie rasch man den Zustand völliger Gleichgültigkeit erreicht, ist schon erstaunlich.

Irgendwann nehme ich wahr, dass es dunkel ist, unser Boot sich auf festen Untergrund schiebt und ruckartig steht. Arme packen mich. Ich spüre hämmernde Kopfschmerzen und Übelkeit. Man schleppt mich in ein Dorf, in eine fremde Hütte, auf eine unbekannte Pritsche. Albert, der gute Geist, durchsucht meinen Medizinbeutel, verabreicht Multivitamintabletten, Salztabletten und Schmerzmittel. Ich stopfe alles in mich hinein. Schweißgebadet bin ich dann wohl eingeschlafen.

Geweckt werde ich vom Hahnengeschrei und dem Ruf des Muezzins, der aus einer Wellblechhütte dringt. Noch wackelig auf den Beinen, habe ich mich ans offene Fenster begeben, an dessen glaslosem Rahmen zwei Gottesanbeterinnen und ein Chamäleon wie in Zeitlupe ihre Bahnen ziehen. Falter, die sich nicht rechtzeitig in ihre Tagesverstecke begeben haben, prallen an meine Stirn.

Ich fühle mich zwar noch wie ein Häufchen Elend, dennoch besser als gestern. Wo bin ich hier eigentlich? Etwa schon in Langa-Langa? Gerade humpelt ein Halbwüchsiger auf Krücken auf eine windschiefe Lehmhütte zu. Ihm fehlt ein Bein. Knarrend wird die Tür aufgezogen.

»Bonjour, ça va bien?«

»Gut ist übertrieben. Doch besser.«

»Wir müssen weiter. Nkrombe will heute Abend in Kwamouth sein.«

»Ein besonderer Anlass?«

»Wirst du schon sehen.«

An der Wand meiner Bude hängt ein stumpfes Stück Spiegel. Ein Blick hinein jagt mir glatt einen Schreck ein: Da schaut mich ein Gespenst mit hochrotem Kopf und dunklen Augenringen an. War ein Sonnenstich Grund für meinen gestrigen Breakdown? Von Albert unterstützt, wanke ich wie ein betrunkener Matrose zum Boot. Wieder begegnen uns zwei Invaliden, kaum fünfzehn Jahre alt.

»Gibt's hier im Fluss Krokodile?«, frage ich Albert.

»Nee, aber was Schlimmeres!«

Langa-Langa liegt mit seinen ärmlichen Hütten verschlafen hinter der sanften Uferböschung. Die wenigen Bewohner, die uns begegnen, folgen einem menschlichen Drang und hocken sich ans Wasser. Der Kongo als Entsorger von Exkrementen.

Unsere Piroge ist startklar. Kaum eingestiegen, braust Mataku, der Steuermann, mit uns davon. Er hält sich dicht am Ufer, wo die Strömung weniger stark ist. Auch weil der Kongo die Grenze markiert, meidet er die Flussmitte.

Auffallend viele Boote und Frachtschiffe kommen uns entgegen. Bordwände schauen kaum fünf Zentimeter aus dem Wasser. Gerade treibt ein überladenes Floß vorbei.

»Was hat das zu bedeuten?«

»Die Macht unseres Präsidenten ist beschränkt«, sagt Albert, »Joseph Kabila regiert nur über einen Teil des Kongo. Ein wesentlich größeres Gebiet beherrschen schwer bewaffnete Maji-Maji-Milizen, UPC-Separatisten und Söldner reicher Kriegsherren. Wahrscheinlich hat's im Osten wieder Ärger gegeben.«

»Da sorgen doch UN-Soldaten für Ruhe und Ordnung.«

Jetzt mischt sich Nkrombe ein und lacht schallend.

»Die stehen doch nur rum und beobachten. Wenn's kracht, verpissen sie sich. Nee, die sollen besser zu Hause bleiben. Im Osten wird gekämpft. Brutal gekämpft. Ich weiß, wovon ich rede!«

»Wer sind die UPC-Separatisten?«, will ich wissen.

»Eine Rebellengruppe aus dem Raum Bunia, nennt sich Union der Kongolesischen Patrioten. Ganz hinterhältige *cochons*! Ich könnte Ihnen Storys erzählen, mon Dieu!«

»Und nun flüchtet die Bevölkerung ins überfüllte Kinshasa?«

»Oder nach Europa. Allemagne soll auch sehr schön sein.« Wieder lacht er provozierend.

Stechende Kopfschmerzen machen mir zu schaffen. Gern würde ich mehr über Nkrombe erfahren, bin aber nicht in der

Lage, vernünftige Fragen zu stellen. Stattdessen nehme ich Penizillin, ohne zu wissen, ob das sinnvoll ist, und tränke meinen Flapper, meinen Safarihut, mit Wasser, stülpe ihn über den Kopf. Die Zeit fließt wie durch eine Sanduhr. Die Schwarzen schlafen wieder. Oben im Heck steht Mataku. Um sich wach zu halten, singt er kehlig und laut. Er hat eine raue, schöne Stimme, die an Adriano Celentano erinnert. Im Rhythmus der Melodie bewegt sich sein ganzer Körper. Unglaublich elastisch, schlangengleich. Als gäbe es keine Knochen in seinem Rumpf. Auf einmal verspüre ich den Drang mitzusingen. Nur was? Das alte Askarilied »Wie oft sind wir geschritten auf schmalem Negerpfad ...« wäre höchst unpassend. Wie wär's mit: »The lion roared like thunder, and fled for his life, but the bullets nevertheless found a resting-place in his heart ...«, einem Jagdlied aus Ostafrika, das ich einst mit Jumbo Jim ins Tal der Adamaoua schmetterte. Auch schlecht, Großwildjagd ist lange schon verpönt. Wie haben sich die Zeiten verändert! Afrika ist nicht mehr romantisch, kein Großwildparadies, wie damals für Hemingway, Ruark oder Roosevelt. Viele Journalisten beschreiben Afrika als Erdteil des Chaos, geschunden von der Habgier schwarzer und weißer Kriegsgewinnler, von Söldnern, korrupten Politikern und Präsidenten. Afrika, speziell der Kongo, sei in einem erbärmlichen Zustand, rundheraus eine Zumutung! Ich weigere mich, das Desolate so pauschal zu sehen, selbst jetzt nicht, in meinem Zustand und angesichts der Schiffe und Boote, übervoll mit Flüchtlingen aus dem Osten, den wohl rohstoffreichsten Provinzen der Erde. Wie gut könnte es den Menschen mit etwas Eintracht und Solidarität gehen! Ich beschließe, dem Steuermann zu lauschen, zu seinem Gesang kann ich leider kein würdiges Lied beisteuern.

Matakus ausgestreckte Hand weist nach rechts auf eine Sandbank: »Un crocodile!« Tatsächlich, ein ziemlich kapitales sogar. Vielleicht vier Meter lang. Wovon es sich wohl ernährt? Bei den übervollen Booten mag sicher das eine oder andere auf der Strecke kentern. Ich möchte mir die Situation nicht ausmalen, die in einem solchen Fall entsteht. An einer anderen Sandbank südlich ist gerade eins der überfrachteten Boote havariert. Eine Gruppe Menschen steht hüfthoch im Wasser und versucht, die Pinasse flott zu machen.

»Können wir nicht helfen?«, rufe ich nach hinten.

»Auf keinen Fall!«, höre ich vom wach gewordenen Polizisten Claude. »Das sind mindestens fünfundzwanzig Kivu, die rauben uns aus und fahren mit unserem Boot weiter!«

Die Besatzung ist ausgeschlafen, rutscht im Boot herum, so unruhig, dass ich Bedenken habe zu kentern. Es geht um die Zubereitung von etwas Essbarem: Bananen und geschmacklose Maniokfladen. Claudes Frau hatte ihrem Mann noch getrockneten Fisch eingepackt, der pestilenzialisch stinkt und wie eine Schuhsohle schmeckt. Bei dem Mahl muss ich würgen und beim Zuschauen, wie die Schuhsohle verspeist wird, übergebe ich mich. Ich wasche Mund und Gesicht mit Flusswasser. Es ist nicht rot wie einst in der heißen Phase des Bürgerkriegs oder als Stanley Gewehrsalven auf angreifende Einheimische abfeuern ließ. Nein, es ist braun. Auch keine erquickende Farbe. Zwischen den beiden Stromschnellen hat die moderne Welt den Kongo zur Lebensader, zum Versorger und Kommunikator der Flussvölker gemacht, aber auch zum Transportweg für Waffen, Munition und geraubte Güter. Er ist der Pulsschlag des Kongobeckens, ohne den es keine Außenwelt gäbe. In der Gewissheit, auf dem großen Strom nicht das Geringste ausrichten zu können, gebe ich mich ihm hin, lasse mich einfach von seiner Fließkraft treiben – was ein Gefühl von unerwarteter Leichtigkeit verleiht.

Der Mond grinst höhnisch durch Wolkenschleier, als wir in Kwamouth anlegen. Der Ort liegt dort, wo der Kwa in den Kongo strömt. Am Anlegesteg ist es ungewöhnlich lebendig. Öllampen flackern. Pinassen und Pirogen werden be- und umgeladen. Ich spüre eine nervöse Aufgeregtheit. Männer rufen laut in die Nacht,

Frauen kreischen mit ihren Kindern auf dem Rücken um die Wette. Gegenstände plumpsen ins Wasser. Menschen springen hinterher oder verlieren das Gleichgewicht in der Pinasse und stürzen ab. Da sind wieder Kongolesen auf der Flucht. Wir vertäuen unser Boot etwas abseits des Trubels, steigen einen Pfad hinauf zum Haus des Dorfchefs. Das Gelände ist offen, vom Wald befreit. Schattengleich huschen Jungs auf selbstgebastelten Krücken davon – gespenstisch so im fahlen Mondlicht! Einer wedelt mit einem Armstummel. Ein anderer schiebt sich auf einem Brett mit Rädern durch den Sand. Er hat keine Beine mehr. Ein Dorf junger Invaliden? Der Dorfchef oder Bürgermeister ist ein hochgewachsener, ernster Mann. Mit Kinnbart, Scheitel und Nickelbrille erinnert er an Lumumba. Licht in seinem Haus spendet ein höllenlautes Dieselaggregat. Nach der Begrüßung nimmt Monsieur Mabolia Claude zur Seite und bespricht gestenreich irgendeine Angelegenheit in Lingála. Albert flüstert mir auf Französisch zu, dass Claude von unterwegs einen Anruf erhalten habe, man habe einen Mörder gefasst, der nach Kinshasa überstellt werden müsse.

»Was wird ihm zur Last gelegt?«

»Wir wissen noch nichts Näheres. Nur, dass er jemanden ...«, dabei streicht sich Albert mit der Handkante über die Gurgel.

Nach der Besprechung wird entschieden, den Delinquenten erst morgen im Gefängnis zu verhören. Wir beziehen Kammern nahe dem Amtssitz des Bürgermeisters. Anschließend treffen wir uns in einer Buschbar am Ufer des Kwa. Ich bin glücklich, dass es mir wider Erwarten erträglich geht. Beim Bier halte ich mich zurück, gebe für die anderen Runden aus. Als ein Versehrter heranrobbt, merke ich an der Reaktion Nkrombes, dass er sich unbehaglich fühlt. Er scheint innerlich aufgebracht und zornig zu sein. Es entlädt sich, als er den einbeinigen Jungen schimpfend davonjagt.

»Was ist los mit Ihnen?«, frage ich entgeistert: »Der arme Krüppel hat uns doch nichts getan.«

Der Mann von der Sûreté hat mittlerweile sein viertes Primus intus und starrt in die Dunkelheit. Und wie von weit her erzählt er eins seiner vielen Erlebnisse mit Kindersoldaten. Ich rücke nah an ihn heran, denn er redet leise, wie zu sich selbst. Er spricht eindringlich, mit langen Pausen, in einem schwer verständlichen Französisch. Er sei damals verheiratet gewesen und habe zwei kleine Kinder gehabt. Ich habe den Eindruck, dass er sich einen seiner Einsätze von der Seele reden möchte. Auch glaube ich, dass es ihm leichter fällt, die Geschichte einem Fremden zu erzählen, der das Grauen als Grauen empfinden kann. Vielleicht geht es ihm auch darum, klarzumachen, dass nicht alle Kongolesen gefühllose Totschläger und Folterknechte sind. Also gebe ich sein Erlebnis mit meinen Worten wieder.

Nkrombe und die Kindersoldaten

Es war in Kivu, im Rebellen- und Diamantengebiet im östlichen Teil des damaligen Zaire, an einem jener Tage, die dich in Afrika Blut schwitzen lassen. Es war Abend und die Sonne längst hinter den Bergkämmen verschwunden. Im Dschungel wütete Krieg. Nicht nur Bürgerkrieg, sondern ein Krieg jeder gegen jeden, alle gegen alles: Mobutu gegen Kabila, gegen die UPC, gegen Rebellen, die sich stets anderen Geldgebern anschlossen. Natürlich war es auch ein großer Krieg um unsere Rohstoffe: Diamanten, Gold, Edelholz, Kobalt, Kupfer, Coltan. Der Sieger würde über unermesslichen Reichtum verfügen, weil der Rest der Welt, die Industriestaaten, hungrig sind. Sie brauchen Rohstoffe wie die Luft zum Atmen. Ja, für die Kontrahenten war es ein Krieg ohne Fronten, ohne Regeln, ohne Pardon. Es gab Hinterhalte, Verrat, Raub, Mord, Vergewaltigungen, Folter …

Die Affen in den Kopalbäumen schrien und fauchten vor Entsetzen über die Taten der Menschen unter ihnen. Wolkenfetzen verhüllten die Mondscheibe, Zikaden schrillten wie Abertausend Alarmglocken, und vom Sumpf her randalierten Ochsenfrösche. Nkrombe war als *caporal* (Gefreiter) mit einer Patrouille von Regierungssoldaten unterwegs nach Punia unweit des Flusses Lowa gewesen. Es hieß, dies sei die einzige Chance, der Umklammerung durch die Rebellen zu entkommen. Nkrombe lauschte den Stimmen und den Lauten ringsum. Alles klang vertraut, beruhigend und im Einklang mit dem schmatzend-fiebrigen Regenwald, durch den sie seit Tagen krochen wie Ungeziefer durch Blattwerk.

Was da auf einmal aus der Ferne ans Ohr klang, war nicht mehr Natur. Das war das harte Tock-tock-tock automatischer Waffen. Der Corporal, es war sein erster Einsatz im östlichen Rebellengebiet, lag da, schweißnass. Es roch nach Aas, und er hatte Angst. Er schloss die Augen, dachte an seine Kinder, an seine Frau, sein Zuhause in Kinshasa. Und er fragte sich, was er hier tue, im Wald, für eine Regierung, die weder beliebt noch vertretungswürdig war. Der Gefreite fühlte, dass er nichts anderes als in den Tod geschickt werden sollte. Die meisten seiner Kameraden schliefen schon. Nichts existierte mehr, außer Heimweh, Unruhe, Angst und jene Musik der Frösche im Klang des stählernen Tock-tock. Tiefe Starre unfassbaren Missbehagens lag über dem Sumpf und über dem Lager. Er knipste die Taschenlampe an. Myriaden von Fliegen, Mücken, Motten, Faltern taumelten im Lichtkegel.

An einer Palme lehnte Unteroffizier Balbeio. Seine Kalaschnikow hielt er im Arm, als sei sie ein Baby. Er starrte ins Schwarz des Dschungels.

Hauptgefreiter Ulomo, der Nkrombe zuvor durch den Wald gehetzt hatte, war ein matter Krieger geworden. Sein wuscheliger Kopf ruhte in der rechten Armbeuge, sein Armeeflapper war verrutscht. Er schlief fest, wie nur kampferprobte Soldaten in Situationen wie diesen fest schlafen können. Der Arm unter dem Kopf drückte sein Gesicht etwas aus der Form. Eine Hand umklammerte ein Buschmesser – noch immer. Seine Lippen traten wulstig hervor. Der Anflug eines Schnurrbarts hatte sich verschoben. Die Augäpfel wirkten unter den geschlossenen Lidern wie zwei Blasen – blind, wie bei Kaulquappen. Nkrombe mochte den erfahrenen Kameraden. Er hatte ihm, dem unerfahrenen Infanteristen, aus mancher misslichen Lage geholfen. Auch war er wie Nkrombe aus dem Volk der BaKongo, das verbindet. So im Schlaf besaß Ulomo ein fast gütiges Aussehen.

Der Lichtkegel blieb jetzt an der Gestalt Maburus hängen und suchte sein Gesicht. Maburu war *seargent-major* (Feldwebel), Patrouillenführer und für das Unternehmen verantwortlich. Der Soldat, von ganz dunkler Hautfarbe und vom Volk der BaMongo, war außerdem ein unbeliebter Schleifer. Er schaute direkt in den Lichtkegel und grinste, gab Nkrombe ein Zeichen, das bedeutete, Herr der Lage zu sein. Maburu war das Exemplar eines verwegenen Landsers. Seine Einsätze waren spektakulär, hatten sich in der Einheit herumgesprochen. Auf seinem Schädel waren Haare büschelweise ausgegangen. Viele blanke Stellen überzogen seinen Kopf wie Lackleder. Die faltig-gegerbte Haut gab dem Gesicht etwas Totenkopfähnliches. Und aus der Totenmaske stach eine Nase, urwüchsig wie ein Krater. Das rechte Auge war gebrochen und stierte an dem Gefreiten vorbei. Es schien, als habe das gesunde die Kraft des blinden übernommen: Groß, phosphoreszierend nahm es gleichsam sein Gegenüber mit einem Blick gefangen, was Nkrombe manchmal regelrecht erschaudern ließ. Befand er sich mit Dämonen im Bunde? Machte ihn ein Zauber unverwundbar? Wie man es von den Maji-Maji-Kriegern behauptete, die seine Feinde waren?, fragte sich Nkrombe.

Maburus Wange zierte eine Schmucknarbe, die den Anschein erweckte, als würde er fortwährend bluten. Sein Oberkörper steckte in einem olivfarbenen T-Shirt. Zerfetzt und fleckig spannte es sich um einen mächtigen Brustkasten. Nun muss man wissen, dass der Kampfanzug der Regierungstruppen ähnlich schlimm aussah wie die Bekleidung der Aufständischen. Für eine ordentliche Uniform hatte man im Osten des Landes nichts übrig.

Maburu öffnete den Mund. Dabei wurden Zähne frei, grau, ähnlich Kieselsteinen, zufällig in den Mund gestreut.

»Mach die Lampe aus, Gefreiter Nkrombe! Geh schlafen. Morgen wird ein verdammt heißer Tag – falls wir den Morgen erleben!«, klang seine raue Stimme herüber.

Der Gefreite stand auf, tastete sich ins Armeezelt. Drinnen war es stockdunkel. Er zog Schuhe und Hose aus und glitt in den Schlafsack. Endlich überkam ihn ruheloser Schlaf.

Am nächsten Morgen hing eine dunkle Nebelwolke wie ein Gorilla über dem Lager. Nkrombes Kameraden huschten, nervösen Scherenschnitten gleich, vor der tiefgrünen Kulisse hin und her. Irgendetwas passierte. Der Gefreite spürte es, blieb aber im Zelt, weil sein Bein schmerzte, wohl auch, weil er Angst hatte – wollte erst einmal abwarten.

»Deckung!«, zischte Ulomo, jetzt rechts vom Zelt.

Der Nebel verzog sich. Da stand ein Bürschchen im zerfetzten, viel zu großen Drillich auf der Lichtung. Es warf einen kurzen Schatten auf die rote Erde. Seine Kalaschnikow hing ihm verkehrt herum von der Schulter. Der Lauf berührte fast die Erde. »Der Junge ging vorsichtig, mit erhobenen Händen auf unser Zelt zu, stand jetzt voll im gleißenden Licht der Morgensonne«, berichtet Nkrombe nicht ohne Erregung. Und: »Das Kind hielt seine Hände über dem Kopf. Eine Hand offen, die andere zum Fäustchen geballt.«

Angenehm kühl blies die Morgenluft. Affen krakeelten plötzlich aus den Baumwipfeln, oder war es das Geschrei wilder Papageien? Die Sonne blendete.

»Doch ich nahm wahr, dass dem Jungen, dem Kindersoldaten da vorn, gleich mir die Angst im Nacken saß«, flüstert Nkrombe.

Das Licht umgab seinen Kopf wie einen Heiligenschein. Neben dem Gefreiten raschelte es. Der Junge verzerrte das Gesicht, griff sich an die Brust. Seine Füße hoben vom Boden ab. Sein Körper schlug rückwärts ins Gras. Schatten schoben sich über ihn.

Nach einer Weile trat Ulomo neben dem Zelt hervor, schlenderte zu dem Jungen und zog ihm den Dolch aus der Brust.

»Gute Arbeit!«, lobte Maburu vom Wald her. »Dieser Bastard ist einer von der UPC – muss ja! Pass auf, am Körper könnt 'ne Sprengfalle kleben!«

Hauptgefreiter Ulomo zerrte den Körper in die Sonne zurück, trat ihn, als würde er einen Reifen prüfen, packte den verschmierten Dolch und schnitt dem Kind das linke Ohr ab. Blut spritzte.

»Merde!«, schimpfte er in das sterbende Gesicht.

»Ich würgte, hatte so was noch nicht erlebt«, erklärt Nkrombe.

Der Junge lag auf dem Rücken, den Kopf zur Seite gedreht. Noch röchelte er stoßweise nach Luft. Die Füße in den Gummisandalen zuckten im Gras. Aus der ausgemergelten kleinen Brust pulsierte das Blut zu einer kleinen Lache. Er war höchstens zehn Jahre alt. Nkrombe starrte auf ihn herab.

»Ich sah auf den Körper, dem das Leben entwich. Die Lider hoben sich, und die Augen blickten zu mir auf, riesengroß und leer mit einem irren Flackern aus der Tiefe der Augäpfel. Einem Flackern, das jetzt erstarrte«, erinnert sich Nkrombe.

Die kleine Faust öffnete sich, ein Steinchen wie ein Kandiszuckerstückchen fiel heraus. Feldwebel Maburu hob es auf und drehte es in seinen Fingern. Der Stein verschwand in seiner Uniformhose.

»Wollen hoffen, dass sie hier nicht noch Öl entdecken! – Der Knabe wollte wohl überlaufen, was, Unteroffizier Balbeio?«

»Gut möglich.«

»Wahrscheinlicher ist, dass es im Wald von UPC-Rebellen nur so wimmelt. Die werden uns gleich die Hölle heiß machen. Hauen wir ab!«

»Benommen stopfte ich meine Sachen zusammen. Maburu warf Bananenblätter auf den Leichnam«, fährt Nkrombe fort.

Bis Punia, wo sie auf ihre Kompanie stoßen sollten und sich in Sicherheit wähnten, waren es noch einhundertzwanzig Kilometer über Berge, durch Wald und Täler.

Und auf einmal kam dem Gefreiten das Land vor wie ein monströser, stinkender Kadaver, an dem von allen Seiten genagt wurde: Aasgeier seiner Regierung, Schakale der Rebellen, Hyänen ausländischer Mächte – und ein ungeheurer Ekel überkam den Soldaten an diesem Morgen in seinem Land. Er spielte sogar mit dem Gedanken zu desertieren, abzuhauen in eine bessere Welt.

Sie krochen durch das Dickicht nach Norden. Durchwateten Gebirgsbäche, traten aus dem Wald auf summende, zirpende Lichtungen.

Nach Tagen fühlte der Gefreite zum ersten Mal wieder, von unberührtem Land umgeben zu sein. Insgeheim verbotenem Land, das rein war wie zu Anbeginn und auf sonderbare Weise versöhnlich. Hauptgefreiter Ulomo trat neben ihn: »Wir haben es geschafft, Bruder! Morgen sind wir in Punia. Für dich ist die Angst vorbei. Ich hab gehört, du wirst nach Kisangani versetzt. Für mich wird Krieg bleiben, ewig, vielleicht das ganze Leben. Es wird noch viel Blut fließen, auch Kinderblut, Bruder.«

Es entstand eine Pause, und sie schritten stumm weiter, bis Ulomo sprach: »Glaub mir, das ist schlimm, sehr schlimm sogar. Auch ich habe Kinder, die ich sehr liebe, auf die ich stolz bin. Ich habe viel geweint – ganz am Anfang. Doch unser Land hat uns böse gemacht, sehr böse. Verdammt, Bruder, ich weiß das, aber ich kann es nicht ändern. Ich will ...«

»Ulomo sprach nicht zu Ende, weil er merkte, dass ich das Schreckliche nicht verstehen konnte. Weil wir Christen waren und er sich – nein, wir alle uns versündigt hatten«, gibt Nkrombe zu verstehen.

Wortlos schritten sie weiter. Weiter und weiter, bis Zwielicht herrschte, jenes seltsam schöne und unglaublich kurze Intervall zwischen Tag und Nacht, das in Afrika wie ein plötzliches Aussetzen des Bewusstseins ist. Eine ganz kurze Spanne wunderbaren Friedens unter den Tieren.

Eine Herde Gazellen, zu der sich Waldbüffel gesellten, strebte einem Wasserloch zu, an dem schon Gorillas saßen. Nkrombe vernahm das Schnauben. Die Tiere tranken gemeinsam, dann zogen sie weiter. Auch wir gingen weiter durch den Wald, bis uns die Dunkelheit verschlang.

Ich muss gestehen, die Geschichte hat mich sprachlos gemacht. Noch nie habe ich einen Afrikaner, einen Soldaten, so über den Krieg sprechen hören. Grausamkeit und Poesie, ist das die afrikanische Seele, die wir so schwer, ja eigentlich gar nicht verstehen?

»Ich habe Ihnen nur einen Teil der Wahrheit erzählt«, sagt Nkrombe in die Nacht hinein und nimmt noch einen großen Schluck. »Man versetzte mich nicht nach Kisangani. Ich musste im Osten weiter gegen die UPC und gegen Maji-Maji kämpfen, auch gegen Kindersoldaten. Manchmal gegen eine ganze Kompanie Kindersoldaten. Alle Streitmächte rekrutieren Kinder, bis heute, weil im östlichen Grenzgebiet immer noch verbissen gekämpft und geplündert wird.«

»Dann mussten Sie auch Kinder töten?«, frage ich kleinlaut.

»Oder ich wäre getötet worden. Kinder können sehr, sehr grausam sein!«, gesteht er.

»Darf ich fragen, in welcher Eigenschaft Sie uns begleiten?«

»Ich bin Sekretär im Landwirtschaftsministerium. Bevor ich zum Militär ging, habe ich in Kinshasa einige Semester Agrarwissenschaften studiert.«

»Ach, das ist interessant. Ich hatte angenommen, Sie seien von der Sûreté.«

Jetzt lacht er das Lachen, das ich an ihm kenne.

»Wo denken Sie hin? Ich kümmere mich um Versuchsanbaugebiete in Bolobo. Es geht um Bananen, Ananas und Ölpalmen.«

So kann man sich täuschen. Oben in meiner Hütte führe ich Tagebuch und mache mir Notizen zu dem Gespräch mit Nkrombe. Bei Kerzenlicht ist das ziemlich mühsam.

Das Thema Kindersoldaten beschäftigt mich. Kinder unter Waffen in Afrika oder anderswo sind Täter und Opfer zugleich. Sie werden von Milizen, aber auch von regulären Truppen aus ihren Dörfern entführt. Dabei macht es keinen Unterschied, ob Junge oder Mädchen. Sie werden gewaltsam gefügig gemacht, unter Drogen gesetzt, dann in Dschungelcamps gedrillt. Was heißt, an Waffen ausgebildet und zum Töten abgerichtet. Weltweit stehen zweihundertfünfzigtausend Kinder unter Waffen, achtundzwanzigtausend allein im Kongo. Kindersoldaten sind der Horror und die Pest in der Auseinandersetzung von Staaten und in Bürgerkriegen. Rebellenführer rekrutieren Kinder, weil sie leicht zu verführen und zu begeistern sind, fanatisch und mit besonderer Grausamkeit kämpfen. Einst als Soldaten missbrauchte Kinder finden kaum in ein normales Leben zurück. Ihre Verführer gehören an den Pranger!

Wochen vor dem Bundeswehreinsatz zur Absicherung der Wahlen im Kongo im Juli 2006 haben UNICEF-Experten vor möglichen Konfrontationen mit Kindersoldaten gewarnt. Es wurde davon ausgegangen, dass vierzig Prozent davon Mädchen seien. Rund dreißig Prozent der bewaffneten Soldaten, Rebellen, Milizen seien Kinder, also lebende Bomben. Müssen die deutschen Soldaten im Notfall auf Knaben und Mädchen schießen? Nach den internationalen Regeln ja, wenn sie Waffen auf die EU-Soldaten richten. Die meisten Menschen im Kongo sterben durch Kleinwaffen: Uzi (Maschinenpistole), Kalaschnikows, AK-47, G3 und andere Sturmgewehre, dann Handgranaten, Granatwerfer und Mörser – Waffen, mit denen insbesondere Kinder auf den Gegner gehetzt werden. Über vier Millionen Menschen sind in den letzten Jahren bei den Auseinandersetzungen im Kongo getötet worden, darunter zweihunderttausend Kinder.

Was passiert mit den Kids, die von den Kriegsherren nicht mehr gebraucht werden, nach Jahren des Kämpfens und der erlebten und ausgeübten Gräueltaten? An Seele und Geist verroht, für ihr weiteres Leben psychisch und physisch schwerstgeschädigt? Meist existieren ihre Heimatdörfer nicht mehr, Eltern und Verwandte sind umgekommen. Kein Ort will die einstigen Killer aufnehmen. Es gibt Jugendliche, die eigene Banden gründen und marodierend durchs Land ziehen. Glücklicherweise gibt es aber auch Projekte und Einrichtungen, die sich mit der Reintegration ehemaliger Kindersoldaten befassen. Wege in ein normales Leben öffnet die deutsche Gesellschaft für Technische Zusammenarbeit (GTZ) in der Provinz Maniema. Dort können Kinder und Jugendliche den Schulbesuch nachholen, sogar einen Beruf erlernen. Auch die Caritas in und um Goma unterhält mehrere Zentren zur Wiedereingliederung. Es gibt engagierte kirchliche Einrichtungen, die die jungen Menschen ziviles Leben lehren. Fast alle Kinder zeigen Störungen: von Schlaflosigkeit, Hypernervosität und Angstattacken über Schizophrenie bis zu schweren Depressionen und Selbstmordabsichten. Ich hörte von verschiedenen Fällen. So etwa gab es einen Jungen, der jeden Tag zu einer bestimmten Zeit Blut sehen musste. Sah er kein Rot, rastete er völlig aus, schrie und tobte. Den Zwang konnte er nur befriedigen, indem er sich mit anderen prügelte oder ein Tier verwundete. Ein anderes Kind war geistig immer noch bei seiner Rebelleneinheit und wollte schießen. Mangels Waffe bewarf es andere mit Steinen. Nur ganz allmählich und durch unendlich viele einfühlsame Gespräche konnten die Kinder von ihren Zwängen befreit werden, fanden zurück zu einer inneren Ruhe, konnten ihre Gewaltfantasien loswerden. Das Arbeiten an der Vergangenheitsbewältigung deformierter Kinderseelen ist ein äußerst mühevoller Prozess.

Am Ende winkt eine Belohnung: Kinder, die als geheilt entlassen werden, erhalten ein Zertifikat. Dies weist sie als integriert und für die Gesellschaft ungefährlich aus. Mit diesem wichtigen

Dokument können sie in ihren oder anderen Dörfern leben: als geläuterte Zivilisten, die für die Dorfgemeinschaft keine Gefahr darstellen. Nun sind mir auch die versehrten Kinder und Jugendlichen in Langa-Langa und hier in Kwamouth verständlich geworden. Milizenführer Thomas Lubanya Dyilo ist der erste und hoffentlich nicht der letzte vor dem Internationalen Strafgerichtshof in Den Haag angeklagte Warlord des Kongo. Er soll für seine UPC in großem Stil Kinder zum Töten abgerichtet und gezwungen haben. Unterdessen ist er abgeurteilt worden und verbüßt eine vierzehnjährige Gefängnisstrafe. Schon eigentümlich, was im Hirn des Lubanya Dyilo vorgegangen ist, dem Mann vom Volk der Ba-Hema, dem studierten Psychologen, verheiratet, sieben Kinder.

Dibo heißt der versehrte Junge, der gestern von Nkrombe barsch abgewiesen wurde. Ich treffe ihn hinter dem Gefängnis. Er bittet um ein *cadeau*. Er bekommt etwas Geld und einen Kugelschreiber. Ich frage, wie es ihm gehe. Er meint, so lala. Der Beinstumpf tue ihm weh. Ich frage, wie es passiert sei. Eine Mine habe ihm das Bein weggerissen. Früher habe er gern Fußball gespielt. Es mache ihn sehr traurig, dass er es jetzt nicht mehr könne. Ich erfahre, dass Dibo drei Jahre lang Kindersoldat war. Am Tag seiner Entführung sind sein Vater und sein Bruder erschlagen, seine Mutter vergewaltigt und ermordet, das Dorf niedergebrannt worden. Er wurde in ein Dschungelcamp gebracht, gequält und zu schrecklichen Dingen abgerichtet. Dibo schluchzt. Die Taten seien unsagbar schlimm gewesen, sagt er, sie erscheinen ihm noch immer im Traum, obgleich er in Therapie gewesen und über zwei Jahre kein Soldat mehr sei. Menschenfleisch essen, Gefangene bestialisch foltern und umbringen war das Harmloseste. Über die viel böseren Sachen könne er nicht reden. Die Milizleitung machte die Kinder zu Raubtieren, die nie wieder in ein normales Leben zurückfinden sollten. Kinder, die eher Selbstmord begehen, als zu desertieren. Dibo hat die Flucht dennoch gewagt, ob er für ein zivilisiertes Leben stabil genug ist, muss sich noch beweisen. In Langa-Langa besucht er die Schule, was schon mal ein guter Anfang ist.

Als die Gefängnistür aufgeschlossen wird, ist mir übel. In dem fensterlosen Loch stinkt es wie im After Afrikas. Ein Häuflein Mensch hockt in einer Mauerecke, die Knie an die Brust gezogen, angstgeweitete Augen, aus denen weiße Augäpfel hervortreten. Das soll ein Schwerverbrecher, ein Mörder sein, der da jetzt in den eigenen Exkrementen herumrutscht? Flehend hebt er seine zusammengebundenen Hände. Gurgelnde Laute dringen aus seinem Mund, dem man augenscheinlich Zähne ausgeschlagen hat. Aus den Mundwinkeln tropft Blut. Er soll wohl noch mal verhört werden. Claude hat einen Stuhl in der Hand, den er mit Schwung in den Raum vor den Delinquenten knallt. Hinter ihm stehen Nkrombe, der Dorfchef Mabolia und ich. Als der Polizist die ersten Fragen stellt, werden der Sekretär und ich hinauskomplimentiert. Auch gut so, an den mittelalterlichen Methoden im Umgang mit Gefangenen bin ich nicht interessiert. Das würde mein Kongobild noch mehr ramponieren. Die Zellentür bleibt angelehnt. Wir warten in einem der Nebenräume. Trotz der Distanz vernehme ich dumpfe Schläge, dann Stöhnen und Laute, die unterdrücktes Gebrüll sein könnten. Wahrscheinlich will der ›Mörder‹ nicht bestätigen, was man von ihm hören möchte.

Wieder auf dem Fluss

Ich verlasse das Gefängnis, begebe mich zum Fluss, der einsam, träge seine Bahn zieht. Den Trubel von gestern gibt es nicht mehr. Das einzige Boot ist unsere Piroge. Am Ufer sitzen mehrere Personen wie glucksende Hennen inmitten ihrer armseligen Habe: Eimer, Möbel, Matratzen, Plastikplane. Ich schlendere zu einem Mann, der ein kleines Radio an sein Ohr hält.

»Wo soll's hingehen?«

»Kinshasa«, meint er.

»Gestern nicht mehr mitgekommen?«

»Nein, war alles besetzt. Außerdem zu teuer. Ich warte auf eine Piroge mit Ruderern. Hab Zeit, nur kein Geld.« Der Schwarze grinst verlegen, meint weiter: »Sie können doch sicher was geben. 'n paar Kongo-Franc oder Dollar, Euro nehme ich auch. Nur bis Kinshasa, da kriegen Sie's wieder – bestimmt.«

Jetzt muss ich lachen, und er fällt ein, weil er weiß, dass es nie eine Rückzahlung geben kann.

Bis die Rebellen ins Dorf kamen, war er Lehrer in der Nähe von Walikale. Sie steckten sein Haus an, stahlen ihm seinen gesamten Besitz. Eine Tasche mit Büchern, ein Radio und seine Papiere konnte er retten, dem Tod ist er gerade noch von der Schippe gesprungen.

»Wie lange schon unterwegs?«

»Wenn ich das genau wüsste, bestimmt drei Monate. Aber ich werde ankommen, in Kinshasa Arbeit finden und gut leben.«

Meine Crew kommt die Uferböschung heruntermarschiert. Ohne den Häftling. Von Albert höre ich, dass er seine Tat nicht gestanden habe. Claude klärt, ob er auf der Rückfahrt nach Kinshasa zu bringen sei.

»Welche Tat soll er gestehen?«, frage ich naiv.

»Na, den Mord eben!«

»Welchen Mord an wem?«, bleibe ich neugierig.

»Ihr Weißen könnt Fragen stellen.«

Langsam dämmert mir, da soll ein unliebsamer Querulant mundtot gemacht werden. Oder jemand, der zu viel über üble Machenschaften weiß. Mein innerer Seismograf warnt mich: Nur keine Partei ergreifen, nicht in der Sache herumwühlen. Vielleicht handelt es sich um einen politischen Häftling?

Bevor wir ablegen, stecke ich dem Lehrer heimlich zehn Dollar zu. Seine unbekümmerte Lebenslust, sein Lachen in großer Not und sein Zukunftsglaube beeindrucken mich. Er ist ein wahrer Alltagsheld!

Was ich vermeiden will, entsteht nun doch auf der letzten Etappe der Flussfahrt nach Bolobo: ein Gespräch über Politik. Es beginnt mit Mataku, dem Steuermann, der meine Meinung zu den alten und neuen Machthabern wissen will. Erst weiche ich aus. Doch er bleibt obstinat, und nun wollen auch die anderen wissen, was ich von Lumumba, Mobutu, Kabila halte. Meine ehrliche Meinung – einer so schlimm wie der andere – könnte die Besatzung durchaus in Rage versetzen und mich in Gefahr bringen, so allein mit Hitzköpfen in einem Boot. Ich versuche, mich mit Gegenfragen aus der Affäre zu ziehen.

»Hat Lumumba nicht das Beste für den unabhängigen Kongo gewollt?«

Ich erinnere mich an Jean Paul Sartres Bemerkung: »Seit Lumumba tot ist, hört er auf, eine Person zu sein. Er wird zu ganz Afrika.«

»Europäer und Amerikaner haben ihn umgebracht und damit Mobutu an die Macht gebracht, das war für das kongolesische Volk schlimm«, meint Nkrombe. »Er ist mit unseren Milliarden geflüchtet.«

»Das stimmt nicht, er hatte keine Milliarden, er hatte fast alles ausgegeben, um Zaire aufzuwerten und um Söldnertruppen zu bezahlen«, ruft Claude.

Davon hatte ich auch gehört. Mobutus angeblich gehortete Milliarden sind nie aufgetaucht. Es wird angenommen, dass die Unsummen verprasst, in aberwitzige Projekte wie das mysteriöse OTRAG-Raketenprojekt oder zum Machterhalt in Firmen flossen, wie Executive Outcome, die Söldnereinsätze verkaufen.

»Was ist mit Laurent Kabila? Ist der besser gewesen?«, ereifert sich Nkrombe. »Er hatte die meisten Kinder unter Waffen.«

»Sein Sohn ist immerhin als Präsident gewählt worden«, gibt Albert zu bedenken.

»Klar, mit Hilfe der Ausländer. Joseph ist genauso schlimm wie sein Vater!«, grölt Mataku gegen den Fahrtwind. Oh, oh, gefährliche Worte über den amtierenden Herrscher im Beisein des Polizisten. Mataku hat irgendetwas inhaliert: Marihuana oder Hasch, was ihm die Zunge gefährlich löst. Bevor Claude kontert, frage ich nach Mobutus Geburtsort, Lisala, der sich irgendwo stromaufwärts befinden muss.

»Der liegt vierhundertzwanzig Kilometer nordöstlich auf dem Weg nach Kisangani«, erklärt Albert.

Kisangani hieß früher Stanleyville, was Mobutu mit Genuss änderte – und Lisala ließ er profitieren, weil er dort 1930 geboren wurde. Theoretisch kenne ich den Ort gut, viele Male war ich mit dem Finger den Kongo hinauf an diesen Ort gefahren, habe mich als Urwaldmanager gesehen. Um abzulenken, erzähle ich die Story, die mich mit Lisala verbindet: 1978 erhielt ich einen Anruf der Firma Jos Hansen & Soehne. Der Geschäftsführer bestellte mich nach Hamburg in sein Büro. Vor ihm lag eine Landkarte, die den Kongo zeigte. Mit seinem Kugelschreiber tippte er auf Lisala.

»Hier soll eine große moderne Ölmühle gebaut werden. Wir suchen einen geeigneten Mann, der die Fabrik aufbaut und leitet. Wäre das etwas für Sie?«, fragte er.

Schon lange träumte ich von einer Tätigkeit in Afrika. Eine Ölmühle am Kongo, mitten im Regenwald – fantastisch! Um einen guten Vertrag auszuhandeln, muss man sich kompetent und rar machen, dennoch Interesse zeigen. Ich fragte nach den Konditionen und stellte meine Forderungen. Es gab eine zweite und dritte Verhandlungsrunde. Aus Kinshasa flog ein gewisser Paul Bagunda ein, wenn ich das noch richtig in Erinnerung habe, und präsentierte den Vertrag. Zwölf Seiten lang, in Französisch. Bagunda stellte sich als Staatssekretär im Wirtschaftsministerium und rechte Hand Mobutus vor. Dem Präsidenten liege das Projekt sehr am Herzen, weil er es Lisala versprochen habe. Geschäftsberichte seien direkt an ihn, Paul Bugunda, zu schicken. Ich wusste nicht, warum, aber Paul war mir höchst unsympathisch. Er trug eine brillantenbesetzte, goldene Rolex und spielte mit einem großen goldenen Füllfederhalter von Montblanc. Nach einem kurzen Gespräch hatte ich herausbekommen, dass er einst Oberstleutnant war und von technischen wie wirtschaftlichen Dingen absolut keine Ahnung hatte. Paul berichten stellte ich mir vor, wie einem Taubstummen etwas zu erklären. (Diese Bemerkung behalte ich bei meiner Erzählung allerdings für mich.) Hinzu kam, der Vertrag sollte mit der kongolesischen Regierung, nicht mit Hansen & Soehne abgeschlossen werden. Ich unterschrieb nicht, was Paul veranlasste, das Gehalt in Landeswährung zu verdoppeln. Darauf verzichtete ich, wollte lieber etwas weniger in Dollar verdienen. Nun wurde Paul unflätig, was nichts änderte: Ich stieg aus. Zum Glück, denn die Ölmühle wurde zwar begonnen, aber nie zu Ende gebaut. Der französische Manager, hörte ich später, war über den (Nicht-)Support der Regierung schier verzweifelt. Mein berufliches Afrika-Abenteuer fand ich kurz darauf in Sokoto, im Norden Nigerias am Rande der Sahara.

Im Boot amüsieren sich die Schwarzen.

»Der Kongo ist nicht Deutschland und wird es auch nie sein wollen«, sagt Claude. »Paul Bugunda hätte eben nach einem Ingenieur aus dem Kongo suchen sollen, dann würde die Ölmühle jetzt produzieren.«

Diesem Kommentar füge ich nichts hinzu. Soweit ich informiert bin, produziert im ganzen Land kaum ein kongolesisches Unternehmen. Und an die Qualität der Waren, die inländische Firmen herstellen, mag ich nicht denken. Mangel an Selbstkritik ist ein Problem vieler Afrikaner, wenn ich das als Gast einmal sagen darf.

Gerade kommt uns ein Frachtschiff entgegen, mit Hausrat und Menschen übervoll beladen. Rechts und links haben unter Lebensgefahr Pirogen angedockt. Einige wollen sich einfach nur mitziehen lassen. Die Besatzungen anderer balancieren zwischen

Einbäumen und Schiff hin und her, um Geschäfte mit allerlei Essbarem zu machen: Fleischspieße, Fisch, Gemüse, alles auf den Minigarküchen in den Pirogen zubereitet. Fliegende Köche und Händler, die in der Mittagshitze ein atemberaubendes Tempo an den Tag legen. Große Flussdampfer stampfen selten vorbei. In kurzer Zeit muss höchstmöglicher Umsatz gemacht werden. Ohne lange zu handeln akzeptierten die Pirogenhändler die zugerufenen Preise. Unten kochen und brutzeln die Köche im Akkord. Für einen Pulsschlag geht es um den Dampfer herum zu wie auf einem Schwimmenden Markt in den Klongs von Bangkok: emsig, bunt und laut.

Gegenüber von Mpouya binden wir unser Boot an Mangrovenwurzeln, schöpfen Wasser und legen uns auf den Schwimmwesten zum Schlafen nieder. Keine komfortable Nacht, in der ich meist Claudes Füße im Gesicht habe. Wenn sich der Steuermann herumwirft, schrecke ich hoch, im Glauben, das Boot würde umkippen.

Tags drauf wird Bolobo erreicht. Mit Interesse erfahre ich, dass es in ziemlicher Nähe einen regionalen Flugplatz gibt. Noch am Abend zeigt mir Nkrombe seine Musterplantage. Ziemlich rudimentär angelegte Ananas-, Bananen- und Ölpalmenfelder, reichlich verunkrautet. Die Reihen verlaufen zickzackförmig. Ein Farmer würde sagen, die Reihen stehen, wie der Bulle pisst. Er fragt mich, was ich davon halte. Ich bin kein Landwirt, doch was ich da sehe, ist weniger als ein Hobbygarten. Die Bananen haben mit den Bananen von *Chiquita Brands International* nichts gemein. Jacques, der örtliche Plantagenaufseher, zeigt stolz reife Ananasfrüchte, kaum faustgroß. Unter den Ölpalmen schlafen Landarbeiter.

Ich heuchle: »Die Farm ist sicher ausbaufähig.«

Später erzählt der Sekretär, hier habe es um 1960 eine große belgische Farm gegeben, die Bolobo und Umgebung nicht nur mit Obst und Gemüse versorgt, sondern auch Kaffee und Latexmilch von Gummibäumen nach Kinshasa geliefert habe. Doch die sei während des Bürgerkriegs verwüstet worden. Und als wir so über den zerzausten Acker schreiten, reift der Gedanke, den Kongo so rasch wie möglich zu verlassen, zum Entschluss. Ich hatte viel gesehen und gehört, einiges erlebt: die Schönheit der Natur- und Pflanzenwelt, interessante Menschen, habe die Probleme wahrgenommen, mit denen die Bevölkerung zu kämpfen hat und noch lange kämpfen muss. Ich bin nicht sicher, ob das Land den Anschluss unter diesen Voraussetzungen aus eigener Kraft schaffen wird. Mit dem Optimismus, den die Menschen haben, vielleicht doch. Ich glaube, der Kongo braucht einen Staatsmann wie Perikles: Der entwickelte Athen zu einem Stadtstaat von höchster Blüte, doch seine eigene Wohnung vergrößerte er mit keinem einzigen Cent, um keinen einzigen Zentimeter. Noch am Abend soll meine Hoffnung einen Dämpfer bekommen.

Ich habe genug Leid und Schinderei gesehen, eine gemeinsame Rückfahrt mit dem ›Mörder‹, der wahrscheinlich keiner ist, will ich mir ersparen. In afrikanische Angelegenheiten soll man sich nicht einmischen. Auf mich warten Foumban mit einem spektakulären Fest und eine Hamburger Familie, die im Grasland Kameruns lebt. Sie hat mich eingeladen. Es wird höchste Zeit für den Besuch.

Beim Abendessen in der Herberge merke ich Albert eine gewisse Nervosität an. Er versucht sie zwar mit Primus zu bekämpfen, es gelingt ihm aber nicht. Er prostet mir zu, dann gibt er sich einen Ruck und legt seine Hand auf meine Schulter.

»Wir kennen uns nun schon seit einigen Tagen, und du hast meinen Sohn gesehen«, sagt er.

»Dominique, ja, ein prima junger Mann, wird seinen Weg machen.«

»Darf ich eine große Bitte aussprechen?«

»Natürlich, nur zu, Albert«, sage ich, ohne zu wissen, was er meint.

Beflügelt von der Aufforderung sagt er: »Mein Sohn ist chancenlos in Kinshasa. Die Leute haben im Kongo keine Zukunft, die Aussichten sind katastrophal. Die Städte taumeln am Abgrund. Nehmen Sie Dominique mit, als Asylanten oder so. In vier Tagen sind wir zurück in Kinshasa. Bitte einfach mitnehmen, nach Frankreich oder Deutschland, da könnte er ein besseres Leben führen. Wir haben schon oft darüber gesprochen. Mein Sohn will raus.«

Ich finde im ersten Moment keine Worte. Dann entgegne ich: »Für mich ist die Flussfahrt hier zu Ende, ich fliege weiter.«

Es ist, als sacke der Mann in sich zusammen. Anscheinend hat er mit einer Zusage oder Hilfe gerechnet. Auf Erklärungen, sein Wunsch sei einfach unerfüllbar, antwortet er, wie von weit her:

»Dann müssen wir sparen, um die Schlepper zu bezahlen. Dominique will raus, viele andere seiner Freunde haben es auch vor.«

Wo war der Wille zum Durchhalten? Wo der Optimismus, der Ehrgeiz der jungen Leute, aus ihrem Land etwas zu machen?

Der Durchschnittskongolese möchte am liebsten in Europa leben. Und dort werden Brüssel, Paris, auch noch London genannt. Europa bedeutet Erfolg, ein gutes Leben, was man in der Heimat nicht schafft.

Der Abschied vom Kongo, von meiner Crew, stimmt mich traurig.

KAMERUN

II

Im Grasland

König Abumby II.

Wieder in Kamerun. Ich bin sozusagen auf der Durchreise. Auf dem Weg nach Norden, in den Tschad und die große Wüste. Der Überlandbus rumpelt durch hügeliges Gras- und Buschland. Das Kameruner Grasland zieren kleine Reiche mit regionalen Königen und Sultanen. *Traditional rulers* werden sie genannt. Zwar sind sie nicht mehr allmächtig, doch die Zentralregierung hört auf ihren Rat und sucht die Kooperation mit den Landesfürsten, den Wahrern von Tradition und Brauchtum. Präsident Paul Biya, der mit politischen Gegnern ruppig umzugehen pflegt, sie verfolgt, verhaftet, foltern lässt, weiß, wie wichtig seine Landesfürsten für Ruhe und Ordnung sind, und sorgt daher für ein spannungsfreies Miteinander.

Das Grasland wird durchbrochen von Feldern mit Tomaten, Kohl und Mais. Wellblechbedacht sind jetzt die Lehmhütten. Von Zeit zu Zeit schauen pyramidenförmige Dächer aus Aluminium über Buschwerk. Sie bedecken Privatpaläste, solide gemauert oder in Beton geschüttet, groß wie Hotels. Es sind Anwesen der Notablen, wichtiger Männer aus dem inneren Machtzirkel der Könige: Hochadel, Ratgeber und Würdenträger.

Der Bus bringt mich bis Bamenda, an der sogenannten Ringroad gelegen. Im Hotel Ayaba mit Swimmingpool mache ich mich frisch, um für den Besuch bei König Abumby II. von Bafut einen guten Eindruck zu machen. Die Bewohner der Provinz werden auch *graffy people* genannt, *graffy* ist Pidgin-Englisch für *grassfield.* Bei einem Rundgang außerhalb der Stadt fällt auf, dass die Bevölkerung eine besondere Bindung zur Tradition pflegt. Man sieht Kinder, auch Erwachsene mit selbst gebastelten Holzfahrrädern auf den Straßen und Männer Palmwein aus Rinderhörnern trinken. Auf den Feldern arbeiten Frauen mit Hacken und Rechen wie im Mittelalter.

Unübersehbar ist ein großer Platz vor dem Palastareal, neben dessen Eingang ein Tam-Tam-Haus mit einer mächtigen Fasstrommel steht. Ihr dumpfer Klang soll kilometerweit zu hören sein, sie rief einst die Untertanen zu wichtigen Bekanntmachungen zusammen. Ich melde mich beim Sekretär für eine Audienz und habe Glück, da sich bereits eine Gruppe Touristen aus Deutschland angemeldet hat. Ich habe erfahren, dass der *fon* (König) deutschfreundlich ist, bisweilen Besucher selbst durch den Palastbezirk führt.

Der Sekretär führt uns zum Hinrichtungsplatz mit kleinen und großen Steinquadern. An den kleinen Steinen wurden kriminelle Frauen, an den großen zum Tode verurteilte Männer hingerichtet. Die Prozedur dauerte drei qualvolle Tage. Den Delinquenten wurden bis zum Eintreten des Todes Körperteile abgetrennt, man ließ sie unter Schmerzen verbluten. Drakonische Strafen sollten abschrecken, Kriminelle eher veranlassen zu flüchten als im Bafut-Reich zu verweilen und dort solcher Bestrafung gewärtig sein zu müssen. Mit dem Jahr der Unabhängigkeit 1961 wurde die Gerichtsbarkeit der Zentralregierung in Yaoundé unterstellt. Doch bis heute hat der *fon* eigene Verwaltungsaufgaben zu erfüllen, ist Hüter der Traditionen, nimmt Petitionen entgegen.

Der Palastbezirk ist ein rechteckiger Komplex, der den Eindruck eines planquadratisch angelegten Dorfes vermittelt, umgeben von einer Lehmmauer. Ebenfalls durch Mauern getrennt sind die einzelnen Gehöfte. Im ersten Innenhof befinden sich die Hütten der Frauen und Kinder des Königs. Markant ist ein großes Steinhaus links, das Gästehaus des *fon*. Deutsche bauten es während der Kolonialzeit.

Offensichtlich gut gelaunt, schlappt uns ein Mann in Turnschuhen und blauem, bunt besticktem knöchellangem Gewand entgegen. Seinen Kopf ziert eine farbenprächtige Haube, die von abstehenden Ohren getragen wird. Der Sekretär verneigt sich tief, dann wird uns Seine Exzellenz, König Abumby II., Herrscher über Bafut, vorgestellt, der die Verneigung mit einem gütigen Lächeln erwidert, gänzlich ohne Zepter oder andere Insignien. Er wirkt volkstümlich und trotz seiner achtundsechzig Jahre erstaunlich jugendlich. Wir nicken, einen *fon* begrüßt man nicht mit Handschlag. Wir fühlen, dass er Besucher aus Europa mag.

»Herzlich willkommen in meiner Chefferie«, empfängt er uns, »fotografieren Sie, soviel Sie möchten, und berichten Sie zu Hause von der Schönheit unseres Landes.«

Abumby lässt es sich nicht nehmen, uns seine Residenz persönlich zu zeigen. Wiegenden Schrittes schreitet er über staubige Wege voran. Dabei erzählt er aus seinem Leben und Interessantes über die *chefferie* (Kleinkönigreich), die auf eine vierhundert Jahre lange Geschichte zurückblickt. Abumby II. ist der elfte Herrscher seiner Linie. Bereits mit fünfzehn Jahren wurde er ins Amt gewählt. Heute ist der erfahrene Regent immer noch gern *fon*, auch wenn der gesellschaftliche Wandel manchmal nur mühevoll mit den Traditionen und Riten der Ahnen in Einklang zu bringen ist.

»Ich kenne die Welt da draußen, war in den USA, in Europa, sogar einige Wochen in Deutschland. Ich würde gern Deutsch sprechen können, doch die Sprache ist sehr schwierig – nichts für mein Alter.«

Dafür spricht er fließend Englisch, Französisch und etwas Spanisch. Er erklärt, dass die Beziehungen zu Deutschland auch ohne Sprachkenntnisse sehr gut seien. Allerdings mache ihm die Moderne mit ihrer Sittenlosigkeit manchmal Sorgen. Wir erfahren, dass es in Kamerun noch etwa einhundertfünfzig *chefferies* gibt. Ein *fon* wird auf Lebenszeit von einem Beraterstab des verstorbenen Herrschers ernannt und zwar aus der Schar der Söhne. Dabei muss es nicht unbedingt der älteste Prinz sein, sondern der würdigste. Prinzessinnen können niemals *fon* werden. Abumby wacht über einhundertzwanzigtausend Einwohner und einundsechzig Gemeinden. Die *chefferie* lebt von der Landwirtschaft: Kaffee, Tee, Kakao, Bananen, Mais, Maniok, Getreide und Handel mit diesen Gütern. Ein *fon* bezieht seine Einkünfte im Wesentlichen aus Pachtverträgen mit den Bauern. Wir steigen die Treppen des Gästehauses zum Museum empor, schieben uns an Vitrinen mit Figuren, Kostümen, Masken, Säbeln, Büchsen und anderen Waffen aus der Kolonialzeit vorbei. Ein Sammelsurium geschichtsträchtiger Gegenstände aus der deutschen Kaiserzeit neben heimischen Schätzen: Dort steht ein Bündel Speere, hier hängt ein Köcher mit Pfeilen aus der Zeit des Kampfes gegen die deutschen Truppen.

»Achtung, nicht die Pfeilspitzen berühren«, mahnt der *fon,* »das Gift könnte noch wirken.«

Vorwitzige Finger zucken zurück. Abumby amüsiert sich. Nun verweilen wir an einer Wand mit mehreren alten Schwarz-Weiß-Fotos. Der *fon* bleibt vor einer Abbildung stehen, die einen Mann Mitte dreißig mit gezwirbeltem Bart, Monokel und Stehkragen zeigt, der stolz und gottesfürchtig in die Welt schaut.

»Hier sehen Sie unseren ärgsten Feind. Wer von Ihnen kennt ihn?«, fragt Abumby auf eine schelmisch nette Art.

»Eugen Zintgraff«, sagt ein Oberlehrer.

»Richtig. Wissen Sie auch, warum er ein hartnäckiger Gegner war?«

Das ist dem Oberlehrer wohl entfallen. Zintgraff wurde 1858 in Düsseldorf geboren und starb 1897 entkräftet auf Teneriffa. Er studierte Jura und Naturwissenschaften. Da ihm beides nicht gefiel, entwickelte er sich zum Afrikaforscher und Kolonialpropagandisten. Im Auftrag des Auswärtigen Amts leitete er 1886 eine Expedition aus dem Regenwald bis hinauf ins Kameruner Grasland, wo er 1889 die Station Baliburg gründete. Gegen das Königreich Bafut führte er einen Kriegszug, um die Stadt einzunehmen und den damaligen Herrscher zu unterwerfen. Sein Versuch scheiterte, Zintgraff wurde abgewehrt und zog sich geschlagen nach Europa zurück. Später griffen kaiserliche Truppen Bafut mehrere Male erfolglos an. Erst 1907 gelang es, die Stadt einzunehmen und in der Folge Palast, Häuser und das zentrale Heiligtum niederzubrennen. Der *fon* wurde ins Exil geschickt, dann aber wieder eingesetzt, weil die Aufstände kein Ende nahmen.

»Kamerun war zwischen 1884 und 1919 eine deutsche Kolonie«, sagt der *fon*. »Ende des Zweiten Weltkriegs geriet Bafut unter den Einfluss der britischen Krone. Als die Briten abzogen, entschied der damalige *fon*, Achirimbu II., sich Kamerun, nicht Nigeria anzuschließen. Heute besteht der Königspalast wieder aus fünfzig Gebäuden, die alle um das alte Gebäude, das *atchum*, das heilige Versammlungshaus, aus dem Jahr 1902 angelegt wurden, das unschwer an dem mächtigen Dach aus Raphia-Stroh und seinen Bambusaußenwänden erkennbar ist. Die beiden Statuen neben der Tür halten böse Geister fern. Das *atchum* liegt da drüben und ist nur von außen zu besichtigen. Betreten werden darf das spirituelle Herz unserer Stadt nur vom *fon*, den Königinnen, dem Hohen Gericht und bestimmten Würdenträgern des Geheimbundes.«

Der Sekretär erzählt, dass das *atchum* Fetische, besondere Masken, Kult- und Zauberfiguren beherberge. Es sei den verstorbenen Königen geweiht. Das erstaunt mich nun wirklich, da wir erfahren haben, dass Abumby Christ ist. Im Grasland durchdringt Animismus das Christentum auf höchst absonderliche Weise, wie ich noch erfahren werde.

Der *fon* führt uns ans heilige Versammlungshaus, mit der Aufforderung zu warten. Auf dem Hofplatz gegenüber entsteht Aktivität. Musikinstrumente werden herangeschleppt und aufgebaut: die Fasstrommel aus dem Tam-Tam-Haus, ein Riesenxylofon, das von sechs Musikern bedient wird, die schon Aufstellung genommen haben. Flötenspieler treten an. Solotrommler begeben sich zu einer Gruppe von Männern und Frauen, die wie ein gemischter Shantychor auf ihren Einsatz warten. Abumby wird förmlich. Er steht in der Mitte des Hofplatzes und verkündet, wir seien so liebenswerte und interessierte Gäste aus dem befreundeten Deutschland, denen würde er gern einen traditionellen Juju-Maskentanz vorführen lassen. Der Unkostenbeitrag liege bei fünfzig Dollar pro Kopf. Wir schlucken hörbar. Nun möchten wir den König nicht enttäuschen, können verstehen, dass die Aufrechterhaltung seines Hofstaats teuer ist. Zum anderen sind wir gespannt auf die Präsentation. Rasch wird der Betrag eingesammelt.

Auf einen Wink erscheint der Zeremonienmeister mit wildem Kopfputz aus lila Vogelfedern. Er spricht unverständliche Beschwörungsformeln, dann plötzlich dröhnen die Trommeln, der Chor fällt mit hohen Kopfstimmen ein, lockt quasi eine königliche Tanzgruppe in prachtvollem Ornat aus dem Verschlag. Im Nu hat sich die Szene in eine tobende Farborgie verwandelt. Doch das ist beileibe nicht alles! Schon stürmt die Attraktion heran: Maskentänzer, schaurig schön entstellte Gestalten. Die Erde dröhnt unter ihren stampfenden Tanzsprüngen. Ätzender Alkalistaub wirbelt auf, der die Kehle wie Sandpapier reibt. Maskenmänner stecken in gelben und roten Bastkostümen, andere in Vogelfederkleidern, ihre Schädel sind eingeklemmt in schwere Holzmasken, die Elefantenköpfe, Schlangen- und Krokodilgesichter repräsentieren. Gerade schwebt eine Kudu-Maske durch den Staub, dann ein konturenloser Buschgeist als Laubknäuel mit Speer. Imposant sind die Stelzentänzer mit Kaurimuschel-Masken, zwei Meter über dem Boden. Sie werden von Tänzern umwirbelt, die Masken verschlungener Schlangen über den Köpfen tragen, die bestimmt vierzig Kilo wiegen. An ihren Fußgelenken klappern Schellen aus Messing. Und das bei der Hitze. Wir sind im Bann der schwarzen Trommeln, fasziniert vom Auftritt der Leopardenmänner, die mit Leopardenfellen auf dem Rücken den Sprung der Raubkatzen darstellen.

Erst als das Tanzspektakel abklingt, kommen wir zur Besinnung. Aus einem bodenlosen Fundus magischer Tänze bot der Zeremonienmeister uns den Heirats- und den Inthronisations-Maskentanz. Auch wenn alles eigens für uns inszeniert wurde, war es überwältigend. Niemand hätte die Tänze missen wollen. Erschöpft räumen die Akteure das Feld, nicht ohne vorher für Gruppenaufnahmen zu posieren. Abumby ist erleichtert, dass uns seine Empfehlung gefiel. Um alle Kameras noch einmal auf sich zu lenken, hat er sich mit seinen beiden Lieblingsfrauen, Anna und Marie, beide um fünfundzwanzig Jahre alt, vor dem heiligen *atchum* aufgestellt. Als hübsches Dorfmädchen die Frau des Königs zu werden ist eine Ehre. Marie gebar Abumby zwei Töchter und zwei Söhne. Polygamie herrscht in allen *chefferies* noch heute. Nicht jeder *fon* macht davon so rege Gebrauch wie Abumby, der erzählt, siebenundvierzig Frauen und zweiundsechzig Kinder zu haben. Weil es die Tradition vorschreibe, habe er vierzig Frauen seines verstorbenen Vaters übernommen – die somit bis zu ihrem Ableben versorgt seien. Der König entschuldigt sich, er habe jetzt repräsentative Aufgaben mit einigen Notablen wahrzunehmen. Damit entfernt er sich, der Alte mit seinen ›knackigen‹ Frauen. Ohne Handschlag, mit leichtem Kopfnicken. Der Sekretär begleitet uns vorbei an den Häusern der Frauen und einem von hohen Mauern umgebenen Komplex zum Ausgang. Dabei erfahren wir noch so manches über das Leben in der *chefferie:* So werden ab dem zehnten Lebensjahr die Söhne von ihren Müttern getrennt, damit es nicht zum Beischlaf kommt. Hinter den hohen Mauern, die wir passieren, führt der Geheimbund sein Eigenleben. Im gesamten Grasland wird schwarze Magie betrieben. Notable wie auch Priester sind Mitglieder von Geheimbünden. Für das Volk verfügen die Männer über besondere Fähigkeiten, über Kraft und Macht. Sie werden bei Problemen oder Streitigkeiten um Rat gebeten. Einfache Untertanen der *chefferies,* und das sind die allermeisten, glauben, bestimmte Personen im Umkreis des *fon* würden sich nachts in Tiere, Katze, Hund, Hühner verwandeln, um auf diese Weise an wichtige Informationen zu gelangen, um stets zu wissen, wie das Volk denkt. Hält eine telepathische Überwachung die *fon*-Gesellschaft zusammen? Gut möglich.

Liegt der König im Sterben, erhält sein Nachfolger die Insignien – Zepter, Stoßzahn, Leopardenfell – und verschwindet für einige Zeit im Wald, wo ihm bestimmte Kräfte verliehen werden. Dieser besondere Initiationsritus gibt dem Nachfolger die Macht, das Amt angemessen und von allen anerkannt zu bekleiden. Magische Tänze zur Amtseinführung tun ein Übriges. – Solange das Volk an Magie und Zauber glaubt, bleiben die Graslandkönige Herren ihrer Minireiche. Mit ihrem tief verwurzelten Aberglauben, durch Hexenwahn und den Glauben an Magie blockieren viele Länder Afrikas ihre Entwicklung und den Anschluss an die moderne Welt, zu der der Abstand größer und größer wird. Mit monetärer Zuwendung ist diesem Phänomen nie und nimmer beizukommen. Da hilft nur Aufklärungsarbeit. Es ist tatsächlich so: Trotz eintausend Milliarden Dollar Entwicklungshilfe in den letzten Jahrzehnten wächst die Armut in Afrika weiter.

In unmittelbarer Nachbarschaft, im dichten Eukalyptushain von Bamenda, wirkt ein ›Wunderdoktor‹ aus der weit verzweigten Sippe der Fonmantums. Ein Mann mit groben Gesichtszügen in Wickelrock und Umhang, ornamentiert mit Dreiecken und Rauten.

Den Kopf bedeckt eine Kappe in Form eines Doktorhuts. Eine Kette aus Leopardenklauen schmückt seinen Hals. Sein ständiger Begleiter ist ein Ebenholzspazierstock, kunstvoll gedreht. Patienten pilgern von weit her zu ihm. Dieser Mann ist nicht nur ›Wunderarzt‹, er ist auch ein wunderlicher Mensch, der neugierige Weiße nicht mag, weil sie ihn belächeln, weil ihnen der Glaube an seine Heilkunst fehlt. Und weil sie böse Geister in sein Waldhospital einschleusen könnten.

Mein Einlass wird mit allerlei Hokuspokus, begleitet von esoterischen Formeln – und dank einer Hospitalspende – gutgeheißen. Der *féticheur* hat sich auf Verhexte, Besessene und Geisteskranke spezialisiert: Ein Teufelsaustreiber. Doch auch Verletzungen – offene Wunden, Knochenbrüche – behandelt er: mit einem schwarzen, zähen Wunderbrei. Während seiner Behandlungen murmelt er etwas von Kranken, die zu ihm kämen, nachdem an ihnen erfolglos im Krankenhaus von Bamenda herumlaboriert worden sei. An einer unverputzten Hauswand hocken sechs Frauen von spindeldürr bis atemberaubend dick. Sie sind splitternackt und von Kopf bis Fuß mit einer dicken roten Lehmschicht eingeschmiert. Ihre Augen sind verstört, angsterfüllt. Ihnen soll die Besessenheit ausgetrieben werden. Der ›Wunderheiler‹ drückt ihnen grüne Maisstrünke in die Hand. So müssen sie Stunden ausharren. Ich habe den Verdacht, dass er die Frauen später durchs Feuer schickt oder sie mit Flammen in Berührung kommen lässt. Seine Zauberformel lautet: »Reinigende Flammen, schützende Lehmhaut. Die Geister der Erde und des Feuers erlösen.«

Eine total verstörte Frau um die vierzig ist auf einen Stuhl gebunden worden. Vor Angst zittert sie wie Espenlaub, ein Feuerkreis lodert um sie herum.

»Sie muss von einem sehr bösen Zauber befreit werden«, meint der Medizinmann und gießt noch etwas Benzin auf den Feuerkranz. Das grauenhafte Zittern der Frau ist für ihn ein untrügliches Zeichen für die bösen Geister, die den Körper verlassen.

Schon eigenwillige Methoden, mit denen da im Wald behandelt wird. Und der Wunderheiler lässt sie sich hoch bezahlen. Familien müssen zusammenlegen, sich bisweilen hoch verschulden. Wer heilt, hat recht, heißt es. Und wer glaubt, wird geheilt.

»Ein schwacher Glaube kann nicht heilen«, sagt der Mann.

Immer wieder frage ich mich, woran die Entwicklung in Afrika scheitert. Intellektuelle Schwarze sagen, weil sich abergläubische Afrikaner der Realität verweigern. Weit verbreiteter Hexenwahn und Okkultismus wirken wie ein Bremsklotz. Wie kann sich etwas entwickeln, wenn heimtückische Hexer unter uns weilen? Sie machen unfruchtbar, lassen verarmen, treiben in den Selbstmord. Wer aus der allgemeinen Armut ausbricht, zu Wohlstand kommt, dem wird unterstellt, mit dem Teufel im Bunde zu sein. Wer kommt auf den Gedanken, dass Sparsamkeit oder Leistung der Grund sein könnten? Verfluchung oder Hexenwahn wird zum Werkzeug der Überwachung, ja für Tüchtige zur schwer überwindlichen Barriere.

Ich erinnere mich eines Falles, der sich in Lagos ereignete: An einer Endstation entdeckte der Busfahrer eine Plastiktüte, in der ein abgetrennter Kopf lag. Wie sich später herausstellte, hatte ein Voodoo-Priester die Tüte im Drogenrausch vergessen. Zuvor war ein junger Mann geköpft worden, weil der Priester den Körperteil als besonders starken Zauber für andere Rituale benötigte, um beispielsweise Behexte von dem ›Bösen‹ zu befreien, wie er sich erklärte. Kein Einzelereignis und nicht auf Nigeria beschränkt, aber ein Beispiel für irrationales Handeln von Teufelsaustreibern. Kameruns Grasland ist eine Brutstätte für okkulte Geheimbünde.

Foumban im Rausch

Kaum achtzig Kilometer von der *chefferie* Bafut entfernt existiert ein anderes Königreich. In Foumban nämlich befindet sich das Sultanat der Bamoun. Es ist der südlichste Vorposten islamischer

Kultur in Kamerun. Die Bamoun-Dynastie entwickelte sich nach Jahren siegreicher Kämpfe im 14. Jahrhundert und musste sich wieder und wieder gegen Eroberer und Expansionsgelüste aus der Nachbarschaft verteidigen. Geheimbünde der Notablen schufen das ›Nguon-Mysterium‹, den ewigen Schwur auf den König, die Einheit, die Tradition bis in alle Ewigkeit. Heute herrschen hier der König und Sultan Ibrahim Mbombo Njoya. Alle zwei Jahre feiert er ein großes Fest, das sich über vier Tage erstreckt und Foumban in einen wahren Rausch versetzt. Mbombo bejubelt mit seiner Bevölkerung die mehr als sechshundert Jahre Geschichte, Kultur, Kunst und Tradition seiner Dynastie. Das Fest heißt Nguon. Einst war Nguon ein jährliches Fest zur Erntezeit. Der Name steht für eine bestimmte Heuschreckenart, die zwischen Juli und August der Landwirtschaft zu schaffen macht. Es wird aber keine gefräßige Heuschreckenart gefeiert, sondern das Volk der Bamoun feiert sich als Träger von Eigenschaften und Fähigkeiten des *nguon,* des Grashüpfers. Sein Rundumblick lässt Feinde rechtzeitig erkennen und bekämpfen. Das feine Gehör nimmt Missstände auf, meldet sie rechtzeitig dem König. Das Zirpen der Grashüpfer symbolisiert das Trommeln von Informationen. Im Grasland findet der Grashüpfer seine beste Tarnung. Tarnung hat die Bamoun-Dynastie über so lange Zeit überdauern lassen. Die Krieger versteckten sich im Elefantengras. Grasmasken machten sie für die Feinde unkenntlich.

Seit 1996 wird Nguon alle zwei Jahre im Dezember in großem Rahmen begangen, als Leistungsschau der Künste, Präsentation der Volksgruppen im Reich, verbunden mit einer ausführlichen Rede des Sultans zur ›Lage der Nation‹. In dieser Zeit befindet sich Foumban, Hauptort des Verwaltungsbezirks Noun, von Freitag- bis Montagabend im absoluten Ausnahmezustand. Der Ort schwillt um das Zehnfache seiner fünfundachtzigtausend Einwohner an, der Verkehr bricht zusammen. Selbst zu Fuß muss sich der Besucher durch die Massen schieben. Unterkünfte sind überbelegt. Natürlich lockt der Großevent auch Touristen an, doch die spielen keine Rolle, sie dürfen am Zaun stehen und zuschauen. Die Akteure sind das Volk, die Notablen, Zeremonienmeister und natürlich der Sultan. Gäste sind VIPs und Honoratioren aus nah und fern: Politiker aus Yaoundé, Botschafter aus Frankreich, Deutschland oder England, geladene Gäste aus Wirtschaft, Kultur, dem öffentlichen Leben. Mit dabei sind Herr und Frau Umlauft-Thielicke aus Hamburg, die eine freundschaftliche Beziehung zum Sultan pflegen. Doch davon später. Und weil meine Frau und ich schon lange mit dem Ehepaar befreundet sind, habe auch ich die Ehre, das Nguon-Spektakel hautnah zu erleben.

Sultan-König Mbombo sitzt in einem ausladenden Korbsessel raumfüllend im Eingangsportal seines Palastes, gekleidet in ein königsblaues Gewand, reich bestickt und wahrscheinlich aus Seide. Seinen Kopf schmückt ein Turban, dessen Schal auch Mund und Hals bedeckt. Die Füße zieren schwarze Lackschuhe. So stellt man sich einen Sultan vor: gewichtig, etwas grimmig dreinschauend, mit sparsamer Gestik, die bewirkt, dass Berater ehrerbietig Diener machen, Frauen sich verbeugen, aus dem Dunkel des Palastes treten oder flugs entschwinden. Nun schon stundenlang nimmt Mbombo Huldigungen aller Art entgegen. Salut kracht. Eine Schar Krieger feuert aus alten Vorderladern über die Häupter der Menge. Das Volk zieht die Köpfe ein, dann brüllt es ein Hoch auf den Regenten. Beim letzten Festival und Freudenschießen gab's Querschläger und Rohrkrepierer, die Finger abrissen. Doch das ist zwei Jahre her und längst vergessen.

Fanfaren kündigen Vorführungen weiterer Abordnungen aus dem ›Reich‹ an: einen Fruchtbarkeitstanz, einen Hochzeitstanz, einen Erntedanktanz, dann einen Regenmachertanz. Die Aufführungen nehmen kein Ende. Im Palasthof wabert die Hitze, steht der Staub, das Volk drängt sich wie Ölsardinen in einer Dose. Gerade fällt jemand um, ein Schwächeanfall.

Wir sitzen in gebührendem Abstand rechts vom Sultan. Ich bewundere sein Durchhaltevermögen, seine stoische Gelassenheit und denke an seine Vorfahren. Nicht an alle achtzehn der Bamoun-Dynastie, doch an Nummer siebzehn und achtzehn. Ibrahim Njoya, dem siebzehnten *fon,* wurde der Thron streitig gemacht. Sein Onkel Nzi Monkuob riss die Herrschaft an sich, woraufhin Ibrahim mit den nördlich lebenden Fulbe paktierte und in der Folge seinerseits Nzi stürzen konnte. Dennoch duldete er den einstigen Widersacher als königlichen Berater. Zu jener Zeit drangen deutsche Kolonisatoren in das Gebiet vor und trafen auf einen jungen König, der zu ihrem Erstaunen Interesse an den Fremden und deren Kultur zeigte. Bei Hof wurden die Deutschen feierlich empfangen, ein vertrauensvolles Miteinander entstand. Ibrahim wurde der offizielle Titel Statthalter des deutschen Gouvernements verliehen. Das gute Verhältnis veranlasste den Sultan-König, dem deutschen Kaiser zum Geburtstag seinen berühmten Perlenthron, den Mandu Yenu, zu schenken. Noch heute ist das Prunkstück im Ethnologischen Museum in Berlin zu besichtigen.

Wilhelm II. ließ sich nicht lumpen und revanchierte sich bei »seinem königlichen Bruder« mit einer Kürassier-Uniform der kaiserlichen Garde und einem Ölporträt von sich, beides Exponate im Palastmuseum von Foumban. Überhaupt war die Zusammenarbeit mit der deutschen Verwaltung recht fruchtbar: Gemeinsam wurden Schulen errichtet, an denen Bamoun-Kinder nicht nur das Lesen und Schreiben ihrer Muttersprache lernten, sondern auch Grundkenntnisse in Deutsch erwarben, ja sogar das von Ibrahim selbst entwickelte A-Ka-U-Ku-Alphabet wurde vermittelt. Auf technischem Gebiet wurde gleichfalls kooperiert. So führte Ibrahim eine mechanisch arbeitende Getreidemühle ein, und 1917 ließ er den alten Holzpalast abreißen, um an gleicher Stelle den jetzigen Bau im preußischen Backsteinstil zu errichten. Im Zuge der Bauarbeiten entstanden zwanzig Betriebe, darunter Sägewerke, eine Ziegelei und eine Zementmischanlage. Als Frankreich die

Kolonialmacht Deutschland ablöste, gab es Spannungen, die schließlich zur Deportation Ibrahims nach Yaoundé führten, wo der weise, auf Konsens bedachte Bamoun-Regent 1933 mit sechsundsechzig Jahren von den Europäern enttäuscht verstarb.

Mit der Verbannung wollten die Franzosen die Macht der Dynastie ein für alle Mal brechen, was jedoch nicht gelang, weil Adlige und das Volk Aufstände inszenierten, die zum Einlenken zwangen. Notable wählten schließlich Seidu Njimoluh Njoya aus einer Schar von einhundertsiebzehn Nachkommen zum neuen König. Seidu, ein gemäßigter, gebildeter Mann, arrangierte sich mit den Franzosen, war dennoch darauf bedacht, die Bamoun-Kultur zu erhalten, zu pflegen, zu entwickeln. Nach 1960 verließen die Franzosen das Land, und Seidu sah die Zeit gekommen, endlich wieder heilige Bamoun-Figuren im Palast aufzustellen.

Zur Erinnerung an die Epochen der Dynastie wurde im ersten Stockwerk der Residenz ein sehenswertes Museum eingerichtet. Seidu, ein gläubiger Muslim, sprach neben Bamoun Englisch und Französisch, beherrschte außerdem die A-Ka-U-Ku-(Shumom-) Schrift und wirkte als Abgeordneter in der Nationalversammlung Kameruns.

Seit 1992 ist das Volk der Bamoun Ibrahim Mbombo Njoya untertan. Und der lässt immer noch die schier endlose Prozession der Huldigenden über sich ergehen. Anstrengung und Hitze haben Schweißtropfen auf Wangen und Stirn hervorgerufen. Immerhin ist der Mann siebenundsiebzig Jahre alt. Vor seiner Inthronisation hatte Mbombo hohe Positionen in diversen Ministerien der Zentralregierung inne, war Botschafter für Kamerun in Äquatorialguinea und Ägypten, dann sogar Post- und Telekommunikationsminister, Minister für Jugend und Sport, Information und Kultur. Weitere Ministerposten folgten. Erst kürzlich wurde er zum Senator für besondere Aufgaben berufen. Auch er ist ein Muslim, dem Traditionspflege, Kultur, Kunst und die Besinnung auf geschichtliche Wurzeln am Herzen liegen. Nur so ist zu erklären, dass er die tollen, bunten Tage des Nguon-Festes durchhält, das gefeiert wird wie in Köln der Karneval am Rosenmontag.

Fanfaren kündigen eine neue Gruppe an: Wild bemalte Krieger, mit Speeren und Buschmessern bewaffnet, toben vor Mbombo, tragen Schaukämpfe aus, erfüllen die Luft mit Kriegsgeschrei. Wüsste man nicht, dass sich da ein einstudiertes Ritual abspult, könnte einem angst um Leib und Leben werden. Der König erhebt sich, begibt sich in seinen zweistöckigen Backsteinpalast, der eine Flucht großer Balkonzimmer birgt und durch sein rundes, mittig angelegtes Treppenhaus besonders repräsentativ wirkt. Die Akteure haben Tanzpause. Es wird betäubend laut musiziert und gesungen.

Jetzt wird der König gerufen. »Oh-jama, oh-jama«, klingt es vielstimmig. Er erscheint in anderer Garderobe: langes Gewand mit grünen, roten und gelben Streifen, darüber einen bestickten Umhang. Sonnenbrille und weißer Turban-Schal machen sein Gesicht fast unkenntlich. Wieder nimmt er Platz. Auf seinen Wink hin eilen Berater herbei. Ein Teil seiner Familie nimmt hinter und neben ihm Position ein. Für die gesamte Sippe, sicherlich über siebenhundert Personen, würde der Eingangsbereich nicht groß genug sein.

Wollen die exotischen Tanzdarbietungen gar nicht enden? Eine Modenschau von Dior ist nichts gegen die Kostümkollektion, die uns gerade von hübschen Mädchen präsentiert wird. Neben farbenprächtigen Kleidern bestechen fantasievolle Frisuren, hoch getürmt, mit Kaurimuscheln durchwirkt, von Stachelschweinspießen gehalten. Yves Saint Laurent hätte, würde er noch leben, seine helle Freude an so viel Kreativität.

Zum Tam-Tam besonders intensiv pochender Trommeln erhebt sich der Sultan. Die Menge weicht zurück. Sonnenschirmträger beschatten Mbombo. Polizei erkämpft eine Gasse, durch die er mit Gefolge hindurchschreitet, vorbei an der großen, markanten Reiterstatue in Bronze, begleitet von Leibwache, Musikanten und Gauklern. Jetzt kommt seine imposante Erscheinung richtig zur Geltung. Sie erinnert mich, natürlich nur äußerlich, an die eines Schwergewichtsboxers. (Hoffentlich sieht er mir den Vergleich nach.) Der Zug hinüber zum großen Marktplatz neben der Moschee gleicht dem einer mittelalterlichen Prozession, der nun Trompeter mit Fanfarenbläsern voraneilen und deren Schluss Trommler, Zimbelspieler, Tänzer und allerlei Lakaien bilden. Schiebend und drängend folgen wir dem Aufmarsch.

Auf dem Marktplatz warten bereits eintausend Gäste aus Afrika, Europa und Amerika auf sein Erscheinen. Als er eingetroffen ist, beginnt die heilige Shapam-Zeremonie. Dazu überreichen Zeremonienmeister dem König Säckchen mit medizinischen Zaubermitteln, von denen behauptet wird, sie hätten mystische Kräfte. Mbombo greift in jedes Säckchen und wirft von dem jeweiligen Inhalt etwas in sein eigenes. Das ›Zaubermittel‹ hat die Konsistenz von Getreide, es soll dem Sultan beim Regieren seines Königreichs helfen und ihm Kraft verleihen. Nach dieser Zeremonie schreitet Mbombo über den Platz durch einen symbolischen Gerichtshof zu seinem Thron, der unter einem Baldachin steht. Aber er darf sich nicht setzen. In diesem Moment steht er seinem Volk als gleichberechtigter Bürger Auge in Auge gegenüber. Zwei Männer aus dem Geheimbund Mut-ngu treten mit Speeren vor, gehen zum König und rammen ihre Waffen neben ihm in den Boden. Jetzt muss der Regent zu den zwei vergangenen Jahren Rede und Antwort stehen. Er muss sich zu Kritik an seiner Amtszeit äußern und versprechen, künftig besser zu regieren, geloben, anstehende Probleme zu lösen. Und er muss darlegen, wie er die künftigen Aufgaben zu lösen gedenkt. Erst nach einer Erklärung, die die beiden Nguon-Abgesandten überzeugt, kann Mbombo auf dem Thron für weitere zwei Jahre Platz nehmen. Als Akt der Versöhnung mit den Ahnen und den Lebenden wird ein Lamm geopfert.

In Würde sitzt Mbombo auf seinem Thon, der übrigens eine naturgetreue Nachbildung des edlen Mandu-Yenu-Perlenthrons ist. Und wieder toben Tanzgruppen aus den fernsten Winkeln seines Minireichs über den Platz. Der Sultan lächelt erstmalig, nicht nur der jungen, attraktiven Mädchen wegen, die sich da hüftschwingend und busenwippend vor ihm akrobatisch verrenken, nein, er genießt die Anwesenheit der vielen Ehrengäste. Der Präfekt von Westkamerun sitzt ihm auf einem Barocksessel gegenüber, rechts und links davon die Botschafter von Spanien, Portugal, Griechenland, Deutschland und anderen Ländern mehr.

Immerhin schon in der zweiten Reihe sitzen Gloria und Berthold Umlauft-Thielicke mit meiner Wenigkeit. Der Blick schweift zum Sultan hinüber. Welch ein malerisches Bild: er auf dem farbenprächtigen Thron, der von zwei mannshohen, bemalten Figuren aus Holz eingerahmt wird, alles unter einem Baldachin, der einem römischen Legionärszelt ohne Seitenteile gleichkommt. Das Ensemble wie aus »Tausendundeine Nacht« überragen zwei Elefantenstoßzähne, drei Meter hoch.

Auf dem Platz bilden Krieger und Tänzer ein Spalier. Ein Plexiglaspult wird vor den Thron getragen. Trommelwirbel kündigen etwas Besonderes an. Mbombo steht auf, begibt sich ans Pult und hält seine Rede ans Volk zur Vergangenheit, Gegenwart und Zukunft. Eine Duma-Rede, unglaublich lang und salbungsvoll, zuerst in Bamoun, dann in Französisch. Er schließt mit den Worten: »Gemeinsam meistern wir die Zukunft. Tradition ist nicht die Aufbewahrung der Asche, sondern die Weitergabe der Flamme!« Das Volk jubelt. Wir klatschen. Sultan Mbombo Njoya ist ein gebildeter, weltgewandter Mann, Jean Jaurès hat er sicher gelesen. Das Nguon-Fest kennt keine Verschnaufpause. Sechzig ethnische Gruppen wollen sich noch präsentieren. Ich schleiche davon, begebe mich ins Getümmel der Straßen, wo getanzt, getobt, gebrüllt wird, wie beim Karneval in Rio.

Gegen Abend treffe ich Prinz Ibrahim. Die Stadt wimmelt nur so von echten und selbst ernannten Prinzen und Prinzessinnen. Er zeigt mir Waren in seinem Souvenirladen, dem auch eine Boutique angeschlossen ist.

»Für die Freunde aus Deutschland ist alles besonders billig«, meint er.

Zwei wirklich süße Prinzessinnen haben mich plötzlich eingerahmt, Fatim und Aisha. Stein und Bein schwören sie, aus königlichem Geblüt zu stammen. Warum nicht, denke ich, der König hat acht junge Frauen – und dazu um die fünfzig ältere von seinem Vater übernommen.

Fatim und Aisha pflegen Konversation in verständlichem Französisch. Wir sprechen über das Fest und was es in den nächsten Tagen zu bieten hat. Morgen halten noch mehr traditionelle Kriegstänze die Stadt in Atem. Dann besucht der König Galerien, Kunsthandwerker und Musterfarmen. Tags darauf wird um vier Uhr morgens die heilige Riesentrommel geschlagen. Sie kündigt an, dass der König seine Soldaten inspizieren wird. Mit Gefolge wird er sich um fünf Uhr auf den Weg machen, seine Krieger treffen und mit ihnen bis an die Stadtgrenze marschieren: in Erinnerung an König Mbuembue der II. Dynastie, der seine Krieger aufs Schlachtfeld im großen Bamoun-Krieg begleitete. Drei Stunden später wird der König zurückkehren und vor seinem Palast der Darbietung von Tänzen und Gesängen zum Sieg über die Feinde beiwohnen. Seine Soldaten werden ihre Speere mit dem Laub der Nkunkupflanzen schmücken, Blätter als Symbol für die abgeschlagenen Köpfe der Gegner. Aus ihren Schädeln tranken die Krieger einst im Siegestaumel Palmwein. Natürlich wird mit geladenen Persönlichkeiten das Gebet in der Moschee stattfinden. Anschließend werden Sportveranstaltungen wie Fußball, Marathon, Boxen, Theateraufführungen, Fackelumzüge und ein großes Bankett – für geladene Gäste – geboten. In den Straßen und Gassen wird das Volk toben, bis zum bitteren Ende.

Nun, da die Prinzessinnen mich ausführlich informiert haben, meinen sie, verkaufen zu müssen. Sie weichen nicht von der Stelle, lassen Schnitzereien, Masken, Figuren, Fetische aus Ebenholz, alles original und echt, aus den Regalen reichen. Wertvolle Stücke von berühmten Graslandkünstlern vom Volk der BaMileke und der Bamoun seien das. Nun folgen Kunstwerke aus Elfenbein, Horn und Terrakotta. Dinge, die zu Hause herumstehen und einstauben. Ich habe immer sehr wenig Andenken mitgebracht. Wenn ich etwas erstand, dann nur vom Künstler persönlich, außerdem muss mit dem Stück ein Erlebnis oder eine Geschichte verbunden sein.

Allmählich werden die beiden Mädchen ungehalten. Zum Trost spendiere ich vier Tassen Kaffee, die im Nu herbeigeschafft werden, und lenke mit einer Zeitschrift ab, die ich Gloria und Berthold als Info und Gruß aus dem heimischen Alstertal Hamburgs mitbringe. Auf Trommeln machen wir's uns gemütlich. Neugierig blättern Fatim und Aisha das Alstertal-Magazin durch. Kichern und staunen über die Anzeigen zu Mode, Automarken, Kosmetikartikeln. Deuten auf Dinge, die sie gern haben würden. Sind ganz hingerissen von den Hüten, die einige Models tragen. Aisha kann sogar etwas Deutsch und liest: »Mercedes-Benz. Der neue B-Typ. Startklar zur Probefahrt.« Mercedes kennen sie, Papa lässt sich natürlich auch in einem chauffieren.

Gern würden die Prinzessinnen Fatim und Aisha in Begleitung ihrer Schwestern und Brüder in Deutschland shoppen gehen. Am liebsten in einer großen Mall, Einkaufszentren kennen sie aus dem Fernsehen. Allein es fehlt der Sponsor. Der muss bei königlichen Ansprüchen zu den Superreichen zählen. Papa Sultan ist da sicher überfordert und ein Schriftsteller, in geregelter Armut lebend, allemal.

Gloria und Berthold treffe ich im überfüllten *Le Memorial*, wo wir rasch ein Bier im Stehen trinken und dann versuchen, mit ihrem Hilux D-4D Toyota durch die tobende Menge Foumban in südlicher Richtung zu verlassen. Ein nicht ganz ungefährliches Unterfangen, da der größte Teil der Bevölkerung auf den Straßen betrunken oder bekifft ist. Allgemeine Erleichterung herrscht, als Berthold den schweren Pick-up endlich aus dem Ort hinaus auf die nachtdunkle Straße steuert, dann, nach zwanzig Kilometern, rechts abbiegt. Auf engem Pfad prescht er durch die Steppe, über eine Furt, fährt beim Dörfchen Koumelap eine Bergkuppe hinauf und parkt den Wagen auf einem Kiesplatz neben einem unerwartet schönen Atriumhaus *in the middle of nowhere.*

»Wir sind da«, sagt er und springt aus dem Wagen. Ein Nachtwächter grüßt verschlafen, bringt sich auf seiner Bastmatte zurück in Schlafposition. Über die Veranda betreten wir den Innenraum des Gebäudes. Gloria zeigt mir meine Schlafkammer, ein mit Bett, Schrank, Tisch, Stühlen, eigenen Gemälden und Skulpturen ausgestatteter Raum, sehr geschmackvoll und gemütlich eingerichtet. Zwei Mäuse und einige Geckos werden aufgeschreckt. Hundemüde falle ich ins Bett. Im Schädel dröhnen die Kriegstrommeln. In meiner Vorstellung saufen die Bamoun-Krieger Palmwein aus den Hirnschalen ihrer Feinde, den wilden Fulbe-Horden.

Ein Haus in Afrika

Ich gehe mit dem Klang der Trommeln schlafen und wache mit Getrommel auf. Das ist Afrika, wie ich es liebe. Fehlt nur das Prasseln des Lagerfeuers und das Gebrüll hungriger Löwen. Ich stehe auf, trete ans Fenster. Drüben am Bach wird eine Herde Zebus hinunter ins Tal getrieben. Zwischen dem Wald kolossalen Rindergehörns bewegen sich Bororo-Hirten wie kupferrote Schatten. Durch Alkalistaub dringt schwach das Licht der Morgensonne. Das Tam-Tam wird aus der kleinen Bamoun-Ansiedlung Koumelap heraufgetragen. Ich ziehe mich an, setze mich auf die Terrasse. Gloria erscheint mit Kaffee, Brot und Früchten. Berthold rückt einen Stuhl an den Tisch. Schweigend, sogar ein wenig ergriffen, schauen wir über die grünen Hügel Kameruns.

»Alles, was ich wollte, war nach Afrika zurückkommen. Wir hatten es noch nicht verlassen, aber wenn ich nachts aufwachte, lag ich lauschend da, bereits voller Heimweh danach. Ich hungerte bereits nach mehr, dem Wechsel der Jahreszeiten, der Regenperiode, ohne weiterziehen zu müssen, den Unbequemlichkeiten, die wir in Kauf genommen hatten, damit alles Wirklichkeit werden konnte. Mein ganzes Leben über liebte ich Land, das Land war immer besser als die Leute. Ich konnte immer nur sehr wenige Menschen auf einmal gern haben ...« Nicht grundlos kommt mir an diesem Morgen Hemingway in den Sinn.

»Ist es nicht herrlich?«, sagt Gloria, ohne den Blick vom Panorama der Hügel zu wenden.

»Ja, wirklich! Ich denke gerade an Ernest Hemingway und ›Die grünen Hügel Afrikas‹. Aber auf euch hier bezogen gibt es eine viel stärkere Assoziation«, antworte ich.

»Na, und welche?«, fragt Berthold.

»›Jenseits von Afrika‹, Karen Blixens autobiografischer Roman von 1935, in dem die Dänin erzählt, wie sie nach Ostafrika auswanderte, um der Enge ihres Elternhauses zu entfliehen. Sie ...«

»Natürlich kennen wir das Buch!«, kommt es wie aus einem Mund.

»Karen genoss in Kenia die Freiheit, die sie in ihrem konservativen Elternhaus nie genießen konnte. Sie verliebte sich in das Land. – Und wisst ihr noch, wie die ersten Sätze ihres Buches lauten?«, frage ich.

»Ehrlich gesagt, nein«, meint Gloria.

Ich kenne den Anfang auswendig und sage:

»Ich hatte eine Farm in Afrika am Fuße der Ngong-Berge. Nach allen Seiten war die Aussicht weit und unendlich. Alles in dieser Natur strebte nach Größe und Freiheit.«

»Schön, romantisch, wirklich!«

»Und erst der Film von Sydney Pollack mit Meryl Streep, Robert Redford und Klaus Maria Brandauer: Draußen dringen die Geräusche der afrikanischen Nacht durch die Zeltwand. Die Augen der Baronin sind wie verschleiert. Der smarte Großwildjäger Denys Finch Hatton küsst sie. ›Wenn du jetzt etwas sagst, ich werde es glauben‹, flüstert sie ihm ins Ohr. Ist sie nicht grandios, die Szene am Mara-Fluss, als sich Karen Blixen und ihr Liebhaber näherkommen? Zuvor hatten sie Giraffen über die Steppe staksen sehen und Elefanten im hohen Gras beobachtet. Mitten in der Wildnis hatten sie Mozart auf einem Grammofon gehört, was sogar Paviane anlockte. – Gibt es da nicht Parallelen?«, frage ich.

Nachdenkliches Innehalten.

Berthold steht auf, gibt seiner Frau einen Kuss und geht ins Haus. Wenige Minuten später erklingt Bach auf der Terrasse und bis ins Tal hinab, und am Flüsschen verharren die Zebus.

»Nein, es ist doch manches anders«, meint Gloria. »Wir sind in Kamerun, nicht in Kenia, haben ein Haus, keine Farm, aus Hamburg sind wir nicht geflüchtet, und mit Großwildjägern habe ich schon gar nichts im Sinn. Was stimmt, ist die Liebe zum Schwarzen Erdteil, die Berthold zum Glück mit mir teilt.«

Es ist sehr, sehr lange her, als ich in der Zeitung las, dass Thomas, Glorias Bruder, mit dem Auto durch die Sahara fahren wollte. Ich rief ihn an, weil ich Informationen für meine Afrikadurchquerung mit einem VW-Bus sammelte. Nach der Reise meldete sich Thomas und lud zu einem Dia-Abend im Haus seiner Eltern ein. Ab dem 500. Wüstenfoto meinte Vater Umlauft:

»Nach so viel Trockenheit brauch ich jetzt was zu trinken.«

Das war das Stichwort für einen feucht-fröhlichen Abend und der Beginn einer Freundschaft. Ich, als Begeisterter, staunte nicht schlecht, eine Familie kennengelernt zu haben, die das Afrikafieber weit stärker gepackt hatte als mich. Vater Umlauft war Unternehmer, der intensive Handelsbeziehungen zu Nigeria und Kamerun unterhielt und den Kontinent regelmäßig bereiste, Glorias Mutter eine der ersten Frauen, die, als Mann verkleidet, durch die Sahara trampten. Ein waghalsiges Unternehmen in den Dreißigerjahren! Am Ende ihrer Reise weilte sie einige Wochen in Foumban, wo sie Sultan Seidu Njimoluh kennenlernte. Seidu war von der wagemutigen jungen Frau begeistert. Man schloss Freundschaft, und als er erfuhr, dass er es mit einer bildenden Künstlerin zu tun hatte, ließ er sich von ihr porträtieren. Das Bild hängt noch heute im Palast, neben einem Ölgemälde des Sohnes, Sultan Ibrahim Mbombo Njoya. Nun darf geraten werden, wer das zweite Bild malte. Richtig, Tochter Gloria, sie ist nämlich gleichfalls Künstlerin und Kunstlehrerin. Nach ihrem Studium war sie in Kamerun tätig, unterrichtete an Schulen, organisierte Ausstellungen für afrikanische Künstler, stellte selbst aus, entwarf für Kamerun Briefmarkenserien. Sie hatte sich in Sachen Kunst einen Namen im Land gemacht. Ganz natürlich war, dass sie Kontakt zum damaligen und jetzigen Sultan aufnahm, der ihr und ihrem Mann Berthold gestattete, bei Hof ein- und auszugehen.

Glorias Herz schlägt für Afrika. Als sie nach Hamburg zurückkehrte und verkündete zu heiraten, ging ihr Freundeskreis davon aus, ein Afrikaner wäre der Mann an ihrer Seite. Nein, sie ehelichte Dr. Berthold Thielicke, den Sohn des bekannten Theologieprofessors Helmut Thielicke. Berthold war Schulleiter in Hamburg. Auch ihn faszinierte der Schwarze Erdteil, was sich in Projekten zeigte, die er mit Afrikanern in Mali organisierte. Gloria bekam eine Anstellung als Kunsterzieherin an einem Gymnasium in Hamburg, schuf nebenher Skulpturen, Plastiken, eindrucksvolle Gemälde, von denen drei in meinem Arbeitszimmer hängen. Immer wieder unternahmen die beiden ausgedehnte Afrikareisen, bis die Pensionierung heranrückte und ihr Leben sich total verändern sollte. Sultan-König Mbombo überließ den beiden ein Stück Land in den grünen Hügeln Kameruns. Berthold und Gloria kauften sich den geländegängigen Pick-up, den Toyota Hilux mit verschraubbarer Ladefläche, luden einen Teil ihres Hausstandes ein und brachen auf in Richtung Süden, wühlten sich durch die Sahara, kämpften sich durch die Staaten Marokko, Mauretanien, Senegal, Mali, Nigeria bis ins Grasland Kameruns. Dort bauten sie auf dem vom Sultan überlassenen Grund ihr Haus aus solidem Lateritstein und sind glücklich.

»Stell dir das Leben hier nicht allzu romantisch vor«, sagt Gloria. »Wir haben mit Ungemach, Tücken, Enttäuschungen, Anschuldigungen, Krankheit und weiß Gott was zu kämpfen. Dennoch ist für uns dieses Fleckchen Erde das Paradies.«

»Natürlich auch, weil wir großes Glück hatten«, erzählt Berthold. »Nicht weit weg bauten Zisterzienser ein neues Kloster, Monastère de Koutaba, mit Kreuzgang, Kirche, Mönchszellen, Refektorium und Bibliothek. Von ihnen bekamen wir Mauersteine und einige recht gut ausgebildete schwarze Handwerker. Ohne ganz gehörige Eigenleistung wäre aus dem Hausbau allerdings nichts geworden.«

Mit Unterbrechungen, denn so ganz mögen die beiden Hamburg auch nicht aufgeben, leben sie nun sieben Jahre in Kamerun, und ich erfahre an diesem herrlichen Morgen so einiges aus ihrem Leben in den Tropen: Da gab es an einer der ersten Nguon-Veranstaltungen die geladene deutsche Botschafterin, die im Gewühl der Menschenmassen, mit den vielen Schwerter, Buschmesser und Gewehre schwingenden Kriegern schier in Panik geriet. Berthold und Gloria waren ihr als Betreuer zur Seite gestellt worden.

Dann die Erlebnisse mit Réné, dem Wächter und Gärtner, Ibrahim, einem anderen guten Hausgeist, und die Enttäuschung mit David, dem Nachtwächter. David klagte über Bauchschmerzen. Man brachte ihn ins entfernte Krankenhaus, ließ Blutproben nehmen, ihn gründlich untersuchen, alles auf Rechnung von Gloria und Berthold. Kein Befund. Nach zwei Tagen ging es ihm besser. Nach etwas Gartenarbeit war er erneut krank. Die gleiche Prozedur. Weitere Untersuchungen ergaben, dass er weder Malaria noch Typhus, sondern Aids hatte und nicht nur seine beiden Frauen, sondern noch andere angesteckt hatte. David wollte die Tatsache nicht wahrhaben, ein Trauerspiel für ihn und seine infizierten Frauen. Eine gebar einen Sohn, der bald nach der Geburt – mit Sicherheit an dem tödlichen Virus – starb. Anstatt sich im Krankenhaus behandeln zu lassen, suchte er für viel Geld einen Wunderdoktor auf, den Berthold bezahlen sollte. Anschließend erschien David, »geheilt« und »durchgespült«, wie er behauptete, und verlangte Geld. Zuvor hatte er bereits Fahr- und Verpflegungsgeld sowie seinen Monatslohn erhalten. Aber jetzt musste endlich mal Schluss sein. David drohte, eine Gang zu schicken, um sich an den Deutschen zu rächen. Eine Gang, das sind Auftragskiller. Doch die verlangen Vorkasse, die David nicht leisten kann. Damit dürfte das Leben von Berthold und Gloria hoffentlich nicht gefährdet sein.

»Was uns wahnsinnig geärgert hat«, sagt Gloria, »ist seine Undankbarkeit, nachdem wir so viel für ihn und seine Familie getan hatten.«

Ganz anders ist die treue Seele Réné. Er bewundert die Selbstversorgung mit Früchten des Gartens – Zuckererbsen, Karotten, Zucchini, Lauch, Zwiebeln, Broccoli, Bohnen, Kartoffeln, Paprika, Rettiche – und allen erdenklichen Kräutern. Berthold hat den Garten angelegt, und Réné pflegt und bewässert ihn zuverlässig, auch in Abwesenheit.

»Neulich kamen wir verdreckt und kaputt von einer langen Safari zurück. Sie hatte uns in den wilden Norden Kameruns geführt. Wir hatten Löwen, Hyänen, Elefanten, eine riesige Herde Elenantilopen, die größte Antilopenart, die es gibt, beobachtet, hitzige Diskussionen mit Trophäenjägern aus Europa und Amerika geführt. Wir sind nun mal Gegner der Abknallerei«, berichtet Gloria. »In den Siebzigerjahren war ich im Gebiet um Waza und stieß dort auf den damaligen deutschen Botschafter, der sich im Land Rover an ein schlafendes Flusspferd fahren ließ, um dem Tier das Gewehr ans Ohr zu halten und es abzuknallen. Ich hasse die weißen Jäger, die sich auf Pisten auf die Lauer legen, um das Wild zu strecken, das sich mal eben aus dem Wildpark in die nicht geschützte Zone wagt. Der Waza-Nationalpark wurde als erster Kameruns vor fast fünfzig Jahren gegründet. Ein fantastisches Refugium für Großwild ist er für viele Jahre gewesen. Gerade sind dort zweihundert Elefanten massakriert worden. Wilderer haben ihnen die Stoßzähne aus den Schädeln geschlagen. Wahrscheinlich waren es Elfenbeinjäger aus dem Tschad. Überhaupt sind der Norden und Nordwesten Kameruns höchst unsicher geworden. Aus Nigeria fallen die berüchtigten Boko-Haram-Islamisten ein, brennen Dörfer nieder, verschleppen und töten die Bewohner. Auch weiße Touristen werden nicht verschont. – Also gut, wir kamen ziemlich abgekämpft, staubverkrustet zurück. Endlich wieder eine schöne Dusche, elektrisches Licht, etwas Zivilisation. Berthold ist stolz auf seine Solaranlage und den Brunnen, der so köstliches Wasser spendet. Ja, was den Energiehaushalt betrifft, sind wir autark. Ich freute mich auf unsere Oase, das von Bougainvillea überwachsene Haus mit frischem Wasser aus unserem Brunnen. Doch was war das? Aus den Wasserhähnen lief eine dreckige, schlimmer als Jauche stinkende Brühe! Ein Blick in die Zisterne zeigte, dass tief unten kein klares Wasser stand, sondern irgendwas Braunes, Schlammiges. War der Brunnen verseucht? Vergiftet gar? Tags darauf half uns Pater George von den Zisterziensern, indem er uns seinen Klosterklempner Alain schickte. Alain stieg in den Brunnen, tötete dort unten eine lebende und beförderte zwei tote Schlangen herauf. Im Moder befanden sich noch sechs große, verfaulte Schlangeneier. Drei Tage dauerte es, bis der Brunnen mit sauberem Kies und Chlor wieder reines Wasser lieferte. Ich muss gestehen, die Brunnenschweinerei und der Gestank verfolgen mich noch im Traum, wie anfangs die ungebetenen Haustiere, Schlangen und Mäuse. Schlangen haben die Angewohnheit, am Mangobaum hochzuklettern, um sich dann von einem Ast ins Atrium des Hauses fallen zu lassen. Im Schrank oder unterm Bett erschrecken sie dich dann. Und die Mäuse sind aufgrund ihrer Menge eine Plage. An einem Tag fingen wir mal in sieben Fallen zehn Mäuse. Eigentlich mag ich die possierlichen afrikanischen Tierchen, wenn sie nicht so erbarmungslose Nager wären.«

»Seid ihr gesundheitlich immer gut über die Runden gekommen?«, frage ich.

»Sieht man davon ab, dass ich *Malaria tropica* hatte und Gloria Typhus, eigentlich recht gut«, sagt Berthold.

Gloria ist die geborene Erzählerin spannender Storys, die das Leben in Afrika schreibt, und ich kann stundenlang zuhören: vom ewigen Kampf der Bauern, den Bamoun und den nomadisierenden Bororo, die ihre Rinderherden rücksichtslos über Äcker und Felder treiben. Noch schlimmer sind Schafhirten. Ihre Tiere fressen den liebevoll angerichteten Nutzgarten bisweilen ratzekahl leer. Und die vielen Hilfs- und Kulturprojekte, die Gloria und Berthold entwickelten, organisierten und finanzierten – am Ende scheiterten sie dann doch meist kläglich aufgrund von Trägheit, Faulheit oder schwindendem Interesse der Einheimischen. Gloria schildert einige ihrer Erlebnisse.

Im Rahmen eines Projekts, das sich mit der Pflege eines Friedhofs verstorbener deutscher Kolonialisten im *lamidat* (Kleinkönigreich) Banyo befasste, lag Gloria auf dem Grab von Oberleutnant Hermann Nolte, der in den Jahren 1896 bis 1902 in der Kaiserlichen Schutztruppe diente. Gloria schrubbte seinen Grabstein. Offizier Nolte nahm den damalig regierenden *lamido* (König) fest und schickte ihn in die Verbannung. Diese Aktion brachte das Volk auf die Palme. Nolte wurde am 1. Februar 1902 im Palast des *lamido* erstochen. Und just an einem 1. Februar putzte Gloria in brennender Mittagshitze sein Grab, mit ihrem Allerwertesten auf spitzen weißen Marmorsteinen sitzend, die den Grabrand umgaben. Noch lange danach, berichtet Gloria, habe sie das Gefühl gehabt, als hätte man ihr mit Militärstiefeln in den Hintern getreten.

In Yoko besichtigten Gloria und Berthold ein Gefängnis, mehr eine Festung, mit schweren Jungs, die lange bis lebenslängliche Strafen absitzen. In Kamerun sind das wirklich arme Schweine, weil im Knast nur die landen, die nicht genug Geld haben um Richter zu schmieren. Selbst Mörder entgehen bei ausreichender Bestechung ihrer Strafe. Der Knastdirektor machte mit den Hamburgern einen Rundgang, ließ sie in fensterlose Zellen schauen. Dabei stießen sie auf einen Häftling in schweren Eisenketten. Man fragte nach seinen Delikten. Es wurden einige aufgezählt. Politische Häftlinge gäbe es nicht, meinte der Direktor und ergänzte:

»Das ist euer Fehler, dass sie überhaupt hier sind. Ihr habt die hierhergebracht!«

Was denn? Sei die neue Unordnung, die Demokratisierung gemeint? Nein, er meinte die Menschenrechte, denn unter dem früheren Präsidenten Ahidjo wurden solche Leute gleich hingerichtet. Im Wachturm sahen die beiden Deutschen eine Guillotine aus der Kolonialzeit. Gefangene starrten aus ihren Zellen und bettelten um Essbares.

Klein Hassan aus dem Nachbarort wurde bei einem Mordanschlag der Mund so schauderhaft verätzt, dass dieser zu einem Loch schrumpfte, durch den nur noch ein Strohhalm für Flüssignahrung hindurchpasste. Außerdem wuchs dem Baby die Zunge am Gaumen fest. In einer vierzigtausend Euro kostenden Hilfsaktion flogen Mutter und Kind zweimal nach Tübingen, wo das Kleinkind erfolgreich operiert wurde. Nach dem zweiten Eingriff blieben die beiden vier Monate im Schwarzwald. Hassan wurde von einer Therapeutin betreut, die ständig mit ihm Mundgymnastik machte, damit Mund und Zunge in Bewegung blieben. Kaum zurück in Kamerun, wurde es der Mutter lästig, ständig Mundübungen mit ihrem Sprössling durchzuführen. Die Zunge wuchs fest. Der Mund, wieder zum kleinen Loch geschrumpft, ließ Klein Hassan abmagern und verkümmern. Die Mutter berichtete von dem herrlichen Leben im Schwarzwald, was zur Folge hatte, dass Fälle von Kindern bekannt wurden, die misshandelt worden waren, allein mit dem Ziel, Spenden für ein gutes Leben einheimsen zu können.

Gloria berichtet auch von einer Totenfeier mit sechshundert Trauernden. Aus dem ganzen Land waren Familienangehörige und

Freunde erschienen. Ein Autokorso, geschmückt mit Palmwedeln, begleitete den Leichenwagen. Über die Hauptstraße spannten sich breite Transparente mit dem Namen des Toten. Familien verschulden sich hier für die aufwendigen Totenfeiern, die mit freier Verköstigung und Unterkunft einhergehen. In den Zeitungen erinnern ganzseitige Annoncen mit Porträts an Verstorbene. Jedes Jahr zum Todestag gedenken Familien auf diese kostspielige, liebevolle Weise, für alle Welt sichtbar, ihrer Toten, während – ebenfalls vor aller Augen – Verkehrstote bisweilen tagelang auf der Fahrbahn liegen, bis sich schließlich die Müllabfuhr der aufgedunsenen Kadaver erbarmt, weil die Polizei nur gegen Vorkasse tätig wird. Was für eine Diskrepanz! Wer mag Schwarzafrika begreifen?

Die reiche Mäusepopulation im und ums Haus von Gloria und Berthold hatte ein Schleiereulenpärchen angelockt, das nun in der Nähe nistete. Im Nest saßen fünf niedliche Küken und piepsten um Nahrung. Réné entdeckte das Nest samt Eulenpaar mit Grausen und stand gerade im Begriff, die Vögel zu fangen und zu töten. Warum? Gloria ging dazwischen, wollte die Kreaturen retten. Sie wusste nicht, dass Afrikaner Todesangst vor Eulen haben. Sie müssten sofort verbrannt werden. Sie hätten große, gefährliche Macht über Menschen. Zur Erklärung erzählte der Gärtner: Einst habe ein Mann aus dem Dorf eine Eule getötet und ihr das Herz entfernt. Noch in derselben Nacht sei der Mann gestorben. In Eulen lebten die Seelen Verstorbener, die sehr böse Eigenschaften hätten, klärte Réné Gloria auf.

»Eines Tages wurden wir aufs Polizeikommissariat in Foumban zitiert, um vernommen zu werden«, berichtet Gloria. »Der Bronzekünstler Mama hatte uns angezeigt, weil wir ihn angeblich ermorden wollten. Wir fielen aus allen Wolken. So eine absurde Beschuldigung. Ja, hieß es, Mama sei überzeugt, in Europa sei es üblich, dass der Künstler nach Vollendung seiner Arbeit umgebracht werde. Nun mussten wir erklären, oder besser: aufklären. Natürlich habe Mama von uns den Auftrag für eine Skulptur erhalten, die wir auch bezahlt hätten. Alles andere sei in Europa wie anderswo in der Welt absolut unüblich.«

»Ein Verbrechen aus dem nahen Dorf Koumelap beschäftigt uns nun seit Jahren: Es geht um den Mord an einem jungen Motorrad-Taxifahrer, der, mit einer Machete schrecklich zugerichtet, von Kindern im hohen Elefantengras gefunden wurde«, sagt Berthold. »Wir fragten nach dem Stand der polizeilichen Ermittlungen. Es hieß, die Ordnungshüter würden erst nach Zahlung tätig werden. Zu unserem Erstaunen erfuhren wir später, dass man den Vater unseres treuen Wächters Ibrahim eingebuchtet hatte, zusammen mit Arouna, dem entlassenen Fahrer des Sultans, der auch bei uns tätig war. Ein im Dorf einflussreicher Notabler hatte erwirkt, dass Ibrahims Vater eingesperrt wurde, um an ein Grundstück zu kommen, auf das er schon immer scharf war. Der Notable, ein übler Geschäftsmann, hatte falschen Zeugen Geld bezahlt, um den armen alten Vater aus dem Verkehr zu ziehen, indem er ihm die Beteiligung an dem Taximord anhängte. Das Fatale daran ist, dass Staatsanwaltschaft oder Gericht für die Aufklärung einen Betrag von dreihunderttausend CFA (fünfhundert Euro) angesetzt haben, für Ibrahims Familie eine unerschwingliche Summe. Abschließend ist der Fall bis heute nicht geklärt worden.«

»Also muss sich Gerechtigkeit in Kamerun erkauft werden«, bemerke ich.

Zu erfahren ist auch, dass es am Hof des Sultans nicht gerade einvernehmlich zugeht. Vielmehr herrschen dort mittelalterliche Intrigen. Ndam Njoya, der Cousin von Sultan-König Mbombo, ist Bürgermeister von Foumban, Oppositionsführer der UDC (Union Démocratique du Cameroun), Ex-Erziehungsminister und Erbfeind des Sultans in Bezug auf Regentschaft und Thronfolge. Am 1. Januar 2013 kam es zur hitzigen Auseinandersetzung. Bürgermeister Ndam zog mit seinen ›Kriegern‹ trotz Verbots des Präfekten zum Sultanspalast. Es kam zu Handgreiflichkeiten. Die vorsichtshalber abkommandierte Polizei versuchte einzugreifen, da flogen die ersten Steine, Schüsse krachten. Es gab Verletzte. Der Sultan rief zu Ruhe und Besonnenheit auf. Zu spät, die Limousinen der Prominenz und der Neujahrsgratulanten wurden im Palasthof systematisch zertrümmert.

Mittlerweile haben sich die Ausschreitungen gelegt. Vorerst. Fest steht, Ndam Njoya ist voller Hass und wird nie aufgeben.

»Völlig verrückt und unverständlich«, sagt Gloria. »Der Mann ist Philosoph, mit hohen Idealen. Wir waren früher mit ihm befreundet. Vor Jahren meldete sich das Auswärtige Amt bei uns in Hamburg und berichtete, eine hohe Persönlichkeit aus Kamerun sei vom Hamburger Senat eingeladen worden. Und die Persönlichkeit hätte den Wunsch, zwei Philosophen zu sprechen. Wir luden Ndam mit seinem Dolmetscher zu uns ein und führten miteinander sehr interessante Gespräche. Plötzlich sagte Ndam, er müsse jetzt zum Gespräch mit einem Philosophieprofessor, Dr. Helmut Thielicke, Bertholds Vater. Der andere Philosoph war Carl Friedrich von Weizsäcker. Wir staunten nicht schlecht über die Begegnungen. Aus dem Treffen bei uns entwickelten sich einige Kulturprojekte mit Ndam in Kamerun. Die keimende Freundschaft ist verkümmert, seit wir von seinem Hass auf Sultan Mbombo wissen.«

Ein angenehmes Lüftchen weht über die Anhöhe des Graslands, verglichen mit dem stickigen Tieflandklima um Douala eine wahre Wohltat. Es ist Mittag. Gloria serviert uns einen köstlichen Salat, Wels mit Kartoffeln, Erbsen und einer vorzüglichen Soße. Danach tropische Früchte, alles aus eigenem Garten. Ich habe lange nicht mehr so gut gegessen. Und es fällt mir schwer, Adieu zu sagen.

»Herzlichen Dank, liebe Gastgeber, ihr müsst zurück zum Nguon-Fest, ich weiter in den Tschad, mit einer Expedition in die kaum erforschte Wüste des Ennedi- und Mourdi-Gebiets, auf der Suche nach unbekannten Felszeichnungen.«

TSCHAD

N'Djamena

Eine gänzlich andere Welt hält mich in Bann: die Welt des Sandes, der Dürre, des Durstes. Noch sehe ich sie nicht, aber ich kann sie ahnen, ihre Trockenheit spüren. Gerade in der Hauptstadt des Wüstenstaats, den wir bereisen wollen, dort wo er am wenigsten erforscht ist, angekommen, warte ich auf die anderen Teilnehmer der Expedition. Wir, das wird eine bunt zusammengewürfelte Gruppe von acht Individualisten sein. Wenn alle eintreffen. Man darf gespannt sein. Ich kenne nur zwei: Klaus Hansen, den Fotografen, und Karl-Heinz Rotter, einen Geografen. Die übrigen Herrschaften hat der weltreisende Bildermacher Hansen organisiert. Vier Personen der Expedition werden morgen aus Paris eintreffen. So haben wir es wenigstens verabredet.

In der Rue Brosset, am internationalen Flughafen von

N'Djamena, im Hotel *Chez Wou*, bereite ich mich auf Stadt, Land und Leute etwas vor.

Die Stadt: Warum wurden die gesunden Lehmbauten überall durch Beton-, Glas- und Wellblechbunker ersetzt, obwohl Häuser aus diesen Materialien Wärmespeicher sind, deren brütende Hitze durch Klimaanlagen gekühlt werden muss? Nennt man so etwas Energiesparen – zu aberwitzigen Kosten – in diesem ärmsten der Länder? In den Straßen der Umgebung werden zwei Flüssigkeiten zum gleichen Preis angeboten: Coca Cola in Dosen und Benzin in Literflaschen. Beides noch teurer als bei uns und damit nur für wenige Bewohner bezahlbar. Cola wird in Lizenz hergestellt. Sprit muss importiert werden, weil Exxon Mobil im Tschad seit 2003 Öl fördert, das Land aber keine Raffinerien hat. Das schwarze Gold fließt in einer Pipeline durch Kamerun an den Atlantik, wird dort verschifft.

Groß-N'Djamena hat 1,6 Millionen Einwohner und hieß bis 1973 Fort-Lamy, nach dem Afrikaforscher und Offizier François Joseph Amédée Lamy, der im Jahr 1900 fünf Wochen vor Gründung der Stadt in einer für Frankreich siegreichen Schlacht gegen den Bornu-Herrscher Rabih az-Zubayr Ibn Fadlallah getötet wurde. François Tombalbaye, nach der Unabhängigkeit der erste Präsident des Tschad, taufte die Hauptstadt in ›Hier haben wir geruht‹ (was N'Djamena übersetzt heißt) um. Ob er selbst hier ruht, ist äußerst fraglich, schließlich ist der ehemalige Religionslehrer vom Volk der Sara nach den Jahren seiner Schreckensherrschaft 1975 in einem blutigen Aufstand umgebracht worden. Seither hat N'Djamena immer wieder Angriffe von Aufständischen und Rebellenführern aus dem Norden über sich ergehen lassen müssen. Gäbe es die französische Präsenz im Tschad nicht, fänden weitaus häufiger gewaltsame Regierungswechsel statt.

Das Land: Der *Sahelanthropus tchadensis,* ein anderthalb Meter großer Primat, ist mit großer Wahrscheinlichkeit der früheste Ahn des Menschen, der in der Lage war aufrecht zu gehen. Er lebte vor sieben Millionen Jahren im Tschad, in einer Zeit, in der sich Topografie und Klima in der Sahara gänzlich anders darstellten. Als der *Homo sapiens* in prähistorischer Zeit den heutigen Tschad besiedelte, vor etwa zehntausend Jahren, begannen weite Gebiete der Sahara trockenzufallen.

Das alte Reich Kanem-Bornu, dessen Geschichte bis in vorchristliche Zeit zurückreicht, umfasste nahezu die gesamte Fläche des heutigen Tschad. Später, etwa ab Ende des 15. Jahrhunderts, entstanden im Tschadbecken in der Nachbarschaft Kanem-Bornus größere islamische Reiche: das Sultanat Baguirmi sowie das Reich und spätere Sultanat Wadai (Ouddaï). Forschungsreisende wie Hugh Clapperton, Heinrich Barth, Adolf Overweg, Gustav Nachtigal, Eduard Vogel, Gerhard Rohlfs waren die Ersten, die im 19. Jahrhundert Kunde des Gebiets nach Europa brachten. Nach der siegreichen Schlacht bei Kousséri gegen den Usurpator Rabih az-Zubayr setzte sich Frankreich 1900 im Tschad fest. Nach der Unabhängigkeit 1960 begann der ewige Kampf zwischen den christlich-animistischen Bauern und den muslimischen, Viehzucht treibenden Nomaden des Nordens. Es ist eine Auseinandersetzung, die sich durch die willkürlich gezogenen Grenzen der Kolonialmächte fundamentiert hat und nicht beigelegt werden kann.

Seit dem Sturz Tombalbayes ist der Tschad ein von Bürgerkriegen und von kriegerischen Auseinandersetzungen mit Libyen und Rebellen aus dem Sudan gebeuteltes Land, das um 1983 de facto zweigeteilt war. Erst mit der *Operation Épervier*, die von Regierungstruppen und französischen Einheiten durchgeführt wurde, konnten die libyschen Verbände verdrängt werden.

Idriss Déby, Sohn eines Tubu-Hirten aus Fada im Ennedi-Gebiet, fühlte sich zu Höherem berufen. Er begab sich nach N'Djamena, besuchte die Offiziersschule dort und in Paris, wo er Düsenjägerpilot wurde und sich den Spitznamen Wüstencowboy erwarb. Diktator Hissène Habré machte Déby im Bürgerkrieg zu einem Kommandeur, der mit eiserner Faust Rebellenverbände zerschlug. Wohl zu selbstherrlich geworden, fiel er bei Habré in Ungnade. Weil er mehr sein wollte als Truppenführer? Der Wüstencowboy floh in den Sudan. Dort stellte er binnen weniger Wochen eine eigene Rebellengruppe zusammen und marschierte 1990 in die Hauptstadt, verjagte Habré und wurde Präsident des Tschad. Dank französischer Unterstützung ist er es immer noch, was kein Insider für möglich hielt. Déby ist nicht nur ein Wüstencowboy, sondern auch ein Wüstenfuchs, wie sich 2006 herausstellte, als Rebellen der Front für den Wandel (FUC) versuchten, gegen ihn zu putschen. Der schwer bewaffnete Trupp marschierte in die Hauptstadt, und ein jeder rechnete mit einem Regierungswechsel. Doch zu früh! Déby machte die Falle zu. Er war von der französischen Luftaufklärung rechtzeitig gewarnt worden und rang die Milizen aus dem Hinterhalt nieder.

Nur zwei Jahre später sah es für den Präsidenten allerdings gefährlich aus: Zweitausend im Sudan ausgerüstete Freischärler hatten sich in die Hauptstadt vorgekämpft und diese nahezu komplett eingenommen. Diesmal saß Déby in seinem Präsidentenpalast in der Falle. Die französische Luftwaffe bot an, ihn auszufliegen. Mit trotzigen Worten, er leite hier die Verteidigung, lehnte der Wüstenfuchs die Hilfe ab, blies zum letzten Gefecht. Mit Hilfe französischer Kampfhubschrauber wurden die Rebellen dann tatsächlich geschlagen. Von stabilen Verhältnissen kann allerdings keine Rede sein. Im Westen und Norden bedrohen ihn radikal-islamische Kräfte, im Osten Rebellen, die der Sudan unterstützt, und im Süden die Boko Haram. Lager von rund zweihunderttausend Flüchtlingen aus Darfur sorgen zusätzlich für Probleme im armen Wüstenstaat. Eine Gemengelage, die den Tschad nicht gerade zu einem sorglosen Reiseland macht, ein Land mit 1,3 Millionen Quadratkilometern Fläche und dreizehn Millionen Einwohnern.

Die Leute: Im Süden leben Feldbauern, im Wesentlichen schwarzafrikanische Sara, sesshafte Animisten, deren Eliten durch die Franzosen christianisiert und bevorzugt ausgebildet wurden. Zu den nomadisierenden Viehzüchtern, meist Muslime, hatte die Kolonialmacht wenig Zugang. Hausa, Kanembu, Kanuri, doch vor allem Tubu waren kriegerisch, sind es noch, außerdem nicht zu missionieren und von einem enormen Freiheitsdrang beseelt.

Mit diesen Fakten im Kopf bin ich auf dem Weg zur Hotelbar, da donnert und faucht ein Kampfjet über die Stadt. Wahrscheinlich eine Mirage der französischen Luftwaffe, die N'Djamena zur Basis ihrer militärischen Operationen in Mali und der Zentralafrikanischen Republik gemacht hat. Ich schwinge mich auf einen Barhocker und schaue mich um, staune über die weißen Gesichter, bis ich an den kurzen Haarschnitten erkenne, dass es sich um Soldaten handelt. Sicher Fremdenlegionäre, weil Gesichter darunter sind, die kaum französisch anmuten. Neben mir sitzen zwei Pärchen. Junge Burschen, glatt rasiert, blaue Augen, blonde Haare zum Borstenschnitt getrimmt. Sie könnten aus Schweden stammen. An ihrer Seite hübsche, dunkle Mädchen, afro-arabisch, mit geglättetem Haar. Wer sich teure Kosmetik nicht leisten kann, entkraust die Haare mit Zuckerwasser. Ihre langen Nägel, oben wie unten, sind weiß lackiert, die Busen anregend hochgeschnürt. Mit der einen Hand schenken sie den Männern Bier ein, mit der anderen tätscheln sie deren Schenkel. Amüsiert beobachte ich das Treiben, bis sich plötzlich eine Glutäugige mit wildem Haarschopf neben mich setzt: eine feurige Nomadentochter, direkt vom heißen Harmattan hierhergeweht.

»Bonsoir, je m'appelle Fatim.«

Ich schaue in ihre schwarzen Augen und sehe die Glut der Sahara. Verdammt, ist sie eine Sünde wert? Als Gentleman spendiert man wenigstens einen Drink. Auch wenn die Erfahrung sagt, dass das bereits eine Aufforderung ist. Natürlich hat sie ein erbärmliches Zuhause, einen Verschlag im Slum, zwei hungrige Kinder zu ernähren und eine kranke Mutter zu versorgen.

Sie komme aus dem Norden, wo die Dürre die Existenz ihrer Familie vernichte. Was tun? Aus christlicher Nächstenliebe einen unmoralischen Handel eingehen? Ihr Geld ohne Leistung anbieten? In ihren Augen bin ich so unverdient reich wie sie arm. Sie schildert die Flucht aus Biltine, den Tod ihres Vaters, das Verrecken ihrer Ziegenherde, die Schikanen der Behörden, die Ausweglosigkeit, die Schande, ihren Körper für Geld anzubieten ...

Ich bitte sie innezuhalten, weil es mich belastet, weil ich nicht weiß, wie ihr zu helfen ist, weil für so viele Menschen das Leben ein Jammertal ist.

Ich lege meine Hand auf die ihre und sage: »Ich kann dir nicht helfen, Fatim. Die Welt ist unsagbar ungerecht und das Elend viel schwerer zu ertragen als früher. Früher, als die Unterschiede nicht so brutal aufeinanderprallten.«

Sie nickt. Kommt mir ganz nah. Und ich sehe Wasser in ihren Augen zu Tränen zusammenlaufen.

»Ich bin so verzweifelt«, sagt sie ganz leise.

Gern würde ich sie in den Arm nehmen. Weil ich fühle, sie spielt mir nichts vor, ihre Not ist echt. Aber ich nehme sie nicht in den Arm, weil ... Warum eigentlich nicht? Ich zahle ihren Drink und bitte sie zu gehen. Mir ist sehr unwohl dabei. Nach einer Weile schiebt sie sich vom Hocker und geht, irgendwohin. An einen anderen Tisch?

Die beiden Soldaten sind allein. Stumm schlürfen sie ihr Bier.

»Pest! Die Nutten werden immer dreister«, murmelt einer in meine Richtung. »Ihre ist ja auch schon weg, was wollte sie denn haben?«

»Weiß ich nicht. Keine Ahnung.«

»Wie? Sie sind aber ein komischer Vogel. – Von den beiden wollte jede hundert Dollar, kamen sich vor wie Naomi Campbell oder der Stern von Afrika.«

Der Mann reicht mir seine Hand, die die meine wie ein Schraubstock umklammert.

»Ich bin Henry. Und Sie?«

Ich sage ihm meinen Namen und erfahre, die beiden sind Skandinavier, die in Marseille lebten, bevor sie zur *Légion Étrangère* gingen. »Wir sind gerade aus Mali zurückgekommen, wo wir die ›Wilden‹ aus Timbuktu verjagt haben.« In der Nähe von N'Djamena liegt ihre Garnison.

»Und wo geht's als Nächstes hin?«

»Weiß der Geier. Bangui, oder hier den Cowboy vor dem nächsten Putsch schützen.« Henry lacht trocken. »Was macht Ihresgleichen im Tschad?«

»Die Schönheit des Landes erkunden. Wir wollen in den Norden.«

»Ach du liebe Zeit! Im Sand liegen Minen, mit den Tubu ist nicht zu scherzen, verdammt finstere Gesellen, und aus dem Sudan könnt ihr mit Rebellen rechnen. Fahrt ihr im Militärkonvoi?«

»Nicht, dass ich wüsste.«

Henry und sein Kamerad geben noch so einige Schauergeschichten aus dem Norden zum Besten, sind selbst aber noch nie da oben gewesen. Nach einem Imbiss und einigen Absackern trennen wir uns.

Lotti Kälan, eine Ethnologin, der Geograf Dr. Karl-Heinz Rotter, der Botaniker Horst Hartmann und der Fotograf Klaus Hansen, alle aus Deutschland über Paris eingeflogen, sind erstaunlich pünktlich gelandet. Taxis bringen uns über die berühmte Avenue Charles de Gaulle vorbei an der Großen Moschee zum Hotel *La Tchadienne*. Dort empfängt uns Monsieur Moussa, Inhaber von *Tchad Evasion*, und stellt uns die einheimische Crew vor, mit der wir die Fahrt in die Wüste unternehmen werden: Da ist einmal Suleyman, Führer und erster Fahrer. Dann gibt es noch Omar, den zweiten Fahrer, und den Koch und Ersatzfahrer Seidou. Alles hagere, äußerlich zähe Burschen um die fünfunddreißig Jahre, gekleidet in Khaki, Köpfe und Gesichter mit einem Schesch, einem

Gesichtsschleier, umhüllt. Ungeheuer unternehmungslustig und verwegen sehen sie aus, wie Tuareg auf dem Kriegspfad. Die Expeditionsfahrzeuge stehen beladen und startbereit im Hintergrund: zwei Toyota Land Cruiser.

»Das Beste, was aufzutreiben war«, meint Moussa und ergänzt: »Ihr seid die Einzigen oben in Ennedi, Mourdi, Borkou. Habt ihr militärische Begleitung vorgesehen?«

Klaus geht zum ersten Toyota und breitet auf der Kühlerhaube eine Karte vom oberen Teil des Tschad aus. Jedes Mal, wenn er eine Ecke loslässt, schnellt sie zusammen, als wolle sich der wilde Norden nicht erkunden lassen.

»Schaut mal her«, ruft er und fährt mit dem Finger nach Nordosten bis Abéché, dann bis Biltine. »Ab hier, Freunde, wird's ernst. Und wir fahren weiter über Fada durch die Dépression du Mourdi, dann nach Ounianga Sérir, durch den Erg du Djourab und ...«

Moussa greift über Klaus' Schulter, deutet auf drei gelbe Flächen ohne Orte: »Hier können Rebellen aus dem Sudan einfallen, da und da sind ungeräumte Minenfelder.«

»Müssen wir da durch?«, fragt Karl-Heinz.

»Auf jeden Fall, ihr müsst ja wieder nach Oum-Chalouba.«

»Hallelujah!«, sagt Lotti.

»Was ist nun mit Polizei- oder Militärschutz?«, will Moussa wissen.

»Ich bin mit dem Staatssekretär für Wirtschaft und Verkehr übereingekommen, dass ein Konvoi mit Soldaten uns eher schadet als hilft. Man könnte eine militärische Aktion vermuten und angreifen. Die Lage ist instabil genug«, erklärt Klaus.

Freund Klaus Hansen hat die Expedition in akribischer Arbeit auf die Beine gestellt. Er ist mir als verlässlicher Kumpel vertraut. Ich bin sicher, dass er Risiken einzuschätzen vermag. In Alaska, Ecuador und Afghanistan waren wir zusammen unterwegs. Er war für die Bilder zuständig, ich für den Text. Klaus kommt aus Berlin, ist unverheiratet. Mit der Kamera treibt es ihn in entlegene, bisweilen gefährliche Ecken der Welt.

Wir checken Ausrüstung, Verpflegung, die Kapazität der Kanister für Wasser und Sprit. Sind überrascht, dass an alles Notwendige gedacht wurde, dank einer Liste, die Klaus zuvor gemailt und immer wieder auf Erledigung abgefragt hatte.

Vor dem Aufbruch noch ein gemeinsames Essen im *La Tchadienne*, dann verlassen wir in gespannter Erwartung auf holpriger Asphaltstraße N'Djamena.

Im Land der Tubu

Nach hundert Kilometern ist der befestigte Bereich zu Ende, was folgt, werden um die fünftausend Kilometer Pisten- oder Querfeldeinfahrten sein. Zwischen den Polen ist die Erde erschlossen, entdeckt, kartografiert worden. Vielleicht mag es noch einige Quadratkilometer im Amazonasbecken, irgendwo in Papua-Neuguinea oder etwas Terra incognita vor uns, im Nordosten des Tschad geben. Dort, wo die Sahara am unzugänglichsten ist. Ist das nicht schade, ja traurig? Die Welt braucht das Gefühl von unentdeckten Horizonten, das Geheimnis unbewohnter Landstriche. Sie braucht einen Ort, wo Wild auf der Jagd ist, weil Land, das Wild hervorbringen kann, gesundes, robustes, vollkommenes Land ist. Was uns antreibt, ist die Bekanntschaft mit der großen Leere. Einer Leere, die vor Urzeiten belebt war.

Ich denke an zwei missglückte Versuche zurück, den Tschadsee zu umrunden: das erste Mal mit einem VW-Bulli vor fünfundvierzig Jahren, 1985 mit einem Land Rover. Beide Male scheiterten wir an Dünen weichen Sandes, an den Wirren des Bürgerkriegs und dem Krieg mit Libyen. Und beide Male hat uns eine Karawane vor dem Verdursten gerettet.

Auch denke ich an die Janjawid, jene arabischen Reiterhorden aus dem Sudan, die im Darfur-Gebiet wüten. Es heißt, die Erdi-Region nördlich der Mourdi-Senke sei ihr Rückzugsgebiet geworden. Eine andere Meldung sagt, tschadische Rebellen besetzten Oasen um Agoza, unser nördlichstes Ziel. Das Einholen all der Genehmigungen, das Gebiet befahren zu dürfen, hatte Klaus und Moussa wochenlange Arbeit gekostet. Am Ende half der Tourismus- und Verkehrsminister, der sich zahlreiche Gäste wünscht, wenn der Tschad zur Ruhe gekommen ist. Hinzu kommt, auch Präsident Déby ist interessiert, seine Heimatregion künftig zu beleben und an neuzeitlichen Entwicklungen teilhaben zu lassen.

Auf den ersten Blick macht unsere Gruppe einen guten Eindruck. Suleyman ist Tubu, er wurde uns als hervorragender Dünenfahrer beschrieben. Omar und Seidou stammen gleichfalls aus dem Norden, die Pisten sind ihnen vertraut. Lotti hat völkerkundliche Studien in Südamerika, Australien, Afrika betrieben. Karl-Heinz kennt die Arabische Wüste, auch Abschnitte der Sahara, wie seine Westentasche, und Horst hat sich monatelang mit der Welwitschie, einer in der Namibwüste endemischen Pflanze, befasst. Mit anderen Worten, hier haben sich keine Greenhorns versammelt. Wie wir mit Konfliktsituationen umgehen, Probleme meistern, wird sich zeigen.

Noch befinden wir uns im vierhundert Kilometer breiten Sahelgürtel, der sich von Westen (Senegal) nach Osten (Eritrea) erstreckt. Auf der Hauptroute nach Abéché, der drittgrößten Stadt des Landes, begegnen uns Pick-ups, mit Waren und Menschen bis kurz vor dem Achsenbruch beladen. Mit Stangen und Reisig eingefriedete Krals, Hirten zu Fuß oder auf Eseln werden passiert. Kinder planschen in dem Rest einer Pfütze. Frauen schrubben oder schlagen Wäsche. Der Wüstenwind wirbelt Staub auf, lässt die Ganduren der Männer sich wie Segel blähen. Unter einer Schatten spendenden Akazie sitzen Menschen und palavern. Halbnackte, bunt berockte Frauen halten stehend ein Schwätzchen. Klaus lässt halten, um die Frauen zu fotografieren. Es dauert eine Weile, bis er das Stativ aufgebaut und seine Hasselblad montiert hat. Die Frauen verweilen, drehen sich zur Seite und ziehen etwas Tuch über ihre Brüste. Kinder winken freundlich. Vorbeischreitende Männer bleiben stehen, schauen interessiert zu. In völlig entspannter Atmosphäre schießt Klaus eine Bildstrecke. Lotti gefällt die Situation nicht. Sie redet von Privatsphäre und Voyeurismus. Bahnt sich da schon jetzt ein Konflikt an? Klaus bleibt gelassen. Noch zwei, drei Nahaufnahmen, dann setzen wir die Fahrt fort.

Ein Brunnen im Sonnenuntergang: Hirten treiben Rinder, Ziegen, Kamele zur Tränke. Große Ledersäcke werden sechzig Meter in die Tiefe gelassen, mit Kamelkraft wieder heraufgezogen, das kostbare Nass in einen Betontrog geschüttet. Gierig wird getrunken. An anderen Brunnen warten vierhundert Tiere auf Wasser.

Wir verlassen die Piste und suchen ein Nachtlager. Zelte werden aufgeschlagen. Ich suche mir eine Mulde im Sand, will unter freiem Himmel schlafen. Alle sind aufgefordert, Totholz der Umgebung zu sammeln, damit Seidou über dem Lagerfeuer kochen kann. Klappstühle werden ausgepackt und um einen rechteckigen Klapptisch drapiert. Die Dunkelheit durchbrechen flackernde Lagerfeuer, Taschenlampen und Kopfleuchten. Wir schlürfen schwarzen Tee und warten aufs Abendmahl.

»Treffen sich zwei Löwen nach der Jagd«, erzählt Karl-Heinz, »sagt der eine Löwe, habe einen schönen fetten Touristen gefressen. Prima, sagt der andere, ich hab Pech gehabt, war'n Politiker ohne Arsch und Rückgrat.«

Wir lachen gezwungen.

Horst will partout mit einem anderen Witz aufheitern: »Herr Meyer reist mit seiner Frau in die Wüste. Sie bauen ihr Zelt auf. Mitten in der Nacht stößt Meyer seine Frau an: ›Schau nur, der berauschende Sternenhimmel!‹ Frau Meyer guckt in den Himmel. Nach einer Weile sagt sie: ›Ich glaub, man hat uns das Zelt geklaut‹.«

Was die Stimmung wirklich aufheitert, ist das gute Essen Seidous.

Suleyman bestimmt unseren Tagesrhythmus: im Dunkeln aufstehen, Frühstück in der Morgendämmerung, Abfahrt bei Sonnenaufgang. Kurze Rast, wenn möglich unter einem Baum oder im Schlagschatten von Felswänden. Gegen Abend beginnt die Lagerplatzsuche.

Oase Oum-Chalouba: Bei unserer Einfahrt winken Kinder. Als wir halten und aussteigen, umringen sie uns kichernd, mit großen Augen gaffend. Als Lotti ihre Wasserflasche zum Trinken ansetzt, kreischen sie wie auf Kommando: »Bidon! Bidon!« Was nicht etwa Bonbon heißen soll. Sie wollen die leere Plastikflasche, die ein wertvolles Gefäß darstellt. An der einzigen Pumptankstelle füllen wir Kanister und Tank mit teurem geschmuggeltem Benzin aus Libyen.

Durch monotone Weite wird die Fahrt auf dem Grund des ehemaligen Tschadseebeckens fortgesetzt, das sich einst dreihundertfünfzigtausend Quadratkilometer weit und hoch bis zum Ennedi-Gebirge erstreckte. Nach der Eiszeit war der Tschadsee das größte Binnenmeer Afrikas. Heute beträgt seine Fläche eintausenddreihundert Quadratkilometer bei einer mittleren Wassertiefe von einem Meter fünfzig, und es ist wahrscheinlich, dass der See in den nächsten Jahrzehnten völlig austrocknet. Auf dem staubigen, gelblich kargen Halbwüstengrund wächst eine großblättrige Staude. Horst Hartmann erklärt, indem er eine Fruchtkugel abknipst:

»Das ist die Frucht der Calotropis-Staude, eines Wolfsmilchgewächses. Ihr scheinbar saftiges Fleisch ist giftig. Die Bibel nennt die Frucht Sodomsapfel.«

»Keine Äpfel verbrennen«, mahnt der Tubu, »ihr Rauch macht blind.«

Wir fahren in großen Abständen und wechseln uns in der Führung alle zwei Stunden ab, weil der feine Staub kilometerweit in der Luft hängt. Karl-Heinz sitzt neben mir. Über Mund und Nase hat er einen Schesch gebunden.

»Was hier Fluch, ist auf der anderen Erdhälfte Segen«, sagt er. »Jährlich werden etwa fünfundzwanzig Millionen Tonnen Staub aus der Sahara um den Erdball geblasen. Die Hälfte davon lagert sich im Amazonasbecken als Dünger für den Regenwald ab.«

Seit mehreren Stunden bekommen wir Auswirkungen des Darfur-Konflikts mit. Da preschen Pick-ups aus dem Westen herüber, die Ladeflächen mit Maschinengewehren bestückt, die durchweg mit weißen Schützen besetzt sind. Auch am Steuer sind Weiße zu erkennen. Es kann sich nur um einen Zug französischer Soldaten oder Legionäre handeln. Zwischendurch kreuzen nagelneue Toyotas verschiedener Hilfsorganisationen auf, die sich vermutlich um Flüchtlingsauffanglager auf dieser und auf sudanesischer Seite kümmern. Der nun schon Jahre dauernde Konflikt hat sich zu einem komplizierten Politikum mit vielen Toten und schlimmen Massakern entwickelt. Verübt von arabischen Reiterhorden, den Janjawid. Dahinter stehen die nomadischen Um Jabul, die weite Gebiete des Darfur-Territoriums für sich beanspruchen.

Und wieder lässt sich der Kampf auf die ewige Auseinandersetzung zwischen Bauern und Hirten zurückführen. Mit den sogenannten *hawakir* wurden vor zweihundertfünfzig Jahren Bauern in der Region Anbauflächen zugeteilt – Landvergaben, die die Durchzugs- und Wasserrechte der Nomaden empfindlich beschnitten. Der im Westen kolportierte ›Genozid in Darfur‹ ist tatsächlich die Auseinandersetzung zwischen Sesshaften und Nomaden. Bemerkenswert: Der Darfur-Bezirk ist stets Ausgangsbasis für Rebellionen gegen die Tschad-Regierung gewesen. Hissène Habré startete seine Offensive von Darfur aus, wurde Präsident, dann von Idriss Déby gestürzt, der gleichfalls seinen Putsch in Darfur organisierte. Einen der letzten Umsturzversuche fädelte ein ehemaliger Günstling Débys ein, der gar derselben Volksgruppe, den Tubu-Zaghawa, entstammt. Meuterei wegen Postenneids, wie sich später herausstellte, im Krisengebiet Darfur ausgeheckt, dann aber vereitelt worden.

Wieder macht sich die Militärpräsenz bemerkbar. Jagdflieger kehren von einer Luftaufklärung zurück und werden irgendwo nahe Abéché landen. Pick-ups rasen aus dem Nichts heran, als wollten sie uns stellen – drehen ab, tauchen im Staubwirbel unter. Ich konnte noch Spritfässer, Panzerfäuste, Personen in Zivil auf der Ladefläche erkennen. Lässt man uns in der Ebene unbehelligt? Oder werden wir von irgendeiner Bande aufgebracht?

Am Horizont ist das Ennedi-Gebirge zu erkennen, eine Landschaft einzigartiger Formationen. Dort könnten wir uns verstecken, seien nicht mehr auf dem Präsentierteller, meint Suleyman und erteilt allgemeines Fotografierverbot, was die Bevölkerung betrifft. Kein Bild ohne vorherige Erlaubnis. Tubu können höchst aggressiv werden.

Karg, einsam, menschenfeindlich wird die Landschaft ringsum. Wir befinden uns im ›toten Auge Afrikas‹ und fühlen es.

Stopp an einem Kontinentalsockel aus Gabbro und Granit. Aufgeplatzte, turmhohe Gesteinsblasen haben die Form von Schloten, an die sich ein malerischer Kral schmiegt. Suleyman, der Tubu, belädt sich mit Zucker- und Salzsäckchen als Gastgeschenken und verhandelt. Er kommt zurück, um eine Stange Kernseife zu holen. Endlich können wir folgen, dürfen auch fotografieren. Doch den Leuten sind die Geschenke zu wenig.

»Cadeau! Cadeau!«, fordern sie. Verständlich, für sie sind wir unvorstellbar reich. Der Sadaka, der Pflicht der Reichen, den Armen ein Zehntel abzugeben, haben wir mit unseren Kleinigkeiten nicht entsprochen. Vorsichtig treten wir den Rückzug an.

Und wenig später nimmt uns die bizarre Formenwelt des Ennedi auf: eine Fläche von fünfzigtausend Quadratkilometern, geprägt von gigantischen Formen, Architekturen, entstanden durch die Erosion unterschiedlich harten Sedimentgesteins. Wind und Sonne schufen Zeugenfelsen, Pfeiler, Brücken, Bögen, Treppen, Geröllhalden, alles umbettet von gelbem Wüstensand. Den Felsbogen von Aloha zum Beispiel, der sich in zweihundert Metern Höhe über ein Tal spannt, oder die Schlucht von Archei.

Wo die Sahara am schönsten ist

»Horch, horch!«, raunt Suleyman. Urlaute. Ein schauriges Stöhnen und Seufzen, wie direkt aus dem Bauch der Erde entwichen, dringt an unsere Ohren. Wie das Schreien verlorener Seelen im Fegefeuer. Unbeschreiblich kehlig, ja bedrohlich, als klaffte gleich der Fels auf und verschlänge uns. Saurierbrüllen? Erdbeben? Vulkanausbruch?

»Die Dschinns der Wüste streiten sich«, erklärt Suleyman.

Ein ängstlicher Blick zurück. Tief unten, entrückt, unser Lager mit den Land Cruisern, den kleinen Zelten, einer qualmenden Feuerstelle, an der sich die Fahrer nach einer kühlen Wüstennacht wärmen ... Alles weit weg.

Und überaus malerisch an einem steilen Dünenkamm gelegen, der sich wie eine mächtige Sandschlange bis an den Horizont windet. Einen herrlichen Campground haben wir da im Ennedi gefunden. Vor uns die Felslandschaft, in die wir tiefer hinein und höher hinauf wollen, um die sagenhafte Guelta d'Archei zu erleben. Es ist schon so: Im Niger besteht die Sahara aus sanften Dünen, dort leben die Tuareg, ein kühnes, aber freundliches Volk. Im Tschad ist die Wüste eine meist felsige, erodierte Landschaft, durchwandert wird sie von wilden, steinharten Tubu, dem Felsenvolk mit dem Dolch im Gewand und finsteren Blicken. Ethnologen zählen sie zur afrikanischen Urbevölkerung. Das Tibesti- und Ennedi-

Gebiet ist Tubu-Land. Und das liegt im Herzen des Tschad, wo wir uns befinden. Ihren Zusammenhalt kann man eher als eine Konföderation von Clans bezeichnen. Sie sind Hirtennomaden, die Ziegen, Schafe, in den sandigen Gebieten Kamele halten. Auf der sogenannten Barnu-Strecke zwischen Tschadsee und Tripolis verdingen sich Tubu als Karawanenführer. Das wilde, freiheitsliebende Volk befindet sich stets in Kleinkriegen mit arabischstämmigen Suwaja und Abu Seif. Von der Kolonialmacht Frankreich waren sie nie zu unterwerfen.

Die Fahrt von N'Djamena hier hinauf, eine Strecke von achthundert Kilometern, hat fast vier Tage gedauert. Es war keine Spazierfahrt. Den Reisenden begegnen Relikte der Auseinandersetzungen mit Libyen: hier Granathülsen, dort Blindgänger, Flugzeuggerippe oder Fahrzeugwracks, und immer das mulmige Gefühl, abseits der Piste Bekanntschaft mit Panzerminen zu machen. Es beruhigte nicht wirklich, wenn Suleyman beteuerte zu wissen, wo Minen herumliegen. Nachdenklich stimmte auch, morgens nicht von der Sonne, sondern vom tiefen Brummen überladener Lkws geweckt zu werden. In den Süden bohrten sich die Lastwagen mit China-Schmuggelware aus Libyen oder Ägypten durch den Sand. In den Norden donnerten Trucks mit Hunderten von Flüchtlingen, die in Europa ihr Heil wähnen. In der Sahara sind aus Sklaven- nahtlos Schmuggelkarawanen geworden. Doch es gibt auch noch die großen Kamelkarawanen, die das weiße Gold, Salz, von Oase zu Oase transportieren.

Während wir an schrundigem Felsrücken japsend an Höhe gewinnen, werden die Urlaute uriger. Selbst die Luft wird davon erfasst und gerät in Schwingungen. Meine Gedanken kreisen um den Aufstieg. Es geht durch Steinwüste, vorbei an bizarren Felstürmen, gähnenden Schluchten, vom Wind zernagten Wänden. Es gibt keinen Pfad, nur eine grobe Richtung. Die Sonne brennt, nötigt uns einen tiefen Schluck aus der Feldflasche ab. Individualist Karl-Heinz kraxelt mit Lotti oberhalb von uns am Fels, was zur

Folge hat, dass Gesteinsbrocken gefährlich nah vorbeikollern. Suleyman weist ihn lautstark zurecht. Ein kopfgroßer Brocken fliegt haarscharf an Klaus vorbei in die Schlucht. Im Befehlston wird der Herr Doktor auf unsere Höhe zitiert.

Wir haben die Plateaukrone erreicht, schauen hinab. Unter uns, atemberaubend: die Archei! Ein Schlund, gefüllt mit Wasser. Und auf diesem Canyon-Grund vielleicht tausend, vielleicht noch mehr Dromedare! Wüstenschiffe, die brüllend quälenden Durst löschen. Ihr Brüllen bricht sich zigtausendfach an den Felswänden, steigt herauf, brandet uns entgegen. Rechts auf einer Sandbank, kaum dreißig Meter von den Dromedaren entfernt: drei Wüstenkrokodile, *Crocodylus niloticus,* in kleinerer Ausführung, mit offenen Rachen in den Morgen dösend. Die Wasserschluchten heißen Gueltas. Sie werden ununterbrochen durch fossiles Nass aus dem Tibesti, wenn nicht gar aus dem Hohen Atlas, selten vom Regen gespeist. Somit vermochten auch Fische, Krokodile und andere Kreaturen feuchter Gebiete über Jahrmillionen im Zentrum der Wüste zu überleben. Ich versetze mich in die Zeit vor einhundertfünfzig Millionen Jahren zurück, in den Jura, die Epoche der Saurier, in der die Erde eine gänzlich andere Kontur der Kontinente bot: die Zeit des Mesozoikums. Da hinein passt jenes urzeitlich raue, laute Brüllen, das die großen Urechsen ausgestoßen haben könnten.

Andächtig staunend, schauen wir in den Canyon hinab, wie auf den Grund geologischer Urzeit.

Suleyman flüstert: »Sieben Kroks haben überlebt. Ein achtes ist vor Jahren beim großen Regen weggespült worden und im Sand verdurstet.«

Durchs Fernglas erkennen wir in einem klaren Seitenbecken Buntbarsche, die Nahrung der Echsen. Wir sind Beobachter eines intakten, weltenfernen Biotops.

Auf der Fahrt hierher fiel uns auf, dass es häufiger geregnet haben musste. Auf Dünen wogten Rispengräser, auch krallte Calotropis im Sand. Es klingt paradox, ist dennoch nicht unbedingt ein Widerspruch: Der Klimawandel, die gefürchtete Erwärmung gemäßigter Zonen, könnte die Sahara regional verändern – und zwar in Gebiete einer weiter wachsenden Desertifikation und in Regionen, die nun stärker befeuchtet werden. Bedeutet Regen in diesem Teil der Sahara das sich langsame Anbahnen einer Feuchtzeit? Das jedenfalls haben Wüstenforscher wie Uwe George und Stefan Kröpelin festgestellt. Und die Konsequenz? Ich frage den Botaniker Horst, der seit Jahren die Vegetation in arider Umwelt studiert.

»Der Tschadsee würde, wie vor zwölftausend Jahren, zu einem riesigen Binnenmeer wachsen, das sein Ufer fünfhundert Kilometer nördlich bis an die Falaise d'Angamma ausdehnt. Große Gebiete der Ostsahara würden aufs Neue – von einer früheren Besiedlung zeugen mannigfache Felszeichnungen – bewohn- und nutzbar werden, und wie einst würden Gueltas einen Wasserlauf bilden: einen Fluss, dessen Wasser das Wadi Howar füllt, der als dritter, als Gelber Nil, dem großen Nil zuströmt.«

»Gelber Nil?«

»Es gilt als ziemlich sicher, dass der Weiße und der Blaue Nil im Quartär einen dritten Zufluss hatten. Damit könnten die Wüstenkrokodile in Zukunft endlich Kontakt zu ihrer Spezies aufnehmen.«

Als erste Europäer waren der Schotte Hugh Clapperton um 1824 und der Deutsche Adolf Overweg 1852 im Tschad bis an den Tschadsee vorgestoßen. Sie wiesen nach, wie später auch die Forscher Barth und Rohlfs, dass zwischen Tibesti-Gebirge und dem See ein mächtiges Becken bestand, das in der grünen Zeit der Sahara überflutet gewesen sein musste.

Schweren Herzens trennen wir uns von dem einmaligen Logenplatz am Rand der Schlucht, steigen hinab und nähern uns zu Fuß durch den Sand der Dromedartränke. Wieder bricht sich das Echo der Klagelaute vielfach an den Felswänden, stülpt sich wie ein Klangkokon über uns. Dann befinden wir uns inmitten vielzähliger Dromedarherden. Beißend stinkt es nach Urin und Kot. Nomaden und deren Dromedartreiber huschen zwischen Tierleibern umher, versuchen die Herden zu trennen. Eintreffende Karawanen werden entladen, getränkte Dromedare beladen, störrische Tiere mit Stöcken traktiert, müden und lahmen Kamelen wird mit Schüsseln Wasser in die Mäuler geschüttet. Ungehindert mischen wir uns unter das große Saufen. Kein Dromedar spuckt, keines beißt oder tritt. Die Tiere scheinen uns als exotische Treiber zu akzeptieren. Und die echten Treiber äugen verstohlen, als seien wir nicht von dieser Welt.

Eine Entdeckung

Ein malerisch gewandeter Tubu drückt sich an Tierleibern vorbei zu uns. Seine indigofarbene Gandura flattert im heißen Wüstenwind, dem Ghibli. Er spricht mit Suleyman in seiner Sprache, in gebrochenem Französisch mit uns und erklärt, er komme mit seiner Karawane aus Ounianga Sérir und bringe Salz nach Iriba. Stolz zeigt er die Kantus, weiß-graue Salzhüte, die er vor der Tränke abladen ließ. Sie wiegen fünfundzwanzig Kilogramm, auf dem Markt erzielen sie einhundertfünfzig Euro das Stück. Dromedare werden mit bis zu zweihundert Kilogramm beladen. Neben mir liegen Wüstenschiffe, käuen wieder und rülpsen. Ihre Mägen arbeiten wie eine Toilettenspülung. Blick und Kopfhaltung verkörpern eine geradezu spöttische Arroganz. Mir sind die Tiere nicht fremd, ich bin mal mehrere Tage mit einer Karawane westlich von Agadez, im Niger, unterwegs gewesen. Doch immer aufs Neue beeindruckt mich die erstaunliche Anpassung an ihren extremen Lebensraum.

Die Weltmeister im Wassersparen sind erst 1500 vor Christus in der Sahara heimisch geworden. Ihre schlitzförmigen Nüstern können sie bei Sandsturm schließen. Dahinter befindet sich die

Klimaanlage für Blut, Gehirn und Augen. Sie können innerhalb von fünfzehn Minuten zweihundert Liter Wasser saufen. Der Höcker ist kein Wassertank, sondern ein Fettpolster, das in Notzeiten als Energiereserve verbraucht wird. Die Niere ist in der Lage, Flüssigkeit aus dem Harn zu resorbieren und in den Körper zurückzuleiten. Sogar der Enddarm vermag dem Kot Flüssigkeit für den Körper zu entziehen. Spreizbare Fußteller verhindern das Einsinken in weichem Sand. Ein Veterinär würde sicher noch weitere Besonderheiten aufzählen. Sicher ist: Der Mensch könnte ohne Dromedare in der Sahara nicht existieren.

»Wir suchen Felszeichnungen«, sagt Klaus frei heraus.

»Besondere!«, fügt Lotti hinzu.

Unru, so stellt sich der Karawanenführer vor, ruft etwas einer Gruppe von Tubu-Männern zu. Nun klettert er durch Erosionsschutt hinauf zu Felsüberhängen. Wir folgen ihm interessiert. An einer versteckt gelegenen Wand tut sich ein wahrer Louvre der Steinzeit auf.

»Die National Gallery des Lithikums«, staunt Klaus.

Wände und Überhänge sind ausgeschmückt mit Szenen aus dem Leben der Jäger, Sammler und Viehzüchter ihrer Zeit. Ein einzigartiges Geschichtsbuch aus Stein liegt aufgeschlagen vor uns. Die häufigsten Motive sind Rinder und Dromedare, aber auch Giraffen, Elefanten, Antilopen und Menschen auf der Jagd oder beim Viehhüten. Feine Gravuren, Ritzzeichnungen oder in Ocker angelegte Malereien werden studiert – Bilder, die längst vergangene Epochen und Lebenszyklen miterleben lassen.

»Die Bildnisse lassen darauf schließen, dass sie ergänzt wurden und aus unterschiedlichen Epochen stammen«, bemerkt Karl-Heinz. »Wahrscheinlich bestreichen sie einen Zeitraum zwischen sechstausend und zweitausendfünfhundert Jahren.«

»Schau mal hier«, ruft Lotti, »das scheint ein stereotypes Kürzel für ein Dromedar zu sein: vier senkrechte Striche für die Beine, ein Waagerechter für den Rücken, darüber eine Pyramide für den

Höcker. Abstrakt. Oder schon eine Chiffre? Da steht die Skizze für den Übergang zur Schrift. Haben hier Hieroglyphen oder die geheimnisvolle Schrift der Tuareg, das Tifinagh, ihren Ursprung?«

Unru klettert weiter. Wir spüren, dass er uns etwas Besonderes zeigen will. Vor einer Höhle verharrt er. Ich trete hinein. Jemand stößt mich rüde zur Seite. Unru deutet auf den Sand. Eine Hornviper schält sich aus der Tarnung und windet sich in die nächste Felsspalte. Wäre ich auf sie getreten, hätte sie sich mit einem tödlichen Biss revanchiert.

Vorsichtig suche ich die Höhlenwände ab, dann entdecke ich sie: Ockerzeichnungen mit ganz unbekannten Motiven. Unser Felsbildspezialist ist entzückt.

»Szenen, die noch nie gesehen wurden, das ist zumindest anzunehmen: Fischer in Schilfbooten, wie sie auf dem Tschadsee üblich sind. In dem Netz oder der Reuse befindet sich der Fang, der allerdings nicht an einen großen Fisch, mehr an einen Hund oder ein Krokodil erinnert«, interpretiert Klaus, »der Beweis für das Tschadsee-Gestade an dieser Stelle?«

Auf dem Boden der Höhle finden wir Faustkeile, Mörser, Mahlsteine, auch Tonscherben, selbst Muscheln und Schneckenhäuser. Alles deutet darauf hin, dass hier einst steinzeitliche Sippen an einem Seeufer hausten. Die Forscher Kröpelin und Rudolph Kuper erbrachten anhand der ältesten Keramik und der ersten domestizierten Tiere einen faszinierenden Nachweis: Die Wiege der Zivilisation lag in den ehemaligen Savannen der Tschadregion. Die hiesigen Dürrephasen lösten in Schüben Wanderbewegungen eines *Homo sapiens* des Paläolithikums ins Niltal, ins Zweistromland, selbst bis nach Europa und darüber hinaus, aus. Wie erwähnt, muss das fehlende Glied, der *Sahelanthropus tschadensis,* vor sechs oder sieben Millionen Jahren gelebt haben, und zwar dort, wo wir heute nach Spuren seiner Nachkommen suchen. Es darf nicht unerwähnt bleiben, dass auch der *Homo rudolfensis* und der *Homo ergaster* aus Ostafrika vor rund zwei Millionen Jahren nach Norden aufbrachen, um die Erde zu ›erobern‹. Der Expansionsdrang des Menschen schloss mit der Besiedlung Amerikas, etwa zwanzigtausend Jahre vor unserer Zeitrechnung, ab.

»Wer hat die Höhle entdeckt?«, fragt Klaus.

»Das war ich, zufällig vor vielleicht sechs Monaten. Ich suchte eine weggelaufene Ziege«, sagt Unru.

»Und wem haben Sie die Höhle gezeigt?«

»Nur Ihnen. Nach Felsbildern hat mich kein Fremder gefragt.«

»Das ist gut, Unru, sehr gut sogar«, meint Klaus, baut sein Stativ auf, lichtet die Wände ab.

Natürlich mache ich auch Fotos von den Fischern in den Schilfbooten. Wäre noch zu klären, wie alt die Felsbilder wirklich sind.

Dankbar und in Ehrfurcht verlassen wir die fast mystische Stätte so, wie wir sie betreten haben, in der Hoffnung, dass sich Nachfolgende ebenso verhalten. Unten an der Dromedartränke zeigen wir uns Unru gegenüber spendabel für die ungeahnt spannende Entdeckung.

Fahrt in die Todeszone

Fada ist die letzte Siedlung vor der Mourdi-Depression. Suleyman muss sich konzentrieren, noch immer liegen Landminen und verlassene Panzer aus dem Tschadkrieg im Sand. Ein rot aufgemaltes »OK« heißt: Hier hat ein Kampfmittelräumkommando Sprengfallen an Armeeschrott beseitigt. Was aber nichts über Minenfelder aussagt. Vor einigen Wochen, lässt der Führer wissen, sei kurz vor Fada ein Jeep in die Luft gegangen. Uranvorkommen im Nordtibesti seien der Grund für den Tschadkrieg und das jahrelange Tauziehen um den Aouzou-Streifen gewesen.

Bei der Einfahrt in den Ort sehen wir die Zinnen der alten Fremdenlegionsfestung, dann die verwinkelten Lehmbauten der ärmlichen Altstadt. Hier ist die letzte Chance, Wasser, Diesel,

Verpflegung zu bunkern und die Fahrzeuge auf Schwachstellen zu untersuchen. Vor uns liegt weg- und steglose Wüste, die, leichtsinnig besucht, sehr böse werden kann. Es wird der Abstecher in ein Gebiet, dessen Leblosigkeit gleichsam eine Todeszone markiert. Die Namen drücken es aus: Die Tubu-Bezeichnung Ennedi bedeutet Feucht-Land und Erdi, unser Ziel, bedeutet Feind-Land.

In Hitze und Ghibli schaufeln wir uns durch ein Dünenmeer, in dem selbst die Windkante aus weichem Sand besteht. Die Mourdi-Senke ist Niemandsland, sogar von Nomaden gemieden. Neblig grau liegt das Tal wie ein riesiges, ausgetrocknetes Binnenmeer vor uns. Der Nebel ist Staub, der uns zwingt, Mund und Nase durch feuchtes Tuch zu schützen.

Seit Stunden: schaufeln, Sandleitern unter die Räder schieben, drei Meter fahren, schaufeln und trinken. Heute wird mehr getrunken, als unsere Tagesrationen zulassen.

Gottlob, der Untergrund festigt sich. Jetzt beginnt das Achterbahnfahren. Quer durch die Wüste, Dünenberge hinauf, Absturz in Dünentäler. Wie leicht wird der Grat einer Sandwand unterschätzt, der Wagen überschlägt sich oder rollt seitlich weg. In der Mourdi-Senke bedeutet das für Mann und Maus das Ende! Suleyman beherrscht Off-Road-Fahren im Dünenwirrwarr meisterhaft. Omar fährt defensiver, dafür muss seine Besatzung häufiger schaufeln. Karl-Heinz hält eine Spezialkarte dieses Wüstenabschnitts in Fahrtrichtung, die sich aber ständig ändert, und flucht. Er versucht, per GPS unseren Standort zu bestimmen und die Richtung Erdi Fochini (Erdi Fochimi) festzulegen. Geograf Rotter ist der Einzige, der ein Satellitentelefon dabeihat, was uns noch in einer äußerst prekären Lage helfen wird. Nach einer Weile verkündet Karl-Heinz, dass unsere Hauptrichtung stimmt. Ich wundere mich, wie Suleyman in diesem Irrgarten von Wanderdünen die Orientierung behält.

»Erfahrung«, sagt der Tubu, »ich richte mich nach den stehenden Dünen, nach der Kontur der Berge am Horizont, nach dem

Stand der Sonne, nachts weisen mir Sterne den Weg. Auch Windstärke und -richtung zu einer bestimmten Jahreszeit, dann Farbe, Form, Beschaffenheit des Sandes verraten den Standort. Es gibt viele Hinweise, du musst sie nur deuten können.«

Ich weiß, ein alter Targi hat einmal gesagt: »Wenn du die Zeichen lesen kannst, ist dir die Wüste ein vertrauter Garten, wenn nicht, ist sie dein Grab. Inschallah.«

Wir lagern auf der windabgewandten Seite eines Dünenhangs. Suleyman und Omar sondern sich mit einem kleinen Teppich ab und werfen sich gen Osten in den Sand. Wir rücken im warmen Sand zusammen, sehen die Sonne, die uns den ganzen Tag gequält hat, unschuldig, mild hinter einem Kamm untergehen, als wolle sie sich mit den Menschen im Sand versöhnen.

Suleyman und Omar haben ihr Gebet verrichtet, schreiten barfuß herbei, setzen sich zu uns. In dieser Stunde, in der die Wüste Atem schöpft, beschleicht mich das Gefühl, als gehörten nun auch wir in diese weltenferne Landschaft, deren Horizont sich jetzt violett färbt, uns dann in dunkle Nacht hüllt.

In dieser Nacht bin ich ruhelos, schaue in den flimmernden Himmel. Etwas beschäftigt mich. Der Schauder vor Raum und Größe? Ich stehe auf. Spüre den Wind, der Flugsand über den Boden weht. Mit einer Taschenlampe ausgerüstet, entferne ich mich vom Lager. Hinter mir glimmt beruhigend das Feuer wie ein Zeichen der Verbundenheit. Immer geradeaus stapfe ich durch den Sand, es geht etwas aufwärts, etwas abwärts. Berauschend schön ist die Nacht. Ein Blick zurück zur Kontrolle. Das Lagerfeuer ist weg. Umgeben von Nacht, leuchte ich den Boden ab. Nur die letzten Abdrücke sind zu sehen, die anderen verweht. Natürlich könnte ich in irgendeine Richtung rennen, rufen, schreien, in Panik geraten, wie damals im Wald. Ich tue nichts dergleichen. Genieße auf sonderbare Weise diese absolute Einsamkeit, diese unheimliche Verlassenheit – ein Gefühl, das ich bisher noch nie erlebt habe. Ein Gefühl, das Angst und Euphorie auslöst. So stelle ich mir einen Drogenrausch vor. High sein kann nicht anders sein. Ist das ein Wüstenkoller, der wie ein Tiefenrausch wirkt? In dieser Nacht ist mir, als gleite ich in eine andere Dimension des Bewusstseins. Unbegreiflich und doch wirklich. Auf einmal kommen mir Gedanken zur Wüste, die ich noch nie gedacht habe: bleiben, bewahren, vergehen – damit assoziiere ich ein Landschaftsbild, die Urlandschaft der Erde: die Wüste, den Erg. Das sind die großen Sand- und Dünenmeere der Sahara. Aus Sand ist alles entstanden, zu Sand wird alles werden. Es ist nur eine Frage der Zeit.

In den Wüsten unserer Erde unterwegs zu sein ist das Reisen durch ein grenzenloses Labyrinth, durch einen Irrgarten, in dem sich der Eindringling verläuft, umherirrt bis zum Wahnsinn, um qualvoll zu verenden. Über der Wüste liegt eine undurchdringliche Stille. Auch Furcht, Angst und Schrecken vor unbesiegbarer Natur lastet auf ihr. Du hörst dein Blut durch die Adern rauschen, den Puls pochen. Und du hörst Worte, die du nie zuvor gehört hast.

Deine Worte?

Nein, es sind die des Schöpfers, der zu dir spricht. Ganz vertraut, als wäre er schon immer bei dir gewesen, nur gehört hast du ihn nie. Es ist kein Wunder, dass große Gedanken in der Wüste entstehen. Besondere Persönlichkeiten schöpften Kraft draußen in Askese und Einsamkeit: Moses, Jesus, Mohammed, Mao Zedong, Gandhi, Ben Gurion und viele, viele andere Gestalten der Weltgeschichte waren es, die sich in die Wüste begaben und als andere zurückkehrten. Schon wahr: Niemand verlässt die Urlandschaft so, wie er sie betreten hat. »Non sum qualis eram!« (»Nicht mehr bin ich, der ich war.«), sagt Horaz. Charles de Foucauld, einst Lebemann in Paris, dann Offizier, schließlich Mönch in der Sahara: »Das Panorama vor meiner Steinklause ist unvorstellbar schön. Ich kann nicht hinsehen auf dieses Meer von Sand, ohne Gott anzubeten.«

Es ist nur Stunden her, dass der Glutball der Sonne hinter der Düne verschwand und die dünne Nahtstelle zwischen Tag und

Nacht, zwischen Hitze und Kälte verblasste. Die Natur schöpft Atem, erholt sich mit einem erlösenden Seufzer von grausamer Tageshitze. Ich laufe noch einige Zeit in eine Richtung, die mein Gedächtnis für die richtige hält. Sie ist es nicht, denn ich sehe keinen Feuerschein, der Lichtkegel der Taschenlampe findet weder Zelte noch Fahrzeuge. Ich bin erschöpft, lege mich in den Sand, um zu schlafen. Vom Weg abgekommen und doch ohne Sorge um das bisschen Leben. Ich suche den Sand ab. Schwarzkäfer bohren sich aus dem Grund, Skinke huschen über den Sand. Ein Skorpion hastet davon. Plötzlich dringt herzzerreißendes Jammern an mein Ohr. Ein Baby in der Wüste? Es ist der Laut eines Wüstengeckos!

Über mir wölbt sich das berauschende Firmament, so von flimmernden Sternen umgeben fühle ich mich wie im Mittelpunkt des Kosmos, der die Gedanken in ungeahnte Sphären trägt. Trotz bedrückender Einsamkeit und einer unheimlichen Maß- und Grenzlosigkeit fühle ich mich auf sonderbare Weise geborgen, ja behütet. Es ist, als befände ich mich hier draußen, im endlosen Ozean des Nichts, in des Schöpfers Hand.

Und hier, wie seltsam auch, erfahre ich, so Nacht, Dunkelheit und Schrecken ausgesetzt, die Wüste als Metapher. Ich erkenne sie mit einem Mal in ihrer Zweideutigkeit. Erlebe sie als Ikone, als eindringliches Lehrbild und treffliche Stätte einer viel tieferen Wüste, die überall in der Welt und, vor allem, in jedem Menschen steckt.

Wüste, das ist unser Ausgebranntsein von der Hektik des Alltags und der Oberflächlichkeit menschlicher Begegnungen. Wüste – ist das Ausgesetztsein an uns selbst. Hier in der absoluten Einsamkeit begegne ich dem gesamten Spektrum des Lebens selbst!

Und abermals in dieser Nacht kommt mir Foucauld in den Sinn: »Schweigen bedeutet ganz das Gegenteil von Vergessen und Kälte. Im Schweigen liebt man am glücklichsten. Oft ersticken Lärm und Worte das innere Feuer.« Während der Wind mit dem

Sand spielt, liege ich grübelnd da und frage mich: Was ist meine Wüste? Erfolglosigkeit? Krankheit? Einsamkeit? Trostlose Dürre des religiösen Lebens? Depression? Angst vor dem Morgen?

»Keinem wird der Weg durch die Wüste erspart. Jeder muss bereit sein, sich in seiner Wüste aufzuhalten. Wer die Gunst des Schicksals sucht, seinen frischen Gnadentau, muss auch die Tränen der Wüste ertragen!«, schrieb einst Julius Angerhausen.

Endlich schlafe ich ein in dieser so einsamen Nacht. Unruhig zwar, haben sich doch die Worte des alten Targi aus Mali in mein Hirn gegraben: »Siehst du den Aasgeier da, im Sand auf einem toten Menschen, dann rufe: Weg du, von meiner Leiche!«

Im noch nächtlichen Morgen weckt mich das Trällern einer Wüstenlerche. Hoffnung heißt der Vogel, der singt, wenn die Nacht noch dunkel ist. Das Lied klingt nach Zuversicht, und es sagt mir: Sei unverzagt, du wirst ihn finden, den Weg aus deiner Wüste.

Ich stehe auf, recke die Glieder in der Morgenkühle und besteige die höchste Düne der Umgebung. Das Lager liegt am übernächsten Sandbusen, keine fünfhundert Meter entfernt.

Als ich die Gruppe erreiche, fragt Klaus ungehalten:

»Verdammt, wo hast du gesteckt? Wir sind in Sorge. Ohne Wasser bist du nach zwei Tagen hinüber.«

»Entschuldigt. Die Enge im Camp. Ich brauchte Raum. Übrigens sind in der Sahara mehr Menschen ertrunken als verdurstet.«

Gegen Mittag des übernächsten Tages flimmern Palmen und würfelförmige Häuser über dem Horizont. Eine Fata Morgana, ein flirrendes Trugbild, das uns eine Oase vorgaukelt.

»Die Wüste ist für mich die schönste und traurigste Landschaft«, pries Antoine de Saint-Exupéry und meinte damit ihre zerstörende und zugleich konservierende Kraft.

Ab zwei Uhr trägt sich die Sonne mit Mordabsichten. Über die Sahara quillt sie wie aufgeschlagenes Eidotter. Gedanken fließen zäh wie Melasse. Luftspiegelungen tanzen tödliche Reigen. Erst als die Sonne an Kraft verliert, entschwinden die Trugbilder, stattdessen erhebt sich in der Ferne der Südrand der Erdi.

Ganz unspektakulär erreichen wir den Scheitelpunkt unseres Vorstoßes in den Norden: Erdi Dji. Das Lager wird am Fuß eines Zeugenbergs auf einer Geröllhalde errichtet. Erst als wir uns mit der bizarren Felslandschaft etwas vertraut gemacht haben, wird uns ihre Faszination bewusst. Wir haben uns in die Zeit vor acht- oder zehntausend Jahren gebeamt. An Felswänden ringsum Gravuren, Felszeichnungen, Malereien von Großwild, von Männern und Frauen. In Höhlen Feuerstellen, umgeben von Reibschalen und Mahlsteinen. Faustkeile liegen herum. Dort mag man eine Opfer- oder Kultstätte vermuten.

»Klare Anzeichen, dass der Mensch hier sesshaft war«, sagt Karl-Heinz. »Die Jagd wird allmählich abgelöst durch die Domestizierung des Rindes. Wildgetreide wird kultiviert, das Korn in Mörser oder Reibschalen gemahlen. Hier war die Sahara grün und fruchtbar. Vielleicht befinden wir uns inmitten eines frühsteinzeitlichen Dorfes?«

»Dorf, Kral oder Höhlengemeinschaft – unglaublich, den Gegenständen nach könnte man meinen, die Menschen haben ihre bildgeschmückten Ateliers gerade erst verlassen«, sage ich.

Wir fertigen Skizzen an und machen Fotos. Ich lasse mich am Eingang einer Höhle nieder. Was ich anfangs im Abraum für Geröll halte, sind Schaber, Faustkeile, aus Abschlägen gewonnene Speer- und Pfeilspitzen. Und dann geht er auf, der Vorhang der Urgeschichte: Der *Homo sapiens* war kleiner, als wir es heute sind. Doch sein Aussehen ähnelte dem unseren. Sein Erscheinungsbild kann mit dem der San verglichen werden. Die San, auch Buschmänner genannt, leben in der Kalahari, wo einige Sippen die Halbwüste wie vor mehr als einhunderttausend Jahren als Jäger und Sammler durchstreifen. Die Menschen, die einst hier, in diesem Teil der Sahara, lebten, müssen ihnen sehr ähnlich gewesen sein und doch in der Entwicklung weiter, weil sie nicht nur die Jagd ernährte, sondern auch die Ernte erster Pflanzversuche. Ihre Vorfahren waren längst zu fernen Ufern aufgebrochen, hatten die Eroberung der Erde angestrebt. Die, die verweilten, wurden durch den Klimawandel vertrieben, nach der Eiszeit, als die Sahara austrocknete. Expansion und Kontraktion muss ich mir in Schüben, pulsierend und in großen Zeitabständen vorstellen.

Den *Homo sapiens* dieser Höhle stelle ich mir als Jäger vor, mit einem Schlagstein aus Flint Spitzen für Wurfwaffen hämmernd. In den Tälern konnte er Elefanten, Giraffen, Gazellen, Löwen jagen. Frauen zerrieben Hirse, wild wachsende oder angepflanzte. Die Sippe lebte nicht nur in Höhlen, einige Familien bauten Unterkünfte aus Holzgerüsten und Knochen, über die sie Felle spannten – Behausungen, die sie vom Windschirm über igluförmige Gebilde und Rundhütten zum quadratisch angelegten Raum mit Walmdach entwickelten. Mit der Fähigkeit, Feuer zu machen und damit Licht und Wärme zu erzeugen und bestimmte Materialien zu verbrennen, entwickelten sich spirituelle Vorstellungen vom Werden und Vergehen. In der Bildgalerie ringsum erkenne ich zwischen Kampfszenen rituelle Tänze. Die neolithischen Völker machten sich durchaus Gedanken zu einem Leben nach dem Tod. Feuer mit seiner Leben spendenden und Leben vernichtenden Wirkung beflügelte die Magie. Den Tanz um das Feuer gibt es in den meisten Frühkulturen.

Klaus lässt sich neben mir nieder, etwas erschöpft, aber sichtlich zufrieden. Als Fotograf und Naturkundler hat er es sich zur Aufgabe gemacht, die Wüstenkunst der Sahara zu dokumentieren.

»Zum Glück ist dieser Schatz an Kunstwerken schwer erreichbar. Anderswo wird er ruiniert, herausgebrochen oder beschossen«, sagt Klaus.

»Welch eine Schande!«

»Mal wieder ist der Mensch der gefährlichste Feind. Touristen feuchten Malereien an, um bessere Aufnahmen zu erhalten. Damit verblassen die Farben. Tschad-Rebellen benutzen Kunstwerke als Zielscheiben. In Marokko werden sie gar herausgebrochen und verkauft.«

»Ich hab gehört, dass Gravuren im Aïr-Gebirge des Niger mit Kreide und Holzkohle übermalt werden. Was soll der Unsinn?«

»Niger-Rebellen wollen dadurch die Kräfte der Ahnen beschwören. Für sie haben die Abbildungen magische Wirkung.«

Lotti Kälan gesellt sich zu uns.

»Fantastisch, diese Kunstwerke! Ich habe Bilder von unglaublicher Vitalität gefunden. Eine Rinderherde, die gleichsam aus dem Felsen herausstürmt, oder eine Giraffenprozession. Die einzelnen Tiere haben Ohren und Hörner, das Fell das typische Muster.«

»Jedes einzelne Werk versetzt einen in die Zeit zurück, in der die Sahara von Flüssen und Seen durchzogen war und Grasland wogte. Alles längst vergangen. Nur die Kunst hat überlebt und berichtet uns davon«, bemerke ich.

»Eine Kunst, die vor zwölftausend Jahren begann, mit der Abbildung von Giraffen, Nashörnern, Elefanten und anderen Wildtieren. Dann dem Alt-Büffel, *Pelorovis antiquus* zum Beispiel, der der Epoche ihren Namen gab. Vor neuntausend Jahren entstanden Menschendarstellungen. Es ist die Epoche der Rundkopfmenschen. Erich von Däniken sah in den Rundkopfmenschen Raumfahrer, die als Außerirdische in der Sahara landeten. Haustiere wurden vor siebentausend Jahren abgebildet. Sie beschreiben die dritte, die Periode der Hirtenzeit, die um 1500 vor Christus von der Pferde- und Kamelzeit abgelöst wurde«, erklärt Klaus.

»Die Pferdezeit leiteten die Hyksos ein, als sie mit Streitwagen Nordägypten eroberten. Und das Kamel kam aus Asien nach Nordafrika, als die Sahara längst verwüstet war«, ergänzt Lotti.

Allmählich werden Veränderungen an jedem von uns spürbar. Am Lagerfeuer verstummt der eine, der andere wirkt genervt, unausgeglichen. Horst findet Gefallen an obszönen Witzen, die Lotti wütend machen. Der lethargische Typ hebt sich merklich vom aktiven, zupackenden ab. Je länger wir zusammen sind, desto brüchiger wird die Maske, die wir zu tragen gelernt haben. Der wahre Charakter tritt hervor, und ein jeder muss aufpassen, sich beherrschen, damit die Gemeinschaft nicht gefährdet wird. Wir kämpfen mit einem gruppendynamischen Phänomen, das auf allen Expeditionen irgendwann zu Spannungen führt. Schwierigkeiten bereiten kann zum Beispiel die Frage: Wem kommt die Rolle des Leiters zu? Klaus fühlt sich berufen, muss sich aber dem Wissen und der Erfahrung Suleymans unterordnen, was ihm zunehmend schwerer fällt. Er will der Boss sein, die Etappen festlegen, die Routen bestimmen. Seine impulsive Bestimmtheit wird durch des Tubu Entscheidungen auf eine harte Probe gestellt. Dass wir Suleyman mehr vertrauen, liegt auf der Hand, macht Klaus aber umso aggressiver. Noch hält gegenseitiger Respekt den ›Haufen‹ zusammen. Wie lange noch?

Ich spüre eine aufsteigende Aversion gegenüber Lotti. Ihr lautes unmotiviertes Lachen, die schulmeisterliche Besserwisserei, die besondere Tonlage ihrer Stimme stören mich derartig, dass ich bisweilen aufstehe, um ihre Nähe nicht ertragen zu müssen. Ich könnte ihr pausenlos in die Parade fahren, was mich erschreckt, halte ich mich doch für einen toleranten Zeitgenossen.

Erstaunlich ist der unveränderte Stoizismus der Einheimischen. An ihnen kann ich keinerlei Stimmungsveränderungen feststellen. Sie verrichten ihren Job mit dem Gleichmut einer Schildkröte. Oder gärt es unter der Fassade, nur nehme ich es nicht wahr?

Wir haben das bildsakrale Tal verlassen und ziehen westwärts in die Ausläufer des Tibesti-Gebirges, einem anderen Höhepunkt entgegen. Das Gelände ist mit Dünen weichen Sandes durchzogen. Ständig fahren wir uns fest, müssen schaufeln, die Etappe, die Klaus anpeilt, ist nicht zu schaffen. Er wird ungehalten. Stellt Suleyman zur Rede, warum er diesen Weg und nicht jenen, weiter östlich, wo ihm die Dünen tragfähiger erscheinen, gewählt habe.

»Weil sich dort ein großes ungeräumtes Minenfeld befindet«, sagt der Tubu. Nur am Blitzen seiner Augen merke ich, dass ihm die Einmischung des Weißen missfällt.

Dieses Mal schlagen wir unser Lager am frühen Mittag auf, um auf Plateaus markanter Zeugenberge paläolithische Siedlungen zu erkunden. Tatsächlich treffen wir auf menschliche Spuren, die auf Inseln hoch über dem Sandmeer dahinzutreiben scheinen. Ein Gefühl von Einzigartigkeit beseelt uns. Sind wir die ersten und einzigen Besucher, die nach Jahrtausenden von hier aus über die Sahara schauen dürfen? Feuerstätten, rund angeordnete Steinsetzungen, Steintröge wie Tränken sind erkennbar, auch Thingplätze, an denen Ratsversammlungen abgehalten oder Gott, vielleicht auch Götter gepriesen wurden? Oder handelt es sich bei den bankähnlichen Gebilden um Opferstellen, eher Altäre, auf denen Ziegen geschächtet wurden? Wurden gar Menschen geopfert? Welchen Gott haben sie verehrt? Was haben sie geglaubt? Wir wissen es nicht. Der Islam hielt erst im 7. Jahrhundert Einzug in die Sahara.

Nordöstlich der Derbeli-Senke stellt sich uns ein Problem. Suleyman steuert auf eine hohe Düne, steigt aus und blickt über die vollkommen tote Landschaft. Denkt er nach? Hat er die Orientierung nun doch verloren? Nach kurzer Zeit tritt Klaus dazu und weist nach Süden. Ich höre die lautstarke Diskussion, die nichts Gutes verheißt. Hier um den richtigen Weg streiten kann tödliche Folgen haben. Wasser und Benzin reichen noch für drei Tage. Ich werde an meine missglückte Tschadsee-Umrundung und die Rückfahrt aus der Oase Bilma nach Agadez erinnert. Beide Male waren Karawanenwege in der Nähe. Hier befinden wir uns im Nirgendwo. Als die Auseinandersetzung hitziger wird, begibt sich Karl-Heinz mit Karte und GPS zu den beiden. Ich höre noch:

»Jetzt halt endlich die Klappe, Klaus. Für Streit ist die Lage zu gefährlich!«

Suleyman entfernt sich, geht zum Wagen und ergreift seinen Gebetsteppich, verschwindet hinter einer Sandwelle.

»Oh Gott«, ruft Lotti, »das ist ein schlimmes Zeichen!«

Der Tubu erscheint wieder, klemmt sich hinter's Steuer und braust in Richtung Südosten. Der zweite Wagen folgt. Doch bei uns bahnt sich Rebellion an, nahe einer Handgreiflichkeit. Suleyman hält unbeeindruckt seinen Kurs bei, ohne Erklärung, wortlos wie ein erfahrener, durch nichts zu erschütternder *amanar,* ein Karawanenführer. Selbst am nächsten Tag wird an dem Kurs festgehalten, zwar in Schlangenlinien über Dünen, durch Täler, doch stets Südost. Gegen Abend stoßen wir auf Spuren von Zivilisation und Leben. Erst ist es ein Karawanenweg, dann eine Karawane, die an einem Brunnen Rast macht. Die bedrohliche Anspannung der vergangenen Tage fällt ab wie Laub vom Baum. Wir sind erleichtert, dankbar sogar.

»Erst nach Bezahlung fotografieren!«, mahnt Omar nochmals.

Ich weiß, dass Klaus damit Probleme hat, weil er es nicht einsehen mag. Im Jemen haben Einheimische ihn einmal schwer zusammengeschlagen.

Die Karawane ist dreißig Dromedare stark. Ihr gehören der Führer und elf Treiber und Packer an. Und noch jemand, der total apathisch am Bauch eines sitzenden Tieres lehnt, eine Französin – verdreckt, staubverkrustet, betrachtet sie uns aus müden, flackernden Augen. Ihre Lippen sind aufgesprungen, die Gesichtshaut von der Sonne borkig verbrannt. Ich muss unwillkürlich an Paul Bowles' bekannten Roman »Himmel über der Wüste« denken, in dem eine Amerikanerin von einer Karawane aufgegriffen, in ein Dorf gebracht und nach Liebesnächten mit dem Karawanenführer von eifersüchtigen Frauen verjagt, dann geistig verwirrt und halb tot in einer Oase aufgefunden wird. Die Französin ist offensichtlich auf einem Selbsterfahrungstrip, wobei sie die Strapazen, mit einer Karawane unterwegs zu sein, verkannt hat.

In gemächlichem Passgang ziehen zwei Reiter, die Nachhut, heran. Halten über uns.

»Labès! Guten Tag!«, grüßen sie von oben herab. Nun gleiten sie in den Sand. Suleyman spricht mit dem Führer und berichtet, dass die Karawane von Al Khufra in Libyen auf dem Weg nach Faya sei. Man transportiere Salz, heißt es, tatsächlich ist es jedoch gut verpackte Schmuggelware. Salzplatten liegen zur Tarnung auf dem eigentlichen Gepäck.

»Al Khufra? Das sind von hier tausend Kilometer«, staune ich. »Die Französin war die ganze Zeit dabei?«

Ja, sie sei aber verrückt geworden. Der *amanar* habe sie mitgenommen, weil sie viel Geld bezahlt habe. Er will sie loswerden und fragt, ob wir sie nach Faya bringen könnten.

Klaus sagt: »Wir fahren nicht nach Faya. Wie ihr seht, sind wir randvoll.«

Der *amanar* meint: »Sie ist eine Belastung für die Karawane. Das Gesetz der Wüste sagt, eine Karawane zieht weiter.«

Wir beraten. Horst schlägt vor, sie abwechselnd auf den Schoß zu nehmen, von dem Gepäck noch mehr aufs Dach zu laden.

Klaus geht zu ihr, will ihren Namen erfragen. Sie kreischt und zieht einen Armdolch aus ihrem Umhang. Auf keinen Fall wird sie mit uns fahren. Sie will mit der Karawane Faya erreichen. Anderenfalls bringe sie die Entführer oder sich um. Klare Worte einer Frau mit Wüstenkoller. Was tun? Die Tubu lassen sie bei nächster Gelegenheit liegen und verdursten. Uns kann sie brandgefährlich werden.

Schließlich finden wir eine Lösung. Suleyman redet mit dem Karawanenführer und fragt, was er haben möchte, wenn er sie heil und lebend in die Oase Faya bringe. Fünfhundert Dollar ist seine Antwort. Wir handeln nicht. Um Menschenleben kann man nicht handeln. Der Tubu sammelt ein und übergibt den Betrag.

Am Brunnen füllen wir alle Behälter mit Wasser und lagern unweit der Karawane. Später diskutieren wir am Feuer eine bessere Lösung, finden aber keine. Suleyman beruhigt uns:

»Der *amanar* heißt Matho, ich habe sein Wort. Er wird sie nicht aussetzen.«

»Haia-Haia!« Die Treiber und das Brüllen und Blöken der Dromedare wecken uns. Sie werden beladen, mit zweihundert Kilogramm Schmuggelware pro Tier. Vier Tubu verschnüren Gutballen auf einem Rücken in zwei Minuten. Störrisch und wütend sind die Dromedare. Sie reißen die Mäuler auf, beißen um sich, erbrechen grünen Brei. Endlich stehend, sind sie die Ruhe selbst.

Während wir den Aufbruch beobachten, schreitet Matho heran.

»Mal à la tête«, spricht er mich an.

Ich krame Aspirin aus meiner Reiseapotheke, gebe ihm die Tabletten. Die steckt er sich sogleich in den Mund, lutscht sie wie Bonbons. Mit gewisser Besorgnis schaut er nach Westen. Schreitet zu seiner Karawane zurück, die sich in Marschordnung formiert. Auf einem der Tiere kauert die Französin, kaum sichtbar in eine Decke gehüllt.

»E-hoha! E-hoha!«, rufen die Treiber mit schwingenden Stöcken. Der Tross setzt sich in Bewegung, entfernt sich, wird kleiner und kleiner. Schließlich verlieren sich die winzigen Punkte hinter dem Horizont.

Den heutigen Tag werden wir nie vergessen. Er beschert uns nur Unglück. Ein Ghibli bläst wie ein Atem aus der Hölle über uns hinweg, verfinstert die Sonne und schickt einen Sandsturm, der uns zum Halten zwingt. Feiner Flugsand dringt durch alle Ritzen und kratzt, trotz feuchter Nase-Mund-Tücher, wie Sandpapier in den Hälsen, auch in den Augen. Um die einhunderttausend Tonnen Sand mögen sich jetzt über einem Quadratkilometer Wüste in der Luft befinden, und das nicht selten tage-, ja wochenlang. Wieder beweist Suleyman eine beruhigende Kaltblütigkeit. Klaus lamentiert etwas von: Das hätte man wissen müssen, und Lotti meint, die Fahrzeuge müssten versetzt werden, um nicht einzusanden. Der Tubu unternimmt nichts. Er schläft – was uns Deutsche ratlos-wütend macht. Als hätte er gewusst, dass sich der Sandsturm in vier Stunden legt, räkelt er sich aus dem Schlaf und fährt durch eine neu modellierte Landschaft.

Gegen Nachmittag: Plattfuß. Reifenwechsel in brütender Hitze.

»Neunundvierzig Grad Celsius im Schatten, der Sand ist zweiundsiebzig Grad heiß. Die Luftfeuchtigkeit liegt bei zehn Prozent«, verkündet Karl-Heinz, als er seine Instrumente abliest.

Beim Losschrauben der Muttern hämmert mein Schädel. Aufpassen, ein Hitzschlag kommt unverhofft. Er ist tückisch. »Die Welt ist ein riesiger Amboss, auf dem wir sitzen, während der Hammer der Sonne dröhnend auf uns niederfällt«, wie recht hatte Saint-Exupéry.

Das heutige Lager ist idyllisch in einer Mulde, in einem großen Strudelloch, gelegen. Eingerahmt von Sicheldünen, denen der Wind leeseitig eine Wellenkontur verliehen hat, dem Meeresboden ähnlich.

Im Strudelloch kämpft eine einsame Dattelpalme ums Überleben. Mit dem Schlafsack unter dem Arm suche ich ein Plätzchen für die Nacht, räume zwei kleine Felsbrocken zur Seite. Das stört Skorpione, die mit drohend erhobenem Stachelschwanz in Richtung Palme krabbeln. An einer anderen Stelle bemerke ich typische Spuren eines Seitenwinders. Sie könnten von einer Sandviper stammen. Ihr Biss ist in den meisten Fällen tödlich. Beim Abendessen bringe ich meine Entdeckung zur Sprache. Suleyman regt an, den Lagerplatz zu wechseln.

Klaus: »Wir bleiben! Der Platz ist herrlich. Passt einfach etwas auf. Schlangen nehmen Erschütterungen wahr und verschwinden.«

Horst kommt vom Zähneputzen zurück, stapft barfuß den Hang herunter, tritt in den Dünengrund. Ein Schrei, ein greller Schrei zerreißt die Abendstimmung. Wir wirbeln herum. Horst greift sich an den Fuß und fällt in den Sand. Mit ein paar Schritten sind wir bei ihm. Er ist auf einen Skorpion getreten. Oder waren es zwei? Einer krabbelt davon, der andere hängt mit seinem Stachel am Fußballen. Omar schlägt ihn ab und zertritt ihn.

»Wie kannst du nur so leichtsinnig sein!«, stößt Lotti aus.

»Ausschneiden, aussaugen!«, ruft Klaus.

Suleyman schüttelt den Kopf: »Das ist zwecklos. Sind Herz oder Kreislauf in Ordnung, überlebt er den Stich. Sonst ...«

»Was sonst?«, zischt Klaus.

»Mort, in zwei Tagen.« Der Tubu wendet sich ab.

Horst ist um die fünfzig. Beim Aufstieg am Zeugenberg machte er mir nicht den fittesten Eindruck. Nur, was können wir tun? Horst stöhnt und winselt vor Schmerz. Schweiß strömt von seiner Stirn. Er verdreht die Augen. Er kollabiert. Klaus fühlt seinen Puls.

»Mein Gott, der stirbt uns!«, schreit er.

Karl-Heinz tippt auf seinem Satellitenhandy herum. Nach endlosen Minuten hat er Anschluss.

»Hallo, hier Karl-Heinz. Du, Georg, wir haben einen Unfall. Ein Skorpion, ich tippe auf *Buthus occitanus,* feingliedrig, gut sieben Zentimeter groß, gelb, Hinterteil dunkler. Der Mann, vierundfünfzig Jahre, ist nicht ansprechbar. Puls sehr schwach ...«

Ratlos stehen wir da und warten ab.

»Folgendes«, sagt Karl-Heinz ruhig, aber bestimmt, »ich habe mit Dr. Georg Zimmer, einem Freund, gesprochen, einem Tropenmediziner. Wir legen Horst flach auf den Boden und flößen ihm vorsichtig Wasser ein, so viel wie möglich. Dabei den Kopf anheben. Gleichzeitig wickeln wir ihn in nasse Tücher, die immer wieder mit Wasser übergossen werden. Okay?«

Im Nu haben wir unsere Handtücher getränkt. Horst liegt im Fahrzeugschatten der untergehenden Sonne. Wasser dringt aus seinen Poren. Muskeln zittern an Armen und Beinen. Sein Atem geht unregelmäßig in Stößen. Wir begießen ihn von innen und außen mit Wasser. Nach einer halben Stunde kommt er zu sich. Ist verwirrt und klagt über brennende Schmerzen. Lotti gibt ihm sanfte Backpfeifen zur Aufmunterung. Karl-Heinz meldet seinem Freund, dass der Patient wieder da sei, und fragt, was wir gegen die

Schmerzen und das Fieber tun könnten. Aspirin könne nicht schaden, heißt es. Wir tragen Horst ins Fahrzeug und verlassen das gefährlich-schöne Strudelloch.

Im neuen Nachtlager stabilisiert sich Horsts Zustand etwas. Wir sind sehr erleichtert, mögen uns nicht vorstellen, was passiert wäre, wenn er es nicht geschafft hätte.

In dieser Nacht muss ich intensiv an Professor Théodore André Monod denken. Warum nur, grübele ich – bis ich schließlich darauf komme. Den unglaublich zähen, greisen Franzosen habe ich stets bewundert. Über viele Tausend Kilometer hatte er unberührte Sahara durchschritten – zu Fuß, mit Kamelen, zuletzt neunzigjährig, fast erblindet, mit seiner Biografin Isabelle Jarry. Unter den Feldforschern war Monod eine absolute Ausnahmeerscheinung.

»Im Grunde bin ich einer der letzten Saharareisenden des Karawanen-Zeitalters«, pflegte er zu sagen, »man empfindet Wehmut, wenn man Dinge sterben sieht, die man sehr geliebt hat.« Monod starb 2000 im Alter von achtundneunzig Jahren in Paris. Gern wäre er in seiner geliebten Sahara geblieben. »Wenn ich in der Wüste sterbe«, sagte er oft, »dann möchte ich dort mit einem roten Burnus begraben werden.«

Der Streifen Wüste, der noch zwischen uns und dem Highlight liegt, ist gespickt mit Skeletten von Kamelen, mumifizierten Überresten einer Antilope. Ist das ein Todesstreifen? Rast machen wir im spärlichen Schatten einer Tamariske. Und keine fünfzig Meter davon entfernt entdecke ich die bleichen Knochen eines Menschen. Augenhöhlen des säuberlich sezierten Schädels starren mahnend ins Leere.

Horst humpelt, Schmerzen hat er noch, aber sein Zustand hat sich nicht verschlechtert.

Die Dünen von Derbeli sind ein Gemälde! Passatwinde haben Sandberge exakt von Nordost nach Südwest ausgerichtet. Demi, eine ärmliche Ansiedlung aus Reisighütten, lebt vom Dattelanbau und vom Salz aus einer Saline. Die Menschen, unnahbar, wollen nicht sprechen, sich nicht fotografieren lassen. Sind einfach nur argwöhnisch. Da fliegen die ersten Steine. Wir folgen einem Wadi. Akazien und Tamarisken deuten den Verlauf unterirdischer Grundwasserströme an.

Ein Seemirakel

Über Barchane, die an den Meeresgrund erinnern, nähern wir uns dem Ziel. Es kann nicht mehr weit sein. Es scheint, als segelten Felseninseln, die Zeugenberge, da in weiter Ferne wie Schiffe vorbei. Eine Landschaft, die in Bann schlägt, so ergreifend, als könne man hier getrost ewige Ruhe finden. In Gottes gigantischer Choreografie aus verharrendem Fels und ruhelosem Sand. Was sagen die Araber? *Bahr belà mà* – Meer ohne Wasser – und meinen die Sahara. Aber das stimmt nicht! Das Wasser, eingerahmt von ockerfarbenen Dünen, deren Ufer mit Palmen bewachsen sind, ist keine Luftspiegelung. Wir haben einen Ort erreicht, der wie Labsal, wie der Garten Eden, wie Sirenen die Seele umschmeichelt. Wir halten an einem Seemirakel und sind überwältigt: Wir stehen am Ufer des Yoa-Sees, der zur Seenplatte der Binnenmeere von Ounianga gehört. Lac Yoa ist eines der größten und attraktivsten der fünf Gewässer um Ounianga Kébir. Für mich ist sogar Umm al-Ma'a (Mutter des Wassers) in Süd-Libyen nur ein Abklatsch dieses Sees. Die Ounianga-Region mit den Oasen Kébir und Sérir beherbergt insgesamt neunzehn Seen mit einer Gesamtwasserfläche von rund zwanzig Quadratkilometern. Somit befindet sich hier die größte Seenlandschaft der Sahara. Wir werden am herrlichen Yoa-Ufer verweilen, anschließend in Richtung Ostsüdost vorstoßen, zur rund fünfzig Kilometer entfernten Oase Ounianga Sérir, um dann die Rückfahrt über Fada anzutreten.

Es ist windstill, die Felseninsel liegt auf einem Wasserspiegel wie eine ankernde Fregatte. Ufer säumen Dattel- und Doumpalmen, die aus leuchtend grünen Seegrasteppichen emporragen. Dottergelbe Sandzungen lecken ins tiefblaue Wasser, das Werk häufiger Passatwinde. Der Salzsee verdunstet jährlich etwa siebzig Millionen Kubikmeter Wasser, was einer sechs Meter hohen Wassersäule entspricht. Dennoch bleibt der Wasserstand unverändert. Das Phänomen erklären Süßwasserquellen aus fossilen Reservoirs, die die Verdunstung ausgleichen.

Noch ganz vom Landschaftsbild ergriffen, sagt Karl-Heinz:

»Der See wird vermutlich vom Savornin-Meer gespeist. Das ist eine in etwa eintausenddreihundert Metern Tiefe liegende Tasche fossilen Süßwassers. Unter der Sahara befinden sich, in sogenannten Nappes, Wassertaschen, rund vierzig Milliarden Kubikmeter Süßwasser, das sich vor etwa zehntausend Jahren gesammelt hat und an einigen tiefliegenden Stellen zutage tritt.«

»Der Ur-Amazonas soll hier seinen Ursprung haben. Weißt du Näheres darüber?«, frage ich.

Er denkt einen Moment nach und sagt: »Die gegenwärtige Verteilung der Landmassen und Ozeane war nicht immer so. Vor mehr als einhundertdreißig Millionen Jahren gab es den Großkontinent Gondwana, aus dem sich allmählich unsere Erdteile herauslösten. Das kann aus den tektonischen Strukturen entnommen werden. Beispielsweise lässt sich Afrika in Südamerika fortsetzen. Der sogenannte Amazonasgraben gehört dazu, ein Bruchgraben, viele Tausend Kilometer lang. Der Lauf des Amazonas folgte dem Graben, der längst unter Ablagerungen begraben ist. In Afrika setzt sich dieser Bruch im Benuegraben fort, der sich bis in die Sahara erstreckt und an den Seen von Ouinanga, also hier, endet. Nun kommt das Besondere: Der Flusslauf des Amazonas hat sich vor Jahrmillionen um einhundertachtzig Grad gedreht. Ursprünglich mündete er in den Pazifik. Seine Quelle befand sich im Osten auf dem Urgesteinschild Guayana. Als Gondwana auseinanderdriftete, weitete sich der Atlantik. Dadurch kollidierte die von Afrika nach Westen schiebende südamerikanische Platte mit der, die den Grund des Pazifiks bildet. Dieser Zusammenstoß ließ das Andengebirge entstehen, das schließlich die alte Amazonasmündung abriegelte. In der Folge bahnte sich der Amazonas seinen Weg in entgegengesetzte Richtung und mündet, wie bekannt, in den Atlantik.«

»Interessant. Die Erklärung fußt doch auf Erkenntnissen des deutschen Geophysikers Alfred Wegener zur Drift der Kontinente auf heißem, flüssigem Magma?«

»So ist es. Und die Theorie ist noch nicht widerlegt worden.«

Plötzlich zerbricht der Wasserspiegel in ein Mosaik unzählig vieler kleiner Scherben. Ist es der Passat, der seinen heißen Atem über den See bläst? Nein, es ist Lotti, die viele Meter entfernt ins Wasser gestiegen ist und schwimmt, damit den Spiegel zerschlagen hat. Doch sie hält es im Wasser nicht lange aus. Zitternd steht sie am Ufer. Obgleich wir dreiundvierzig Grad Celsius an Land im Schatten messen, liegt die Wassertemperatur bei kalten siebzehn Grad. Des Rätsels Lösung ist die enorme Verdunstung.

Wasservögel ziehen ihre Bahn, lassen sich an den Süßwasserquellen nieder, um das Salz aus dem Gefieder zu spülen. Als die Sonne beginnt, als Farborgie in den See zu tauchen, richten wir unser Lager für die Nacht. Eine Antilopenherde verharrt neugierig. Gazellen wandern herbei. Als das Lagerfeuer lodert, schnüren Fenneks, Wüstenfüchse, in den Feuerschein.

Das Firmament entfaltet eine verzaubernde Intensität an flackernder Pracht. Sternschnuppen stürzen der Erde zu und verglühen. Satelliten ziehen ihre Bahn. Mein Zelt bleibt zusammengerollt, das Dach ist der Himmel. Ich liege im Sand. Auch wenn sich des Nachts Skorpione unter dem Schlafsack befinden können, ich will mich am Universum, an Kassiopeia, Pegasus, Andromeda berauschen.

Bald ist alles vorbei, all die starken Eindrücke, die Begegnungen mit den Menschen auf der langen Reise. Die prasselnden Lagerfeuer werden für lange Zeit verstummen. Meine Gedanken wandern ins Hospital von Lambaréné, zu Pygmäen, Gorillas und Elefanten des Regenwalds. Auf den Kongo. Ob der Kindersoldat Dibo seinen Weg in ein normales Leben gefunden hat? Ich denke an das Nguon-Fest und das Haus in den grünen Hügeln Kameruns. Ich atme tief durch, und es ist, als könne ich die Tageszeit am Geruch des Sandes und der Intensität des Windes bestimmen. Das ist sehr schön. Denn wer ein Land begreifen will, muss es vor allem riechen. Und es ist, als sei ich angekommen – in Afrika, in der Unendlichkeit. Ausgerechnet an Marcel Proust, der die Welt vom Bett aus betrachtete, erinnere ich mich in dieser Wüstennacht: »Entdeckungsreisen bedeuten nicht, dass man neue Landschaften, sondern dass man mit neuen Augen sieht.«

Dank

Danke sage ich in erster Linie meiner Frau Christiane, die mich reisen lässt. Dann den vielen Menschen, die mir begegnet sind und die mich mit Informationen versorgten. Sie waren mein Auge und mein Ohr. Gloria und Berthold danke ich für ihre Gastfreundschaft und das, was ich durch sie erfahren konnte.

Literatur

Die folgenden Literaturhinweise geben die jeweils vom Autor genutzten Ausgaben an. Wenn fremdsprachige Titel auch in deutschen Ausgaben vorliegen, wurden diese zur Information ergänzt.

Alden, Chris: China in Africa. London 2007

Atmore, Anthony; Stacey, Gillian; Forman, Werner: Black Kingdoms, Black Peoples. London 1979

Barley, Nigel: Traumatische Tropen. Notizen aus meiner Lehmhütte. München 1997

Bergmann, Carlo: Der Pfadfinder. Gerhard Rohlfs. Hamburg 1992

Beuys, Barbara: Sein Herz blieb in Afrika. Frankfurt a. M. 1985

Bode, Peter M.: Louvre der Steinzeit. In: Geo Spezial, Sahara. Hamburg 1992

Bowles, Paul: Himmel über der Wüste. München 2006

Brant, Sebastian C.: Der Ort der Wahrheit. Hamburg 2002

Butcher, Tim: Blood River. A Journey to Africas Broken Heart. London 2007 (auf Deutsch: Blood River. Meine Reise ins dunkle Herz des Kongo. München 2008)

Canady, Cornelia: Die Gottestänzerin. Mein Leben bei den Pygmäen. München 2002

Chatwin, Bruce: What am I doing here. London 1989 (auf Deutsch: Was mache ich hier. Frankfurt a. M. 1993, 8. Aufl. 2007)

*Cipolletta, Chloé:*Gorilla tracking at Bai Hokou. Frankfurt a. M. 2005

Conrad, Joseph: Herz der Finsternis. Frankfurt a. M. 1992

Coulson, David: Kunst in der Sahara. Broschüre. Hamburg 2003

Cropp, Wolf-Ulrich: Wüsten – Leben in der Todeszone. Hannover 1992

Engel, Henning: Die Gesetze des Sandes. In: Geo kompakt, Die Wüste. Hamburg 2007

Friedhuber, Sepp: Uramazonas. Fluss aus der Sahara. Steinfurt 2006

George, Uwe: Wasser-Report. Das Meer im Verborgenen. In: Geo Spezial, Sahara. Hamburg 1992

ders.: Entdeckungen im Herzen der Leere. In Geo, Heft 10. Hamburg 1999

Germani, Hans: Weißer Söldner im schwarzen Land. Ein Erlebnisbericht. Frankfurt a. M. 1966

Gide, André: Kongo und Tschad. Berlin/Stuttgart/Leipzig 1930 (Nachdruck/Neuaufl. Hildesheim 2008)

Greene, Graham: Journey without maps. London 1971 (Erstaufl. 1936; auf Deutsch: Reise ohne Landkarten. München 2015)

Greshake, Gisbert: Die Wüste bestehen. Erlebnis und geistige Erfahrung. Freiburg im Breisgau 1997

Grill, Bartholomäus: Afrika – Entdeckungsreise durch den schwarzen Kontinent. Hamburg 1995

ders.: Ach, Afrika. Berichte aus dem Inneren eines Kontinents. München 2003

Hamilton, Paul: Sahara. London 1971

Harf, Rainer: Der lange Weg zum Menschen. In: Geo kompakt, Nr. 24, Wie der Mensch die Erde eroberte. Hamburg 2010

Hochschild, Adam: Schatten über dem Kongo. Die Geschichte eines großen, fast vergessenen Menschheitsverbrechens. Stuttgart 2000

Huet, Michel: Afrikanische Tänze. Köln 1979

Jarry, Isabelle: Der alte Mann und sein Meer. Paris 1990

Kapuściński, Ryszard: Afrikanisches Fieber. Erfahrungen aus vierzig Jahren. Frankfurt a. M. 1999

Kehse, Ute: Suche nach dem Schatz der Wüste. In: Geo kompakt, Nr. 12, Die Wüste – An den Grenzen des Lebens. Hamburg 2007

Ki-Zerbo, Joseph: Histoire de l'Afrique noire. Paris 1978 (auf Deutsch: Die Geschichte Schwarz-Afrikas. Wuppertal 1979, Frankfurt a. M. 1981

Klüver, Reymer: Die letzten Tage des Patrice Lumumba. In: Geo Epoche, Nr. 66, Afrika. Hamburg 2003

Lessing, Doris: African laughter. Four visits to Zimbabwe. London 1992

Livingstone, David: Zum Sambesi und quer durchs südliche Afrika. 1848–1856. Stuttgart 1985

MacGaffey, Wyatt: Religion and Society in Central Africa. The Bakongo of Lower Zaire. Chicago 1986

McLynn, Frank: The Making of an African Explorer. London 1989

Merz, Günter: Dzanga-Sangha Naturschutzgebiet. Broschüre der GTZ und des WWF. Frankfurt a. M. 2005

Monheim, F.: Mobutu, l'homme seul. Brüssel 1962

Naipaul, V. S.: Dunkle Gegenden. Frankfurt a. M. 1997

Nooteboom, Cees: In der langsamsten Uhr der Welt. Reisen in Afrika. Frankfurt a. M. 2008

Paetsch, Martin: Aufbruch zu neuen Kontinenten. In: Geo kompakt, Nr. 24, Wie der Mensch die Erde eroberte. Hamburg 2010

Page, Jake: Der Planet Erde. Wüsten. Amsterdam 1984

Park, Mungo: Reisen ins Innerste Afrikas. Tübingen 1976

Reybrouck, David van: Kongo. Eine Geschichte. Berlin 2012

Saint-Exupéry, Antoine de: Wind, Sand und Sterne. Düsseldorf 1973

Sarno, Louis: Song from the forest. New York 1993 (auf Deutsch: Der Gesang des Waldes. Mein Leben bei den Pygmäen. München 1993)

Scholl-Latour, Peter: Mord am großen Fluß. Ein Vierteljahrhundert afrikanischer Unabhängigkeit. Stuttgart 1986

Schrott, Raoul: Die fünfte Welt. Ein Logbuch. Innsbruck/Wien 2007

Schweitzer, Albert: Afrikanische Geschichten. Hamburg 1955

Simenon, Georges: African Trio: Talatala, Tropic Moon, Aboard the Aquitaine. London 1979

Six, Jean-François: Charles de Foucauld – Bruder aller Menschen. Freiburg 1977

Stanley, Henry Morton: Durch den dunklen Welttheil oder die Quellen des Nils. Reisen um die grossen Seen des aequatorialen Afrika und den Livingstone-Fluss abwärts nach dem atlantischen Ocean. Leipzig 1878

Stanley, Henry Morton: Wie ich Livingstone fand. Reisen Abenteuer und Entdeckungen in Central-Afrika. Leipzig 1879

Stührenberg, Michael: Die mit den Geistern lachen. In: Geo Heft 12. Hamburg 2002

Theile, Albert: Kunst in Afrika. Stuttgart 1961

Theroux, Paul: Dschungelliebe. Düsseldorf 1988

Timm, Uwe: Morenga. Köln 1985

Tremmel, Ulrike: Die BaAka-Pygmäen. Leben im Regenwald. Norderstedt 2004

Turnbull, Colin M.: Molimo. Drei Jahre bei den Pygmäen. Berlin 1966

Witte, Ludo De: Regierungsauftrag Mord. Der Tod Lumumbas und die Kongo-Krise. Leipzig 2001

DUMONTREISE.DE

DUMONT

Weitere Reiseabenteuer bei DuMont ...

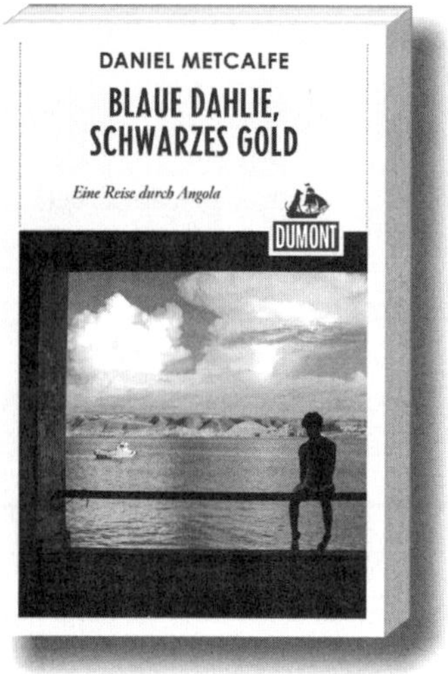

PAPERBACK, 408 SEITEN
ISBN 978-3-7701-8274-9
PREIS 14,99 € [D]/15,50 € [A]
AUCH ALS E-BOOK ERHÄLTLICH

DUMONTREISE.DE

DUMONT

Blaue Dahlie, schwarzes Gold

Eine Reise durch Angola

von Daniel Metcalfe

Übersetzt von Werner Löcher-Lawrence

In London lernt Daniel Metcalfe den angolanischen Dichter Rui kennen, aus dem bizarre Geschichten über seine Heimat nur so heraussprudeln. Er karikiert die neue, märchenhaft reiche Elite, die den Reichtum des Landes auf ihre Bankkonten lenkt und die Skulpturen in ihren Villen Champagner pinkeln lässt. Die blumigen Namen der Bohrplattformen, von Orchidee bis Dahlie, können nicht verbergen: Das sprudelnde Öl nährt eine Welt anmaßender Exzesse. Neugierig geworden und trotz der Warnungen eines Reiseführers beschließt Metcalfe, als Rucksacktourist loszuziehen und jenseits der Baukräne von Luanda die alte Seele des Landes zu suchen: das Angola der gütigen Großväter, der guten Feste, des Kizomba-Tanzes und der kunstvollen Geistermasken. In Bussen und klapprigen Jeeps ist er unterwegs, er spricht mit Stammesältesten und Minenräumern, Straßenkindern und Ölarbeitern und erfährt eine Lebenswirklichkeit voller Extreme. Er findet die Narben der portugiesischen Kolonialgeschichte, des Sklavenhandels und des fast drei Jahrzehnte dauernden angolanischen Bürgerkriegs. Seine Reise führt ihn direkt in einen explosiven Cocktail aus Korruption und Vetternwirtschaft, sprudelndem Ölgeld und schnellem Aufstieg der Neureichen, Elend und postkolonialem Blues.

Alle DuMont Reiseabenteuer finden Sie unter
www.dumontreise.de

DUMONT